吴礼权 著

修辞十讲

目 录

卷首语　修辞何为　1
　　一、达意:讲清楚,说明白　3
　　二、传情:把话说到你的心坎里　9
　　三、审美:遐思无限,味之无穷　14

第一讲　中国人的思维特点与汉语比喻造词　21
　　一、抽象与形象:思维的两大分野　22
　　二、形象思维与比喻造词　27
　　三、汉语比喻造词与中国人的思维特点　31

第二讲　中国人审美观的形成与《诗经》修辞实践　46
　　一、《诗经》比喻实践与中国人的审美认知　46
　　二、《诗经》列锦实践与中国人的审美价值观　63
　　三、《诗经》起兴实践与中国人诗歌创作审美观　84

第三讲　真善美:修辞的伦理关系　105
　　一、修辞立其诚:内容重于形式的要求　106
　　二、信言不美,美言不信:内容与形式的矛盾　116
　　三、事信言文,辞事相称:内容与形式的完美统一　127

第四讲　信达雅:翻译修辞三境界　140
　　一、翻译即修辞　141

二、翻译的三种境界　146

　　三、信·达·雅:达意传情与审美的统一　151

第五讲　积极与消极:修辞的两大分野　176

　　一、消极修辞:有所为,有所不为　179

　　二、积极修辞:极尽语言文字的一切可能性　187

　　三、对立与统一:消极修辞与积极修辞的关系　196

第六讲　建构与解构:修辞文本的层次性　205

　　一、修辞文本　206

　　二、修辞文本建构的层次性　211

　　三、修辞文本解构的层次性　216

第七讲　传媒发展与修辞创造　224

　　一、从简帛纸笔到键盘互联网:传媒的发展演进　225

　　二、老树开新花:传媒演进与修辞功能再造　231

　　三、旧根吐新芽:传媒演进与辞格结构扩容　250

第八讲　意境创造与修辞经营　263

　　一、意境　264

　　二、意境的创造途径　275

　　三、名词铺排:意境创造的独到修辞经营　284

第九讲　修辞与政治人生　314

　　一、政治是一门修辞的艺术　316

　　二、政治修辞的基本原则　336

　　三、政治修辞:技巧决定境界　352

第十讲　修辞与经济效益　366

　　一、修辞是一个语言资源配置的过程　367

二、语言资源配置需要讲究经济效益　372

　　三、修辞的经济效益与传情达意的目标预期　381

结束语　如何修辞　394

　　一、炼字:字尽其能　394

　　二、锻句:句尽其用　400

　　三、谋篇布局:总文理,统首尾　405

　　四、段落衔接:顺文气,贯前后　413

　　五、文本建构:谢朝华于已披,启夕秀于未振　418

参考文献　429

后记　435

卷首语　修辞何为

众所周知，人是社会动物，不是孤立存在于世界上的。任何一个人要想生存于世界上，都必须融入社会，与他人打交道。事实上，任何人都是社会的一分子，从生到死，都离不开社会。因此，为了融入社会，就必须与人沟通交流。唯有沟通交流，个人才能获得相关资讯，获得他人的帮助，与他人展开协同行动，由此推动事业发展，社会进步，获得人生幸福。[①]

那么，如何实现与他人的沟通交流呢？方法与途径有多种，但是最直接、最有效的恐怕还是以语言（包括记录语言的符号体系——文字）作为媒介来进行。因为"语言是人类最重要的交际工具"，早已成为人们的共识。[②]

既然语言（包括文字）是人类最重要的交际工具，那么我们如何运用这一工具与人沟通交流，就成了一个重要的人生课题。[③]虽然从客观上来看，但凡属于一个正常的人，都是能够娴熟地运用语言这一工具表情达意、跟人沟通交流的；但是，有一个问题也是客

[①] 吴礼权：《言语交际与人际沟通》（第三版），上海：复旦大学出版社，2023年，第1页。

[②] 同上。

[③] 同上。

观存在的，这就是工具的运用有一个效果的好坏问题。事实上，现实生活中，有些人特别善于表达，可谓是妙语生花，妙笔生花，但有些人却笨嘴拙舌，文笔艰涩，言不达意。这就是语言能力的差异了，也就是运用语言（包括文字）这一工具的能力有差异。那么，如何提升我们运用语言（包括文字）这一工具的效率，让我们跟他人的交流沟通更顺畅，沟通交流的效果更好，就成了我们运用语言（包括文字）这一工具所要努力追求的目标。

作为人类最重要的交际工具，语言（包括文字）被人类运用的目的是为了达意传情。但是，达意传情有一个效果好坏的问题。从理论上说，只要是一个思维正常的人，他开口说话或提笔写作，总想使自己的达意传情有一个好的效果。为了取得好的效果，表达者（说话人或写作者）就必须在语言文字的经营上有所努力。这种在语言文字表达上的经营努力，就是我们经常所说的"修辞"。研究修辞现象及其规律的学问，就是修辞学。[①]

在现实生活中，我们每个人都会在口头表达与书面写作中自觉或不自觉地讲究修辞。之所以要讲究修辞，无非是在三个方面有所追求：一是在达意上，希望能够企及"讲清楚，说明白"的境界；二是在传情上，希望能够把话说到别人的心坎里，让人欣然接受认同；三是在审美上，希望能够让接受者在"会意领情"的基础上有一种美的享受。

下面我们就此三个方面略做论述，以见修辞之何为。

---

① 吴礼权:《政治修辞学》,广州:暨南大学出版社,2022年,第1页。

一、达意：讲清楚，说明白

以语言文字作为交际工具，从语言实践的历史来看，无非是为了达意传情。达意，包括信息的传递，思想观点的交流。传情，则主要是情感的表达。因为人是情感动物，加之情感本身又比较复杂，所以相对来说，传情要比达意难得多。这个问题，我们在下一节就要讲到。所以，这里暂时按下不表。

信息的传递，思想观点的交流，在日常生活中发生的频率最高。差不多我们每天跟人打交道，都要涉及信息的传递与思想观点的交流。比方说，替别人传个话，组织活动时给相关人员发个通知，听到一个消息而跟朋友分享，好友聚会打电话或发微信通知，大学同学在校园散步时讨论国际时事问题，朋友聚餐时海阔天空的闲聊，等等，都是在进行信息传递，或是在进行思想观点的交流。这种交流虽然并不一定非常重要，有什么特别重要的意义，但却是现实生活的日常功课，表达时不一定要追求妙语生花或妙笔生花，但至少要做到"讲清楚，说明白"，否则就会让人不知所云，交际交流无法进行下去。如果长此以往，就会陷入人际交往的挫败感中而不能自拔，导致最终被排斥出相关的社交圈，成为一个隔绝于社会或他人的孤独的人。相反，如果一个人在日常生活中，无论是传递信息，还是跟人交流思想观点，都能企及"讲清楚，说明白"的境界，那么，他跟他人的交际沟通肯定非常顺畅，肯定能很好地融入相关的社交圈，进而获得更多的信息，积累更多的人脉，为自己的事业发展奠定必要的基础。下面我们举三个例子来说明这个问题。

第一个例子，是一个反例，是说话人没有"讲清楚，说明白"，让人不知所云，听了如堕五里雾中。这个例子是2022年在网络上广泛流传的一个视频，是一个年轻人在会议上的讲话。视频的名称，有的叫《见识一下正宗官腔》，来源标明是《精英阅读》。但是，我2022年9月20日再打开时，视频提醒说："这个视频被外星人劫走，看不了了。"另一个视频名称叫《神一样的小主》，来源标明是《视频号》。这个视频的内容，直至2022年9月21日8:30还是可以看得到的。9月20日晚9点，我让我的一位访问学者将这个视频中年轻人的发言内容一字不落地记录了下来，包括停顿、语气等。因为这里我们无法给大家展示视频中的语音，只好以记录的文字来呈现发言人的讲话实况。讲话内容如下：

> 那么既然让我说几句呢，那我就说几句，啊。也就想了想啊，说哪几句呢？那我就说这几句。那么我相信啊，这几句呢，嗯，也是比那几句强。所以我今天呢，就先说这几句。那么如果大家觉得啊说这几句不够全面，啊，将来呢，再给我补充几句。我总结呢，就是三点。这第一点呢，第一点啊，咳，咱们说最重要的是第二。这第二点啊，我们说听完了以后让大家感觉，是不是，问，这……当然了，应该说今天，最有重量的，啊，是第三点。那么这第三点，它是什么呢？我们讲第三，对不对？又表明了，对不对？那么刚才呢，我已经讲得非常明白了。我相信，啊，大家也应该很明白。至于你谈到的，说你，自己不明白，啊，那是一个，我谈，理解本身的问题。那么我已经，说得这么明白了，啊。

这个在会议上讲话的年轻人到底是什么身份，我们不知道，也不必猜测或讨论。就他讲话的内容而言，是否让人明白了他要讲的意思呢？我想任何人都能做出判断，我相信任何人都会觉得不知所云。我问我的访问学者们,你们听到了什么? 其中一位说:"听到了空气。"

视频中这个年轻人有资格在正规会议上讲话,说明他是有一定身份的,而且肯定是思维正常的人。 然而,他在达意上却明显没有企及"讲清楚,说明白"的境界。 因此,他的语言表达是不合格的,更遑论修辞了。

我们认为,这个年轻人如果不是语言表达能力有问题,就是思想作风有问题,是想借会议讲话刷自己的存在感。 如果思想作风没有问题,不是为了刷存在感,那就说明他的语言表达能力真的有问题,难以企及达意上"讲清楚,说明白"的境界。 其实,在会议上讲话并不是什么难事,你如果真的有什么想法要跟大家交流,你可以说:"首先,谢谢主持人与大家给我机会! 我想表达三个想法,一是……,二是……,三是……。 我的话完了,请大家批评指正!"这样的表达,尽管可能被人视为官话套话,但起码在语法上、逻辑上都没有问题,表达简明扼要,可以算是将自己的意思"讲清楚,说明白"了,不至于被人认为是在说废话,胡言乱语,徒然浪费大家的时间。 但是,视频中的年轻人的讲话,恰恰就不是这样,而是确确实实不合语法逻辑,是地地道道的废话和语无伦次的胡话。

下面我们再讲第二个例子,是有关朋友聚会的事情,是个真实的故事。 一次,三个曾经在复旦同窗读书的好友相约要在杭州聚一聚。 三人中有两人在上海工作,一人在杭州工作(为了保护隐私,这里我们不提及故事中三人的真实姓名,姑且将上海的两位称作张三、李四,杭州的称作王五)。 聚会的事,由在上海的张三负责联络杭州的王五,事先安排好在杭州的住宿与接待,还有相应的活动。 张三联系好杭州王五后,跟李四做了通报。 为了跟李四同行，在前往杭州的路上说说话，张三主动向李四要了他的身份证号，帮助他买了一起去杭州的高铁票。车票买好后，张三将电子车票截图用微信发给了李四，并微信通知李四说："现在一切妥当，后天上午我们在复旦大学门口集合，叫出租车前往虹桥火车站乘高铁。"那天是星期四，李四正好工作特别忙，匆匆扫了一眼张三的微信，简单地回复了三个字："知道了。"等到要去杭州的那天，李四记得去杭州的列车是早上八点整，提早六点就起床准备了。一切准备妥当后，李四再翻出张三的微信，确认集合的时间与地点，这才发现张三那天的微信没有写明集合的时间，集合地点也有点模糊。于是，就发微信询问。可是，等了十分钟，也不见张三微信回复。李四急了，就给张三打电话。可是，电话打了多次都打不通。这时，时间已经过了6点半，再不走恐怕就来不及了。于是，李四就径直打车到了复旦大学正门。由于出了点意外，出租车到复旦大学正门时，时间已过了7点。李四推算，从复旦大学邯郸路正门到虹桥火车站要预留一个小时时间，这样进站检票才有保证。到了复旦大学门口时，李四下车又给张三打起电话，但还是打不通。东张西望了一会，李四估计张三应该已经自己前往虹桥火车站了。于是，让出租车师傅径直驱车前往虹桥火车站。最后，二人在检票口相见。张三见了李四，立即表达了不满，抱怨李四不守时。李四则说张三微信通知写得不清楚，打电话又不接。然后，翻出张三的微信给他看。张三这时才明白原委，并对自己不接电话的原因做了说明，是因为手机忘了充电。

这个故事中的张三、李四二人，他们相约到杭州与昔日同窗王五相聚，是一个再寻常不过的小事。但是，这次聚会却差点出了问题，演变成朋友间信任危机的大事。究其原因，表面上是因为张

三、李四二人都犯了粗心大意的毛病，写微信与收微信时都不认真仔细；实质上，是因为信息的发出者张三平时没有养成达意努力追求"讲清楚，说明白"的意识。如果他有这个意识，在写微信通知时肯定会自然而然地强调时间、地点等关键因素。如果他给李四的微信通知这样写："现在一切妥当，后天（周六）上午6:45我们在复旦大学邯郸路正门口集合，叫出租车前往虹桥火车站乘高铁。"那么李四乘车当天也就不必给张三打电话，因为所有关键的信息都"讲清楚，说明白"了，没有丝毫的歧义与含糊。可见，达意追求"讲清楚，说明白"的境界，并不是一个可以忽略的问题。毕竟在日常生活中，以语言文字为交际工具，最基本、最常用的功能还是传递信息和交流思想观点，而不是专注于传人际微妙复杂之情。

第三个例子，是一个正例，是有关梁启超给徐志摩与陆小曼证婚时所做的一番发言。

民国十五年十月三日，徐志摩与陆小曼在北海公园漪澜堂举行婚礼。五四时代的名流几乎全部到齐，成为二十世纪文坛上最引人瞩目的婚礼。证婚人是梁启超先生，徐志摩对他的老师极为崇敬爱戴。曾经说："先生之文章矫若神龙之盘空，力可拔山，气可盖世，淋漓沉痛，固不独志摩为之低首慷慨，举凡天下有血性之人，无不撄胜激发，有不能自已者矣。"

梁启超对徐志摩却是既爱又怜，对徐志摩的宗教信仰——爱、自由、美，不以为然却又无可奈何，勉强被拉来作证婚人，微笑着说：

"我的学生徐志摩，什么都好，就是不该找我当证婚人，希望不要再有下回了！"

（沈谦：《徐志摩的宗教——爱、自由、美》）

徐志摩与陆小曼的浪漫爱情故事，是中国现代文学史上尽人皆知的。梁启超的为人与学问，则更是大多数中国人都了解的。梁启超是徐志摩的老师，梁启超很赏识徐志摩的才华，并为有这样一个学生而骄傲，这也是众所周知的。但是，梁启超是个从旧时代走过来的人，虽然思想颇为开明，但多少还有点封建士大夫的意识，因此对于男女结婚离婚之事还没有彻底解放到可以随便的程度。因此，对于学生徐志摩与结发妻子张幼仪离婚，而与曾经是有夫之妇的陆小曼结婚，他是打心底不赞同的。因此，当徐、陆最终冲破各种阻力而结合，并公开举行婚礼时，作为主婚人的梁启超就不得不表明自己的态度："我的学生徐志摩，什么都好，就是不该找我当证婚人，希望不要再有下回了。"这句话，是说给徐志摩听的，也是说给参加婚礼的所有人听的，既表明了他对徐、陆婚姻的态度，也表达了对徐志摩的希望；话中既有赞扬，也有批评。但无论是赞扬还是批评，都语义明晰，态度明朗，没有任何的含糊。这种话由梁启超以老师的口吻说出来，尽管是在婚礼上，但丝毫不使人觉得有什么不妥或不得体，直接接受者徐志摩与陆小曼不会有任何情感上的不快，因为晚辈接受长辈的教训乃是理所当然；间接接受者，即所有参加婚礼的来宾不论是赞成还是反对徐陆联姻，听了都会觉得痛快淋漓，觉得梁启超是个坦荡真诚的君子与仁厚有德的长者，打心眼里敬佩他的正直。①

由上面的三个例子，我们可以清楚地见出，修辞的根本任务之一是达意；而达意的最高境界，就是"讲清楚，说明白"。

---

① 吴礼权：《言语交际与人际沟通》（第三版），上海：复旦大学出版社，2023年，第146页。

二、传情：把话说到你的心坎里

我们都知道，人是感情动物，有喜、怒、哀、惧、爱、恶、欲等"七情"。情动乎衷，就要形乎言。所以，以语言文字为工具跟他人交流沟通，"传情"就成了最重要的任务之一。

当我们感到高兴时，除了手舞足蹈外，还会形诸语言，将内心之喜传达出来，以此感染别人，让他人分享。如唐代大诗人杜甫得知"安史之乱"即将平定，唐军收复河南河北时，兴奋地写下"却看妻子愁何在，漫卷诗书喜欲狂""白日放歌须纵酒，青春作伴好还乡"（《闻官军收河南河北》）的诗句，其目的就是要抒发自己心中难以抑制的喜悦之情，同时将自己的内心喜悦传达给天下所有饱受战乱之苦的人们，这便是"传情"。

当我们感到愤怒时，除了咬牙握拳外，还会形乎语言，将内心的愤恨传达出来，以此让对方或他人了解自己的不满与否定态度，使其知所进退。如夏朝末年人民切齿痛恨暴君夏桀而诅咒他的誓言"时日曷丧，予及汝皆亡"（《尚书·汤誓》），意思是说："你这个太阳为什么不毁灭？如果你毁灭，我宁愿与你一同毁灭。"抒发的是人民痛恨暴君的愤恨之情；南宋抗敌英雄岳飞的《满江红》词："怒发冲冠，凭栏处、潇潇雨歇""靖康耻，犹未雪。臣子恨，何时灭？驾长车踏破，贺兰山缺。壮志饥餐胡虏肉，笑谈渴饮匈奴血"，抒发的是对异族入侵者的仇恨，也是"传情"。

当我们感到悲伤时，除了哭泣与低首蹙眉外，还会形诸语言，将哀伤之情表达出来，以此纾解内心的压力，让别人予以深切的同情。如盛唐诗人李白《将进酒》诗："君不见，高堂明镜悲白发，朝如青丝暮成雪",抒发的是诗人揽镜自照,感叹功业未成、早生华发的悲哀之情;晚唐诗人司空曙的诗句:"雨中黄叶树,灯下白头人"(《喜外弟卢纶见宿》),则是感叹年老无助、生命行将结束的悲哀,也是"传情"。

当我们感到快乐时,除了笑逐颜开、眉飞色舞之外,还会形诸语言,将快乐传递给他人,让他人也能分享。如唐代诗人孟郊历经无数挫折,终于在四十六岁考中进士时,抑制不住狂喜,奋笔疾书,写下"春风得意马蹄疾,一日看尽长安花"(《登科后》)的诗句,不仅仅是为了抒发自己苦尽甘来的快乐,更是要为"十年寒窗无人问,一举成名天下知"的天下士子写心,同样也是为了"传情"。

当我们爱一个人时,除了痴迷沉醉之外,还会形诸语言,将强烈的情感展露出来,以求打动对方或感动所有人。如《诗经》中有诗曰:"一日不见,如三秋兮。"(《王风·采葛》)唐人李商隐诗"春心莫共花争发,一寸相思一寸灰"(《无题》四首其二),卢照邻诗"得成比目何辞死,愿作鸳鸯不羡仙"(《长安古意》),金人元好问词"问世间,情是何物,直教人生死相许"(《迈陂塘》),等等,都是抒发男女真情的文字,也是"传情"。

当我们讨厌或厌恶一个人、一件事时,除了咬牙切齿、摇头否定外,还会形诸语言,必欲痛骂一顿而后快。如孔子看不惯那些花言巧语、献媚讨好的小人,情不自禁地脱口而出:"巧言令色,鲜矣仁。"(《论语·学而》)《诗经》里也记载有上古先民痛斥摇唇鼓舌、谗言误国、厚颜无耻的小人的话:"巧言如簧,颜之厚矣。"(《小雅·巧言》)看不惯某件事或某种社会现象,人们有时也会形诸语言。如战国时代的屈原看不惯当时楚王朝中是非不分、黑白颠倒、小人得志、君子见黜的黑暗现实时,曾写下这样的诗句:"蝉翼为重,千钧为轻;黄钟毁弃,瓦釜雷鸣。"(《楚辞·卜居》)汉末社会政治混乱,用人制度黑暗,民间有歌谣曰:"举秀才,不知书;举孝廉,父别居。"(《时人为贡举语》)这些也是在"传情"。

当我们有某种欲望(包括生理或心理上的)时,除了有行为上的冲动外,还会有言语上的表现。如鲁迅小说《阿Q正传》中的主人公阿Q,因为贫困而一生未娶,但男人的生理需求,使他见到小尼姑时会情不自禁地伸手在其头上摸一把。看见吴妈时,不仅有生理上的强烈冲动,而且还脱口而出:"吴妈,我要和你困觉。"这也是在"传情"。①

不过,应该指出的是,人是感情动物,有情感(包括欲望)当然可以展露并用语言来表达,但以语言(包括文字)作为工具进行表达时,就是一种社会交际行为,是一种人际沟通。因此,"传情"时就必须注意方式方法,追求人际沟通的良好效果。如果我们的"传情"仅仅是为了情感或情绪的宣泄,愤怒不满时就破口骂人,高兴快乐时就谈笑风生,悲伤忧愁时就怨天尤人,那么势必就会破坏人际沟通的社会规约,结果导致人际沟通的不畅。②

上面我们说过,人的感情非常复杂,也非常微妙,而且感情有多种,因此人们日常生活中要传特定之情就不是一件容易的事。特别是要传谁也绕不过去的男女之情,那就更加不容易了。这是为什么呢?其实,道理很简单。当你高兴快乐时,你可以手舞足蹈,也可以"吾口言吾心"或"吾手写吾口",想怎么表达都不要紧。

---

① 吴礼权:《言语交际与人际沟通》(第三版),上海:复旦大学出版社,2023年,第85—87页。

② 同上。

表达得不好，顶多不能感染别人，不能让人分享你的喜悦之情，不至于影响人际关系。当你悲哀忧伤时，你可以痛哭流涕或是唉声叹气，也可以尽情地诉说内心的苦痛。表达得不好，顶多不会感染别人而博得他人的同情，不至于对人际关系产生负面效果。当你愤怒反感时，你可以对某人大打出手，也可以就某件事情或某种现象破口大骂，顶多让人觉得你没有修养。如果是因为路见不平，出于公义，也许你的这种表现还会为人所赞扬，说你疾恶如仇，树立的是正面形象。但是，若你爱上一个人，要表达你的爱悦之意，并希望也得到对方的爱，恐怕就没那么简单了。假如你是一个男人，爱上某个女人，你想向她"传情"，不管关系如何，熟悉程度如何，都不可能像西方人那样直接说"我爱你"或是"你嫁给我吧"。假如你是个女人，你爱上了某个男人，你可以用各种方式向他示爱，但是你绝不能直言"我爱你"或"你娶了我吧"。因为这样直道本心的直接式"传情"，在中国这样的文化传统语境下是行不通的。若你执意这样表达，不仅不能顺利地实现目标，而且还会被人认为是"花痴"，是精神错乱，或被认为是"犯贱"。因此，在中国传统文化语境下，要想顺遂地传男女之情，并顺利实现其目标，就得讲修辞。下面我们就来看一个例子。

1923年秋，冯玉祥将军在任"陆军检阅使"时，原配夫人刘德淑因病逝世，曹锟曾想招他为婿，因见他的生活过分刻苦而作罢。这时候，有些原来抱独身主义的北京姑娘，却放弃了永不嫁人的主张，想成为陆军检阅使夫人。冯玉祥择偶的方式很特殊。他采取当面考试的办法以定成否。他和她们谈话，首先问对方："你为什么和我结婚？"

有的姑娘答："因为你的官大，和你结婚，就是官太太。"

有的女士说:"你是英雄,我爱慕英雄。"

对这样的回答,冯玉祥一律摇头,表示不满意。

后来,马伯援介绍李德全与冯玉祥见面,冯将军照例问:"你为什么愿意和我结婚?"

李德全调皮地说:"上帝怕你办坏事,派我来监督你!"

这带辣味儿的回答令冯将军频频点头,他认定这是个不凡的女子,后来便与李德全结为伉俪。

(段名贵:《名人的幽默·才女的答复》)

在这则故事中,那些想嫁冯玉祥而未能成功的女子,之所以求婚不被接受,不是因为她们心意不诚,而是因为"传情"不讲修辞,或是修辞水平不够。如有的姑娘回答冯玉祥为什么要嫁他的问题时,直道本心:"因为你的官大,和你结婚,就是官太太。"这就是不讲修辞。虽然这样的回答坦诚得近乎可爱,但从修辞的角度看,只是企及"达意"上"讲清楚,说明白"的境界,没有达到"传情"上"把话说到你的心坎里"的境界,因此不为冯玉祥所认同。因为冯玉祥认为这样的女子嫁他不是出于爱情,而是出于世俗的和对荣华富贵的追求,根本没有真心相爱、相濡以沫的夫妻情分。至于"你是英雄,我爱慕英雄"这样的回答,虽然也讲了修辞,运用了"折绕"修辞法,表意婉约,但是在冯玉祥听来,觉得是在说假话,违背了"修辞立其诚"的原则,自然在情感上予以排斥。而李德全的"传情",则不仅讲修辞,而且显得相当睿智、幽默,突破了世俗的"传情"常规模式。她既不从个人利益的角度立论,直道本心地说自己爱慕冯玉祥官大;也不从女人的情感出发,说自己是美人爱英雄;而是以人民代表的面目出现,以上帝的名义义正辞严地告知冯玉祥,自己之所以愿意嫁他,是为了天下苍生的幸福。这样的立意，境界自然就不一样了。因此，在冯玉祥听来就觉得特别的崇高，立即认定她是一个不平凡的女子。而他心里想找的理想伴侣，正是这样脱俗的奇女子。①

可见，"传情"不像"达意"那么简单，是需要技巧与智慧的，特别是需要懂得心理学，善于揣摩接受者的心意，把话说到对方的心坎里。这样，才能以情动人，扣动对方的心弦，攻破对方的心防，达到交际沟通的终极目标。

三、审美：遐思无限，味之无穷

人类以语言文字为工具进行人际交流沟通，除了"达意"与"传情"的目的外，还有一个目的就是"审美"。这就好比人类最初发明汽车，目的无非是为了获得一种省力而有效的代步与运输工具。但是，后来随着汽车的普及，在西方发达国家出现了一种娱乐赛事，这就是以汽车为工具进行的比赛活动，如国际汽车运动联合会（FIA）举办的最高等级的年度场地赛车比赛，也就是通常所说的"世界一级方程式锦标赛"（FIA Formula 1 World Championship，简称F1），被公认是当今世界上最高水平的赛车比赛，与奥运会、世界杯足球赛并称为"世界三大体育盛事"。应该说，以汽车为工具进行比赛娱乐，原本并不是人类发明汽车的初衷。事实上，汽车作为一种工具，最初只有两项功能："代步"与"运输"。但是，时至今日，汽车早已由昔日人类出行与运输的工

---

① 吴礼权：《言语交际与人际沟通》（第三版），上海：复旦大学出版社，2023年，第90页。

具衍生出了"代步"与"运输"之外的第三种功能:"娱乐",成为今日西方世界乃至世界各国很多人趋之若鹜的时尚体育运动。

以语言文字为工具,追求"达意"和"传情"功能之外的"审美"功能目标,在汉语修辞中表现得尤其突出。因为汉语是有声调的语言,语言的音乐性特别强,可以利用语音条件进行修辞,创造种种韵律美感。如双声、叠韵、谐音、押韵、平仄等修辞现象,就跟汉语语音有关;又因为汉语不同于语法严密的印欧语系诸语言,语法上具有相当大的弹性与灵活性,加上汉语中存在着大量的单音节词(古汉语单音节词占绝对优势),这就为汉语修辞中对偶、回环、顶真等修辞格的形成创造了条件,为汉语修辞在"达意"与"传情"之外,别添"审美"功能奠定了坚实的基础;又因为记录汉语的书写符号系统——汉字不是表音文字,而是属于表意性质的文字,每个汉字都有多少不等的笔画或偏旁组成,这就为汉语修辞的另一独特的修辞格"析字"的存在提供了得天独厚的条件。正因为有此三个方面的原因,以汉语汉字为工具进行人际交流沟通就有了更加广阔的空间,表达者可以穷极"语言文字的一切可能性"①,在"达意"与"传情"之外尽显汉语汉字的审美魅力,提升人际交流沟通的审美情趣。这一点,是世界上任何其他语言都做不到的,也是其他民族语言的修辞中所没有的现象。

下面我们来看第一个例子。

潮随暗浪雪山倾,远浦渔舟钓月明。
桥对寺门松径小,槛当泉眼石波清。
迢迢绿树江天晓,霭霭红霞晚日晴。

---

① 陈望道:《修辞学发凡》,上海:复旦大学出版社,2011年,第6页。

  遥望四边云接水,碧峰千点数鸥轻。

(宋·苏轼:《题金山寺》)

  苏轼的这首诗,是写江苏镇江的金山寺所见的景物。表面上看,这就是一首古代再普通不过的写景诗,只是相比于普通的写景诗更具有意境之美,令人遐思无限,味之无穷。其实,这首诗并不只是一首普通的写景诗,而是别含玄机的回文诗,是运用了中国古代文人最喜欢的"回环"修辞手法作成的,顺读倒读都能成文。从全诗开头第一个字依序往后读,文从字顺,是一首意境优美的写景诗;从全诗最后一个字依序倒读,也能文从字顺,是另一首别具意境之美的写景诗:

  轻鸥数点千峰碧,水接云边四望遥。
  晴日晚霞红霭霭,晓天江树绿迢迢。
  清波石眼泉当槛,小径松门寺对桥。
  明月钓舟渔浦远,倾山雪浪暗随潮。

  跟顺读原诗相比,这倒读成文的诗,明显跟原诗所呈现的意境有所不同,两诗对照看,别具一种移步换景之妙,但又显得天然浑成,丝毫没有矫揉造作之嫌。很明显,像苏轼这样的回文诗,运用"回环"修辞手法,追求的目标就不是"达意"与"传情"了,而是为了"审美",即为了提升诗歌的审美价值,引发更多读者的审美情趣,令人情不自禁对金山寺景致之美生出无限向往之情。正因为如此,这首诗历来都深受中国文人的赞赏。

  与苏轼的回文诗类似的,还有诸如"客上天然居,居然天上客""人过大佛寺,寺佛大过人"等联语,也是顺读倒读都能成文的,而且表意非常自然贴切,被广泛传颂。这两副联语,前一副据说是清代乾隆皇帝为一个酒楼所题,讲的是"天然居"酒楼给顾客以一种宾至如归的感受；后一副联语，据说是清代学者纪晓岚为四川乐山大佛寺题写的（民间传说，未必准确），讲的是乐山大佛给游人的感受。历来都有人非常赞赏这两副联语，但赞赏的原因恐怕不是因为它们的"达意"与"传情"的巧妙，而是因为其独到的文字表达技巧，即运用回环修辞手法所玩的文字游戏的高妙，令人有一种益智解颐的愉悦感。也就是说，这两副联语有"审美"价值。

下面我们来看第二个例子。

门内有径,径欲曲；径转有屏,屏欲小；屏进有阶,阶欲平；阶畔有花,花欲鲜；花外有墙,墙欲低；墙内有松,松欲古；松底有石,石欲怪；石面有亭,亭欲朴；亭后有竹,竹欲疏；竹尽有室,室欲幽；室旁有路,路欲分；路合有桥,桥欲危；桥边有树,树欲高；树阴有草,草欲青；草上有渠,渠欲细；渠引有泉,泉欲瀑；泉去有山,山欲深；山下有屋,屋欲方；屋角有圃,圃欲宽；圃中有鹤,鹤欲舞；鹤报有客,客不俗；客至有酒,酒欲不却；酒行有醉,醉欲不归

（明·陈继儒：《小窗幽记》）

这是明人陈继儒所写中国封建士大夫理想的居住环境，运用了中国传统的"顶真"修辞格，以"双蝉"式顶真手法（每一项蝉联的内容都出现两次，如第一句末尾的"径"字，分别在第二、三两句开头出现，共两次。其他蝉联项目亦如此），将居住环境的各个组成部分及其联系依一定的顺序一一呈现出来，既使语言表达显得逻辑严密，有条不紊，又有文字上前递后接的"接力"情趣，读之令人解颐称妙。①很明显，这样的文字表达在修辞上的追求已不是"达意"与"传情"了，而完全是为了"审美"的目的，是要创造一

---

① 吴礼权：《现代汉语修辞学》（第四版），上海：复旦大学出版社，2020年，第311页。

种回环往复的情趣,让人经由文字展开联想想象,进入作者所要展现的中国古代文人理想的园林生活情境,获得一种精神上的审美享受。

下面我们再来看第三个例子。

> 有三女而通于一人者,色美而才。事发到官,出一对云:"三女为奸,二女皆从长女起。"一女对云:"五人张伞,四人全仗大人遮。"官薄惩之。

(清·褚人穫:《坚瓠首集》卷二《巧对》条)

这个故事讲的是,有三女子同时爱上一个男人,于是三女同侍一男。 这在中国古代是严重的风化罪,是要依法严究的。 事发到官,官老爷依法追究,完全可以直话直说,惊堂木一拍,大声问道:"三女子共通一男,伤风败俗,何人为首?"然而,官老爷没有这样问案,而是不动声色地出了一副上联:"三女为奸,二女皆从长女起",让三位作奸犯科的女子对出下联("奸"字的繁体是"姦")。 三位女子立即明白了这位官老爷的用意,知道他这是在用"析字"修辞法问案,同时也是在她们面前炫才示雅,而不是为了照顾她们的面子,或是迫于客观情势不得已而委婉其词。 三位犯事的女子也是有才学的,其中一位女子尤其才思敏捷,一见官老爷还有这爱好,遂投其所好,以"析字"修辞法对出了下联:"五人张伞,四人全仗大人遮",以离析"伞(傘)"字的方法巧妙地向官老爷求情,希望他网开一面。 结果,风雅而爱炫才的官老爷还真的网开一面,大事化小,小事化了,"薄惩之"(也就是今天所说的"批评教育了一顿")而结案。[1] 这个故事之所以在中国古代被文人传为

---

[1] 吴礼权:《现代汉语修辞学》(第四版),上海:复旦大学出版社,2020年,第304页。

佳话,是因为问案的官老爷与求情的女子的对联"哑语"运用"析字"修辞法非常高妙,在表情达意之外,还别添一种炫才示雅的审美"附加值"。

下面我们来看第四个例子。

> 青山横北郭,白水绕东城。
> 此地一为别,孤蓬万里征。
> 浮云游子意,落日故人情。
> 挥手自兹去,萧萧班马鸣。
>
> (唐·李白:《送友人》)

李白这首诗,是写送别友人的依依不舍之情,在中国古代是最寻常不过的主题了。但是,它却能在无数同类送别诗中脱颖而出,成为千古传颂的名篇,这是与其修辞上重视"对偶"手法的运用,在审美追求上与众不同有关。按照近体诗的格律要求,五律或七律,"严对"(或称"工对")的句子都在诗的第三、四句或五、六句,但李白在诗的开头两句就用了"严对"。因为"青山横北郭,白水绕东城"二句,从句法结构上看,都是主谓结构相对;"白水"与"青山","东城"与"北郭"两组词都是名词性词组相对,其中"青"与"白"是颜色字相对,"北"与"东",是方位词相对,对得十分工整。从平仄上看,依据古音系统,上句是:平平平仄仄,下句则是:仄仄仄平平,对仗也很严整。①因此,这两句诗从审美视角看,诉诸视觉,有整齐平衡之美;诸诉听觉,读起来有抑扬顿挫之美。可见,李白的这两句写景之笔不是为了写景而写景,而是别

---

① 吴礼权:《现代汉语修辞学》(第四版),上海:复旦大学出版社,2020年,第139—140页。

有一种审美追求,营造一种先声夺人的效果。

现代虽然也有诗,但现代人写的是白话诗。白话诗之所以会产生,原本是要冲破近体诗(格律诗)的格律拘束的,所以白话诗一般是不讲格律的。事实上,很多白话诗不仅不讲平仄、押韵,甚至连对偶也不讲究。不过,由于汉语的基本特质没有变,今天仍然有作家重视对偶手法的运用,甚至在散文创作中也讲究对偶。如:

> 在我写《大明湖》的时候,就写过一段:在千佛山上北望济南全城,城河带柳,远水生烟,鹊华对立,夹卫大河,是何等气象。
>
> (老舍:《吊济南》)

老舍是中国现代作家中非常讲究修辞的作家,上引这段文字是他谈自己散文创作中如何遣词造句的经验,对自己在另一篇散文《大明湖》中写下的几个句子感到非常得意。我们看一下老舍这几个引以为傲的句子,发现主要就是运用了对偶的修辞手法。其中的"城河带柳,远水生烟"是"严对"(即"工对"),"鹊华对立,夹卫大河"是"宽对",于写景中折射出作者对济南大明湖美景的无比热爱之情。仔细分析一下老舍得意的原因,应该是为"城河带柳,远水生烟"两句八个字。因为这两句八个字,从句法上看,都是主谓结构相对,两句的主语分别是"城河"和"远水",都是以名词为中心的偏正词组;中心语分别是"河"与"水",都是名词;两个谓语分别是"带柳"与"生烟",皆是"动词+宾语"的短语,可谓对仗工整。从声音上看,依现代汉语语音系统为标准,"城河带柳"是"平平仄仄","远水生烟"是"仄仄平平",可谓平仄交错,读来抑扬顿挫,十分和谐。可见,老舍创作散文非常讲究修辞,十分重视修辞的"审美"功能,而不仅仅是专注于"达意"与"传情"。

第一讲 中国人的思维特点与汉语比喻造词

人类学与文化学的研究证明，不同民族不仅在思维水平上存在着差异，在思维模式上也存在着差异，呈现出不同的特点。不同的思维特点，不仅会反映在不同的文化表现上，也反映在语言文字上，包括以语言文字为交际工具的修辞活动中。

中国是一个具有悠久历史的国度，中华民族具有五千多年的文明史。在漫长的历史发展过程中，中国人崇尚形象思维的特点一直非常鲜明。这从中国文化与汉民族语言以及记录汉民族语言的书写符号体系——汉字的特点上，都能发现深刻的烙印。比方说，汉语词汇库中存在的大量比喻词（包括成语、歇后语、惯用语中的比喻短语），就是中国式思维最直接的产物，是中国人崇尚形象思维的结晶。

中国人的思维特点与汉语比喻词的关系，是一个非常值得探讨的问题。虽然这个问题非常有意味，也非常具有学术价值，但学术界对之进行深入探讨的并不多见。为此，本讲准备从三个方面予以探讨，希望能给大家带来一些启发。

一、抽象与形象：思维的两大分野

日常生活中，我们常听人说这样一句话："科学家是抽象思维，文学家是形象思维。"这种说法当然不是非常准确，事实上科学家从事科学研究仅靠抽象思维是不够的，既要有足够的抽象演绎推理能力，也需要有足够的想象力，也就是形象思维的能力。同样，文学家进行文学创作，特别是篇幅浩大、结构复杂的长篇小说创作，不仅需要有足够的想象力，也就是形象思维的能力，还要有相当的抽象思维能力，不然就无法架构整部作品。事实上，我们每个人都具备抽象思维能力与形象思维能力，只是相比较而言，不同的人在这两方面的表现存在着差异。有些人更擅长抽象思维，比方说科学家，尤其是数学家；有些人更擅长形象思维，比方说文学家，尤其是诗人。

其实，不仅人是如此，民族也是如此。相比较而言，西方民族更偏重于抽象思维，而以中国为代表的东方民族则更偏重于形象思维。关于这一点，林语堂先生早就有过论述。他认为，与西方人相比，中国人更喜欢形象思维而厌倦抽象思维。他曾明确指出："中国人的心灵在许多方面都类似女性心态。事实上，只有'女性化'这个词可以用来总结中国人心灵的各个方面。女性智慧与女性逻辑的那些特点就是中国人心灵的特点，一点不错……中国人的头脑羞于抽象的词藻，喜欢妇女的语言。中国人的思维方式是综合的、具体的。他们对谚语很感兴趣，它像妇女的交谈。"[①]林语堂

---

① 林语堂：《中国人》(*My Country and My People*)，郝志东、沈益洪译，杭州：浙江人民出版社，1992年，第62页。

先生所说的中国人的思维方式充满了女性化的特点，实质的意思是说，中国人敏于具体的形象思维，擅长由具体到抽象的联想综合。关于这一点，其表现形式是多种多样的。对此，林语堂先生也曾举例予以了说明。如中国先秦时代散文中，喜欢运用"守株待兔""狐假虎威""鹬蚌相争"等寓言来说理；中国古典诗歌中，喜欢诸如"红烛秋光冷画屏，轻罗小扇扑流萤""池塘生春草，园柳变鸣禽""有时三点两点雨，到处十枝五枝花"等带有形象与意境的写法；中国人的日常说话中，喜欢运用诸如"懒婆娘的裹脚——又长又臭""茶壶里煮饺子——肚里有，嘴上倒不出"等歇后语，以及诸如"人心齐，泰山移""单丝不成线，独木不成林"等谚语；汉语语词库中，多有诸如"雪白""冰凉""绿油油""红彤彤"等类形容词，这些皆充分体现了中国人喜好形象思维与联想综合的特点。不仅如此，中国人喜好形象思维与联想综合的特点，甚至还表现在某些抽象名词与文学批评术语上。如"体积""长度""宽度"等皆是表示抽象概念的词汇，一般不能对之形象化，可是中国人的思维方式能使之形象化，这便是以"大小"指称"体积"，以"长短"指称"长度"，以"宽窄"指称"宽度"，其思维的形象化技巧真是令人叹服。又如在中国的文学批评中，不同的写作方法的称谓不同于西方人那样喜用抽象的专门术语来概括，而是用比较形象化的词语来指称："隔岸观火"（一种超俗的格调）、"蜻蜓点水"（轻描淡写）、"画龙点睛"（提出文章的要点）、"欲擒故纵"（起伏跌宕）、"神龙见首不见尾"（运笔自如，顺其自然，斗然而来，戛然而止）、"悬崖千仞"（结尾时陡然勒住）、"一针见血"（一句话道出真情）、"单刀直入"（直截了当的开头）、"声东击西"（突然袭击）、"旁敲侧击"（善意的戏弄与嘲笑）、"湖上雾霭"（调子柔和）、"层云叠峰"（细节等纷繁复杂、扑朔迷离)、"马屁股上放鞭炮"(结尾前最后一击)①等说法,都是典型的形象化思维与联想综合特点的凸显。

客观地说,中国人并不是都只擅长形象思维,而不擅长抽象思维。事实上,自古以来就有擅长抽象思维的中国人。比方说,早在原始社会的后期,也就是新石器时代,中国的先民就发明了十进制的计算方法,并将之运用于生活与生产之中。从人类科技史来看,十进制计算法无疑是中国人对世界文明的一大贡献。②又比方说,早在两汉之际,中国就出现了两部数学专著《周髀算经》和《九章算术》。其中,前者记载了周代的数学家商高提出的直角三角形的"勾三股四弦五"的关系,即后世我们常说的"勾股定理",成为"世界上关于勾股定理的最早记录"③。后者则是有关数学的九个问题的解法,"合计有246个数学问题,记载了当时世界上最先进的四则运算和比例算法。书中运用的开平方、开立方及在此基础上求解一元二次方程、联立一次方程的方法,所讲的负数与最小公倍数的概念,都比印度与欧洲早得多"④。从人类科技史来看,《九章算术》对后代数学产生的深刻影响,"其意义与古希腊欧几里得的《几何原理》对西方数学的意义不相上下"⑤。事实正是如此。魏晋时代的数学家刘徽受《九章算术》的影响,在《九章算术注》中,"第一次提出了'极限思想',并创造性地运用割圆术,计算出

---

① 林语堂:《中国人》(*My Country and My People*),郝志东、沈益洪译,杭州:浙江人民出版社,1992年,第66—67页。
② 程裕祯:《中国文化要略》(第四版),北京:外语教学与研究出版社,2017年,第230页。
③ 同上。
④ 同上。
⑤ 同上。

圆周率的精确值为 3.141 6"①。而继刘徽之后，南北朝时期的科学家祖冲之"进一步将圆周率精确到 3.141 592 6 到 3.141 592 7 之间"②，从人类科技史来看，这可谓是当时世界上最先进的，"比荷兰人安托尼兹求得此值的时间要早一千多年，直到 15 世纪的阿拉伯数学家阿尔·卡西和 16 世纪的法国数学家维叶特才打破这个纪录"③。再比方说，北宋数学家贾宪在所著《黄帝九章算法细草》中"提出正整数的二项式定理系数表，史称'贾宪三角'，凭此可以求出任意高次方程的数解值"，"比欧洲阿皮纳斯的系数表要早四百年"④。南宋数学家秦九韶在所著《数书九章》中，提出了"大衍求一术"（即"一次同余式解法"）和"正负开方术"（即"高次方程的求正根法"）。从人类科技史来看，秦九韶的这两项成就"在当时都领先于世界"⑤，秦九韶也因此"被美国科学史家称为'所有时代最伟大的科学家之一'，他的'大衍求一术'被世界同行公认为'中国剩余定理'"⑥。众所周知，数学是最能体现人类抽象思维能力的学科。既然中国古人在数学上能够取得领先于世界的伟大成就，那么就足以说明中国人是不乏抽象思维的能力。

但是，毋庸讳言，中国人的思维整体上是偏向于形象思维的。就以最能见出一个民族思维特点的哲学来说，中国与西方就存在着明显的区别。从学术史的角度看，中国哲学的发展可谓源远流长，

---

① 程裕祯：《中国文化要略》（第四版），北京：外语教学与研究出版社，2017 年，第 230 页。
② 同上。
③ 同上。
④ 同上书，第 230—231 页。
⑤ 同上书，第 231 页。
⑥ 同上。

其成就绝不逊于西方文明古国如古希腊等。中国古代的哲学家，特别是先秦时代的哲学家，诸如老子、孔子、孟子、庄子、惠子、荀子、韩非子等，都算是著名的哲学家，但他们并没有像古希腊哲学家柏拉图、亚里士多德等人那样，有系统的哲学著作。《老子》《论语》《孟子》《庄子》《韩非子》等，在中国虽然家喻户晓，大家对其所讲的哲学道理也津津乐道，但是这些哲学思想都是零珠碎玉式的，只是其哲思的吉光片羽，并没有系统性。事实上，中国古代哲学家特别是先秦哲学家，其哲学思想都是蕴含于他们跟弟子及他人的日常对话之中，还有一些他们所讲的寓言故事之中。他们的哲学思想体系，如果没有后代学者帮其爬梳整理，我们根本无法看出其哲学思想的脉络。这就是形象思维的特点在其哲学思想表述上的反映，跟西方哲学家逻辑严密的分析论证的表述方式完全相反。因为西方哲学家习惯于抽象思维，而中国古代哲学家则习惯于形象思维。

我们说中国人的思维有喜欢具体、综合的倾向，有喜欢形象思维的传统；但是，我们只能就此说中国人的思维方式有上述这种民族特点，而不能就此认为中国人这种喜欢形象的思维方式有什么优劣。思维方式的不同特点呈现，只是表明了不同民族文化传统的差异，不能据此认为一种思维方式优于或劣于另一种思维方式。事实上，中国人喜欢形象思维、厌倦抽象思维，喜欢具体、综合，不喜欢抽象、分析，只是中国人的民族心理与文化传统综合作用的结果。一个民族是以抽象思维，还是以形象思维为主要思维方式，其间不存在优劣高下之别。比方说，对于某一个问题的认识，我们从整体把握的角度说"大多数"，与西方人从分析的角度说"71%"，实际上是没有什么区别的，只是其思维方式不同，因而语言表述也不同而已，对问题的本质揭示则是一致的，是殊途同归。①

二、形象思维与比喻造词

中国人喜欢形象思维，在绘画、雕塑、文学创作等很多方面都有突出的表现。现代的中国社会，由于长期受西学东渐的影响，特别是晚清以来中国学校教育的西化倾向越来越严重，很多中国人的思想包括思维方式事实上都已经西化。因此，很多时候，我们观察一个人特别是受过较完整的学校教育的人，或是有过域外留学经历的人，一般并不容易发现他有喜欢形象思维的特点。但是，有旧学背景的人，即使是受过长时期的西方教育，也能在其言行表现上发现其骨子里特有的喜欢形象思维的特点。如：

> 犹记得1961年，林语堂返台，定居于阳明山，有一回应邀至文化大学参观，事先与文大创办人张其昀约定，没有充分准备，不能演讲。但是当幽默大师出现在学校餐厅午餐时，师生蜂拥而至，争睹风采，并一再要亲聆"幽默"，林氏难违众意，只好说了一个故事：

> "古罗马时代，有一个人犯法，依例被送到斗兽场，他的下场不外两种，第一是被猛兽吃掉，第二是斗胜则免罪。罗马皇帝和大臣都在壁上静观这场人兽搏斗的精彩好戏。不料，当狮子进场后，这犯人只过去在狮子耳边悄悄说了两句话，狮子就夹着尾巴转身而去。第二回合老虎出来，依然如此。罗马皇帝问他：有

---

① 吴礼权：《比喻造词与中国人的思维特点》，《复旦学报》，2008年第二期。

什么魔力使狮子老虎不战而退。他从容不迫地说：没有什么，我只告诉它们，要吃掉我不难，不过最好想清楚，吃掉我之后必须要演讲！"

（沈谦：《林语堂的"风流"与"诙谐"》）

上述故事中的主角林语堂，是中国妇孺皆知的幽默大师，早年毕业于上海圣约翰大学英文系，后获美国哈佛大学比较文学硕士学位，再后来留学欧洲，获德国莱比锡大学语言学博士学位，长期生活在美国与欧洲，是个西学背景非常深厚的学者。但是，由于他出生于闽南，少小深受中国传统文化的熏陶，所以即使受了长时期的西式教育，植根于思想深处的中国人思维方式仍然没有消失。他回国后定居台湾，参观中国文化大学时，遇到文化大学师生强要他即兴演讲，他作为文化名人与长者，完全可以直言："演讲不是一件容易的事，需要做充分的准备。要人即兴演讲，实在是强人所难，不通情理。"然而，他却没有这样讲，而是临时编造了一个狮子、老虎与人决斗的故事。这用的是中国最古老的一种修辞手法"讽喻"，属于"叙而不议"式，即只编故事而不讲明故事寓意，让接受者自己经由故事本身悟出其中所要阐明的某种道理。表面上看，他这样做是为了表意婉转，给中国文化大学师生面子，实质上还是他潜意识中喜欢形象思维的一种本能反应，是他作为一个中国人最本色的喜欢形象思维的心理特点在语言表达上的自然呈现。

下面我们再举一个例子：

有一西人，身服之衣敝，召裁缝至，问："汝能制西式衣否？"

曰："有样式，即可以照做。"

西人检旧衣付之。越数日，裁缝将新制衣送来，剪裁一切无差，惟衣背后剪去一块，复又补缀一块。西人骇然问故。

答曰:"我是照你的样式做耳。"

今中国锐意图新,事事效法西人,不求其所以然,而但行其所当然,与此西人所雇之裁缝又何以异欤?噫!

(辜鸿铭:《辜鸿铭笔记》)

上引文字的作者辜鸿铭是中国近代的一个奇人。他祖籍福建惠安,生于19世纪中叶的南洋英属马来西亚槟榔屿,受的是西式教育,精通英、法、德、拉丁、希腊以及马来西亚等东西方九种语言,获得过十三个博士学位,堪称晚清精通西洋科学与语言以及东方文化的第一人。按道理来说,他的思想观念应该是非常西化的才对,然而事实上由于闽南祖籍的华裔血统,长期身处异域的辜鸿铭却是中华传统文化最坚定的守护者,因而他言行中所表现出的中国人的思想特点包括思维特点就非常鲜明。在晚清时期,在大家普遍看清大清王朝腐朽的本质,而一致要求学习西方的时代氛围下,他却唱出了与众不同的反调,认为当时的中国"锐意图新,事事效法西人,不求其所以然,而但行其所当然",是行不通的。但是,他在表述自己这一观点时,却没有直言,而是沿袭了先秦时代中国先人最惯用的一个修辞手法"讽喻",而且用的还是先秦时代最典型的"讽喻"表达法"叙而后议"式,即先编一个故事,然后用一两句画龙点睛的话讲明故事的寓意。《辜鸿铭笔记》中这段中国裁缝"依样画葫芦"的故事,所要表达的主旨是:"中国学习西方是可以的,但要知其所学之所以然,不然盲目跟进,以至将不应该学习的东西也学了。"按照西方人的思维模式,这样的表达最符合"语言经济"的原则,也最为直截了当。但是,长期受西化教育的辜鸿铭由于血液中残存着中国传统文化的基因,习惯于形象思维,所以才会在表达自己政治观点时有这样的语言表达方法。很明显,这跟先秦时代《韩非子》在阐明治国安邦"不期修古，不法常可，论世之事，因为之备"的道理时而编造了一个"守株待兔"的故事一样，跟《吕氏春秋》在阐明"时与法俱在""变法者因时而化"的道理时而编造一个"刻舟求剑"的故事也是一样，都是崇尚形象思维的文化心理在语言表达中的鲜明体现。

中国人偏向于形象思维，表现在很多方面。就语言方面而言，在汉语词汇中的表现最为突出。如果是对汉语词汇有深入研究的学者，一般都能发现最能集中体现中国人具有鲜明的形象思维特点的是三类词语：一是比喻词，二是借代词，三是摹声词。因为这三类词都具有具体的、综合的、形象的特点，正好能说明中国人喜欢并长于形象思维、厌倦抽象思维的民族心理特点。因为汉语词汇是汉民族思维的结晶，最能映射其思维的特点。限于篇幅，本讲不拟讨论汉语词汇中的借代词与拟声词，而只准备就比喻词与中国人的思维特点问题作一论述。

汉语的比喻词，实际上包括三类：一是双音节的普通比喻词，如"地球""雪花""冰凉"等；二是三音节的惯用语，如"挖墙角""敲竹竿""背黑锅"等；三是四音节的成语，如"揠苗助长""春风化雨""回天无力"等。应该指出的是，汉语比喻词虽然都是运用比喻修辞法创造出来的，但它与修辞学上所说的"比喻"不同，它不是以句子形式出现的，而是作为词汇系统中的一个成员，是作为一个固化的语言单位来出现的。因此，比喻词特别是双音节的比喻词，一般不能像修辞学上所说的"比喻"那样，可以从结构上分析出"本体""喻体""喻词""喻解"等完备的结构成分。如"仙人掌"和"佛手"，各是一种植物，它们都是以"喻体"直接指代"本体"的，"喻词"和"喻解"也没有出现。至于由三音节（即三个汉字）构成的、属于惯用语的比喻词，也几乎都是直接以"喻体"代"本体"的，如"穿小鞋""钻空子""唱高调""插杠子"等，也是不出现"本体""喻词""喻解"的。由四个音节（即四个汉字）构成的成语（少数也有四个以上音节），大部分情况下也是直接以"喻体"代"本体"，如"哀鸿遍野""白璧微瑕""草木皆兵""按下葫芦浮起瓢"，也是没有"本体""喻词""喻解"的。不过，由于成语形式的比喻词在字数上比较多，因而也有少量的成语形式的比喻词除了出现"喻体"外，还会出现"如""若"等"喻词"，如"安若泰山""趋之若鹜""如鸟兽散""如火如荼"等。甚至还有少数成语形式的比喻词"喻体"与"喻解"同时出现，如"冰清玉洁"等。当然，也有少数是"本体"与"喻体"同时出现的，如"唇枪舌剑"等。但是，应该指出的是，不管成语形式的比喻词在"比喻"结构形式上与修辞学上的"比喻"有多么相似，都改变不了它只是作为一个词汇单位的性质，在汉语词汇系统中只是一个"词"（或相当于一个"词"的"短语"）的角色。

三、汉语比喻造词与中国人的思维特点

汉语词汇系统中，以比喻修辞法所创造的比喻词数量很多，我们一时无法穷尽。同时限于篇幅，我们也不可能将汉语中所有的比喻词，包括上面我们提到的成语与惯用语两类比喻词都在这一讲中一一列举出来。但是，为了更有说服力地论证中国人喜好形象思维、厌倦抽象思维的思维特点，我们就必须拿出数据来说话。为此，我们不妨采用抽样统计与定量分析的现代语言学方法进行研究。为了更加客观，不带笔者的主观之见，下面我们以中国社会科

学院语言研究所编写的《现代汉语词典》(修订本)为依据,随机选择下面这样一些常用汉字,然后将这些汉字开头的相关词目全部列出,找出其中有多少个词目是属于比喻词,然后再统计分析其在该字头下所有词目数量中所占的比重。

我们所选择的常用汉字,"天文地理"类的,有"天""地""星""云""河""海""冰""雪";"人体"类的,有"头""脑""耳""鼻""眉""眼";"动物"类的,有"牛""马""猫""狗""鸡""鸭""鱼""龙""螺""蜂";"器物日用"类的,有"鼎""瓦""灯""蜡""针""线""笔""墨""金""玉""板""棒";"草本植物"类的,有"树""木""花""柳""刺""丛"。

为了直观、清晰,我们可以将上述各个常用汉字为起首的相关词目一一展示于表格中,但限于篇幅(因已做成的42个统计表占有近3万字的篇幅,故只能从略),我们不妨以下列分析概括后的数据表来说明问题。

表1 比喻词在所抽样材料中的比例数据表

字头类型	总词目数量	比喻类词数量(附例词)	音译外来词数量	比喻词所占总数比例
"天"字头	172	99(如:天蓝、天马行空)	1	$99 \div (172-1) = 58\%$
"地"字头	128	45(如:地球、地脚螺丝)		35%
"星"字头	34	19(如:星河、星罗棋布)		56%
"云"字头	38	30(如:云豹、云消雾散)		79%
"河"字头	35	14(如:河床、河西走廊)		40%
"海"字头	94	39(如:海狗、海底捞针)	3	$39 \div (94-3) = 43\%$
"冰"字头	49	28(如:棒冰、冰消瓦解)	2	$28 \div (49-2) = 60\%$
"雪"字头	33	21(如:雪白、雪中送炭)	1	$21 \div (33-1) = 66\%$
"头"字头	54	32(如:头雁、头重脚轻)	1	$32 \div (54-1) = 60\%$

续表

字头类型	总词目数量	比喻类词数量(附例词)	音译外来词数量	比喻词所占总数比例
"脑"字头	27	13(如:脑海、脑袋瓜)		48%
"耳"字头	58	25(如:耳房、耳边风)		43%
"鼻"字头	27	17(如:鼻梁、鼻翅儿)		63%
"眉"字头	20	13(如:眉峰、眉题)		65%
"眼"字头	70	35(如:眼波、眼镜蛇)		50%
"牛"字头	32	22(如:牛饮、牛头马面)		69%
"羊"字头	17	10(如:羊眼、羊肠小道)		59%
"猫"字头	10	9(如:猫眼、猫哭老鼠)		90%
"狗"字头	17	17(如:狗熊、狗尾续貂)		100%
"鸡"字头	31	20(如:鸡胸、鸡飞蛋打)		65%
"鸭"字头	10	8(如:鸭黄、鸭舌帽)		80%
"鱼"字头	41	23(如:鱼贯、鱼死网破)		56%
"龙"字头	29	25(如:龙骨、龙腾虎跃)		86%
"螺"字头	19	14(如:螺钉、螺丝帽)		74%
"蜂"字头	15	12(如:蜂起、蜂窝煤)		80%
"鼎"字头	10	9(如:鼎沸、鼎立)		90%
"瓦"字头	19	11(如:瓦解、瓦釜雷鸣)	4	$11 \div (19-4) = 73\%$
"灯"字头	33	16(如:灯花、灯笼裤)		48%
"蜡"字头	16	9(如:蜡黄、蜡泪)		56%
"针"字头	19	12(如:针脚、针锋相对)		63%
"线"字头	21	13(如:线脚、线轴儿)		62%
"笔"字头	58	20(如:笔耕、笔走龙蛇)		34%
"墨"字头	20	14(如:墨黑、墨守成规)		70%
"金"字头	71	45(如:金黄、金口玉言)		63%
"玉"字头	26	18(如:玉米、玉洁冰清)		69%
"板"字头	32	19(如:板斧、板上钉钉)		59%

续表

字头类型	总词目数量	比喻类词数量(附例词)	音译外来词数量	比喻词所占总数比例
"棒"字头	9	5(如:棒冰、棒子面)		56%
"树"字头	25	15(如:树冠、树大招风)		60%
"木"字头	50	19(如:木马、木雕泥塑)		38%
"花"字头	142	80(如:花边、花容月貌)		56%
"柳"字头	16	7(如:柳腰、柳暗花明)		44%
"刺"字头	23	15(如:刺探、刺儿头)		65%
"丛"字头	14	13(如:丛集、丛山)		93%
合 计	1 664	930	12	930÷(1 664－12)＝56%

　　从表1我们可以清楚地看出，在上述抽样调查的42个常用汉字为字头的相关词目中，在总数为1 664个词目中，有930个是属于比喻造词法创造出来的比喻词。刨开12个音译外来词，以上述42个常用汉字为字头的总词目数量实际上是1 652个（因为音译外来词只以汉字为注音符号而已，并不取汉字的意，它是纯粹的外语借词，本不在汉语词汇固有系统之内。因此，在进行百分比计算时，音译外来词应该不算在统计的基数之内。如果是意译外来词，我们也是算在统计基数之内的）。这样，我们以930为分子，以1 652为分母，就得出了比喻词在以上述42个常用汉字为字头的全部词目中所占的平均比例是56%。如果具体到各个不同的字头下面，有些字头下的比喻词所占该字头下的全部词目数量的比例就更高了。如"狗"字头下共有17个词目，全是属于比喻词，所占比例是100%。又如"猫"字头下共有10个词目，属于比喻词的有9个，占90%。还有"鼎"字头下的词目，比喻词也占90%。还有"龙"字头下，属于比喻词的占86%。"鸭"和"蜂"二字头下，属

于比喻词的，都占总数比例的 80%。 只有少数几个常用汉字字头下的比喻词的数量比例低于 50%，如"地"字头，占 35%；"河"字头，占 40%；"海"字头，占 43%；"脑"字头，占 48%；"耳"字头，占 43%；"灯"字头，占 48%；"笔"字头，占 34%；"木"字头，占 38%；"柳"字头，占 44%。 但是，平均来看，这为数不多的常用汉字字头下的比喻词所占该字头下的全部词目数量的比例有 40%，这也是很高的。 因此，无论从整体上看，还是从局部看，汉语比喻词在我们所随机抽样调查的以 42 个常用汉字为字头的全部词目中的比例都是很高的。

以上述数据为根据，我们在此完全可以肯定地说：中国人确实具有长于形象思维的心理特点。 如果要将上述我们所调查的这些字头下属于借代词的词目也算进去，也就是以属于比喻词与借代词的全部词目数量之和为分子，以 42 个常用汉字为字头的全部词目数量为分母，那么相除而得出的百分比就会更高。 比方说，以上面所抽样调查的"耳"字为例，以"耳"为字头的词目中，就有"耳聪目明""耳朵软""耳软心活""耳濡目染""耳生""耳熟""耳热""耳顺""耳提面命"等借代词，它们都是以具体代抽象的，是中国人思维喜欢综合、具体，而厌倦抽象、分析的表现。 如此一来，则更能显现出中国人喜好形象思维、厌倦抽象思维的思维特点。

印证中国人长于形象思维的特点，除了有上述确凿的数据统计与分析外，我们还可以从以下几个方面的词汇抽样调查与定量统计分析来进行。

第一个方面，我们可以汉语表示颜色的词汇来做抽样调查与定量统计分析的对象。

我们都知道，表示颜色的词汇是任何一个民族语言中都不可或缺的，因为它是最基本的词汇成分。一般说来，表示颜色的词应该是抽象的。但是，在实际语言中，我们并非仅用"红""白""黑""蓝"等抽象的字眼来表示颜色，而是有许多用比喻修辞法创造的词汇（这在英语、日语等语言中也是如此）。正因为表示颜色的词是词汇中最基本的成分，因此以汉语颜色词为抽样调查的对象，来观照中国人的思维特点，也就更具有说服力。

下面我们仍以中国社会科学院语言研究所编写的《现代汉语词典》（修订本）为根据，将其所收录的表示颜色的词全部列出（有＋号者为比喻词），然后再作统计分析。

表2 《现代汉语词典》(修订本)所见颜色词之汇总表

词目	是否比喻词	词目	是否比喻词	词目	是否比喻词	词目	是否比喻词	词目	是否比喻词
皑		皑皑		白		白皑皑		白花花	+
白晃晃	+	白茫茫	+	白蒙蒙		白色		白不呲咧	
斑白	+	斑斓		宝蓝	+	碧		碧蓝	+
碧绿	+	碧油油	+	彩		彩色		菜青	+
菜色	+	惨白		惨淡		苍		苍白	
苍苍		苍翠	+	苍黄		草绿	+	茶褐色	+
茶色	+	茶青	+	潮红		橙红		橙黄	
赤		赤红		葱白		葱翠		葱绿	+
雌		绰		粹白		翠		翠绿	
翠微	+	黛绿	+	淡青		蛋青	+	靛青	
豆绿	+	豆青	+	鹅黄	+	妃色	+	绯	
绯红	+	粉红		橄榄绿		绀		绀青	+
暠		果绿	+	海蓝		寒色		皓	
黑		黑白		黑黢黢		黑油油	+	红	
红艳艳		红青		红色		红彤彤		红不棱登	

续表

词目	是否比喻词	词目	是否比喻词	词目	是否比喻词	词目	是否比喻词	词目	是否比喻词
湖绿	+	湖色	+	黄		黄灿灿	+	黄澄澄	+
黄色		灰白	+	灰色	+	灰溜溜		灰不溜丢	
昏黄		火红	+	姜黄	+	绛		绛紫	+
酱色	+	酱紫	+	焦黑	+	焦黄	+	洁白	
金晃晃	+	金煌煌	+	金黄	+	金黄	+	橘红	+
橘黄	+	咖啡色	+	蜡白	+	蜡黄	+	蓝晶晶	
蓝盈盈		黎黑		黧		黧黑		栗色	+
陆离		绿		绿莹莹	+	绿油油	+	米黄	+
米色	+	蜜色	+	墨黑	+	墨绿	+	嫩红	+
嫩黄		嫩绿		暖色	+	藕灰		藕色	+
品红		品蓝		品绿		苹果绿	+	皤	
葡萄灰	+	葡萄紫	+	漆黑	+	铅灰		青	
青葱	+	青翠	+	青莲色	+	青绿		青紫	
黢		黢黑		肉红	+	肉色	+	乳白	+
乳黄	+	色彩		煞白		刷白		水红	
汤色		糖色	+	桃红	+	桃色	+	天青	+
铁灰	+	铁青	+	通红		土黄	+	土色	+
驼色	+	瓦灰	+	瓦蓝	+	蔚蓝		五光十色	
乌黑	+	乌油油	+	鲜红	+	蟹青	+	新绿	+
猩红		杏红	+	杏黄		玄青		雪白	+
血红		血色		缥		鸭蛋青		牙色	
殷		殷红		胭红		烟色		嫣红	
颜色		洋红		银白	+	银红		银灰	+
鱼白	+	鱼肚白		玉色		原色		月白	
藏蓝		藏青		枣红	+	湛蓝		赭	
正色		朱红	+	紫		紫红		紫檀	
棕色	+								

从表2可以看出,上面所列举的出现于《现代汉语词典》(修订本)中的所有表示颜色的词语中,属于比喻词的颜色词明显是占了多数。如果除去单音节的颜色词(因为比喻词一般必须有两个音节以上,单音节词事实上构不成"比喻词"),那么,比喻词在所有全部表示颜色的词语中所占的比重就更大了。为了直观地显示这个比例,下面我们不妨汇总表2,得出如下的数据表3。

表3 《现代汉语词典》(修订本)所见颜色词中比喻词所占比例数据表

单音节颜色词总数	多音节颜色词总数	全部颜色词总数	比喻类颜色词总数	比喻类颜色词占全部颜色词总数的比例	比喻类颜色词占多音节颜色词总数的比例
26	179	205	120	59%	67%

从表3的数据,我们可以进一步清楚地看出:中国人的思维确实是有喜欢形象、具体、综合,而厌倦抽象、分析的特点。

除了颜色词的创造能够鲜明地凸显出一个民族的思维特点外,地名的命名也能从另一个侧面予以佐证。因为在人类的初始阶段,一个民族语言的产生从逻辑上说,应该是先要解决辨色、辨名的问题。如果一个民族的人们不能首先解决辨色、辨名问题,那么他们的生产活动、日常生活将会发生很大困难,他们的生存也有问题。而要辨色、辨名,首先就要"命名",就是创造表示颜色与人、事、物名称的词。关于颜色词的创造问题,我们上面已经论述了。下面我们就来谈谈辨名与命名问题。

辨名,主要包括人名、物名、地名等三个方面;因此,命名也就要包括人名、物名、地名等三个方面。从逻辑上来说,"命名"作为人类最初的语言活动之一,虽然只是人类生产生活的需要,但却能够见出一个民族的思维特点。汉民族人与世界上所有民族的人一样，在汉语产生的初始阶段，必然也是非常重视"命名"的（关于这一点，包括孔子在内的先秦诸子早有论述）。那么，汉民族祖先是如何命名的呢？汉民族祖先在命名时又体现了怎样的思维特点呢？这里，我们不可能一言以蔽之。但是，通过对中国历史上曾经存在过的人名、物名、地名的分析，我们似乎可以追寻到汉民族人在命名时所体现出的喜欢形象思维的鲜明特点。限于篇幅，我们这里不能做面面俱到的分析，不拟对人名与物名进行讨论，而只拟讨论地名问题。

为了说明汉语地名的命名跟中国人思维特点的关系，我们不妨作两个地名方面的抽样调查与统计分析。其一，是以 21 世纪全世界为之瞩目的全球最大的深水港——上海洋山深水港周边岛礁的名字为抽样调查对象。其二，是以向来以"山水甲天下"而闻名于世的广西桂林周边的山名为抽样调查对象。

下面我们先来看上海洋山深水港周边岛礁的命名。

根据相关数据显示，上海洋山深水港所在的岛礁，本是浙江舟山群岛的组成部分，也是向来人迹罕至的荒僻岛礁。因此，这些岛礁的名字多保留了浓郁的"民间"色彩，一般都是以比喻的方式来命名的，未被"雅化"或抽象化。

我们先将上海洋山港周边全部岛礁的名字列表呈现，然后汇总数据，看一下以比喻修辞法命名的岛礁数量占全部岛礁数量的比例（有 + 号的属于比喻修辞法命名）。

同样，广西桂林市周边山峰的命名情况，我们也列表呈现。这里需要说明的是，我们依据的是成都地图出版社 1997 年 7 月第 4 版、1998 年 2 月第 16 次印刷的《中国地图册》。在这个地图册的第 49 幅中，有一个桂林市的单独地图，其所明确标出的山峰名称，我们都将在表格中予以展示（有 + 号的属于比喻修辞法命名）。

表 4 上海洋山深水港周边岛礁名称一览表

岛礁名称	是否比喻法命名	岛礁名称	是否比喻法命名	岛礁名称	是否比喻法命名
大洋山（岛）		小洋山（岛）		大乌龟岛	+
小乌龟岛	+	将军帽岛	+	颗珠山（岛）	+
西马鞍山（岛）	+	圣姑礁岛	+	大指头岛	+
羊角礁岛	+	薄刀嘴岛	+		

表 5 上海洋山深水港周边岛礁以比喻法命名比例数据表

全部岛礁总数	以比喻法命名的岛礁总数	比喻法命名占总数的比例
11	9	82%

表 6 广西桂林市周边山峰(由北至南)名称一览表

山峰名称	是否比喻法命名	山峰名称	是否比喻法命名	山峰名称	是否比喻法命名	山峰名称	是否比喻法命名
雷劈山	+	磨盘山	+	马鞍山	+	凤凰山	+
芙蓉山	+	观音阁（山）	+	猫儿山	+	鸡公山	+
庙山	+	狮子山	+	蜈蚣山	+	牛角山（南）	+
仙鹤峰	+	观音峰	+	骝马峰	+	独秀峰	
伏波山	+	屏风山	+	西峰		观音山	+
白岩山		羊角山	+	牯牛山	+	天玑峰	+
辅星山	+	天枢峰	+	吊笋山	+	象鼻山	+
黑山		塔山		螺蛳山	+	穿山	
大头山	+	斗鸡山	+	龙头山	+	铜鼓山	+
馒头山	+	牛王山	+	风筝山	+	牛角山（南）	+
野狗山		罗汉山					

表 7 广西桂林市周边山峰以比喻法命名比例数据表

全部山峰总数	以比喻法命名的山峰总数	比喻法命名占总数的比例
42	37	88%

地名，尤其是远离大陆的荒僻岛礁和远离都市的山峰的名称，由于不受人们注意，也很少受文人"雅化"或抽象化更改的影响，因此它能更多地保留汉民族人民早期"民间"本色的思维特点，可以说是中国人尤其是汉民族人思维特点的"活化石"。从表4上海洋山深水港周边岛礁的名称与表6广西桂林市周边山峰的名称所显示出的比喻法命名比例之高的事实，我们完全可以进一步肯定地说：崇尚形象思维是中国人尤其是汉民族人典型的思维特点。

通过上面的定量统计与分析，我们似乎可以得出如下这样几个结论：

第一，要想准确说明中国人尤其是汉民族人的思维特点，证明中国人相比于西方人更倾向于形象思维，我们不能凭感觉下结论，而必须以事实说话，以扎实的数据分析来说明问题。林语堂先生通过中西文化的对比研究，首先提出了中国人喜欢形象思维的特点，给了我们深刻的启发。但是，我们应该在林语堂先生研究的基础上更进一步，通过扎实科学的研究方法，将林语堂先生的观点予以坐实，这才是科学的态度。

第二，中国人喜欢形象思维的特点，在语言上的反映最为突出，尤其是在词汇方面。汉语中有大量比喻词的存在，包括双音节的普通比喻词、三音节的惯用语、四音节的成语。另外，还有大量的借代词（主要是以具体代抽象的借代词，如以"罢手"代"停止"，以"笔墨官司"代"争论"，以"百折不挠"代"不屈服"等），以及相当数量的摹声词（如"丁当""丁东""格登""哗啦""萧萧"等），就是中国人尤其是汉民族人喜欢形象思维最有力的证据。因为词汇是思维的结晶物，也可以说是一个民族思维成果的积淀物，也是由此追寻一个民族文化包括民族思维特点的"活化石"。通过上面我们对一些汉语比喻词数量比例的抽样统计与定量分析,便可见出中国人的民族思维方式对汉语词汇的巨大影响。而汉语中有如此众多数量比例的比喻词以及借代词、摹声词,实际上又反过来强化、固化了中国人喜欢形象思维的思维定势。这一点,恐怕也是中国人倾向于形象思维的民族思维特点绵历不绝、历久不衰的一个原因。

第三,汉语中具有形象性特质的词汇之所以那么丰富,占比那么高(上面的定量统计已经显示),一方面固然与中国人喜欢形象化的思维方式有着密切关系,另一方面恐怕也与汉语中形象性词汇本身的特质脱不开干系。因为从语言表达的角度看,诸如比喻词、借代词、摹声词等形象化的词汇,在传情达意的效果上确实是"胜人一筹"。关于这一点,我们不妨引林语堂先生自己在论述"中国人的心灵类似于女性"问题时举过的例子及其评论:

中国人有如妇女,具体想象总是被用来取代抽象的名词。下面这句学术性很强的句子很难精确地译成汉语:

There is no difference but difference of degree between difference degree of difference and no difference.(注:此句大意是:所谓区别是指程度的不同,这种不同是介乎程度不同的区别与没有区别之间的区别。)

中国的翻译家可能会用孟子的一句话来代替:"以五十步笑百步,则何如?"这样的替代品在定义与精确性上都不如原句,然而行文却更明白晓畅。如果说"How could I perceive his inner mental process?"(我怎么能感知他大脑内部的运动过程呢?)不如说"How could I know what is going on in his mind?"(我怎么能知道他心里正在想什么?)更明白。后者则远不如这一句汉语表达得更清楚:"我是他肚里的蛔虫吗?"①

这里林语堂先生通过其所举的英文例子及其汉译,已经清楚地向我们昭示了这样一个事实:汉语的形象化表达确实有着西方人抽象化语言表达所不可企及的独特效果。

汉语的形象化表达的独特效果不仅可以通过汉英对译,从异文化的对比中看得非常清楚,就是仅就汉语论汉语,它的独特效果也是非常突出的。

就以我们的日常生活来说,我们每天所吃的许多菜肴,很多名称就是通过比喻法创造出来的,具有非常形象、生动的效果,简直让人难以忘怀。比方说,在我们的许多菜谱中,都有诸如"春笋凤尾虾"("凤尾虾"即一种明虾)、"鸭卷献明月"(其中的"明月",是指配料咸鸭蛋黄)、"翡翠炒虾仁"(其中的"翡翠",是指配料青豌豆)、"青椒串凤翼"(其中的"凤翼",是指即鸡中翅)、"碧绿珍珠丸"(主料是河虾仁和猪肉,其中的配料青豌豆,便是"碧绿珍珠")、"什锦烩白玉"(其中的"白玉",是指配料豆腐)、"银芽炒鸡丝"(其中的"银芽",是指配料绿豆芽)、"双菇炒滚龙"(其中的"滚龙",是指配料丝瓜)、"蒜炒地龙片"(其中的"地龙",是指主料黄鳝)等非常形象化的名称。

以上这些菜名还是比较正统的,现在还有更富于创造性的形象化菜名。如"母子相会"(即黄豆炒豆芽)、"青龙卧雪"(即白糖上面放一根黄瓜)、"悄悄话"(即口条加猪耳朵)、"乱棍打死猪八戒"(即豆芽炒猪头肉)、"雪山飞狐"(即炸白色虾片上撒一些虾皮或炸

---

① 林语堂:《中国人》(My Country and My People),郝志东、沈益洪译,杭州:浙江人民出版社,1992年,第66页。

过的小蝎子)、"独秀峰"(即一盘鸭屁股)、"裸体美女"(即去皮的花生米)、"黑熊耍棍"(即黑木耳炒豆芽)、"银芽盖被"(即在黄豆芽掐头去尾的白梗上盖一层摊鸡蛋)、"白马王子"(即一盘煮豆腐)等菜名①,几乎因为其过于形象化的名称,而屡屡让消费者陷入了骗局。这些菜名的创造虽然是商业上的不道德行为,但也从反面说明了一个问题:这就是汉语比喻法造词所产生的异乎寻常的生动效果是其他民族语言所不可比拟的。中国自古以来就有一条"民以食为天"的古训,中国人看重"食",且在菜名上大做形象化的文章,既体现了中国人崇尚形象思维的民族特点,也体现了汉语比喻法造词产生的形象性、生动性效果的魅力所在。

第四,汉语中大量比喻词、借代词的存在,从语言学的角度看,是合理的。因为比喻法造词与借代法造词是词汇发展的一条基本途径,也是人类认知客观世界的一种方式。现代认知语言学认为,"导致语言变化的触媒是隐喻。一代人的隐喻是后一代人的常规表达。"②又认为:"语言深深扎根于认知结构中。隐喻就是一种重要的认知模式,是新的语言意义产生的根源。"③不仅如此,"如果一种语言没有隐喻,其结果只有两个:要么它的表达力非常有限,只能用来表达非常直观的、具体的事物和现象,这只存在于低级社会;要么它的词汇和表达式多得惊人,因为一个词或表达式只代表一种事物或现象。试想这样的语言是无法存在的,因为人类的大脑是无法掌握它的。人的大脑不是无限容量的数据库,而是具有创造力的,其创造力就在于它能借助于已知的事物和已有语言形式

---

① 一滴蜜糖:《28道靠菜名宰人的经典名菜》。
② 胡壮麟:《认知隐喻学》,北京:北京大学出版社,2004年,第5页。
③ 赵艳芳:《认知语言学概论》,上海:上海外语教育出版社,2005年,第99页。

认知和命名新的事物,这种能力不仅是靠学习得来的,而且是认知能力发展的结果。 只有这样,人类才有可能对知识、信息、语言进行有效的储存、记忆和表达,才有可能认识世界。"①也就是说,比喻造词既是人类的一种认知方法,也使语言得以发挥以少衍多、以简驭繁,充分发挥语言效能的工具作用。

---

① 赵艳芳:《认知语言学概论》,上海:上海外语教育出版社,2005年,第96页。

第二讲　中国人审美观的形成与
　　　　《诗经》修辞实践

中国人的审美观何时形成，我们目前无法得出结论。但是，我们可以肯定的是，早在先秦时代中国人就已形成了自己的审美观。关于这一点，我们从现存汉语文献最早的《诗经》修辞实践中便可窥见一斑。

这一讲，我们拟通过《诗经》在比喻、列锦、起兴三个方面的修辞实践来探讨一下中国人审美观的形成。

一、《诗经》比喻实践与中国人的审美认知

众所周知，比喻不仅是语言表达中一种有效而常用的修辞手法，而且也是人类认知世界的一种方法。因此，在世界的任何一种民族语言中都有比喻现象的存在，都有比喻修辞手法的运用。汉语是人类历史上最为古老的少数几种语言之一，具有非常悠久的历史，汉民族人民运用比喻手法的修辞实践的历史也非常悠久。口语中汉民族先民的比喻修辞实践的真实情况，今天我们已经无法得知了。但是，透过现存最早的汉语诗歌总集《诗经》，我们至少可以对先秦时代诗人的比喻修辞实践的情况略有了解。

对于《诗经》的比喻研究，学术界早就开始了。根据中国台湾学者李丽文的调查，迄今为止，中外学者对《诗经》中各种修辞现象进行过研究且留下相关学术成果的就有 85 家之多。[1]值得指出的是，在这些研究中，其中以比喻的研究成果最为引人瞩目。如最早对《诗经》修辞问题进行研究的日本著名汉学家诸桥辙次，在其所著《诗经研究》（东京目黑书店，1912 年 11 月出版）中曾将《诗经》中所出现的修辞手法概括为 16 种，其中就有对《诗经》中"譬喻法"的专门论述。又如中国学者中最早对《诗经》修辞进行研究的学者程俊英，在其在所著《诗之修辞》（刊于 1922 年 12 月《学衡》第十二期）中曾将《诗经》中所运用到的修辞法概括为 14 种，其中专门论述了《诗经》中的"直喻""隐喻""活喻""讽喻""声喻""提喻""换喻""张喻""引喻"等跟比喻有关的内容。再如著名的中国古典文学研究专家唐圭璋，在其《三百篇修词之研究》（刊于《国学丛刊》第二卷第四期，1925 年 10 月）中曾将《诗经》中所运用到的修辞手法概括为 18 种，其中专门论述了《诗经》中的"明喻法""隐喻法"。[2]其他如日本学者目加田诚、杉木行夫、松本雅明、古田敬一，海峡两岸的中国学者如张西堂、叶龙、邢济众、谢无量、于维杰、刘仪芬、黄振民、罗敬之、周满江、彭丽秋、石晓林、黄素芬、郑郁卿、胡子成、魏靖峰、王瑞莲、夏传才、郑军健、王忠林、唐文德、崔锡臣、安秉均、王树溥、洪丽娣、潘柏年、林淑贞、李丽文等，都在其相关研究论著中论及《诗经》比喻修辞手法的运用。[3]

---

[1] 李丽文:《诗经修辞研究》,台北:万卷楼图书股份有限公司,2009 年,第 20 页。
[2] 同上书,第 10—20 页。
[3] 同上。

应该说，中外学者有关《诗经》比喻修辞手法运用的研究成果不少。但是，大多着眼于对比喻结构类型的分类，最多的则是对不同类型的比喻修辞文本的表达效果进行分析。而对《诗经》中的比喻修辞文本建构如何实现"本体"与"喻体"的有效匹配问题，则一直未见有学者展开过研究；对先秦诗人比喻修辞文本建构在"喻体"选择的意象认知上所体现的审美倾向，以及对后世中国人审美观的形成所产生的深刻影响，就更未见有学者展开过探讨。

我们认为，《诗经》的比喻修辞实践不仅鲜明地表现出先秦诗人高度的创意造言智慧，而且体现了其鲜明的审美倾向，特别是在喻体选择的意象认知上所展露的审美倾向，对后世中国人的审美观的形成产生了深远的影响。这里我们不拟对《诗经》中的比喻进行全方位的研究，而只拟对其比喻修辞实践中的喻体选择的意象认知所展露的审美倾向进行透视分析，探讨其对后世中国人审美观的形成所产生的深刻影响。其中，着重谈两个问题：一是《诗经》"桃花"之喻所确立的审美观，二是《诗经》颂赞之喻所确立的审美价值观。

下面我们先谈第一个问题：《诗经》"桃花"之喻所确立的审美观。

对汉语修辞史有所了解者，对中国诗歌史有所了解者，都会有一个共同的体认，《诗经》作为汉语文学现存最早的诗歌总集，其在比喻修辞实践上的努力是非常突出的。根据中国台湾学者李丽文的统计，《诗经》305篇一共运用比喻手法建构了407例[①]各种形态的比喻修辞文本。这些修辞文本，诸如最为中国人传诵的爱情名句

---

① 李丽文：《诗经修辞研究》，台北：万卷楼图书股份有限公司，2009年，第49页。

"一日不见,如三秋兮",不仅创意造言富有智慧,本体与喻体的匹配恰切合理,有"化未知为已知""化抽象为具象""化平淡为生动""化深奥为浅显"①等突出的表达效果,而且在选择喻体与本体进行匹配时表现出了鲜明而自觉的审美倾向,对后世中国文学家的创作审美观的形成产生了深刻的影响。如:

<u>桃之夭夭</u>,<u>灼灼其华</u>。之子于归,宜其室家。
<u>桃之夭夭</u>,<u>有蕡其实</u>。之子于归,宜其家室。
<u>桃之夭夭</u>,<u>其叶蓁蓁</u>。之子于归,宜其家人。

(《诗经·周南·桃夭》)

这首诗实际上是对一位女子出嫁的祝辞。全诗三章,分别以桃花、桃(果实)、桃叶比喻女子出嫁能使夫家子孙繁茂,家族兴旺。全诗每一章的开头两句都是比喻,属于"借喻"。本体"即将出嫁的女子"与喻词"如"都略而不现,只让喻体"桃华(花)""桃实""桃叶"单独呈现来表情达义。这种借喻修辞文本的建构,不仅开创了汉语比喻结构的新模式,而且在喻体选择的意象认知上首次将女子之美与桃花联系搭挂在一起,使后世中国文学家对女子之美的审美认知有了确切的依据。

关于这一点,我们看一看先秦以后的文学作品在描写女子容貌之美时的措辞,就可以清楚地见出《诗经》的比喻修辞实践对后世文学家审美观形成的深刻影响。

南国有佳人,<u>容华若桃李</u>。
朝游江北岸,夕宿潇湘沚。

---

① 吴礼权:《现代汉语修辞学》(第四版),上海:复旦大学出版社,2020年,第94—95页。

>　　时俗薄朱颜,谁为发皓齿?
>
>　　俯仰岁将暮,荣耀难久恃。
>
>　　　　　　（三国魏·曹植:《杂诗七首》其四）

　　这首诗的第二句就是一个比喻修辞文本,本体是"(佳人)容华"(即"佳人容貌"),喻体是"桃李",喻词是"若",是一个典型的"明喻"结构模式。值得指出的是,这个比喻的喻体"桃李",所指并非是"桃树与李树",或是"桃花与李花",而是实指"桃花"。之所以诗人将实际语义表达的"桃花"写成"桃李",乃是因为诗歌押韵的需要。如果写成"桃花",那么其尾字"花"就不能跟第四句的尾字"沚"、第六句的尾字"齿"、第八句的尾字"恃"构成"同声相应"的押韵关系。由此可见,曹植这里所建构的比喻文本,其喻体实质上是"桃花"。

　　众所周知,描写女子容颜之美可以有无数种表达方式。如果一定要用比喻修辞手法,喻体也不一定非要选择"桃花"不可,完全可以选择其他别的事物,只要是人们都认同是美的东西。如果一定非要选择"花"为喻体不可,也可以选择"李花""杏花"或什么别的花。事实上,世界各国语言中都有将女人比作花的。英国作家王尔德曾说过:"第一个用花比女子的是天才,第二个用花比女子的是庸才,第三个用花比女子的是蠢才。"[①]王尔德的话,可以说明这样一个事实:将女人比花并非汉民族人的独到发明,亦非汉语修辞的专利。但是,将女人比桃花,则是中国先秦诗人创意造言的智慧,体现了先秦时代人们对桃花的审美认知与审美观。大家都知道,曹植乃三国时代的大文学家,被中国古代文人奉之为"才高八

---

① 沈谦:《修辞学》(修订版),台北:台湾空中大学印行,1995年。

斗"的奇才，并不缺少创意造言的智慧，那他为什么要因袭先秦诗人的比喻旧套，一定要将其笔下的南国佳人的容颜比作桃花，而不是别的什么呢？应该说没有别的原因，只有一种解释，这就是曹植在诗歌创作时受了《诗经·周南·桃夭》比喻修辞实践所确立的审美观的深刻影响，于是在不知不觉中无意识地沿袭了先秦诗人的旧喻。

从理论上说，"桃花"与"美女容颜"并不存在必然的联系。《诗经·周南·桃夭》一诗的作者之所以选择桃花作为喻体来比况美女容颜，应该是偶然的，只代表了他对桃花意象的认知，是他个人审美观的体现。然而，正是因为这偶然的比况与对桃花意象的审美认知，遂让后世文学家受到了深刻影响。于是，在中国文学史上不断有桃花比美女容颜的修辞文本建构。除了上面我们提到的三国时代的曹植之外，还有无数的诗人与小说家都有相类似的比喻文本建构。不仅如此，甚至还有文学家以此为基础，用比喻修辞法造出了"桃花面"这样的比喻词，将先秦诗人对桃花意象的审美认知凝固化，将其融入汉语词汇之中，成为汉语表达的"建筑材料"。如：

(1) 裹头极草草，掠鬓不萋萋。未见<u>桃花面</u>皮，漫作杏子眼孔。

(唐·张元一:《又嘲武懿宗》)

(2) 昨夜夜半，枕上分明梦见。语多时。依旧<u>桃花面</u>，频低柳叶眉。

半羞还半喜，欲去又依依。觉来知是梦，不胜悲。

(唐·韦庄:《女冠子》)

虽然我们目前尚不能从汉语词汇史的角度断定，先秦诗人创造的以桃花比美女容颜的比喻究竟在何时被词汇化，凝固成了一个复合词"桃花面",但我们至少可以知道,最迟在唐代汉语中就已经有"桃花面"这个词了。因为例(1)的诗作者张元一是唐代武则天时代的人,他所嘲弄的对象武懿宗正是武则天的族兄,而例(2)的词作者韦庄则是晚唐文学家。张元一的诗与韦庄的词中都有"桃花面",都不是作为一个比喻修辞文本出现,而是作为一个词在使用的。因为例(1)"桃花面皮"(即"桃花面")是作为动词"见"的宾语,明显是作为一个词汇单位在使用;例(2)的"桃花面"也是作为一个词在使用,因为我们将"依旧桃花面"跟其对应的下句"频低柳叶眉"比照一下,就会发现下句的"柳叶眉"是动词"低"的宾语,由此可知与之对应的上句"依旧桃花面"也是一个动宾结构,动词"是"省略。可见,先秦诗人以桃花喻美人的修辞实践,以及对桃花喻体意象的审美认知,不仅深刻影响了后世文学家的审美价值观,也在事实上深刻影响了普通大众的审美价值观。因为一个比喻文本的创造可以视为个人修辞行为,但一个比喻词的运用就不再是个人修辞行为了,而应视为是一种非自觉的语言行为。如果这个比喻文本带有某种审美倾向,那么由这个比喻文本转化的比喻词也必然带有某种审美倾向。相对来说,比喻文本影响到的受众面是有限的,而比喻词影响到的受众面则是无限的。因为任何一个比喻文本都存在于特定的文学作品中,并不一定为全民所了解;但是,一个比喻词一旦创造出来并进入词汇系统,就成了语言的建筑材料,一定为全民所运用。从这个意义上说,先秦诗人桃花之喻的审美观在晚唐之后,恐怕就不只是对文学家的审美价值观有深刻影响了,而是随着"桃花面"一词的广泛运用而对全体中国人的审美价值观都产生了潜移默化的深刻影响。

事实也正是如此,这一点我们可以看看唐代以后中国历代文学

作品中所出现的"桃花面"一词的情况:

(3)万木凋残,早梅独占孤根暖。前村雪满,昨夜南枝绽。/堪恨倚栏,容易吹羌管。飘琼片,翠蛾争选,贴向桃花面。

(宋·无名氏:《点绛唇》)

(4)二月春游须烂漫。秉烛看花,只为晨曦短。高举蜡薪通夕看,红光万丈腾天半。/寄语平时游冶伴,不负分阴,胜事输今段。灯火休催归小院,殷勤更照桃花面。

(宋·葛胜仲:《蝶恋花》)

(5)杯深莫厌,强看桃花面。记约阳和初一线,便恁芳菲满眼。/明年春色重来,东堂花为谁开。我在芦花深处,钓矶雨绿莓苔。

(宋·毛滂:《清平乐》)

(6)龟纱隔雾,绣帘钩月,那时曾见。照影儿、觑了千回百转。素艳明于练。/柔肠堆满相思愿。更重看几遍。是天然不用,施朱栊翠,羞损桃花面。

(宋·赵长卿:《探春令》)

(7)山空天入海,倚楼望极,风急暮潮初。一帘鸠外雨,几处闲田,隔水动春锄。新烟禁柳,想如今、绿到西湖。犹记得、当年深隐,门掩两三株。/愁余。荒洲古溆,断梗疏萍,更漂流何处。空自觉、围羞带减,影怯灯孤。常疑即见桃花面,甚近来、翻笑无书。书纵远,如何也都无。

(宋·张炎:《渡江云》)

(8)斜日封残雪。记别时、檀槽按舞,霓裳初彻。唱煞阳关留不住,桃花面皮似热。渐点点、珍珠承睫。门外潮平风席正,指佳期、共约花同折。情未忍,带双结。钗金未断肠先结。下扁舟、更有暮山千叠。别后武陵无好梦,春山子规更切。但孤坐、一帘明月。蚕共茧、花同蒂,甚人生要见,底多离别。谁念我,泪如血。

(宋·吕渭老:《贺新郎》)

(9) 春风曾见<u>桃花面</u>,重见胜初见。两枝独占小春开,应怪刘郎迷路、又重来。/旁人应笑髯公老,独爱花枝好。世间好景不长圆,莫放笙歌归院、且尊前。

(宋·张景修:《虞美人》)

(10) 中酒情怀,怨春羞见<u>桃花面</u>。王孙别去草萋萋,十里青如染。不恨梨云梦远,恨只恨、盟深交浅。一般孤闷,两下相思,黄昏依黯。/楼依斜阳,翠鸾不到音书远。绿窗空对绣鸳鸯,□缕凭谁翦。知在新亭旧院。杜鹃啼、东风意懒。便归来后,也过清明,花飞春减。

(宋·仇远:《烛影摇红》)

(11) 分明无背面,相逢不相见。年年<u>桃花面</u>,临州下水船,梢公力方便。

(宋·释印肃:《三昧诸颂》)

(12) 一杯连坐两髯棋,数片深红入座飞。十分潋滟君休诉,且看<u>桃花好面皮</u>。野饮花间百物无,杖头惟挂一葫芦。已倾潘子错著水,更觅君家为甚酥。

(宋·苏轼:《刘监仓家煎米粉作饼子余云
为甚酥潘邠老家造》)

(13) 襟抱恢疏老更宽,笑谈终夕尽君欢。主人更有<u>桃花面</u>,病眼其如隔雾看。

(宋·晁冲之:《和二十二弟》二首其一)

(14) 楼倚春城,锁窗曾共巢春燕。人生好梦比春风,不似杨花健。旧事如天渐远。奈情缘、素丝未断。镜尘埋恨,带粉栖香,曲屏寒浅。/环佩空归,故园羞见桃花面。轻烟残下阑干,独自疏帘卷。一信狂风又晚。海棠花、随风满院。乱鸦归后,杜宇啼时,一声声怨。

(宋·翁孟寅:《烛影摇红》)

(15) 菊花忽作桃花面,放眼难看九月黄。花不见桃惟见菊,又将红雨学啼妆。

(宋·朱翌:《桃花菊》)

(16) 雪洗桃花面,烟描柳叶眉。与春同是梦,安用赏春为。

(宋·白玉蟾:《春日自省》二首其一)

(17) 风流紫府郎,痛饮乌纱岸。柔软九回肠,冷怯玻璃盏。纤纤白玉葱,分破黄金弹。借得洞庭春,飞上桃花面。

(金·完颜璟:《生查子》)

(18) 池亭荷净纳凉时。四面柳依稀。棹得酒船回。看风里、沙巾半欹。残霞照水,夕阳明树,天付画中诗。应不负归期。更谁看、桃花面皮。

(元·许桢:《太常引》)

(19) 春风尽日闲庭院,人美丽正芳年,时常笑显桃花面。翠袖揎,玉笋呈,金杯劝。

(元·钟嗣成:《骂玉郎过感皇恩采茶歌·欢》)

(20) 社日年年会饮同,东原西埭鼓冬冬。无人不是桃花面,笑杀河阳树上红。

(明·陈宪章:《社中》四首)

(21) 秦淮二月新柳黄,折柳贻人人断肠。可怜袅袅秦淮柳,今朝又上离人手。离人手把柔条看,柔肠低拂紫骝鞍。紫骝欲嘶人落泪,谁当此际犹能醉。绸缪执手问前期,莲子花开是到时。但恐见莲君不见,令人空忆桃花面。青青草色长干道,偏使离人颜易槁。秦淮上流即丰溪,我心随水不复西。请看不断秦淮水,有心宁不相思死。

(明・郑如英:《秦淮别怨诗赠期莲生》)

(22)星桥乌鹊填,笑婵娟,金尊偏送<u>桃花面</u>。

(明・陈汝元:《金莲记・小星》)

例(3)至例(22)是宋、金、元、明各时代的诗、词、曲作品,其中都有"桃花面"(包括其变体"桃花面皮")一词的运用。由此可见,由《诗经・周南・桃夭》"桃花"之喻的修辞实践而生成的比喻词"桃花面",早已连同其"桃花"喻体的意象审美认知深刻地影响了中国历代文学家的审美观,并成为其"集体无意识"的审美自觉。经由这些文学作品的传播,"桃花面"一词在普通民众中的传播也就可想而知了,普通民众受《诗经》修辞实践审美观影响的程度也就可想而知了。因为词汇是人类思维的结晶,是人类认知的产物。词汇在语言表达中反复运用,又反过来固化了人们的思维与认知,产生心理定势作用。"桃花"喻体的意象审美认知虽然一开始只属《诗经・周南・桃夭》一诗作者个人,但事实上却随着"桃花面"一词在汉语日常语言表达中的扩散运用,早已成为全体中国人"集体无意识"的审美自觉。

这里,我们还需要指出的一点是,"桃花面"一词在唐代以后的广泛传播与流行,恐怕还与唐人崔护《题都城南庄》一诗有关。这首诗只有四句"去年今日此门中,人面桃花相映红。人面不知何处去,桃花依旧笑春风",但在中国文学史上却非常有名。因为这首诗跟一个美丽的爱情故事有关。唐人孟棨《本事诗·情感第一》记其事曰:"博陵崔护,资质甚美,而孤洁寡合。举进士下第。清明日,独游都城南,得居人庄。一亩之宫,而花木丛萃,寂若无人。扣门久之,有女子自门隙窥之,问曰:'谁耶?'以姓字对,曰:'寻春独行,酒渴求饮。'女入以杯水至,开门设床命坐,独倚小桃斜柯伫立,而意属殊厚,妖姿媚态,绰有余妍。崔以言挑之,不对,目注者久之。崔辞去,送至门,如不胜情而入。崔亦眷盼而归,嗣后绝不复至。及来岁清明日,忽思之,情不可抑,径往寻之。门墙如故,而已锁扃之。因题诗于左扉曰:'去年今日此门中,人面桃花相映红。人面不知何处去,桃花依旧笑春风。'后数日,偶至都城南,复往寻之,闻其中有哭声,扣门问之。有老父出曰:'君非崔护邪?'曰:'是也。'又哭曰:'君杀吾女。'护惊起,莫知所答。老父曰:'吾女笄年知书,未适人,自去年以来,常恍惚若有所失,比日与之出,及归,见左扉有字,读之,入门而病,遂绝食数日而死。吾老矣,此女所以不嫁者,将求君子以托吾身,今不幸而殒,得非君杀之耶?'又特大哭。崔亦感恸,请入哭之。尚俨然在床。崔举其首,枕其股,哭而祝曰:'某在斯,某在斯。'须臾开目,半日复活矣。父大喜,遂以女归之。"①史载,崔护经历几次科举考试失利后,最终于唐德宗贞元十二年(公元796年)进士及第。唐文宗太和三年(公元829年)官至京兆尹,同年升任御史大夫、广南节度使。崔护在仕途上虽然一帆风顺,为一代封疆之大吏,但文学上的成就并不是特别突出,现见于《全唐诗》中的存诗

---

① 孟棨等撰、李学颖标点:《本事诗续本事诗本事词》,上海:上海古籍出版社,1991年,第13—14页。

只有六首,其中以《题都城南庄》流传最为广泛,在中国文学史上的影响最大。这首诗之所以传播久远,除了其背后的爱情故事感人之外,事实上还与其中的两句在修辞文本的建构上的成功有关。这两句,一是第二句"人面桃花相映红",将"人面"与"桃花"并举,这是修辞上的"映衬";二是第四句"桃花依旧笑春风",将桃花人格化,是修辞上的拟人。正是因为有第二句"人面"与"桃花"相互映衬的喜悦之情作铺垫,遂使第四句不见"人面"而只见"桃花"的无比悲伤之情就显得愈发深重。这就是这首诗感人至深的原因所在。我们应该承认,"桃花面"一词早在崔护之前就已存在,而且崔护也未曾运用比喻修辞手法将"人面"与"桃花"联系搭挂起来,但是他将"人面"与"桃花"作为对照,事实上是认同了桃花的审美价值,是对《诗经》有关"桃花"喻体意象审美认知的继承。同时,我们还应承认,比喻词"桃花面"的发明者虽非崔护,但崔护的《题都城南庄》一诗在推动汉语"桃花面"一词的扩散传播方面所发挥的作用肯定是非常大的。

下面我们再来谈第二个问题:《诗经》颂赞之喻所确立的审美价值观。

《诗经》的比喻修辞实践很多,对中国人审美价值观的形成影响深远。除了上述《国风·周南·桃夭》的"桃花"之喻外,不少表达赞美、祝颂主题的诗作所建构的比喻修辞文本,其喻体选择的意象审美认知对后世中国人审美价值观的影响也是非常深远的。限于篇幅,这里我们不拟将《诗经》所建构的相关修辞文本一一列举出来,而只拟举两例有关颂赞主题的比喻修辞文本作以说明。

(1)硕人其颀,衣锦褧衣。齐侯之子,卫侯之妻,东官之妹,邢侯之姨,谭公维私。

手如柔荑,肤如凝脂,领如蝤蛴,齿如瓠犀,螓首蛾眉,巧笑倩兮!美目盼兮。

硕人敖敖,说于农郊。四牡有骄,朱幩镳镳,翟茀以朝。大夫夙退,无使君劳。

河水洋洋,北流活活。施罛濊濊,鳣鲔发发,葭菼揭揭。庶姜孽孽,庶士有朅。

(《国风·卫风·硕人》)

例(1)是赞美"齐侯之子,卫侯之妻,东宫之妹,邢侯之姨"的卫庄公夫人庄姜之美貌的。其中,第二章有六个比喻修辞文本连续铺排,分别是:"手如柔荑",形容庄姜之手就像是春天萌生的白茅之芽,又细又嫩;"肤如凝脂",形容庄姜的皮肤就像是凝固的油脂那样细腻光滑;"领如蝤蛴",形容庄姜的脖颈就像蝤蛴(天牛的幼虫)那样又白又长;"齿如瓠犀",形容庄姜的牙齿就像瓠瓜籽儿一样洁白整齐;"螓首蛾眉",是两个比喻文本联合并列,"螓首"是形容庄姜的额头就像螓(似蝉而小)一样丰满开阔;"蛾眉"是形容庄姜的眉毛像蛾蚕的触角那样细长而弯曲。这六个比喻修辞文本所涉及的六个喻体,都鲜明地体现了诗人喻体选择的意象审美认知,清楚地彰显了其对女子之美的认定标准。

值得指出的是,《诗经·卫风·硕人》一诗所彰显的上述审美认知虽然还带有诗人的个人色彩,充其量也只能代表先秦时代人们的审美认知,不可能代表所有时代所有人的审美认知。但是,由于《诗经》上述比喻修辞实践所确立的喻体意象审美的价值观事实上对后世文学家的文学创作产生了深刻的影响,以至于直到今日,中国人对于女性之美的审美认知仍然在沿袭先秦时代人们的认知模式。比如说,在我们日常语言生活中,常常会发现有人对女人之手的柔嫩与手指的细长,牙齿的洁白整齐,皮肤的光滑细腻,脖子的细长白皙,额头的饱满,眉毛的细长弯曲等持赞美态度;在很多现代文学作品中,则不时见到诸如"细长的手指""柔嫩的小手""洁白整齐的牙齿""肤如凝脂""淡扫蛾眉""天庭饱满"等描写女性容貌的用语被一再重复运用,甚至成了文学描写的套话,成为人人都熟悉的陈词滥调。有关这方面的例子,只要大家在日常语言生活与文学阅读中稍有留心,便能经常发现,毋庸我们再予以举例说明了。而这些套话与陈词滥调之所以一再被人们重复,并不是因为现代人缺乏创意造言的智慧,而是深受《诗经》有关女性之美的比喻修辞实践所确立的审美观的深刻影响,以至于在"集体无意识"的传统审美价值观的作用下,在说写表达中不知不觉地脱口而出、下笔一挥成文。

《诗经》的比喻修辞实践,除了在赞美女子之美方面对后世中国人的审美价值观产生了深刻影响外,还有其他很多方面。如:

(2) 天保定尔,亦孔之固。俾尔单厚,何福不除?俾尔多益,以莫不庶。

天保定尔,俾尔戬榖。罄无不宜,受天百禄。降尔遐福,维日不足。

天保定尔,以莫不兴。<u>如山如阜,如冈如陵,如川之方至</u>,以莫不增。

吉蠲为饎,是用孝享。禴祠烝尝,于公先王。君曰卜尔,万寿无疆。

神之吊矣,诒尔多福。民之质矣,日用饮食。群黎百姓,徧为尔德。

<u>如月之恒,如日之升。如南山之寿</u>,不骞不崩。<u>如松柏之</u>

茂,无不尔或承。

(《小雅·天保》)

例(2)是一首祝颂诗。对此,《毛诗序》有清楚地说明:"《天保》,下报上也。君能下下以成其政,臣能归美以报其上焉。"现代学者赵逵夫更进一步指出,"此诗乃是召公致政于宣王之时祝贺宣王亲政的诗"。全诗"表达了作为宣王的抚养人、老师及臣子的召伯虎在宣王登基之初对新王的热情鼓励及殷切期望,即期望宣王登位后能励精图治,完成中兴大业,重振先祖雄风。实际上,也表达了召伯虎作为一个具有远见卓识的政治家的政治理想"①。全诗共六章,其中第三章与第六章都有比喻修辞文本的建构。第三章有三个比喻修辞文本连续铺排:"如山如阜,如冈如陵,如川之方至",是颂天之辞,意思是说:上天之恩如山如岭,上天之恩如冈如陵,上天之恩如江河之水。第六章有四个比喻修辞文本,分别是"如月之恒,如日之升。如南山之寿"与"如松柏之茂",是祝颂周宣王之辞。前三句的意思是说:周宣王就像渐满的上弦之月,又像是冉冉而升的朝阳,周宣王将会像南山一样万寿无疆。后一句的意思是说:周宣王年轻旺健,就像茂盛的松柏一样。

召伯虎祝颂周宣王的上述七个比喻修辞文本,其所选择的喻体,我们将其归纳一下,其实就是五类:一是"日",二是"月",三是"山"(包括"山""阜""冈""陵""南山"),四是"川",五是"树"(包括"松""柏")。众所周知,"日""月""山""阜""冈""陵""川""松""柏",乃是大自然中寻常之物,诗人召伯虎之所以

---

① 姜亮夫等撰:《先秦诗鉴赏辞典》,上海:上海辞书出版社,1998年,第330—331页。

在祝颂周宣王时选择了这五类事物作为喻体,而没有选择其他别的事物,应该是基于先秦时代人们对太阳的高远温暖之美、月亮的高远明亮之美、山陵的高大之美、江河的深广之美、松柏的茂盛长青之美的审美认知。客观地说,《诗经·小雅·天保》的这种审美倾向不能代表中国先秦时代所有人的认知,当然更不能代表所有时代的中国所有人的认知。但是,事实上由于诗人召伯虎上述比喻修辞实践在喻体选择的审美认知经由《诗经》的广泛传播,早已对全体中国人产生了一种先入为主的影响,从而使后世中国人的审美价值观受到了深刻影响。这种审美价值观的影响,我们不必从中国历代文学作品中去引经据典,仅从我们今日的日常生活中就能找到鲜活的例证。例如,20世纪60年代中期(甚至更早)开始到70年代后期结束的这一历史时期,一些诗词或歌曲作者以太阳比毛泽东,以高山、大海比毛泽东对中国人民的恩情,以松柏万年青祝愿毛泽东万寿无疆;又如,日常生活中,我们每当要对父母的养育之恩,或是对别人的提携帮助之恩表达感激之情时,常有"恩重如山""恩深似海"的说法;又如,我们每当逢年过节或老人寿宴之时祝福老人,常用"寿比南山,福如东海"之类的套话。这些语言现象,对于中国人来说,早已习以为常,说了千百遍,听了千百遍,都是不以为意的,几乎没有人会意识到我们的这些语言表达实际上是浸透了先秦时代的审美价值观,是受到《诗经·小雅·天保》比喻修辞实践所确立的审美价值观深刻影响的结果。至于《诗经·小雅·天保》有关月亮之喻所确立的审美价值观对后世中国人的深刻影响,我们看看《诗经》之后的中国历代文学创作与日常语言生活的表现,就一清二楚了,毋庸赘述。

二、《诗经》列锦实践与中国人的审美价值观

列锦作为一种修辞手法,在汉语中有着悠久的历史。根据我们的调查与考证,就现今所能见到的汉语文学存世最早的史料来看,列锦修辞手法的运用,"在先秦的《诗经》中就已经萌芽"。①《国风·召南·草虫》与《小雅·斯干》两篇,都有列锦修辞文本的建构。如《国风·召南·草虫》:

喓喓草虫,趯趯阜螽。未见君子,忧心忡忡。亦既见止,亦既觏止,我心则降。

陟彼南山,言采其蕨。未见君子,忧心惙惙。亦既见止,亦既觏止,我心则说。

陟彼南山,言采其薇。未见君子,我心伤悲。亦既见止,亦既觏止,我心则夷。

这首诗是写一位女子思念行役在外的丈夫的情感苦痛。第一章写秋天的心情,第二章以示现修辞手法写第二年春天的心情,第三章写夏天的心情。其中,第一章的开头两句"喓喓草虫,趯趯阜螽",就是一个运用了列锦手法的修辞文本。之所以说这两句诗是运用了列锦手法的修辞文本,是因为从结构上看,这两句都以偏正短语的形式构句,没有动词、介词等其他虚词之助,属"NP,NP"(NP表示"名词短语")式名词句的并列铺排;从语境上看,这两句是一个独立表义的言语单位,自成一体,跟其他诗句不存在句法与

---

① 吴礼权:《晚唐时代"列锦"辞格的发展演进状况考察》,《平顶山学院学报》,2012年第1期,第114页。

语义上的纠葛。因为这两句居全诗之首,其后两句"未见君子,忧心忡忡"都是正常的主谓句。"未见君子"一句,主语省略,谓语动词是"未见",宾语是"君子";"忧心忡忡"一句,主语是"忧心","忡忡"是形容词做谓语。从表现形式上看,这两句属于"对句式"列锦修辞文本。

又如《小雅·斯干》:

<u>秩秩斯干,幽幽南山</u>。如竹苞矣,如松茂矣。兄及弟矣,式相好矣,无相犹矣。

似续妣祖,筑室百堵,西南其户。爰居爰处,爰笑爰语。

约之阁阁,椓之橐橐。风雨攸除,鸟鼠攸去,君子攸芋。

如跂斯翼,如矢斯棘,如鸟斯革,如翚斯飞,君子攸跻。

殖殖其庭,有觉其楹。哙哙其正,哕哕其冥。君子攸宁。

下莞上簟,乃安斯寝。乃寝乃兴,乃占我梦。吉梦维何?维熊维罴,维虺维蛇。

大人占之:维熊维罴,男子之祥;维虺维蛇,女子之祥。

乃生男子,载寝之床。载衣之裳,载弄之璋。其泣喤喤,朱芾斯皇,室家君王。

乃生女子,载寝之地。载衣之裼,载弄之瓦。无非无仪,唯酒食是议,无父母诒罹。

这首诗是写庆贺王宫落成的喜悦之情。诗人先写王宫建筑之过程,接叙宫室之豪华,最后预祝居住于此的君王能够多子多福。其中,全诗开头两句"秩秩斯干,幽幽南山"也是以列锦手法建构的修辞文本。因为这两句居全诗之首,跟其后的"如竹苞矣,如松茂矣"两句在句法结构与语义上没有任何纠葛,是一个独立的表义单位。而其后的"如竹苞矣,如松茂矣"两句在句法与语义上也是完足的，只是主语（家庭人口）"探下省略"而已。

由以上的分析，我们可以据此认定，《国风·召南·草虫》中的"喓喓草虫，趯趯阜螽"两句，《小雅·斯干》中的"秩秩斯干，幽幽南山"两句，是现存汉语文学文献中最早的以列锦手法建构的修辞文本。尽管这种列锦修辞文本的建构"尚属先秦诗人非自觉修辞行为的产物，是诗人自然写实时妙趣天成的天籁之音，并非诗人在清晰、明确的审美意识主导下的结果"①。因为诗句"先以'喓喓'之声领起，由声及物，引出发出'喓喓'之声的主体'草虫'（即蝗虫，即蝈蝈）；再以'趯趯'（跳跃之状）之形象领起，由远及近，引出'阜螽'（蚱蜢）。创意造言没有刻意为之的痕迹，完全是诗人不经意间的妙语天成。因为按照人的思维习惯，总是先听到一种声音，然后再循声去寻找发出声音的物体；总是先远远看到某物活动的朦胧形象，再逼近细看活动的主体（人或动物）。因此，我们说诗人以'喓喓'居前，'草虫'在后，'趯趯'领起，'阜螽'追补的语序所建构出来的修辞文本'喓喓草虫，趯趯阜螽'，虽然有一种类似现代电影'蒙太奇'手法的画面审美效果，但这种效果乃是妙趣天成，不是人工雕凿出来的美"②。尽管如此，但我们必须正视这样一个事实，这就是先秦诗人以名词短语构句、两句对举铺排的修辞实践（列锦修辞文本建构），在客观上确实"极具鲜明的画面感，有力地提升了诗歌的意境，同时文本每句开头皆以叠字领起，还有一种'双玉相叩'的韵律之美"③。《小雅·斯干》起首二

---

① 吴礼权：《名词铺排文本建构与明清词的创作》，《楚雄师范学院学报》，2019年第5期，第106页。

② 吴礼权：《先秦两汉诗赋列锦结构模式及其审美特点》，《宜春学院学报》，2014年第4期，第87页。

③ 吴礼权：《名词铺排与汉赋创作》，《阅江学刊》，2018年第4期，第15页。

句"秩秩斯干,幽幽南山",跟《国风·召南·草虫》起首二句"喓喓草虫,趯趯阜螽"一样,也是一个以叠字领起且以四言成句的"NP,NP"式列锦修辞文本。这一文本由于居于全诗之首,在审美接受上同样有一种造景呈象、创造意境、先声夺人的效果。

从汉语修辞史的角度看,事实上正是因为"先秦诗人无意识的修辞行为与朦胧审美状态下的修辞创造,遂使自然写实情境下妙笔偶成的名词铺排句法在客观上产生了独特的审美效果,让汉代诗人从中受到了极大的启发,于是开始了有意识地模仿与热烈的追捧"①。关于这一点,我们从现存的汉乐府民歌中就能找到有力的证据。下面我们来看几首汉乐府民歌。

(1) 青青河畔草,郁郁园中柳。盈盈楼上女,皎皎当窗牖。娥娥红粉妆,纤纤出素手。昔为倡家女,今为荡子妇。荡子行不归,空床难独守。

(《古诗十九首·青青河畔草》)

(2) 迢迢牵牛星,皎皎河汉女。纤纤擢素手,札札弄机杼。终日不成章,泣涕零如雨。河汉清且浅,相去复几许?盈盈一水间,脉脉不得语。

(《古诗十九首·迢迢牵牛星》)

(3) 青青陵上柏,磊磊涧中石。人生天地间,忽如远行客。斗酒相娱乐,聊厚不为薄。驱车策驽马,游戏宛与洛。洛中何郁郁,冠带自相索。长衢罗夹巷,王侯多第宅。两宫遥相望,双阙

---

① 吴礼权:《名词铺排文本建构与明清词的创作》,《楚雄师范学院学报》,2019年第5期,第106页。

百余尺。极宴娱心意,戚戚何所迫?

(《古诗十九首·青青陵上柏》)

(4)<u>岧岧山上亭</u>,<u>皎皎云间星</u>。远望使心思,游子恋所生。驱车出北门,遥观洛阳城。凯风吹长棘,夭夭枝叶倾。黄鸟飞相追,咬咬弄音声。伫立望西河,泣下沾罗缨。

(汉乐府《长歌行》)

例 (1) 的"青青河畔草,郁郁园中柳",例 (2) 的"迢迢牵牛星,皎皎河汉女",例 (3) 的"青青陵上柏,磊磊涧中石",例 (4) 的"岧岧山上亭,皎皎云间星",从句法上看,都是"NP, NP"式结构;从语义上看,都是独立表义的言语单位;从篇章上看,都居于全诗的起首;从用字上看,每句的开头都以叠字领起。这四个文本,跟前文我们所举《诗经》所创造的列锦修辞文本"喓喓草虫,趯趯阜螽""秩秩斯干,幽幽南山"相比,除了在每句的字数上有差别 (一是五言成句,一是四言成句) 外,其余完全相同。很明显,它们也都是以列锦手法建构的修辞文本。

通过上述比较,我们完全可以清楚地看出这样一个事实:汉乐府民歌的列锦修辞文本建构,完全是模仿《诗经》体式的。《诗经》列锦修辞实践所确立的以画面意境为追求旨趣的文学审美观,在汉乐府民歌的创作中得到了最鲜明的体现。

其实,不仅是汉乐府民歌的创作受到《诗经》审美观的影响,在汉代文学创作中最为显赫的汉大赋,事实上也受到了《诗经》列锦修辞实践所确立的审美观的深刻影响。下面我们来看几例汉赋的片断:

(5)<u>忘忧之馆</u>,<u>垂条之木</u>。枝逶迟而含紫,叶萋萋而吐绿。出入风云,去来羽族。既上下而好音,亦黄衣而绛足。蜩蟧厉响,蜘蛛吐丝。阶草漠漠,白日迟迟。于嗟细柳,流乱轻丝。君王渊穆其度,御群英而玩之。小臣瞽聩,与此陈词,于嗟乐兮。

(枚乘:《柳赋》)

(6) 于是使伊尹煎熬,易牙调和。<u>熊蹯之臑,芍药之酱,薄耆之炙,鲜鲤之鲙,秋黄之苏,白露之茹</u>。兰英之酒,酌以涤口。山梁之餐,豢豹之胎。小飰大歠,如汤沃雪。此亦天下之至美也,太子能强起尝之乎?

(枚乘:《七发》)

(7) 饰华榱与璧珰,流景曜之韡晔。<u>雕楹玉磶,绣栭云楣。三阶重轩,镂槛文㮰</u>。右平左墄,青琐丹墀。刊层平堂,设切厓巗。坻崿鳞眴,栈齴巉崄。襄岸夷涂,修路陵险。重门袭固,奸宄是防。仰福帝居,阳曜阴藏。洪钟万钧,猛虞趡趡。负笋业而余怒,乃奋翅而腾骧。

(张衡:《西京赋》)

例 (5) "忘忧之馆,垂条之木",例 (6) "熊蹯之臑,芍药之酱,薄耆之炙,鲜鲤之鲙,秋黄之苏,白露之茹",例 (7) "雕楹玉磶,绣栭云楣。三阶重轩,镂槛文㮰",都是列锦修辞文本,只是结构形式各有差异。例 (5) 是 "NP,NP" 式,例 (6) 是 "NP,NP,NP,NP,NP,NP",例 (7) 是 "NP+NP,NP+NP,NP+NP" 式。这些以名词短语连续铺排而成的列锦修辞文本,或居于全赋之首,如例 (5);或居于全赋篇中,如例 (6)、例 (7),篇章位置虽有不同,但都有造景呈象、营构画面、创造意境的效果,跟《诗经》列锦修辞文本建构的审美旨趣完全是一脉相承的。可见,《诗经》列锦修辞实践对汉赋创作的审美倾向是具有深刻影响的。

其实,受到《诗经》列锦修辞实践的审美观深刻影响的,不仅

是汉代诗人与赋家,还有中国历代诗歌创作者。 如:

(8) 遥遥山上亭,皎皎云间星。远望使心怀,游子恋所生。驱车出北门,遥望河阳城。

(三国魏·曹丕:《于明津作诗》)

(9) 泛泛东流水,磷磷水中石。蘋藻生其涯,华叶纷扰溺。采之荐宗庙,可以羞嘉客。岂无园中葵,懿此出深泽。

(三国魏·刘桢:《赠从弟诗三首》之一)

(10) 惨惨寒日,肃肃其风。翩彼方舟,容裔江中。勖哉征人,在始思终。敬兹良辰,以保尔躬。

(晋·陶渊明:《答庞参军诗》六章之六)

(11) 楼上徘徊月,窗中愁思人。照雪光偏冷,临花色转春。星流时入晕,桂长欲侵轮。原以重光曲,承君歌扇尘。

(南朝梁·庾肩吾:《和徐主簿望月诗》)

(12) 历历东井舍,昭昭右掖垣。云际龙文出,池中鸟色翻。流辉下月路,坠影入河源。方知颍川集,别有太丘门。

(唐·董思恭:《咏星》)

(13) 七泽云梦林,三湘洞庭水。自古传剽俗,有时逋恶子。令君出使车,行迈方靡靡。静言艾枳棘,慎勿伤兰芷。

(唐·沈佺期:《别侍御严凝》)

(14) 茸茸谷中寺,娟娟林表峰。阑干上处远,结构坐来重。骑马行春径,衣冠起晚钟。云门青寂寂,此别惜相从。

(唐·杜甫:《惠义寺送王少尹赴成都得峰字》)

(15) 淡淡晓山横雾,茫茫远水平沙。安得绿蓑青笠,往来泛宅浮家。

(宋·尤袤:《题米元晖潇湘图》二首之二)

(16) <u>山外青山楼外楼</u>,西湖歌舞几时休?暖风熏得游人醉,直把杭州作汴州。

(宋·林升:《题临安邸》)

(17) <u>断芦洲渚落枫桥</u>,渡口沙长过午潮。山鸟自鸣泥滑滑,行人相对马萧萧。十年长自青衿识,千里来非白璧招。握手祝君能强饭,华簪常得从鸡翘。

(宋·王安石:《送项判官》)

(18) <u>沉沉江浦云,浩浩朔漠雪</u>。微生几寒暑,翅老飞欲折。楼中见新过,夕照送明灭。欹枕数声来,疏窗耿残月。

(金·元德明:《同侯子晋赋雁》)

(19) <u>霭霭西陵树,萧条歌吹声</u>。客愁连断雁,地古更荒城。山色娇新雨,河流怒不平。浮云台上起,不尽古今情。

(金·赵秉文:《西陵》)

(20) <u>峨峨青原山,洋洋白鹭水</u>。炳炳照舆图,磊磊足多士。四忠与一节,流风甚伊迩。往往举义旗,事由匹夫始。

(元·郭钰:《悲庐陵》)

(21) <u>潇潇山城雨,械械书馆风</u>。喔喔邻屋鸡,迢迢远方钟。退思在古人,展转梦魂通。抱拙俗所弃,岁晚将谁同。赋成不轻卖,金尽当忍穷。

(元·刘诜:《春寒闲居五首》其二)

(22) <u>萧萧林樾风,泫泫幽篁露</u>。草虫亦何知,含凄感迟暮。深思无与言,美人隔云路。迢迢银汉章,无声自西去。

(明·许继:《夜坐》)

(23) <u>茫茫彭蠡口,隐隐鄱阳岑</u>。地涌三辰动,江连九派深。扬舲武昌客,发兴豫章吟。不见垂纶叟,烟波空我心。

(明·徐祯卿:《彭蠡》)

(24) <u>清浅宫亭水,溅溅百道流</u>。残春风送客,终夜月随舟。野火沈葭苇,遥天挂斗牛。相依有鸥鹭,任意宿汀洲。

(清·彭孙遹:《彭蠡夜泛》)

(25) <u>青青石钟山,凛凛湖口关</u>。浔阳汇彭蠡,九派奔潺湲。东南估客度江津,湖口新关愁杀人。乌逢艇子大于叶,朝去昏还两算缗。

(清·胡会恩:《湖口行》)

(26) <u>悠扬的竖琴,暗蓝的纱幕</u>
黄昏里,浮过一群
雪白的天鹅……

(钱玉林:《奥杰塔》)

(27) 羊羔羔吃奶望着妈,小米饭养活我长大。
<u>东山的糜子西山的谷,肩膀上的红旗手中的书</u>。

(贺敬之:《回延安》)

例(8)至例(25)是魏晋至明清各时代的诗歌,都有列锦修辞文本的建构。其中,例(10)"惨惨寒日,肃肃其风",跟《诗经》的列锦修辞文本的句法结构完全一样,也是"NP,NP"式。不仅是以四言成句,而且也是以叠字领起,居于全诗之首。例(8)"遥遥山上亭,皎皎云间星",例(9)"泛泛东流水,磷磷水中石",例(12)"历历东井舍,昭昭右掖垣",例(14)"苒苒谷中寺,娟娟林表峰",例(18)"沉沉江浦云,浩浩朔漠雪",例(20)"峨峨青原山,洋洋白鹭水",例(21)"潇潇山城雨,槭槭书馆风""喔喔邻屋鸡,迢迢远方钟",例(22)"萧萧林樾风,泫泫幽篁露",例(23)"茫茫彭蠡口,隐隐鄱阳岑",例(25)"青青石钟山,凛凛湖口关",则是直承汉乐府民歌五言成句的列锦结构模式,跟《诗经》的列锦修辞文本的差异只体现于每句的字数上,一为四言成句,一为五言成句。例(19)"霭霭西陵树,萧条歌吹声"与例(24)"清浅宫亭水,溅溅百道流",跟汉乐府民歌的列锦修辞文本结构略有差异,相对的两句中有一句不是以叠字领起,其余都完全相同。例(11)"楼上徘徊月,窗中愁思人",例(13)"七泽云梦林,三湘洞庭水",则是相对的两句都不以叠字领起,其余则与汉乐府民歌的列锦修辞文本结构完全相同。例(15)"淡淡晓山横雾,茫茫远水平沙",则既跟《诗经》不同,也与汉乐府不同,它是六言成句,结构也不再是"NP,NP"式,而是"NP+NP,NP+NP"。但是,仍以叠字领起,而且也是居于全诗之首。至于例(16)"山外青山楼外楼",例(17)"断芦洲渚落枫桥",则是以单句形式呈现的列锦修辞文本,跟《诗经》与汉乐府采对句式的结构形态完全不同,而且不再以叠字领起,句法结构也大有差异。例(16)从句法上分析,是"(山外)(青)山+(楼外)楼",属"NP+NP"式;例(17)的句法结构是"(断芦)洲渚+(落枫)桥",属"NP+NP"式。例(26)与例(27)都是现代诗,但也有列锦修辞文本建构。例(26)从句法上分析,是"(悠扬的)竖琴,(暗蓝的)纱幕",属"NP,NP"式;例(27)从句法上分析,是"(东山的)糜子+(西山的)谷,(肩膀上的)红旗+(手中的)书",属"NP+NP,NP+NP"式。尽管例(11)、例(13)、例(15)、例(16)、例(17)、例(19)、例(24)在结构上都程度不等地与《诗经》与汉乐府民歌的列锦修辞文本拉开了距离,例(26)、例(27)还在名词中心语与修饰语之间加了结构助词"的",例(27)的篇章位置也有变化,不是居于篇首,而是居于诗节的末尾,这些都可以视之为其创新发展。但是,值得指出的是,上面诸例,无论是古典诗歌,还是现代诗歌,其列锦修辞文本的建构无一不是采名词铺排的形态构句,其追求"诗中有画"意境的审美旨趣,跟《诗经》建构列锦修辞文本的初衷完全是一脉相承的。可见,《诗经》列锦文本建构的修辞实践,对中国古今诗歌创作审美观的影响是一以贯之的。

《诗经》列锦修辞实践,除了对汉代诗赋以及汉代以后历代诗歌包括现代白话诗创作的审美观都有深刻的影响外,对中国古代另一种重要的文体——词的创作也有深刻的影响。众所周知,词是诗的同道,又名"长短句",是诗的一种变体形态。曲跟词类似,也算是诗的同道。因此,中国历代词、曲也跟诗歌一样,都热衷于列锦修辞文本的建构,其在审美上追求"词中有画""曲中有画"的意境美倾向也都非常鲜明。

下面我们先来看历代词中列锦修辞文本的建构。为了节省篇幅,每个朝代我们只略举二例如下:

(28) 雪溪湾里钓鱼翁,舴艋为家西复东。<u>江上雪,浦边风</u>,笑着荷衣不叹穷。

(唐·张志和:《渔父》)

(29) 乐游原上清秋节,咸阳古道音尘绝。音尘绝,<u>西风残照,汉家陵阙</u>。

(唐·李白:《忆秦娥》)

(30) <u>青草湖边草色,飞猿岭上猿声</u>。万里三湘客到,有风有雨人行。

(五代·王建:《江南三台词》四首之二)

(31) 风微烟淡雨萧然,隔岸马嘶何处?<u>九回肠,双脸泪,夕阳天</u>。

(五代·冯延巳:《酒泉子》)

(32) <u>碧云天,黄叶地</u>,秋声连波,波上寒烟翠。山映斜阳天接水。芳草无情,更在斜阳外。

(宋·范仲淹:《苏幕遮》)

(33) 清波门外拥轻衣,杨花相送飞。西湖又还春晚,水树乱莺啼。<u>闲院宇,小帘帏</u>。晚初归,钟声已过,篆香才点,月到门时。

(宋·仲殊:《诉衷情》)

(34) <u>临锦堂前春水波</u>,兰皋亭下落梅多。三山宫阙空瀛海,万里风埃暗绮罗。云子酒,雪儿歌,留连风月共婆娑。

(金·元好问:《鹧鸪天》)

(35) <u>襄阳古道灞陵桥</u>,诗兴与秋高。千古风流人物,一时多少雄豪。

(金·完颜璹:《朝中措》)

(36) <u>早叶初莺,晚风孤蝶</u>,幽思何限。檐角紫云,阶痕积雨,一夜苔生遍。

(元·危复之:《永遇乐》)

(37) 长溪西注,似延平双剑,千年初合。溪上千峰明紫翠,放出群龙头角。<u>潇洒云林,微茫烟草</u>,极目春洲阔。

(元·鲜于枢:《念奴娇》)

(38) <u>暮天云,深夜雨</u>,幽兴到何许?风拍疏帘,灯影逗窗户。

(明·邵亨贞:《祝英台近》)

(39) 萋萋芳草小楼西,云压雁声低。<u>两行疏柳,一丝残照</u>,数点鸦栖。

(明·刘基:《眼儿媚》)

(40) 红楼不闭窗纱,被一缕、春痕暗遮。<u>淡淡轻烟,溶溶院</u>

落,月在梨花。

(清·顾春:《早春怨》)

(41) <u>一溪野水,满山落叶</u>,晓郭寒烟初透。前宵风雨昨宵阴,才画出、今朝重九。

(清·赵庆熺:《鹊桥仙》)

例(28)至例(41)是唐代至清代各个历史时期的词作,其中都有列锦修辞文本的建构。例(28)的"江上雪,浦边风",例(29)的"西风残照,汉家陵阙",例(30)的"青草湖边草色,飞猿岭上猿声",例(31)的"九回肠,双脸泪,夕阳天",例(32)的"碧云天,黄叶地",例(33)的"闲院宇,小帘帏",例(34)的"临锦堂前春水波",例(35)的"襄阳古道灞陵桥",例(36)的"早叶初莺,晚风孤蝶",例(37)的"潇洒云林,微茫烟草",例(38)的"暮天云,深夜雨",例(39)的"两行疏柳,一丝残照",例(40)的"淡淡轻烟,溶溶院落",例(41)的"一溪野水,满山落叶",均为列锦修辞文本。它们除了在句法结构上有所差异,在篇章位置上有所区别外,在审美上无一不是以追求"词中有画"的意境美为目标,跟《诗经》列锦修辞文本建构在审美旨趣上是完全一致的。可见,中国历代词的创作,跟诗歌一样,在审美追求上也是深受了《诗经》列锦修辞实践所确立的审美观的深刻影响。

除了诗、词之外,中国古典文学中深受《诗经》列锦修辞实践所确立的审美观深刻影响的,还有元曲。如:

(42) <u>枯藤老树昏鸦,小桥流水人家,古道西风瘦马</u>。夕阳西下,断肠人在天涯。

(马致远:《天净沙·秋思》)

(43) <u>七里滩边古钓台</u>,老树苍苔。要听渔樵话成败,去来,去来。

(无名氏:《双调·庆宣和》)

(44) <u>十年燕月歌声,几点吴霜鬓影</u>。西风吹起鲈鱼兴,已在桑榆暮景。

(姚燧:《中吕·醉高歌·感怀》)

(45) <u>嘡嘡落雁平沙,依依孤鹜残霞</u>,隔水疏林几家?小舟如画,渔歌唱入芦花。

(张可久:《越调·天净沙·江上》)

(46) <u>浩浩寒波野鸥,消消夜雨兰舟</u>,津亭送别风外柳。甚不解?系离愁,悠悠。

(李邦基:《越调·斗鹌鹑·寄别》)

(47) <u>一榻白云竹径,半窗明月松声</u>,红尘无处是蓬瀛。青猿藏火枣,黑虎听黄庭,山人参内景。

(徐再思:《中吕·红绣鞋·道院》)

(48) 紫芝香石室清幽,不老乾坤,自在春秋。<u>古桂寒香,枯梅瘦影</u>,曲涧清流。

(王举之:《双调·折桂令·三茅山行》)

(49) <u>龙虎昭阳殿,冰霜函谷关</u>,风月富春山。不受千钟禄,重归七里滩,赢得一身闲,高似他云台将坛。

(徐再思:《商调·梧叶儿·钓台》)

(50) 灏灵宫畔云台,日落秦川,半醉归来。<u>古道西风,荒丛细水,老树苍苔</u>。万古潼关过客,尽清狂得似疏斋?翠壁丹崖,题罢新诗,玉井莲开。

(卢挚:《双调·蟾宫曲·云台醉归》)

(51) 长途野草寒沙,夕阳远水残霞,衰柳黄花瘦马。休题别话,今宵宿在谁家?

(无名氏:《越调·天净沙》)

(52) 清泉翠碗茯苓香,暖雾晴丝杨柳庄,微风小扇芭蕉样。兴不到名利场,将息他九十韶光。夜雨花无恙,邻墙蝶自忙,笑我疏狂。

(张可久:《双调·水仙子·山庄即事》)

(53) 掩柴门啸傲烟霞,隐隐林峦,小小仙家。楼外白云,窗前翠竹,井底朱砂。五亩宅无人种瓜,一村庵有客分茶。

(张可久:《双调·折桂令·村庵即事》)

例 (42) 至例 (53) 都是元曲作品,其中都有列锦修辞文本的建构,只是各文本在句法结构上各有差异而已。从句法上分析,例 (42) 的结构是"(枯)藤 + (老)树 + (昏)鸦,(小)桥 + (流)水 + (人)家,(古)道 + (西)风 + (瘦)马",属六言成句的"NP+NP+NP, NP+NP+NP, NP+NP+NP"式;例 (43) 的结构是"(七里滩边)(古)(钓)台,(老)树 + (苍)苔",属杂言成句的"NP, NP+NP"式;例 (44) 的结构是"(十年)(燕月)(歌)声,(几点)(吴霜)(鬓)影",属六言成句的"NP, NP"式;例 (45) 的结构是"(嗈嗈)(落)雁 + (平)沙,(依依)(孤)鹜 + (残)霞",属六言成句的"NP+NP, NP+NP"式;例 (46) 的结构是"(浩浩)(寒)波 + (野)鸥,(消消)(夜)雨 + (兰)舟",属六言成句的"NP+NP, NP+NP"式;例 (47) 的结构是"(一榻)(白)云 + (竹)径,(半窗)(明)月 + (松)声",属六言成句的"NP+NP, NP+NP"式;例 (48) 的结构是"(古桂)(寒)香,(枯梅)(瘦)影,(曲涧)(清)流",属四言成句的"NP,

NP，NP"式；例（49）的结构是"（龙虎）（昭阳）殿，（冰霜）（函谷）关，（风月）（富春）山"，属五言成句的"NP，NP，NP"式；例（50）的结构是"（古）道＋（西）风，（荒）丛＋（细）水，（老）树＋（苍）苔"，属四言成句的"NP＋NP，NP＋NP，NP＋NP"式；例（51）的结构是"（长途）（野）草＋（寒）沙，（夕）阳＋（远）水＋（残）霞，（衰）柳＋（黄）花＋（瘦）马"，属六言成句的"NP＋NP，NP＋NP＋NP，NP＋NP＋NP"式；例（52）的结构是"（清泉翠碗）（茯苓）香，（暖雾晴丝）（杨柳）庄，（微风小扇）（芭蕉）样"，属七言成句的"NP，NP，NP"式；例（53）的结构是"（隐隐）（林）峦，（小小）（仙）家。（楼外）（白）云，（窗前）（翠）竹，（井底）（朱）砂"，属四言成句的"NP，NP，NP，NP，NP"式。这些列锦修辞文本，虽然跟《诗经》四言成句的"NP，NP"式结构形态相比要复杂多了，篇章位置也不只局限于全篇开首，而是篇中、篇尾都有，但整体上仍是以名词铺排的形式呈现，因此画面感都很鲜明，有力地拓展了作品的意境。可见，元曲的列锦修辞文本建构仍然跟《诗经》的列锦修辞实践在审美旨趣上是一致的，是对《诗经》所确立的审美观的继承延续。

　　前文我们说过，列锦文本建构的修辞实践滥觞于《诗经》，之后历代诗、赋、词、曲等韵文作品都热衷于列锦修辞文本的建构。以诗歌为代表的汉语韵文作品之所以热衷于列锦修辞文本的建构，最主要的原因是要追求画面意境效果，使作品在韵律听觉美感之外别添一种视觉美感，从而最大程度地提升作品的审美价值。

　　小说、散文属于非韵文，从理论上来说，它们在审美追求上应该跟诗、赋、词、曲等韵文有所不同，除了不需要在押韵、平仄等韵律方面苦心经营以追求听觉美感外，也不需要通过建构列锦修辞文本来营造画面意境效果以增添视觉美感。如果一定要追求视觉美感,完全可以通过别的文学手段或修辞手法来实现。然而,中国的小说创作,早在唐代就有建构列锦文本的修辞实践。到近现代小说中,列锦修辞文本的建构则更是司空见惯。至于散文中建构列锦修辞文本,在古代未曾出现,但在现代则已变得寻常了。如:

(54) 淡白色的果肉,褐色的核,青黄色的皮,两个人的眼睛,各种题目的谈话。于是我们就成了爱侣了。

(巴金:《春天里的秋天》)

(55) 华东饭店里——

二楼:白漆房间,古铜色的雅片香味,麻雀牌,《四郎探母》,《长三骂淌白小娼妇》,古龙香水和淫欲味,白衣侍者,娼妓捐客,绑标匪,阴谋和诡计,白俄浪人……

(穆时英:《上海的狐步舞》[一个断片])

(56) 追悼会和欢迎会。宴会和联欢会。鸡尾酒会和夜总会。默哀,握手,致词,举杯,奏乐,唱歌:Home, Sweet Home(甜蜜的家庭)。夏天最后一株玫瑰。玫瑰玫瑰我爱你。你不要走。快乐的寡妇。我是天空里的一片云。怒吼吧,黄河。团结就是力量。山上的荒地是什么人来开? 一条大河波浪宽……阿里卢亚! 阿里卢亚!

(王蒙:《相见时难》)

(57) 蓝的天,绿的地,长长的小路,她走来了! 近了,近了,只有百十步远了! 他的心口窝突然那么厉害地跳了起来……

(张枚同、程琪:《麦苗返青的时候》)

例(54)至例(57)都是现代小说,其中都有列锦修辞文本的建构,只是结构类型上各有不同。从句法上分析,例(54)的结构是"(淡白色的)(果)肉,(褐色的)核,(青黄色的)皮,(两个人的)眼睛,(各种题目的)谈话",属杂言成句的"NP,NP,NP,NP,NP"式;例(55)的结构是"(白漆)房间,(古铜色的)(雅片)香味,(麻雀)牌,《四郎探母》,《长三骂淌白小娼妇》,(古龙)香水+[和](淫欲)味,(白衣)侍者,娼妓+掮客,(绑标)匪,阴谋+[和]诡计,(白俄)浪人",属杂言成句的"NP,NP,NP,NP,NP,NP+NP,NP,NP+NP,NP,NP+NP,NP"式;例(56)的结构是"(追悼)会+[和](欢迎)会。(宴)会+[和](联欢)会。(鸡尾)(酒)会+[和]夜总会",属杂言成句的"NP+NP,NP+NP,NP+NP"式;例(57)的结构是"(蓝的)天,(绿的)地,(长长的)(小)路",属杂言成句的"NP,NP,NP"式。 这些列锦修辞文本在小说叙事中出现,就像现代电影叙事中的一个个特写镜头呈现,画面感非常强,给人的视觉冲击非常大,对于提升小说的审美价值无疑是有重要作用的。 诸如此类以三个或三个以上的名词短语句连续铺排的列锦修辞文本建构,在现代小说创作中并不少见。 其所体现的审美观,不可否认有受到西方电影美学与意识流小说影响的鲜明印记,但也不能否认受到元曲的影响。 因为在元曲中以三个或三个以上名词短语句连续铺排的修辞文本是司空见惯的,而元曲的列锦修辞文本建构在审美倾向上是直承《诗经》及其历代诗、赋、词的。 因此,我们可以说,现代小说的列锦修辞文本建构在审美观上仍然是受到了《诗经》的深刻影响。

现代小说是如此,现代散文也是如此。 下面我们再来看几个例子。

(58)<u>悄然的北风</u>,<u>黯然的同云</u>,炉火不温了,灯还没有上呢。

这又是一年的冬天。

（俞平伯:《陶然亭的雪》）

(59) 潇潇梅雨,滔滔浊流,我们携着半湿的行李由汉口渡江到武昌去。汉口的洋楼,武昌的城堞,汉阳的烟树,四望都是迷离,迷离;自身所切实感到的,只有颠簸不已的舟儿,入舱扑人的风雨,船首船尾,前仆后继,与天相接的波涛。这是江心呀!危险而雄壮的江心!

（冯沅君:《清音》）

(60) 一只小小的钵子,一堆小小的豆子,街头的人潮来了又去,怎知今日的一个凝视,不是明日的一个天涯?

（张晓风:《缘豆儿》）

(61) 天光。云影。河水变成了蓝色。河床遗失到哪里去了?

（采薇:《轻轻地滑过》）

(62) 高墙。深巷。你摸索前行。

（宁肯:《藏歌》）

(63) 一个乡下人负手而立在这个乡村小镇的大街上。后来我还发现了第二第三……个。

草帽。单衫。他们。我们则异于是。

（独化:《四月回家》）

(64) 鸡雏。鸭群。牛羊。乡亲们日出而作,日落而息。

（沈荣均:《天黑》）

(65) 飞动的萤火,流泻的星,世界充满了清凉、纯蓝、裂冰似的移动碎光。

（黑陶:《塘溪,塘溪》）

例 (58)"悄然的北风，黯然的同云"，例 (59)"潇潇梅雨，滔滔浊流"，例 (60)"一只小小的钵子，一堆小小的豆子"，例 (61)"天光。 云影"，例 (62)"高墙。 深巷"，例 (63)"草帽。 单衫。 他们"，例 (64)"鸡雏。 鸭群。 牛羊"，例 (65)"飞动的萤火，流泻的星"，都是列锦修辞文本，除例 (63)、例 (64) 是以三个名词短语句连续铺排，属"NP，NP，NP"式，跟元曲列锦修辞文本以三句并立为主的结构模式完全相同以外，其余都是以两个名词句并列对峙的对句式（即"NP，NP"式）呈现，跟《诗经》的列锦修辞文本模式一样。 更为重要的是，所有这些列锦修辞文本的建构，无论是对句式，还是多句式，无一不是出现于散文小节的开头，这跟《诗经》列锦修辞文本居首呈现的篇章位置是完全一致的。 如果说现代散文这种列锦修辞文本的建构完全是受西方电影美学与意识流小说的影响，而没有受到元曲与《诗经》列锦修辞实践的审美观影响，恐怕是说不通的。 因为元曲与《诗经》对中国人特别是文学家的影响远比西方电影美学的影响要大得多，这是众所周知的事实。

其实，《诗经》列锦修辞实践所确立的审美观对中国文学创作的影响远不止于诗、赋、词、曲、小说、散文，还有不为人所注意的文学作品的标题与中国人最爱的对联中，也时有列锦修辞文本的建构。 文学作品标题中建构的列锦修辞文本，如：

(66) <u>早春·黄昏</u>

（汪曾祺:《早春·黄昏》诗标题）

(67) <u>惊蛰雨·地头饭</u>

（阎振甲:《惊蛰雨·地头饭》诗标题）

(68) <u>温泉·京米·排牛</u>

（碧野:《温泉·京米·排牛》标题）

(69) 森林·雨季·山头人——雷多杂记

（黄裳:《森林·雨季·山头人——雷多杂记》标题）

(70) 白云·绿树·金花——鸡公山小记

（碧野:《白云·绿树·金花——鸡公山小记》标题）

(71) 春雨·古宅·念珠

（陈幸蕙:《春雨·古宅·念珠》标题）

例（66）至例（71）都是文学作品的标题，都是列锦修辞文本，它们在句法结构表现上或是《诗经》所创"NP，NP"式，或是元曲所创"NP，NP，NP"式。但是，不管是对句式，还是多句式，都是源自《诗经》的修辞实践，鲜明地体现了《诗经》列锦修辞实践所确立的追求画面意境的审美观。

对联中的列锦修辞文本，如：

(72) 一点浩然气,千里快哉风。

（宋·苏轼:《水调歌头·黄州快哉亭赠张偓佺》）

(73) 几间东倒西歪屋,一个南腔北调人。

（明·徐渭:《题青藤书屋图》联语）

(74) 重重叠叠山,曲曲环环路。高高下下树,叮叮咚咚泉。

（清·俞樾:《题杭州九溪十八涧》联语）

(75) 两树梅花一潭水,四时烟雨半山云。

（清·硕庆:《题云南昆明黑龙潭》联语）

(76) 亭边短短长长柳,渡上来来去去船。

（天津水上公园拱桥亭联语）

(77) 千朵红莲三尺水,一弯明月半亭风。

（苏州闲吟亭联语）

(78) 岁月端溪砚,诗书冻顶茶。

(亮轩:《题张晓风盹谷》)

(79) 春花夏雨秋夜月,唐诗晋字汉文章。

(豫北地区流行的厅堂联)

　　例（72）至例（79）是古今联语，都是以两个名词短语句并立对峙构句的，虽在内部结构上要比《诗经》所创"NP，NP"式复杂，但整体上仍是对句式的列锦修辞文本，其建构所追求的审美旨趣也与《诗经》列锦修辞实践所确立的审美观相一致，都是意在以画面意境提升文本的审美价值，而不是意在以独特的构句方式来表义。

　　由上述中国历代诗、赋、词、曲、小说、散文，乃至作品标题与对联在列锦修辞文本建构方面的实践，我们可以清楚地看出《诗经》列锦修辞实践所确立的审美观对中国文学创作与文学欣赏一以贯之的深刻影响。

三、《诗经》起兴实践与中国人诗歌创作审美观

　　起兴，是一种"先说别的事物以制造气氛或规定韵脚，然后引出所要说的事物"①的修辞手法。以起兴手法建构的文本，称之为起兴修辞文本。这种修辞文本的建构，"在表现形式上可以分为两种：一是前句所说的内容跟后句有关联，同时为后句规定韵脚；二是前句所说的内容跟后句没有任何关联，只是纯粹为后句规定韵脚。因此，第一种形式的文本建构，在表达上既有'同声相应'的

---

① 谭永祥:《汉语修辞美学》,北京:北京语言学院出版社,1992年,第245页。

协调流畅感,又有引类搭挂的生动形象感,因而在接受上既有和谐悦耳的听觉美感,也有赏心悦目的视觉美感;第二种形式的文本建构,则只有表达上'同声相应'的协调流畅感和接受上和谐悦耳的听觉美感。"①

作为一种修辞手法,起兴虽然直到 20 世纪 80 年代才被学术界所认识②,90 年代才正式定名立格③,但它在汉语中的运用却早在先秦时代的《诗经》中就已开始。根据我们的调查,以起兴手法建构的修辞文本,见诸《诗经》的很多首诗中。如:

(1) 关关雎鸠,在河之洲。窈窕淑女,君子好逑。

参差荇菜,左右流之。窈窕淑女,寤寐求之。

求之不得,寤寐思服。悠哉悠哉,辗转反侧。

参差荇菜,左右采之。窈窕淑女,琴瑟友之。

参差荇菜,左右芼之。窈窕淑女,钟鼓乐之。

(《国风·周南·关雎》)

(2) 南有乔木,不可休思;汉有游女,不可求思。

汉之广矣,不可泳思;江之永矣,不可方思。

翘翘错薪,言刈其楚;之子于归,言秣其马。

汉之广矣,不可泳思;江之永矣,不可方思。

翘翘错薪,言刈其蒌;之子于归,言秣其驹。

汉之广矣,不可泳思;江之永矣,不可方思。

(《国风·周南·汉广》)

---

① 吴礼权:《现代汉语修辞学》(第四版),上海:复旦大学出版社,2020 年,第 184—185。

② 郑远汉:《辞格辨异》,武汉:湖北人民出版社,1982 年,第 25 页。

③ 同上书,第 245 页。

(3) 野有蔓草,零露漙兮。有美一人,清扬婉兮。邂逅相遇,适我愿兮。

野有蔓草,零露瀼瀼。有美一人,婉如清扬。邂逅相遇,与子偕臧。

(《国风·郑风·野有蔓草》)

例(1)是写男女相爱的主题,但诗人开篇起笔却不是写人,而是写鸟。从主题相关性的视角来看,"关关雎鸠,在河之洲"两句,明显是离题之笔,不符合人类思维与诗歌创作的逻辑。然而,从审美接受的视角来看,这两句并不是羡余之笔,而是别有深意的匠心独运的创意造言,它既为后两句"窈窕淑女,君子好逑"做了韵脚上的定位,使前后四句在连续吟咏时具有一种"同声相应"的协调和谐的听觉美感(第一句的"鸠",第二句的"洲",第四句的"逑",在上古音里同属于幽部字①),同时在视觉上使"在河之洲"的"关关雎鸠"跟"君子好逑"的"窈窕淑女"形成映衬对比,不仅使作品所要描写的人物形象更加鲜明,而且使语义表达显得婉约含蓄,在"不著一字"中将男子对心仪女子的热烈追求之情淋漓尽致地展露出来。例(2)、例(3)也是写男女相爱的主题,其写作思路与例(1)相同。诗的开篇两句既为其随后的两句做了韵脚上的定位,从而使诗歌别具一种"同声相应"的协调和谐的听觉美感,同时也使前二句与后二句在视觉形象上形成映衬与对比,从而在突出女子形象的同时,婉约含蓄地展露出"凤求凰"的深切之情。

根据我们的调查,起兴修辞手法在《诗经》中不是偶然运用,

---

① 王力:《古代汉语》(修订本),北京:中华书局,1981年,第470页。

仅在《国风》中就有很多次。如《周南·樛木》:"南有樛木,葛藟累之。乐只君子,福履绥之。"《周南·兔罝》:"肃肃兔罝,椓之丁丁。赳赳武夫,公侯干城。"《召南·鹊巢》:"维鹊有巢,维鸠居之。之子于归,百两御之。"《召南·江有汜》:"江有汜,之子归,不我以。"《召南·野有死麕》:"野有死麕,白茅包之。有女怀春,吉士诱之。"《召南·何彼襛矣》:"何彼襛矣,唐棣之华?曷不肃雍?王姬之车。"其中的前二句都是既为后二句的韵脚作定位,创造一种"同声相应"的协调和谐的听觉美感,同时也是为了进行前后映衬对比,以此突出诗歌描写的主体形象,追求一种视觉上的美感。《诗经》中这一类的起兴修辞文本非常多,尤其在《国风》的诸多篇章中特别常见。

除了形声兼顾,在听觉与视觉美感两方面同时着力以外,《诗经》中也有少数起兴修辞文本的建构是只偏于听觉美感(即着眼韵律和谐)效果的。如:

(4) <u>肃肃鸨羽,集于苞栩</u>。王事靡盬,不能艺稷黍。父母何怙?悠悠苍天,曷其有所?

<u>肃肃鸨翼,集于苞棘</u>。王事靡盬,不能艺黍稷。父母何食?悠悠苍天,曷其有极?

<u>肃肃鸨行,集于苞桑</u>。王事靡盬,不能艺稻粱。父母何尝?悠悠苍天,曷其有常?

(《国风·唐风·鸨羽》)

(5) <u>摽有梅,其实七兮</u>。求我庶士,迨其吉兮。

<u>摽有梅,其实三兮</u>。求我庶士,迨其今兮。

<u>摽有梅,顷筐墍之</u>。求我庶士,迨其谓之。

(《国风·召南·摽有梅》)

例（4）三章，每章开头二句跟随后的二句在内容上都无必然的联系，亦无情境铺垫与形象映衬的效果，完全是为后二句的韵脚定位服务。因为按照上古音系来看，第一章的"羽""栩""黍""稷""怙""所"，均属鱼部字；第二章的"翼""棘""稷""食""极"，均属职部字；第三章的"行""桑""粱""尝""常"，均属阳部字。① 从韵脚字的安排，我们就可清楚地见出，这首诗三章的前二句都是为了协调韵律而做的安排，是为了追求"同声相应"的协调和谐的听觉美感。例（5）的情况亦如例（4），每章的前二句也是为了协调韵律而做的安排，而不是为了情境铺垫与形象映衬。也就是说，例（5）的起兴修辞文本建构在审美追求的目标上也很单纯，只是为了追求听觉美感，而非听觉与视觉美感兼顾。

《诗经》中的起兴修辞文本建构不在少数，这是不争的事实。但是，不论是上述哪一种起兴修辞文本，都不是先秦诗人偶然创意造言的产物，而是一种自觉的修辞实践的成果，鲜明地体现了先秦诗人诗歌创作的审美倾向。值得指出的是，这种审美倾向虽然带有鲜明的时代烙印与朦胧的色彩，但是由于它跟汉语先天所具有的音乐性（汉语是一种有声调的语言）高度契合，跟汉民族喜欢形象思维的心理特点高度一致，因此对后世文学创作特别是诗歌创作（包括民歌创作）的审美倾向产生了深刻的影响。

从汉语修辞史的视角看，"形声兼顾"与"偏于韵律"两种起兴文本表现形式，都是先秦诗人的修辞创造，是《诗经》起兴修辞实践的产物，极具创意造言的智慧，对于有效提升诗歌的审美价值具有非常重要的作用。正因为如此，先秦之后的历代诗人都从中受到

---

① 王力：《古代汉语（修订本）》，北京：中华书局，1981年，第487页。

了启发,于是模仿学习,不断建构各种起兴修辞文本。

不过,值得指出的是,跟《诗经》起兴修辞文本建构以"形声兼顾"式为主的情况相类似,中国历代诗歌(包括民歌)创作在起兴修辞文本建构时也多倾向于形声兼顾,追求形象意境之美与声韵和谐之美两者有机统一的境界。这在汉乐府诗的许多起兴修辞文本建构中表现得特别明显,如:

(1) <u>青青河畔草,郁郁园中柳</u>。盈盈楼上女,皎皎当窗牖。娥娥红粉妆,纤纤出素手。昔为倡家女,今为荡子妇。荡子行不归,空床难独守。

(《古诗十九首·青青河畔草》)

(2) <u>青青陵上柏,磊磊涧中石</u>。人生天地间,忽如远行客。斗酒相娱乐,聊厚不为薄。驱车策驽马,游戏宛与洛。洛中何郁郁,冠带自相索。长衢罗夹巷,王侯多第宅。两宫遥相望,双阙百余尺。极宴娱心意,戚戚何所迫。

(《古诗十九首·青青陵上柏》)

(3) <u>冉冉孤生竹</u>,结根泰山阿。与君为新婚,菟丝附女萝。菟丝生有时,夫妇会有宜。千里远结婚,悠悠隔山陂。思君令人老,轩车来何迟!伤彼蕙兰花,含英扬光辉。过时而不采,将随秋草萎。君亮执高节,贱妾亦何为?

(《古诗十九首·冉冉孤生竹》)

(4) <u>孔雀东南飞,五里一徘徊</u>。十三能织素,十四学裁衣,十五弹箜篌,十六诵诗书。十七为君妇,心中常苦悲。君既为府吏,守节情不移,贱妾留空房,相见常日稀。……府吏闻此事,心知长别离,徘徊庭树下,自挂东南枝。两家求合葬,合葬华山傍。东西植松柏,左右种梧桐。枝枝相覆盖,叶叶相交通。中有双飞鸟,自名为鸳鸯,仰头相向鸣,夜夜达五更。行人驻足听,寡妇起彷徨。多谢后世人,戒之慎勿忘。

(汉·无名氏:《古诗为焦仲卿妻作》)

例(1)"青青河畔草,郁郁园中柳"、例(2)"青青陵上柏,磊磊涧中石"、例(3)"冉冉孤生竹,结根泰山阿"、例(4)"孔雀东南飞,五里一徘徊",都是起兴修辞文本。因为它们出现于全诗的起首,既是替全诗规定韵脚,创造一种"同声相应"的和谐协调的听觉美感,又为随后各句的主旨表达或形象描写作铺垫,通过气氛渲染与心理引渡,让接受者产生联想想象,从而创造一种视觉上的意境之美与语义表达的含蓄蕴藉之美。如例(1)"青青河畔草,郁郁园中柳"二句的安排,除了要以第二句尾字"柳"与第四句尾字"牗"对应,构成"同声相应"的押韵关系,使诗歌别具一种韵律和谐的听觉美感之外,还有意通过河畔青青之草和园中郁郁之柳跟空床独守、当窗而望的盈盈之女相对照,以春色、美人相互映衬的意境来以乐景写哀情,将"昔为倡家女,今为荡子妇"的"楼上女"的形象生动地呈现出来,同时将其情感苦痛在"不著一字"中婉约含蓄地表达出来,让人味之无穷。例(2)"青青陵上柏,磊磊涧中石"二句的安排,既有韵律上的作用,又有形象描写与语义表达上的映衬效果。通过陵上柏、涧中石的永恒性形象,跟"远行客"斗酒走马的表面快乐与郁郁戚戚的内心苦痛形成对比映衬,从而婉约含蓄地写尽了"远行客"生于天地间的人生烦恼。例(3)"冉冉孤生竹,结根泰山阿"二句,既通过第二句尾字"阿"跟诗的第四句"萝"在韵律上实现了对接,从而创造出一种"同声相应"的协调和谐的听觉美感,又通过"结根泰山阿"的"孤生竹"跟"千里远结婚,悠悠隔山陂"的一对男女在形象上的映衬对比,创造了一种凄切缠绵的意境,让人读之不禁生发出无限的遐思与感慨。 例(4)"孔雀东南飞,五里一徘徊"二句,表面上看跟随后的"十三能织素,十四学裁衣,十五弹箜篌,十六诵诗书。 十七为君妇,心中常苦悲"等各句的叙事没有关系,实则既在音韵上为全诗所写焦仲卿、刘兰芝夫妇的婚姻悲剧定下了一个凄切悲凉的调子,又在意境上为全诗所写焦仲卿、刘兰芝夫妇最终被迫劳燕分飞而依依不舍的深情作了铺垫。 因为"孔雀东南飞,五里一徘徊"二句,从音韵上看,第二句的尾字"徊",从古音看属匣母灰韵(《广韵》注为"户恢切"),从今音看十三辙的"灰堆"辙。 而"灰堆"辙的字,自古以来都是用以"表达悲伤柔婉的感情"①,而这恰好契合了全诗所要表达的主题;从意境上看,"孔雀东南飞,五里一徘徊"的形象意涵,跟全诗所要塑造的刘兰芝夫妇情深难舍的形象正好形成相互映衬的效果,可以引发接受者的联想想象,让人深切感知到全诗所要宣达的主旨:禽鸟尚且有恋偶之情,那么有情夫妻硬要活生生地被拆散,则情何以堪呢? 应该说,这首诗之所以有感人至深的力量,成为千古名篇,实在是跟"孔雀东南飞,五里一徘徊"这一起兴修辞文本的建构有密不可分的关系。

其实,《诗经》起兴修辞实践的创意造言智慧及其所展露的审美价值观,不仅仅深刻地影响了汉代诗歌的创作,事实上对汉以后的历代诗歌创作都有深刻的影响。 如:

(5) 郁郁涧底松,离离山上苗。以彼径寸茎,荫此百尺条。

---

① 胡裕树:《现代汉语》(重订本),上海:上海教育出版社,2011年,第431页。

世胄蹑高位,英俊沉下僚。地势使之然,由来非一朝。金张藉旧业,七叶珥汉貂。冯公岂不伟,白首不见招。

(晋·左思:《郁郁涧底松》)

(6) <u>河边杨柳百丈枝,别有长条踠地垂。河水冲激根株危,倏忽河中风浪吹。</u>可怜巢里凤凰儿,无故当年生别离。流槎一去上天池,织女支机当见随。谁言从来荫数国,直用东南一小枝。昔日公子出南皮,何处相寻玄武陂。骏马翩翩西北驰,左右弯弧仰月支。连钱障泥渡水骑,白玉手板落盘螭。君言丈夫无意气,试问燕山那得碑。凤凰新管萧史吹,朱鸟春窗玉女窥。街云酒杯赤玛瑙,照日食螺紫琉璃。百年霜露奄离披,一旦功名不可为。定是怀王作计误,无事翻复用张仪。不如饮酒高阳池,日暮归时倒接䍦。武昌城下谁见移,官渡营前那可知。独忆飞絮鹅毛下,非复青丝马尾垂。欲与梅花留一曲,共将长笛管中吹。

(南朝·庾信:《杨柳歌》)

(7) <u>陇头流水,流离山下。</u>念吾一身,飘然旷野。(其一)
朝发欣城,暮宿陇头。寒不能语,舌卷入喉。(其二)
<u>陇头流水,鸣声呜咽。</u>遥望秦川,心肝断绝。(其三)

(南北朝《陇头歌辞三首》)

例(5)"郁郁涧底松,离离山上苗。以彼径寸茎,荫此百尺条",就是一个起兴修辞文本。它居全诗起首之位,既为全诗规定了韵脚("苗""条""僚""朝""貂""招"),使全诗读起来在听觉上别具一种"同声相应"的协调和谐之美,又为后文所要凸显对照的"世胄蹑高位,英俊沉下僚。地势使之然,由来非一朝"的现实世情做了形象映衬与语义铺垫,从而使全诗所要表达的对"上品无寒门,下品无势族"的社会不公不平现实的批评主旨得以形象化地呈现。例 (6) 起首六句"河边杨柳百丈枝,别有长条踠地垂。河水冲激根株危,倏忽河中风浪吹。可怜巢里凤凰儿,无故当年生别离",也是一个起兴修辞文本。从诗歌语义表达的角度看,这六句并不是非有不可。但是,从审美接受的角度看,这六句并不是可有可无。事实上正是因为有了这六句,诗歌在审美接受上的价值就大大得到了提升。从韵律上看,有了这六句,全诗的韵脚("垂""吹""离""随""枝""陂""支""螭""碑""窥""璃""为""仪""离""知""知""垂""吹")得以定位,不仅创造了一种"同声相应"的协调和谐的听觉美感,而且还因这些韵脚字(以现代语音来看都属"灰堆"辙、"一七"辙)都匹配了哀伤柔婉的情感色彩,遂使全诗别具一种凄切悲凉的风格,而这恰好契合了诗人所要抒发的身世与宦情(诗人先在南朝梁为官,后出使西魏被扣而羁绊于北朝)的感伤之情;从意境上看,有了这六句所写的河边杨柳被水毁、树上凤凰生别离的虚拟现实景象的铺垫映衬,遂使后文张骞黄河溯源而得织女支石机等一系列典故的铺排所要凸显的寓意得以落实,其借古喻今、借人写己的情感抒发便显得婉约而自然,读之让人味之不尽,感慨万千,唏嘘不已。例 (7) 有三首诗,其中第一首开头的"陇头流水,流离山下",第三首开头的"陇头流水,鸣声呜咽",各是一个起兴修辞文本。这两个起兴修辞文本,从音韵上看,都有为其后的二句规定韵脚的作用。第一首第二句的尾字"下",跟第四句的尾字"野"构成押韵关系("下"字在现在不少方言,如山西、江淮等方言中念 ha;"野"字在吴方言如上海话中念 ya,韵母都是 a,说明在古音中"下"与"野"的韵母是相同的);第二句的尾字"咽"与第四句的尾字"绝",在古音中也是押韵的。因为有押韵关系,因此整首诗读起来便有一种"同声相应"的协调和谐的听觉美感。从意境上看,第一首起兴文本的水流下山的意象,跟诗人孤身一人飘零旷野的形象,第二首起兴文本的流水呜咽的意象,跟诗人遥望故乡秦川心肝断绝的感受,都形成了鲜明的对比映衬,易于引发接受者的联想想象,有利于拓展诗歌的意境,提升诗歌的审美价值。

《诗经》形声兼顾的起兴修辞实践对后世诗歌创作审美观的影响,事实上并不仅仅止于中国古典诗歌,现代诗歌特别是民歌的创作受其影响也非常大。如:

(8) <u>山丹丹开花红姣姣</u>,
香香人材长得好。
一对大眼水汪汪,
就像那露水珠在草上淌。
二道糜子碾三遍,
香香自小就爱庄稼汉。
<u>地头上沙柳绿蓁蓁</u>,
王贵是个好后生。
身高五尺浑身都是劲,
庄稼地里顶两人。
<u>玉米开花半中腰</u>,
王贵早把香香看中了。
小曲好唱口难开,
樱桃好吃树难栽。
交好的心思两人都有,
谁也害臊难开口。

(李季:《王贵与李香香》)

(9) 一对对鹰,一对对鹞,
有心和哥哥交两天又怕人家笑。

(内蒙古民歌《爬山歌》)

(10) 树上斑鸠叫咕咕,
哥也无嫂妹无夫;
我俩都是半壶酒,
何不倒拢做一壶。

(广西民歌)

例(8)节选自中国现代诗人李季长篇叙事诗《王贵与李香香》。其中,"山丹丹开花红姣姣""地头上沙柳绿蓁蓁""玉米开花半中腰",都是起兴修辞文本,属于"形声兼顾"式。因为它们有一个共同的特点,就是它们不仅为随后的诗句规定了韵脚,而且在意象上为随后一句所描写的人物做了形象上的铺垫与映衬。如第一个起兴文本"山丹丹开花红姣姣",从遣词造句的角度看,它以"姣"为尾字,不是无所用心的,而是别有用意的,目的是为后句"香香人材长得好"规定韵脚("姣"与"好"韵母相同)。客观地说,"山丹丹开花红姣姣"也可以写成"山丹丹开红姣姣花",但诗人并没有这样写,这"既是诗歌节奏安排的需要,更是诗歌用韵的需要。事实上,只有将'红姣姣'置于动词'开'之后充当补语,诗歌才能借'姣'而与后句的尾字'好'押韵,实现诗歌在韵律上'同声相应'的目标,从而以表达上的协调流畅而让接受者收获和谐悦耳的听觉美感"。①从语义表达的角度看,"山丹丹开花红

---

① 吴礼权:《现代汉语修辞学》(第四版),上海:复旦大学出版社,2020年,第185页。

姣姣"表面只是一个陈述句,描写山丹丹开花的形貌,实际上并不是这样简单。因为"对比后句,我们就会发现它其实是个隐喻,事实上成了后句的喻体,为突显'香香人材长得好'作了烘托,让人由此及彼产生联想想象,使文本别添一种生动形象的视觉美感"。①第二个文本,情况亦然。从遣词造句的角度看,诗人"描写沙柳不说'沙柳绿蓁蓁',而说'绿蓁蓁沙柳',是要借'蓁'为后句规定韵脚,以与'生'相押,从而实现在人物形象描写的同时使文本别添和谐悦耳的听觉美感"。②从语义表达的角度看,诗人叙王贵追求李香香之事,不直写主人公王贵,而要迂回用笔,先写沙柳,再及王贵,其意乃是要将沙柳比王贵,使二者形成隐喻关系,形成意象上的对比映衬,以此引发接受者的联想想象,提升诗歌的审美价值。第三个文本,跟前两个文本一样,也是音韵与形象二者兼顾的。"前句写'玉米开花半中腰',意谓玉米尚未成熟;后句说'王贵早把香香看中了',意谓王贵有情,但未知香香是否有意,说明二人的婚事还是未知数。很明显,从语义上看,前句成了后句的喻体,是为后句做铺垫。至于前句写玉米开花的状态,之所以不说'未结穗'而说'半中腰',表面看是为了突显其形象,实则是要借尾字'腰'与后句的尾字'了'(liǎo)押韵,从而实现在达意传情的形象性之外使文本别添和谐悦耳的听觉美感"。③例(9)"一对对鹰,一对对鹞",例(10)"树上斑鸠叫咕咕",跟例(8)一样,也是"形声兼顾"式起兴修辞文本。从音韵上看,例(9)首句之所

---

① 吴礼权:《现代汉语修辞学》(第四版),上海:复旦大学出版社,2020年,第185页。
② 同上书,第186页。
③ 同上。

以不写成"一对对鹞,一对对鹰",而要写成"一对对鹰,一对对鹞",意在通过第二句的尾字"鹞"与随后一句"有心和哥哥交两天又怕人家笑"的尾字"笑",形成押韵关系,从而创造一种"同声相应"的协调和谐的听觉美感。 例(10)首句之所以不写成"树上斑鸠咕咕叫",而要写成"树上斑鸠叫咕咕",意在通过尾字"咕"跟其随后一句"哥也无嫂妹无夫"的尾字"夫",还有第四句"何不倒拢做一壶"的尾字"壶"构成押韵关系,以创造一种"同声相应"的协调和谐的听觉美感。 从意境上看,例(9)、例(10)都是表达男女相爱的主题,却跟鹰、鹞、斑鸠联系到一起,其意"都是'借物以起情':连鹰、鹞都是成双成对的,斑鸠也要树上叫咕咕(双关'哥哥')地求偶,怀春的少女看在眼里,听在耳里,想在心里——正文就是她由此而发出的心声。"①也就是说,一双双鹰、一双双鹞与"有心和哥哥交两天"的女子、叫咕咕的斑鸠与无夫之妹,事实上都形成了一种隐喻关系,并在形象上相互映衬,由此可以极大地引发接受者的联想想象,进而提升诗歌的审美价值。

由上面诸多古今诗歌与民歌的起兴修辞文本建构之例,我们足可以见出《诗经》"形声兼顾"式起兴修辞实践对先秦之后历代诗歌与民歌创作审美观的深刻影响。

下面我们再来看看《诗经》"偏于韵律"式的起兴修辞实践对后世民歌创作审美观的影响。 根据我们的调查,相对来说,"形声兼顾"式起兴在《诗经》中运用比较多,而"偏于韵律"式起兴则相对运用较少。 先秦之后,"形声兼顾"式起兴修辞文本的建构在历代诗歌与民歌创作中都很常见,而"偏于韵律"式起兴修辞文本的

---

① 谭永祥:《汉语修辞美学》,北京:北京语言学院出版社,1992年,第248页。

建构在历代诗歌创作中都非常罕见,只在现代还在流传的各地民歌中比较常见。

可见,由《诗经》创造的两种起兴修辞文本表现形式在先秦之后出现了分流趋势。其中,"形声兼顾"式被文人诗的创作所继承,"偏于韵律"式则被民歌创作所继承。之所以会出现这种分野,推究其间的原因,应该是因为文人诗不仅追求听觉形象的韵律之美,还要追求视觉形象的意境之美。中国历代诗人追求"诗中有画""画中有诗"的境界,正是这种审美心理的表现。而民歌则不一样,它的创作者与欣赏者都是中国社会最底层的民众。这些最底层的民众跟写诗的文人士大夫不一样,他们大都是文化程度并不高的人,他们不会有闲情逸致去做玄思妙思,更不会有心思去推敲文字,而是情动于中就脱口而出。他们之所以要吟唱,并不是为了自我欣赏或是炫才示雅,而是要将心中的喜怒哀乐倾诉出来,使内心郁积的能量得以释放。因此,底层民众创作的民歌追求的境界,不可能诗情画意,更不可能意境高远。他们表达心声与情愫,往往是由感而发,脱口而出。既然是我口唱我心,自然是只求能够押韵就行。只要吐字行腔朗朗上口,听来有一种"同声相应"的协调和谐的美感,就是他们创作所要追求的最高修辞境界了。

事实上正因为如此,源于《诗经》"偏于韵律"的起兴修辞文本建构,才会至今仍在民间流传的各地汉族民歌中时有所见。如:

(1) <u>枣林的核桃河畔上的草</u>,
拜了一个干妹妹数你好。
<u>对面湾里一疙瘩烟</u>,
二妹妹越看越顺眼。
<u>东山韭菜西山葱</u>,

二妹妹好象穆桂英。
<u>东山核桃西山枣</u>,
三哥哥好象杨宗保。
<u>一杆子笛子一杆箫</u>,
哥哥吹笛呱呱叫。

(陕北民歌《信天游》)

例(1)是一首现代广泛传播的陕北民歌的歌词片断,一共十句,其中的单句(即第一、三、五、七、九句)都是起兴修辞文本。不过,这些起兴修辞文本跟我们上文提到的"形声兼顾"式有一个明显的不同,就是它们跟其随后的一句"既没有形象上的烘托铺垫关系,也没有语义上的任何关涉,仅仅是为第二句规定了韵脚,从而使诗歌念起来有一种'同声相应'的协调流畅感,接受上有一种和谐悦耳的听觉美感"①,属于"偏于韵律"式的起兴修辞文本。如,第一句"枣林的核桃河上的草"跟第二句"拜了一个干妹妹数你好",无论是从语义上看,还是从意象上看,二者都无必然的联系。作者之所以要将二者绾合在一起,只是要借第一句尾字"草"跟第二句尾字"好"构成押韵关系。第三句"对面湾里一疙瘩烟"与第四句"二妹妹越看越顺眼",也无语义与意象上的关联,只是其尾字"烟"与"眼"有押韵关系。第五句"东山韭菜西山葱"与第六句"二妹妹好象穆桂英",其关涉之处只是两句的尾字"葱"与"英"。第七句"东山核桃西山枣"与第八句"三哥哥好象杨宗保",彼此牵连搭挂的只是其韵母相同的尾字"枣"与"保"。第

---

① 吴礼权:《现代汉语修辞学》(第四版),上海:复旦大学出版社,2020年,第186页。

九句"一杆子笛子一杆箫"与第十句"哥哥吹笛呱呱叫",跟以上各例稍有不同,前句的"笛子"跟后句的"吹笛"是有关联的,但是"笛子"在前句并不是居于句尾,句尾加出了一个"一杆箫",这明显又跟后句的"笛子"没有关系了。之所以要添加,是要借前句的尾字"箫"来跟后句尾字"叫"相对,从而使前后句构成押韵关系,听起来有一种"同声相应"的协调和谐的美感。其实,例(1)的十个句子,如果纯粹是着眼于表义,我们完全可以将其中的第一、三、五、七、九句删除,精简为这样五句:"(三哥)拜了一个干妹妹(即二妹妹),干妹妹越看越顺眼,干妹妹好象穆桂英,三哥哥好像杨宗保。"[①]如果这样,"从表达上看,语义的完整性丝毫没受影响,而且还显得简洁明了。但是,从接受上看,就少了诗歌(民歌也是诗)'同声相应'的协调流畅感,接受欣赏时就收获不到和谐悦耳的听觉美感"[②]。可见,例(1)是典型的"偏于韵律"的比兴修辞文本。这种修辞文本的最大也是唯一的作用,就是为随后的一句规定韵脚,从而使前后句连读或连唱时在听觉上有一种"同声相应"的协调感、和谐感、流畅感。

说到陕北民歌,这里我们不得不指出一个耐人寻味的现象,这就是相比于中国其他地区的民歌,陕北民歌中"偏于韵律"式起兴修辞文本的建构更为常见。对此,我们可以举出非常多的例证。下面我们再来看几首陕北民歌中的起兴修辞文本建构情况:

  (2)干妹子你好来实在好,

   哥哥早就把你看中了。

---

 ① 吴礼权:《现代汉语修辞学》(第四版),上海:复旦大学出版社,2020年,第186页。
 ② 同上。

打碗碗花儿就地开，

你把你的白脸脸调过来。

二道道韭菜扎把把，

我看妹妹也胜过了蓝花花。

你不嫌膘我不害羞，

咱们二人手拉手一搭里走咱们一搭里走。

（陕北民歌《把你的白脸脸调过来》）

(3) 一碗碗个谷子两碗碗米，

面对面睡觉（站着）还想你。

只要和那妹妹搭对对，

铡刀剁头也不呀后悔。

（《血色浪漫》信天游插曲《一碗谷子两碗米》）

(4) 大红果子剥皮皮，

人家都说我和你。

本来咱两个没关系，

好人担了些赖名誉。

（陕北民歌《大红枣子剥皮皮》）

(5) 桃花花还没开杏花花开，

站住牛犋看你上来。

头一回看妹妹你不在，

你把哥哥我闪在了一个半野外。

（《黄土情》插曲《看妹妹》）

例 (2) "打碗碗花儿就地开"跟随后一句"你把你的白脸脸调过来"，"二道道韭菜缯把把"跟随后一句"我看妹妹也胜过了兰花花"，例 (3) "一碗碗个谷子两碗碗米"跟随后一句"面对面睡觉

(站着)还想你",例(4)"大红果子剥皮皮"跟随后一句"人家都说我和你",例(5)"桃花花还没开杏花花开"跟随后一句"站住牛犋看你上来",无论从语义关联度上看,还是从形象意境上看,彼此之间都没有太大关系。它们之所以发生了关联,根本的原因就是后句要借前句的尾字来定位其韵脚字,使整首民歌唱来有一种"同声相应"的协调和谐的听觉美感。因为民歌是要唱的,需要押韵,听觉上要有协调感、和谐感、流畅感。

陕北民歌中"偏于韵律"的起兴修辞文本非常普遍,跟其他各地民歌相比较,显得非常突出。这种现象之所以存在,一方面固然是与《诗经》起兴修辞实践所确立的审美观的影响有着很大关系,另一方面也可能是陕北民歌跟《诗经》中《国风》有更直接的关系。前文我们说过,《诗经》的两种起兴修辞文本表现形式都出现于《国风》中的诸多诗篇中,几乎跟《雅》《颂》中的诗篇没有多少关系。之所以如此,是因为《国风》中的诗篇都是各诸侯国的民歌汇编。而这些先秦时代的民歌发源地都在中国的北方,跟周秦的政治中心陕北关系更为密切。我们都知道,一个民族文化最核心的东西往往都沉淀于一个民族最底层社会的日常生活中。民歌作为民族文化最古老最本真的形式,它的传承往往有一脉相通的特点。这一点,恐怕就是我们今天从陕北民歌中能够看到其受《诗经》起兴修辞实践审美观影响的印记要比中国其他各地民歌鲜明得多的原因所在。

当然,《诗经》"偏于韵律"的起兴修辞实践所确立的审美观,其影响也不只是体现于陕北民歌的创作上,中国其他各地的民歌创作事实上也是受到其深刻影响的。这一点,我们不妨看一些其他各地的民歌例证:

(6) <u>日头出山红花花</u>,
妹要恋郎快讲话;
哪有田唇唔生草,
哪有谷种不发芽。

(闽西民歌①)

(7) <u>天上白云飘又飘</u>,
地上妹子姣又姣;
柳州一把白纸扇,
几时得到手中摇?

(广西民歌②)

(8) <u>糖罐花,白堂堂</u>,
心想嫁,又想娘;
想不嫁,又想郎。

(江苏民歌③)

(9) <u>豌豆开花一盏灯</u>,
哥哥看你比谁也亲。

(内蒙古民歌《爬山歌》④)

例(6)至例(9)各例的第一句都是起兴修辞文本,属于"偏于韵律"式。因为它们跟其随后的各句不存在语义与意象上的关联,只是为随后的一句或几句规定韵脚,使全首民歌唱起来能够有一种"同声相应"的协调和谐的听觉美感。如例(6)"日头出山红

---

① 谭永祥:《汉语修辞美学》,北京:北京语言学院出版社,1992年,第247页。
② 同上。
③ 同上书,第248页。
④ 同上书,第250页。

花花"一句的安排,是为了以尾字"花"跟第二句"妹要恋郎快讲话"的尾字"话"、第四句"哪有谷种不发芽"的尾字"芽"构成押韵关系。又如例(7)"天上白云飘又飘"的安排,是为了跟第二句"地上妹子姣又姣"的尾字"姣"、第四句"几时得到手中摇"的尾字"摇"构成押韵关系。再如例(8)"糖罐花,白堂堂"一句的安排,同样是要利用其尾字"堂",以实现跟第三句"心想嫁,又想娘"的尾字"娘"、第四句"想不嫁,又想郎"的尾字"郎"的同韵母相押。至于例(9)"豌豆开花一盏灯"一句的安排,同样也是要借重其尾字"灯"来实现其跟随后一句"哥哥看你比谁也亲"的尾字"亲"相押。

由以上诸多民歌之例的分析,我们足以见出《诗经》偏于韵律的起兴修辞实践对于中国民歌创作审美观的深刻影响。

第三讲　真善美：修辞的伦理关系

大凡人们以语言文字为交际工具，跟他人进行交流沟通，都会希望自己的表达能够有好的接受效果，从而实现预定的交际目标。但是，如果为了实现自己预定的交际目标而不择手段，完全不顾事实（即不讲"真"），不存善意（即不讲"善"），极尽花言巧语之能事（即只讲"美"，也就是言辞动听），那么这样的修辞行为就明显违背了修辞所要遵循的"真善美"的伦理关系原则。《诗经·小雅·巧言》有诗曰"巧言如簧，颜之厚矣"，这是上古先民痛斥摇唇鼓舌、谗言误国、厚颜无耻的小人的话；《论语·学而》有言"巧言令色，鲜矣仁"，这是孔子因看不惯那些花言巧语、献媚讨好的小人而予以痛斥的话。这些话，都是针对先秦时代非良善之人的修辞行为违背"真善美"伦理关系原则而予以批评的。如果对修辞学史有所了解的，应该都知道在与中国先秦时代相当的古希腊亚里士多德生活的时代，修辞学一度非常发达，堪称当时西方的显学。但是，当时的修辞学却被人称之为诡辩术。可见，在西方上古时代也存在着修辞者修辞行为失范的现象，所以人们才会对他们在修辞中违背"真善美"伦理关系原则的行为表达强烈的不满之情，给修辞学贴了一个"诡辩术"的标签。

应该说，自古以来，无论中外，在修辞活动中都会存在如何正确处理"真""善""美"三者关系的问题。因为它关涉修辞的伦理问题,是任何一个以语言文字为交际工具的人都必须正视的问题,更是修辞学研究所不可回避的学术问题。

为此,本讲拟从三个方面对修辞所要遵循的"真善美"伦理关系原则予以论述。

一、修辞立其诚:内容重于形式的要求

已故中国台湾著名修辞学家沈谦教授曾经说过一个故事,在台湾地区有一段时间,学者们非常热衷于讨论一个问题:"中华民族是不是世界上最优秀的民族?"讨论的结果不了了之,因为正反双方谁也说服不了谁。但是,最后,大家却达成了一个非常一致的结论:"美食、美辞,是中华民族当之无愧的世界第一!"美食,大家都知道;美辞,就是动听的言辞与优美的文辞。他们认为,中华民族最擅长修辞,会说漂亮话,妙语生花;会写美文,妙笔生花。

事实上,中国人确实是擅长修辞。而之所以擅长修辞,是因为中国人自古就重视修辞。《论语·宪问》曾记载孔子说过这样一段话:"为命,裨谌草创之,世叔讨论之,行人子羽修饰之,东里子产润色之。"译成现代汉语,就是这样一个意思:"郑国外交公文的写作,先由裨谌起草,然后由世叔提出修改意见,再经外交家子羽进行修改,最后由东里子产(即公孙侨,或称公孙成子,郑国最著名的政治家,曾为郑卿与执政)加工润色定稿。"孔子这里讲郑国外交公文的写作过程,表面上是赞赏郑国外交家与政治家在修辞上精益求精的态度,实质上是在强调修辞的重要性。除了《论语》之外,《左传·襄公二十五年》也曾记载过孔子有关强调修辞的话:

"志有之,言以足志,文以足言。 不言,谁知其志? 言之不文,行而不远。 晋为伯,郑入陈,非文辞不为功。 慎辞哉!"这段文字的意思,如果用现代大白话来说,大致意思是:"你有想法(或曰思想、意愿、志向),可以用语言表达出来,用文字将语言记录下来。 你不说,谁知道你的想法见解呢? 但是,说得没有文采,表达得不好,则不能流传开去,不能产生好的社会效果。 晋国为霸主,郑国侵入陈国,如果不是郑国子产对晋国的质问有巧妙的回答,那么郑国这事就有麻烦了。 言辞一定要讲究、谨慎呀!"孔子说这段话的背景是,晋文公时代,郑国侵入小国陈。 当时,晋国是春秋时代的霸主,于是就出来干预,向郑国问罪,说你郑国怎么可以这样干,以大欺小。 这是对的,既是霸主就应该主持国际正义。 郑国虽也是当时的大国,但只能算是二流国家,如果外交上通不过晋国这一关,给个合理的说法给晋国,那么势必会受到晋国的干预,郑国自己就有危险了。 好在当时郑国名卿子产是个善于辞令的外交家,为此事巧妙地回答了晋国的质问,使郑国免于晋国的讨伐,没有在当时的诸侯国中受到孤立。 孔子针对此事,就说了上述这段话。 孔子说这段话是有感而发,目的在于强调修辞的重要性。

众所周知,中国是一个深受儒家思想影响的国度,孔子作为儒家学派的代表人物,其在中国古代所具有的影响力是尽人皆知的。 正因为孔子的特殊影响,他对修辞重要性的强调,就无疑强化了中国人重视修辞的观念。 事实上,中国古人特别是封建士大夫、政治家与文人学士都是特别讲究修辞的,重视在语言表达特别是在书面表达上进行文字的经营努力。 也正因为如此,今天我们还能读到的中国古代名臣写给帝王的奏章书信,或是讨论国家大政的政论文章,诸如汉人贾谊的《过秦论》、晁错的《论贵粟疏》、邹阳的《狱中上梁王书》，三国时诸葛亮的《前出师表》《后出师表》，晋人李密的《陈情表》，唐人韩愈的《争臣论》，宋人欧阳修的《朋党论》、苏洵的《辨奸论》，等等，都是非常有文采的，堪称中国古代政治修辞的范本，亦是中国千古传诵的雄文。

不过，应该指出的是，孔子虽然强调修辞，但也是有原则的。前面我们说过，《论语·学而》记载孔子对于那些善于花言巧语、献媚讨好的小人，是深恶痛绝的，痛斥他们是"巧言令色，鲜矣仁"，不认同他们的修辞，认为他们"花言巧语"的修辞是有伤君子之德的。关于这一点，《易·乾·文言》就有记载："子曰：'君子进德修业。忠信，所以进德也；修辞立其诚，所以居业也。'"其中的"修辞立其诚"，就是孔子首次提出的修辞原则。唐代学者孔颖达《周易正义》疏曰："辞谓文教，诚谓诚实也；外则修理文教，内则立其诚实，内外相成，则有功业可居，故云居业也。"虽然孔颖达认为孔子所讲的"修辞"是"修理文教"，意谓"对人民加强道德文明教育"的意思，而并非是指"在语言表达上讲究技巧"。也就是认为，孔子所提出的"修辞立其诚"的原则，是从政治的要求出发而将之作为君子居业的条件提出来的。其实，是不尽然的。因为孔子生平除了强调"立德"和"立功"，还特别强调"立言"。既然孔子是强调"立言"的，那么他这里所说的"修辞"，应该也是包括修饰文辞在内的。因为出言措辞也是君子修身居业的一个重要方面。可见，孔子提出的"修辞立其诚"原则，事实上就是强调了出言措辞当以内诚为原则，即修辞不能巧饰于外而忘记"诚实"这一根本。

孔子之后，很多古代学者都将"修辞"二字专门理解为语辞的考究润饰，遂将"修辞立其诚"的内涵窄化、固定化了，即要求修辞要以"诚"为总原则。如宋人文天祥在谈到修辞与德业的关系时,就曾对孔子提出的"修辞立其诚"原则及其"修辞"二字作过如下阐释:

> 修辞者,谨饬其辞也。辞之不可以妄发,则谨饬之。故修辞所以立其诚,诚即上面忠信字,居有守之之意,盖一辞之诚,固是忠信;以一辞之妄间之,则吾之业顿隳,而德亦随之矣。故自其一辞之修,以至于无一辞之不修,则守之如一,而无所作缀,乃居业之义……上言修业,下言修辞;辞之修,即业之修也……辞之义有二:发于言则为言辞,发于文则为文辞。
>
> (《文文山集》卷十一《西涧书院释菜讲义》)

可见,文天祥不仅将修辞与德业联系到了一起,而且明确将"修辞立其诚"作为修辞的准则提出来,这既可以看成是对孔子所说"修辞立其诚"内涵的重新阐释,也可以视为对孔子修辞思想的发展。至于他第一次明确将"修辞"解释为"谨饬其辞",即将"修辞"二字看成是一个动宾短语,将"修"解释为动词"谨饬",而将"辞"明确解释为"言辞"与"文辞",亦是对中国修辞学的一大贡献,对后世修辞学的发展有着重要影响。

文天祥之后,对"修辞立其诚"原则予以强调的学者有很多,只不过表述的方式有所不同而已。如清人唐彪《读书作文谱》(六)记载明人武卿的见解说:

> 说理之辞不可不修;若修之而理反以隐,则宁质毋华可也。
> 达意之辞不可不修;若修之而意反以蔽,则宁拙毋巧可也。

这段话的意思是说,说理的文字,不能不讲修辞。但是,若因要说服他人,让人信服其所说的道理而修辞过当,让本是简单的道理被遮蔽而不清晰了,那还不如不讲修辞,宁可质朴无华。传情达意的文字，不能不讲修辞。但是，若因要强化其意、以情动人而杜撰事实、为情造文，反而使所要传达的真情实意被遮蔽而不彰，那还不如不讲修辞，宁可守拙而不取巧。这一见解，不仅涉及"修辞立其诚"的"诚"的问题，而且涉及修辞中"真""善""美"三者之间的矛盾问题，关乎修辞"真善美"的伦理关系原则。

毋庸讳言，我们以语言文字为交际工具，跟他人进行交流沟通，之所以要讲修辞，目的就是为了取得尽可能好的接受效果，以期实现预定的交际目标。但是，我们为了实现预定的交际目标，绝不能不择手段，不怀诚意，不顾事实，一味在语言文字上做功夫，以形式的华巧优雅掩盖其内容的虚假与不堪。因为这涉及修辞的伦理原则问题，我们任何人都不能回避。否则，必然导致言语交际的失败。下面我们来看一个例子。

一江苏武官最喜抛文，说话最要引经据典。升官陛见，贫无资斧，徒步北上。人问之曰："何不乘车？"答曰："君命召，不俟驾而行。"到京陛见时，值淮水涨发，上问曰："淮河水势何如？"对曰："荡荡怀山襄陵。"上问曰："水势如此，百姓何如？"对曰："百姓如丧考妣。"上大怒，马上充发，叩道谢恩曰："惟仁人放流之，此则小臣之罪也。"

（清·程世爵：《笑林广记》）

上引文字，说的是这样一个故事：一个江苏武官最喜欢炫才示雅，也就是特别喜欢讲修辞，说话最爱引经据典。不过，因为工作业绩还不错，这位武官最终还是得到了皇帝的认可，决定给他升迁官职。这位武官当然非常高兴，于是立即奉诏进京谒见皇帝。可尴尬的是，身为一个朝廷武官，他竟然凑不足乘车进京的盘缠。于是，只好徒步北上。别人对此感到不理解，就问他为什么不乘车。

他回答说:"国君有命相召,做臣子的理应立即前往,不应该等到车马备好才出发。"到了京城,见到皇帝后,因为时值淮河进入汛期,皇帝非常关心,首先就问了他一个问题:"今年淮河的水势怎么样?"他回答说:"大水漫过山岳,包围了山陵。"皇帝一听,非常震惊,立即追问道:"水势这样凶猛,那老百姓怎么样了?"他回答说:"老百姓都像死了父母一样悲痛。"皇帝听了大怒,不仅没有依约升他的官职,反而立即将其充军发配。这位武官虽然感到很无奈,但也只能叩头谢恩,又跟皇帝拽了一次文,说道:"只有仁德的君王能够流放蔽贤的小人。"让皇帝听了莫名其妙。

这个故事之所以在中国古代被当作笑话流传,是因为这位江苏武官讲修辞时没有遵循"真善美"的伦理关系原则。他奉召进京谒见皇帝,因贫无资费而只得徒步北上,别人问他为何不乘车,他引孔子"君命召,不俟驾而行"的名言予以回复,意思是说他不是没有钱乘车,而是要表达急切应诏奉命的诚意。很明显,这不是事实,不是"修辞立其诚",违背了讲修辞要遵循的"真"的原则。皇帝关心淮河两岸百姓的生命财产安全,问他淮河水势如何,他不据实回答,却为了炫才示雅,卖弄才学,引《尚书·尧典》"荡荡怀山襄陵"之辞以对。这不仅违背了"修辞立其诚"的原则,而且显得既不得体,也不严肃。因为《尚书》中"荡荡怀山襄陵"之辞,是记载尧帝时洪水泛滥的情形,本身有夸张失实之处。皇帝关心百姓疾苦而问淮河水势,作为臣下理应态度严肃,据实回答,绝不应该在此重要而严肃的场合卖弄学问、炫才示雅,为了引经据典而引经据典。因他对淮河水势作了夸张失实的回答,不禁让皇帝忧虑起老百姓的处境,于是又问起老百姓的情况。作为问话者的皇帝,完全是出于真情诚意,是抱持非常严肃的态度,而这位武官却再次为了炫才示雅,没有直言禀报实情,而是引《尚书·舜典》"百姓如丧考妣"之辞予以回答,这明显是非常不严肃的,是对皇帝的大不敬。因为《尚书·舜典》"百姓如丧考妣"之辞,是说舜帝死后,天下百姓非常悲伤,就像死了父母。这位武官引此典故,如果不是错解《尚书》原意,就是借此恶意诅咒皇帝。事实上,皇帝认为武官不是错解《尚书》原意,而是在借机诅咒他,于是,勃然大怒,不仅没有兑现先前晋升武官之职的诺言,反而立即作出了将其发配流放的决定。可见,武官的两次引经据典都没有达到预期的交际目标,不仅没有让皇帝对他刮目相看,反而认为他有失人臣之礼,出言措辞极不得体。究其原因,是这位武官两次所引的《尚书》之辞,在表意上都违背了"修辞立其诚"的原则,没有讲"真",同时也没有讲"善",因为皇帝认为自己被诅咒了。然而,故事并未就此结束,武官最后一句叩谢皇恩的话,事实上又在修辞上出问题了。这最后的一句,虽是依照中国封建时代朝廷政治规矩而说的一句假话与套话,但是这位武官连最后这句假话与套话也没有说好。因为他谢恩的套话"惟仁人放流之,此则小臣之罪也",再次违背了讲修辞所要遵循的"善"的原则。因为"惟仁人放流之"一句,是引自《大学》,意思是说"只有仁德的君王能够流放蔽贤的小人"。很明显,武官所引经典之句的原意跟自己实际要表达的意思不匹配,而且还有影射皇帝不仁德之嫌。从主观上推测,我们认为这位武官也许并不是有意正话反说,要讽刺皇帝不仁德,但从客观效果上看,则是确确实实产生了反作用。正因为如此,这个武官引经据典的修辞行为才成了笑话。

诚然,在很多情境下,引经据典(即修辞上的"引用"与"用典")都不失为一种有效的修辞手段,能够使说写表达增添优雅的书卷气，能够造就某种审美情趣。但是，如果"为修辞而修辞"，只顾引经据典而炫才示雅，也就是只注重追求"美"，讲究表达的优雅，而全然不顾事实（即信息或情意的真实性），那么必然效果适得其反。故事中的江苏武官之所以在侍对皇帝时激怒了皇帝，让皇帝觉得他对自己的提问不够严肃，大有欺君之嫌，甚至有诅咒他之嫌，就是因为这位武官没有根据交际的需要，没有适应交际的情境，为引经据典而引经据典，结果造成了君臣交流沟通的失败，徒然断送了自己已然到手的大好官宦前程。

由上述这位古代武官的故事，我们可以得到一个深刻的教训与启示。这就是，为了提升说写表达的效果，实现人际交流沟通的预定目标，讲修辞固然有必要，但是务必要遵循一个基本原则，这就是"修辞立其诚"。如果丢掉这个原则，在很多情况下，不管表达者的修辞智慧有多高，也不管表达者在语言文字表达上的经营有多努力，最终都难以实现其预期的交际目标，也就是不可能让接受者相信其所传递的信息，不可能让接受者欣然接受其所要传达的情与意，不可能让接受者信服其所揭示的某种道理，不可能让接受者认同其所推阐的某种思想观点。

下面我们来看两个广告的例子。

某唐人街上有个卖毛刷的小贩，他制作的毛刷质量很差，因此没有人去买他的毛刷。为此他绞尽脑汁写了一个招牌："包不脱毛。"

许多人看了招牌后买了他的毛刷子，可是只刷了几次，毛便脱光了，纷纷来找商贩，质问他："你这个挂羊头卖狗肉的家伙，你招牌上写得倒好，什么'包不脱毛'！"

这个小贩不慌不忙地指着招牌说："你是从左往右念的吗？

你再从右往左念念……"

众人目瞪口呆。

(唐奇、巫兰编:《职业幽默》)

这个例子虽然只是一个幽默笑话,但却提出了一个非常尖锐的问题:修辞要不要遵循"立其诚"的原则。这个故事中的小贩虽然通过"回环"的修辞手法,使其毛刷广告具有多解性,为自己的虚假经营行为预留了免责的退路,但是他的修辞行为因为违背了"修辞立其诚"的原则,使自己的人格陷入了破产的境地,这不能不影响到他的商业信誉与未来经营的前途。因此,从这则广告修辞的最终效果看,它肯定是非常失败的。

下面我们再来看第二个广告。这是一个在网络上传播非常广泛的抖音短视频,是有关房地产营销广告的段子,是专门揭露当代房地产营销骗局,意在警醒世人切莫陷入其圈套之中。

【视频中一个男人正吸着雪茄,站在楼顶远眺。突然一个年轻女士上来,请示男人】

女:陈总,我们楼下的广告语怎么打?

男:楼下那几个小树苗种了没有呀?

女:种了,种了。

男:森林氧吧,养生秘境。

女:我们还挖到了一个小水坑。

男:湖景洋房,水景园林。

女:我们旁边还有沙县小吃、网吧、理发店。

男:集餐饮、娱乐、休闲为一体。

女:我们旁边还有银行提款机。

男:坐拥城市金融中心。

女：我们旁边还有幼儿园。

男：书香门第，尊荣学府。

女：可是，这次疫情我们只请到了一个保安。

男：私人管家，尊贵生活。

女：可是，我们旁边还有一个坟场。

男：与先贤毗邻，倾听灵魂的声音。

女：好！

  这个抖音视频，虽然是艺术创作，但却是现实生活的真实反映。只要看看当今各种五花八门的房产广告，就知道这个短视频并非是脱离现实的杜撰。如果一个房产公司真的像视频中的"陈总"那样打出其房产营销广告，消费者一定大为动心。也就是说，这个"陈总"作为广告词的写作者，完全算得上是一个成功的修辞者。因为他的修辞确实有技巧，能够带给人无限的遐思，让消费者对未来居家生活的美好前景充满希望。从这个意义上说，"陈总"的广告修辞是"美"的，是成功的。但是，现实生活中，我们每一个购房者事实上都不会只听广告语或只看广告词，而是要现场考察房产的真实情况，包括其环境。如果消费者发现真实情况跟广告所宣传的有较大出入，立即就会从内心深处出生排斥的情绪，势必在负面情绪的作用下对广告所宣传的房产项目作出否定的判断。从这个意义上说，"陈总"作为广告修辞者，他的修辞无疑是失败的。之所以失败，原因就是他的修辞只在语言文字上经营努力，追求所谓的"美"，而全然不讲"诚"，不讲"真"，是对消费者的恶意误导，不仅违背了"修辞立其诚"的原则，即丢掉了"真"，同时也丢掉了人性的"善"，最终导致在"真""善""美"三方面全线崩坍。

  由以上的理论阐述与古今三个例证的分析，我们可以清楚地见出，讲修辞固然是要在语言文字的形、音、义等形式上经营努力，要极尽"语言文字的一切可能性"，努力提升语言文字的表达效果，但是坚持"修辞立其诚"的原则应该是放在第一位的。也就是说，语言形式要服从语言所要呈现的内容需要，内容重于形式的要求是不可退守的底线。

二、信言不美，美言不信：内容与形式的矛盾

读过《史记》的，相信一定会记得《留侯世家》中有一个非常富有哲理意义的比喻："忠言逆耳利于行，良药苦口利于病。"这个比喻，从结构形式上看，是个"引喻"，也可称为"暗喻"。"本体"是"忠言逆耳利于行"，"喻体"是"良药苦口利于病"，"喻词"省略。它深刻地揭示了人性的一大弱点，就是喜欢听好话，听顺耳之言，而不愿听真话，听逆耳之言，就像一个人生了病，既想病好，却又不愿吃对病情有利的苦药一样。

人类都有喜甜而厌苦的味觉共性，这是一种生理上的天然反应，是大家都能理解的。而对于人类为什么不喜欢听真话，而喜欢听阿谀逢迎的假话，也就是顺耳之言，大家就觉得不可思议了。其实，这也是可以理解的。因为真话是将事实或真相赤裸裸地呈现在人们面前，丝毫没有掩饰或粉饰，往往给人的感觉是不美的，甚至是残酷的。人们为了免于心灵受到重创，情感受到冲击，往往没有勇气直接面对，因而采取鸵鸟式的回避态度。正因为人性有此弱点，因此语言生活中就有一种修辞表达法"讳饰"，即遇到对他人情感情绪有刺激，或引发他人不快的事，就千方百计予以回避。为此，还想出很多替换或美化的说法。比方说，人类都对死有畏惧

感,于是,在人类语言生活中就出现了"塔布"现象,就是汉语修辞学中所说的"讳饰"。

中国是一个历史悠久的国家,汉语是一种具有悠久历史的语言,加上汉民族自古以来就重视修辞,也擅长修辞,因而在汉语词汇中就积累了非常丰富的以"讳饰"修辞手法创造出来的委婉语。

比方说"死",就有非常多的委婉语,如说帝王之死,有"山陵崩"(夸张帝王之死于国家损失的重大)以及"驾崩""崩""崩逝""崩殂""宾天""大讳""大行""弃天下""弃群臣"之类说法;士或做官人之死,叫"不禄"(就是不拿朝廷俸禄了,用今天的话说,叫不拿工资或薪水了)或是"弃禄""禄命终""撒瑟",等等;文人或才子之死叫"玉楼赴召""埋玉树""埋玉""修文地下",等等;年轻女子早死或少女夭折叫"蕙损兰摧""玉碎香埋""玉碎珠残""玉殒香消",等等;一般人死,普通说法如"走了""老了""登仙""仙逝""归西""作古""永辞""永别",等等①不一而足。总之,"不同身份的人、不同死法的人、不同年龄的人的死都有一套固定的避讳说法"②,现代也有不少有关"死"的新委婉语,如共产党人常说自己的死叫"见马克思",音乐家之死叫"生命画上了休止符",思想家之死叫"思想家停止了思想"等等;一般人普遍的说法则有"心脏停止了跳动",等等。此外,还有古今对自己死亡的谦称或对他人死亡的贬称说法,如"填沟壑""伸腿""跷辫子",等等。③

---

① 吴礼权:《语言策略秀》(修订版),广州:暨南大学出版社,2013年,第78—79页。
② 同上。
③ 同上。

又比方说，对于不洁之物及其相关之事，中国人也是要讳饰的。如有关人体排泄行为，在汉语中就形成了很多委婉语，如"更衣""如厕""起居""出恭""方便""解手""净手"，以及现在流行的"上洗手间""上化妆间""上盥洗室"等说法，皆是其类。至于女人的生理现象，则另有一套讳饰的委婉语，如"潮信""程姬之病""例假""月脉""月信"，上海人所说的"老鬼三""老朋友"之类，也是其类。其他不洁之物，也各有其讳饰的委婉说法，如说"鼻涕"为"鼻龙"，说"眼泪"为"红冰""玉箸"（多指女子），说"唾液"为"芳津""口泽""玉泉"，等等。①

再比方说，对于男女之事，汉语词汇库中的委婉语更多。如"春风一度""搓粉团朱""颠鸾倒凤""凤友鸾交""房室之事""欢会""合欢""荐梦""同席""衽席之好""握雨携云""巫山云雨""枕席之欢"，以及"上床""睡觉"等典雅或通俗的说法，都是其类。如果说到男女非正常之情，则有"暗度陈仓""采花""吃豆腐""穿花蛱蝶""盗香""拈花惹草""窃玉偷香""衽席不修""私谐欢好""偷汉""偷人""偷欢""偷鸡摸狗""寻花问柳""攀花折柳"，等等，不一而足。甚至男女非正常之情发生的场所，也有专门的委婉语，如"风月场""风月馆""青楼""春院""花街柳巷""柳陌花丛""门户人家""平康巷""秦楼楚馆""曲院""烟花柳巷""烟月作坊"，等等。②

从语言反映现实的角度来看，委婉语是对有关不吉、不洁、不雅、不利等消极事物及行为的有意规避，甚至是美化；作为修辞行

---

① 吴礼权：《现代汉语修辞学》（第四版），上海：复旦大学出版社，2020年，第46页。
② 同上书，第47页。

为来看,违背了"修辞立其诚"的原则;从语言学的视角看,委婉语的创造是语言形式对语言所要呈现的内容的背离。不过,应该指出的是,对于语言现象,我们不能局限于其表面,而应该透过现象看到其本质。语言形式对语言所要呈现内容的背离,事实上是人类语言表达的需要。从修辞的角度来看,是表情达意的需要,是一种修辞技巧的呈现。既然是讲需要,既然是讲技巧,那么势必就会出现求"真"与求"善"、求"美"之间的矛盾。

以上面我们列举的诸多委婉语来说,之所以会产生并在汉语词库中长久存在,究其原因是表达的需要。作为一种修辞现象,也是一种普遍存在的语言现象,委婉语的创造或运用,从表达者的角度来看,确实有违"修辞立其诚"的原则,因为它放弃了求"真"的价值追求。但是,违背"立诚"原则,放弃求"真"的价值追求,并非是表达者创造或运用委婉语的本意,而是他在语言表达中为了求"善"的必然选择。从人类社会修辞实践的历史来看,大凡在语言表达中运用讳饰修辞手法或是运用委婉语表情达意,表达者一般都是出于要对接受者展现善意的目的,避免"实话实说"引发接受者的负面情感情绪,引发其内心的不快。很明显,这是求"善"的表现,是为了人际关系的和谐。表达者是人,而且是一个社会化的人,这样做完全是可以理解的。也就是说,为了求"善"而放弃求"真",在现实语言生活中,有时候是表达者不得不做出的选择。因为事实上任何人的语言表达都不可能做到"真""善""美"三者兼得,因此权衡得失而有所取舍、有所选择,就成了语言表达特别是修辞活动中不可回避的问题。

孟子有言:"鱼,我所欲也;熊掌,亦我所欲也。二者不可得兼,舍鱼而取熊掌者也。生,亦我所欲也;义,亦我所欲也。二者不可得兼，舍生而取义者也。生亦我所欲，所欲有甚于生者，故不为苟得也；死亦我所恶，所恶有甚于死者，故患有所不辟也。"（《孟子·告子上》）孟子对于鱼与熊掌、生与义、生与死，都有自己取舍的原则。同样，在语言表达中，特别是在修辞活动中，表达者对于修辞所要追求的"真""善""美"的目标，也会根据特定的题旨情境和表达的需要，作出自己的选择。也就是说，我们必须承认修辞所追求的"真""善""美"三个目标之间是有矛盾的。直面矛盾的存在，然后根据表达的需要作出取舍、选择。如果选择了求"真"，就有可能放弃对"美"和"善"的价值目标的追求；如果选择了"美"和"善"，就有可能放弃"真"的价值目标的追求。所以老子有句名言"信言不美，美言不信"（《老子》第八十一章），可谓是精辟地揭示了修辞所追求的"真""善""美"价值目标之间的矛盾，提醒我们在语言表达中必须正确把握修辞的"真善美"伦理关系原则。

老子"信言不美，美言不信"的论断，虽然揭示了修辞所追求的"真""善""美"三个价值目标之间的矛盾，但是结论并不完全准确。事实上，在现实语言生活中，"信言"（真实之言，符合客观实际的、不加修饰或粉饰、美化的大实话）固然"不美"（没有华巧的语言形式，感觉上不顺耳、不中听），但未必都"不善"（不包含善意）。"美言"（假话或不实之辞，不符合客观实际而顺耳、中听之言）固然"不信"（没有真实性，没有展现真情实感），但未必都"不善"（不具有善意）。从逻辑上来说，也是从客观实际来说，修辞所追求的"真""善""美"三个价值目标之间有矛盾排斥关系，但也有兼容相得关系。

下面我们不妨从现实生活中举例，以言语交际中的称谓为切入点,来观照三者之间真实的伦理关系。

称谓问题,很少能进入学者们研究的视野,大家都认为这是一个不值得研究的课题,是日常语言生活中的寻常现象。因此,无论是在语言学的研究论著中,还是在修辞学的研究论著中,都很少能看到有关这方面的独到见解。其实,称谓是一种非常重要的修辞行为,最值得修辞学者的关注。就语言实践(包括修辞实践)来看,但凡一个人,只要是有过与他人打交道的经验,就会知道在言语交际与人际沟通中,称谓的问题有多重要。因为跟人沟通交流,只要一张口,就有一个称谓问题。这是以语言为交际工具的任何人都回避不了的问题。因为到底如何称谓,并不是一件非常随便的事,它在言语交际与人际沟通中具有重要的意义。在有些情况下,它可能就是言语交际与人际沟通成功的关键因子,最起码也决定着一次言语交际与人际沟通是否成功的一半概率。因为与人交际沟通,如果称谓得当,会第一时间赢得对方的欢心,使接下来的交流沟通变得异乎寻常的顺利;相反,如果称谓不当,会拂逆对方心意,引发对方不快,使未曾开始的言语交际与人际沟通变得困难重重。比方说,现实生活中我们总会有求人办事的时候。假如一个人要找一个姓王的副局长沟通,办点事情。如果他以"王副局长"称谓对方,虽然语言形式与语言所要表现的内容匹配,符合客观实际,是遵循了"修辞立其诚"的原则,体现了修辞所要追求的"真"的价值目标,但是它可能会拂逆这位副局长的心意,引起他情感上的不快,接下来的沟通与所要办的事恐怕就不会顺畅了。因为在官场上混的人都喜欢自己当老大,一人说话就算数,最恨当副职,整天看正职的脸色行事。在现实中,他们当不了正职已是恨恨不平了,而别人不把他当回事,称呼他时还刻意提那个他最不喜欢的"副"字,他不可能高兴。所以，现在很多"善解人意"者都懂得这样一条不成文的规矩，当面称呼副职的都是要去掉"副"字的，即使是正职称呼他的副手，也是用正职相称的，如称王副局长为王局长，称李副县长为李县长。可以说，去"副"称"正"，在当下社会的官场几乎成了一门人人精通的"修辞学"。

其实，这种"修辞学"在大学里也非常流行。虽说大学不是官场，但自古以来就是一个名利场。知识分子最看重的就是职称学衔，因此对于别人称呼他什么，事实上是非常在乎的。如果一个人姓李，在大学里的职称是副教授，当别人介绍他时，只会称之为李教授，而绝不会称之为李副教授。身在象牙塔中的知识分子，虽然清高，常常会标榜与众不同，但实际上他也是社会的一员，也具有跟其他社会成员相同的心理。因此，在大学这一特定的语境中，如果言语交际与人际沟通中称谓涉及职称，务须去"副"称"正"。因为这样最能慰藉当事人的心，获得其发自内心的好感。否则，可能引发当事人的情绪反弹，使交际沟通变得困难。如果跟他沟通交际的是学生，那你有求于他的事就免谈了。说到这里，我有一个真实的故事可以与大家分享。

我有一位学术界的好朋友，现在已经是很有些影响的学者了。一次，我们俩一起喝酒吃饭，席间自然而然地说到了培养研究生的问题。开始时他还挺平静，但是几杯酒下肚，他就真情流露了，非常感慨地说到一件往事，说他培养的研究生也并不是都令他满意。他说他早年被人打压，做了很多年副教授，就是升不上教授，心里非常憋屈。在学校里总是低人一头，在家里也不受妻子尊重。他说，这也就算了。但凡是人，总是势利的，他也能理解。但是，他不能理解的是，他曾经倾注了大量心血培养的研究生也认为他的学术水平不够升教授。一次，他收到一个已经毕业离校在外地工作的研究生的信，信封上赫然写着"某某某副教授收"的字样。他说，当时他非常生气，信都没拆，就直接撕了个粉碎。理由是，这个写信的学生作为自己培养的研究生，理应了解自己的学术水平，不应该看不起老师，认为老师就是个副教授的水平。

听了这个朋友的故事，当时我也感慨了好久。但不久后，我突然从中受到了启发，认识到称谓不是一个简单的问题，而是一个非常值得深究的修辞行为，是应该予以关注的学术问题。于是，我后来就在我所著的《言语交际与人际沟通》一书中专门设一个章节，强调称谓修辞的重要性，并且在上课时也经常跟学生讲到我这个朋友所讲的故事，让学生明白：称谓是个修辞行为，在言语交际与人际沟通中是务须重视的问题。

讲完了上面这个故事，我们就要回到前面我们所讨论到的核心话题：修辞所追求的"真""善""美"三个价值目标之间的矛盾。前面我们说过，当下官场上称谓去"副"称"正"，几乎成了一门人人精通的"修辞学"。但是，应该指出的是，这种世俗、实用主义的"修辞学"，从修辞伦理来看，是有违"修辞立其诚"原则的，不是修辞追求"真"的价值目标的表现，是应该予以否定的修辞行为。但是，从修辞实践来看，这种修辞行为事实上是基于表达者"与人为善"的心理，出发点是为了表达善意，使对方在情感情绪上感到愉悦，是一种追求"善"的价值目标的表现。从言语交际与人际沟通的视角看，它有融洽人际关系，有助于提升交际效果的作用。因为这一修辞行为本身并无"伤天害理"的社会效果，因此并不存在有违社会道德伦理的问题。在大学校园的语境下，称副教授为教授，情况也是一样。相反，我们上面所讲的那位写信给导师的研究生，在信封上突显老师为副教授的修辞行为，反而有违修辞的伦理原则。因为从中国传统文化来看，老师与学生之间的关系，尤其是导师与研究生之间的关系，有如父子、师徒关系，因此做学生的理应对老师抱持绝对尊重的态度。因此，即使真的认为导师的学术水平够不上教授的职衔，也不应该在信封上突显强调导师的"副教授"职衔。事实上，这样做，从社会学的角度来看，有违师生关系伦理；从修辞学的视角看，则有违修辞伦理。如果这位研究生懂得一点修辞学，清醒地认识到：称谓也是一种修辞行为，而作为一种修辞行为，称谓修辞就必须既要讲"真"，也要讲"善"和讲"美"，需要在"真""善""美"三个价值目标之间寻求某种平衡，那么他就不会在写信时在称谓上出问题，以致影响了师生关系的和谐。

以上是我们从理论上对修辞所追求的"真""善""美"三个价值目标之间的矛盾关系所作的分析，明确指出这三个价值目标之间虽然存在矛盾，但也可以寻求一定的平衡。下面再举一个我个人的例子，从切身体会来看这个问题。

2006年春，我完成日本京都外国语大学客员教授任期，回到上海不久，就收到东吴大学的邀请，参加2006年10月12日至15日由中国台湾台北市文化局与东吴大学联合举办的"跨越与前进——纪念林语堂逝世三十周年国际学术研讨会"。此次会议是一场高规格的学术会议，受邀参加会议并作主题报告的都是国际著名汉学家，如瑞典著名汉学家、诺贝尔文学奖评委马悦然（Goran Malmqvist）教授，德国著名汉学家、波恩大学中文系主任顾彬（Wolfgang Kubin）教授，美国普林斯顿大学东亚所所长周质平教授，以及日本东京大学与欧美世界名校的著名汉学家。我所作的大会学术报告题目是:《由汉语词汇的实证统计分析看林语堂从中西文化对比的角度对中国人思维特点所作的论断》,主持人是东吴大学校友、美国普林斯顿大学东亚所所长周质平教授。因为这次会议的缘故,我跟东吴大学结缘,遂有了2009年2月至6月为期一个学期的东吴大学客座教授经历。我虽然早在1999年就从日本飞赴中国台湾参加过学术会议,而且参加过的台湾学术会议不止一次两次,但是作为中国大陆的教授,能够获聘担任台湾地区的大学教职则是第一次。事实上,大陆教授能够获聘担任台湾地区大学教职的政策,是始于2008年台湾地区第二次政党轮换后中国国民党领导人马英九上台后才开始的。我因为先前有在台湾最高学术出版机构台湾商务印书馆出版过多部学术专著的学术背景,加上2006年在东吴大学参加学术会议并作大会主题报告的经历,这才有幸成为第一批在台湾地区担任大学教职的大陆教授。虽然我先前到台湾参加学术会议多次,但真正在台湾地区有过较长生活经历、对台湾社会有深入了解的,也只有这一次。所以,对于这一段生活经历我至今记忆犹新。在台湾东吴大学任客座教授期间,因为每天上课或吃饭都要从所居住的半山上走过几段曲折的山坡路,还要走近百级台阶,才能到达位于外双溪旁边的教学楼与食堂。每天下课或食堂进餐后,都要爬台阶、上坡路回居所。虽然辛苦,但一路都是风景,上山之路的左边是国学大师钱穆的故居,右边是天主教堂,爬完台阶与坡路,回到我位于半山之上的居所,站在门口就能看到外双溪对岸的台北"故宫博物院"与阳明山。可以说,我居所的窗口与门前,就是台北最好的观景平台。所以,在东吴大学任职期间,我每天心情都很好。除了每天眼中都有美景看,还有一个因素也是我每天心情特别好的原因。众所周知,台湾东吴大学,就是1900

年由基督教监理会在苏州创办的东吴大学，所以它的英文名是 Soochow University，简称 SCU，即"苏州大学"，是中国第一所西制大学，1951 年在中国台湾复校。因为跟教会关系密切，在台湾东吴大学有限空间的校园里竟然有一所天主教的教堂，而且处于交通要道的黄金位置上，也是我每天上山、下山必经之地。每当我早餐或晚餐后从山下散步回半山居所时，都有一个年轻帅气的天主教牧师站在附近的台阶边（他大概是太闲、太寂寞，想找人说话），笑眯眯地跟我打招呼，喊我"帅哥"。我照过镜子看过自己，深知自己长得并不帅。所以，第一次听牧师喊我帅哥，我挺不好意思，还"不解风情"地谦虚一番，说："不帅，不帅，长得很惭愧！"后来，才知道这是台湾地区的人们在人际交往时的时尚，见到女人都叫美女，不论老少美丑；见到男人就喊帅哥，也不论老少美丑。了解了台湾地区的称谓时尚后，我每天都坦然地接受那牧师喊我"帅哥"的问候，而且心里暖洋洋的。

　　我为什么要讲这个故事呢？因为这个故事中被喊"帅哥"的人是我本人，我心理与情绪的反应自己最清楚。我深知，牧师喊我"帅哥"是一种修辞行为，是讲"美"，而不是讲"真"。不过，它虽违背了"修辞立其诚"的原则，放弃了修辞追求"真"的价值目标，却体现了"与人为善"的做人原则，实现了修辞所要追求的"善"的价值目标。因为事实上我得到了他的恭维，一天都有好心情，不再有"独在异乡为异客"的孤独感。西方语用学中有一个非常重要的语用原则，就是"赞美原则"，实际上跟我上面所讲故事所凸显的主旨是完全一致的。

　　通过上面三个日常语言生活例证的分析，我们可以得出一个结论：修辞活动中，内容与形式的矛盾是客观存在的；老子揭示的

"信言不美,美言不信"的修辞伦理问题,也常常是符合客观现实的。但是,我们也应该看到,修辞所追求的"真""善""美"三个价值目标之间的矛盾不是绝对的,三者之间事实上在伦理上是可以寻求某种平衡的。只要表达者的修辞在动机上不存恶意,不是有意误导他人,不是为了损人利己,而是纯粹为了娱乐或取悦别人而在语言文字上经营努力(即追求"美"),那么偶尔违背"修辞立其诚"的原则,放弃"真"的价值目标追求,从修辞伦理上来说也应该是可以接受的。

三、事信言文,辞事相称:内容与形式的完美统一

上面我们说过,修辞在"真""善""美"三个价值目标方面的追求,事实上是存在矛盾的。正因为如此,自古以来就有很多先贤与学者试图解决这个矛盾,提出了很多有关这方面的见解,希望能够在修辞实现"真""善""美"三个价值目标之间寻求某种平衡,从而实现修辞的最高境界:内容与形式的完美统一。

最早对这一问题进行思考,并提出解决方案的应该算是孔子。他著名的"文质彬彬"论,就是讨论这个问题的。《论语·雍也》记载:

子曰:"质胜文则野,文胜质则史。文质彬彬,然后君子。"

孔子的这番话,译成现代白话文,大致的意思是:"过于质朴而文雅不足,则难免显得有些粗鄙;过于文雅而不够质朴,则难免让人觉得有些浮华。文雅与质朴都恰到好处,相得益彰,这才算得上是君子。"从历史的情境看,孔子讲这番话的用意,是强调君子修身的。但是,君子修身是包括言行两个方面,所以孔子说这番话自

然就包括语言方面,涉及君子在修辞上的表现。

从现代语言学的观点看,孔子所说的"文"与"质"的关系,就是语言的形式与内容的关系。用现代西方语言学的术语来表达,就是"能指"与"所指"的关系。因此,孔子的"文质彬彬"论,从语言表达的视角来看,有强调内容与形式和谐统一之意;从修辞的角度来说,就是强调既要重视表达的技巧与效果,又要注重表达内容的真实性,强调两者完美的结合。

孔子提出"文质彬彬"论后,有许多人继承并予以阐发。《论语·颜渊》记载:

> 棘子成曰:"君子质而已矣,何以文为?"子贡曰:"惜乎夫子之说君子也!驷不及舌。文犹质也,质犹文也,虎豹之鞟犹犬羊之鞟。"

棘子成是卫国的大夫,他不认同孔子的"文质彬彬"说,认为君子只要言行质朴就可以了,不必在言行上追求什么文雅。子贡是孔子的得意弟子,自然就要起来维护自己老师的学说,于是就给棘子成打了个比方,说如果虎豹与犬羊的皮都把上面的毛去了,两者就没有贵贱之分了。以此强调君子必须具备"文质彬彬"的特质,也就是要在言行两个方面都要表现出优雅、文雅的气质。

子贡之后,战国时代的荀子也是坚持孔子"文质彬彬"说的。《荀子·非相》有言:

> 凡人莫不好言其所善,而君子为甚。故赠人以言,重于金石珠玉;观人以言,美于黼黻文章;听人以言,乐于钟鼓琴瑟。故君子之于言无厌。鄙夫反是:好其实不恤其文,是以终身不免埤污佣俗。

在荀子看来,君子与鄙夫(即小人)之间的区别就在于是否好

"文",也就是讲不讲修辞。所谓"好其实不恤其文",就是只会实话实说而不会妙语生花。很明显,荀子也是强调君子要重视修辞的。

比孔子稍晚,但比荀子要早的墨子,虽然跟孔子的观点不同,但他也没有只强调"质"而否定"文",而是主张"先质后文"。《韩非子·外储说左上》有一则记载:

> 楚王谓田鸠曰:"墨子者,显学也。其身体则可,其言多而不辩,何也?"曰:"昔秦伯嫁其女于晋公子,令晋为之饰装,从衣文之媵七十人,至晋,晋人爱其妾而贱公女,此可谓善嫁妾而未可谓善嫁女也。楚人有卖其珠于郑者,为木兰之柜,熏以桂椒,缀以珠玉,饰以玫瑰,辑以翡翠,郑人买其椟而还其珠,此可谓善卖椟矣,未可谓善鬻珠也。今世之谈也,皆道辩说文辞之言,人主览其文而忘有用。墨子之说,传先王之道,论圣人之言以宣告人,若辩其辞,则恐人怀其文忘其直,以文害用也。此与楚人鬻珠,秦伯嫁女同类,故其言多不辩。"

这个故事中的田鸠,就是田俅子,即田系、田襄子,为墨家第四代巨子。他游说楚王实行墨家的学说,楚王问了他一个问题,说墨家学说是天下显学,有实用价值,但墨家学说在表述时不像其他各家学说那样有文采,能够打动人。于是,田鸠就给楚王讲了两个故事:一个是秦伯嫁女的故事,一个是郑人买椟还珠的故事。通过这两个故事,说明了墨家学说重在"传先王之道",而不在言辞文采上做功夫,以免诸侯各国之君只欣赏其文采而忘了其治国安邦的实用价值(即"怀其文忘其直,以文害用")。可见,墨家并不排斥修辞,而是在以语言为工具宣传其思想学说时,重在其思想内容的传递,而将在语言表达上的经营技巧置于次要地位而已。而这恰恰体现了墨家实用主义的思想。

除了墨家弟子田鸠的比喻，将墨家"先质后文"说作了生动的说明外，墨子本人其实对其"先质后文"的修辞观也作了清楚地说明。 如《墨子·修身》有曰：

> 慧者心辩而不繁说，多力而不伐功，此以名誉扬天下。言无务为多，而务为智；无务为文，而务为察。

墨子这里所说的"言无务为多，而务为智；无务为文，而务为察"，意思是说，以语言为工具表达思想，不在于翔实周密，而在于机智，即善于抓住问题的本质；不在于多么有文采，而在于表意的明确、清楚，所要讲的道理要讲清楚、说明白。 可见，墨子事实上并不反对"文"（即讲修辞），只是从实用主义目的出发而分轻重缓急而已。 这一点，我们从清人孙诒让的《墨子闲诂》所载墨子佚文中也可以看出：

> 食必常饱，然后求美；衣必常暖，然后求丽；居必常安，然后求乐，为可长，行可久，先质而后文，此圣人之务。

墨子这里是以比喻的方式来说明思想与思想的呈现形式之间的关系，本身就很注重表达技巧，是讲修辞、重视修辞的表现。 他以这个比喻来说明其"先质后文"的修辞思想，是再生动形象不过了。

春秋战国之后，经过秦代短暂的过渡，历史的篇章就翻到了两汉时代。 众所周知，汉代特别是汉武帝时代，由于实行"罢黜百家，独尊儒术"的统治政策，儒家思想一家独大。 在修辞思想上，也是儒家的修辞观占绝对的上风。 如西汉大思想家、"群儒首"董仲舒，大文学家、语言学家扬雄，东汉大思想家王充与王符，都继承了孔子的"文质彬彬"说，只是在表述上与时俱进，在术语上有所变化而已。

魏晋南北朝时期，虽是儒家思想受到严重冲击而呈现出衰落趋势的时期，但仍然有力主孔子"文质彬彬"说的著名学者。其中，北朝以北周的颜之推为代表，南朝以梁文论家刘勰为代表。颜之推在《颜氏家训·文章第九》中有曰：

> 凡为文章，犹人乘骐骥，虽有逸气，当以衔勒制之，勿使流乱轨躅，放意填坑岸也。文章当以理致为心肾，气调为筋骨，事义为皮肤，华丽为冠冕。今世相承，趋本弃末，率多浮艳。辞与理竞，辞胜而理伏；事与才争，事繁而才损。放逸者流宕而忘归，穿凿者补缀而不足。时俗如此，安能独违？但务去泰去甚耳。必有盛才重誉，改革体裁者，实吾所希。古人之文，宏材逸气，体度风格，去今实远；但缉缀疏朴，未为密致耳。今世音律谐靡，章句偶对，讳避精详，贤于往昔多矣。宜以古之制裁为本，今之辞调为末，并须两存，不可偏弃也。

这里，颜之推通过人骑马与穿衣为喻，生动地阐发了他的"辞事两备，并须两存"的修辞观。他认为"为文章"应该"犹人乘骐骥，虽有逸气，当以衔勒制之"，即雕饰为文要有节度，不可逸纵。否则，徒有"文"而无"质"，就会"流乱轨躅，放意填坑岸也"，"为文章"也就失去了意义。因为"文"仅是华丽的冠冕，而"质"则是为文章的"心肾""筋骨""皮肤"，自然"为文"者是应该将"质"（包括"理致""气调""事义"）放在首位的。认为"辞与理竞，辞胜而理伏"的"浮艳"作风是"重文轻质""趋末弃本"的表现。指出"古人之文"的"缉缀疏朴，未为密致"与"今世之文"的"音律谐靡，章句偶对，讳避精详"，是各自走向了"重质"与"重文"的两个极端，都是失之偏颇而不可取的。由此提出了"宜以古之制裁为本,今之辞调为末,并须两存,不可偏弃也"的主张,即"文质彬彬"的修辞观。①

刘勰对于其所坚持的"文质彬彬"修辞观的表述,跟颜之推一样,也是通过比喻的方式予以了生动呈现。在《文心雕龙·情采》中,刘勰这样写道:

> 圣贤书辞,总称文章,非采而何?夫水性虚而沦漪结,木体实而花萼振,文附质也。虎豹无文,则鞟同犬羊;犀兕有皮,而色资丹漆,质待文也。

这里,刘勰将"质"(即文章的思想内容)比作"性虚"之水和"体实"之木,将"文"(即语言形式及其表现技巧)比作水之"沦漪"和木之"花萼",从而首先将"质"的重要性作了特别强调,说明了"文附质"的道理。但是,在强调了"文附质"和"质先于文"的同时,刘勰也没有忘记"文"对"质"的反作用,认为文章若仅有"质"而无"文",则就如同虎皮豹皮没有毛色而与低贱的狗皮羊皮一样;认为犀、兕(雌性犀牛)之皮虽很有用,也很名贵,但还少不了要靠漆上朱红来显示色彩。由此,他又提出了"质待文"的主张。这样,刘勰就将"文"与"质"相互依存、不可割裂的辩证关系讲清楚了,从而更加清晰地将先秦以来儒家的"文质彬彬"修辞观推到了一个新的理论高度。②

到了唐代,以复兴儒学,主张"文以载道"而"文起八代之衰"的大文豪韩愈,又对孔子"文质彬彬"说作了新的阐释与发展,提出了"辞事相称,善并美具"的新说。这一新说见于《进撰

---

① 吴礼权:《中国修辞哲学史》,台北:台湾商务印书馆,1995年,第74页。
② 同上书,第74—75页。

平淮西碑文表》，其中有曰：

> 窃惟自古神圣之君，既立殊功异德卓绝之迹，必有奇能博辩之士，为时而生，持简操笔，从而写之，各有品章条贯，然后帝王之美，巍巍煌煌，充满天地。其载于《书》，则尧舜"二典"，夏之《禹贡》，殷之《盘庚》，周之"五诰"。于《诗》，则《玄鸟》《长发》，归美殷宗；《清庙》《臣工》、小大"二雅"，周王是歌。辞事相称，善并美具，号以为经，列之学官，置师弟子，读而讲之，从始至今，莫敢指斥。向使撰次不得其人，文字暧昧，虽有美实，其谁观之？辞迹俱亡，善恶惟一。然则兹事至大，不可轻以属人。

对唐代历史有所了解者都知道，唐代自"安史之乱"以后，就陷入了藩镇割据、尾大不掉的局面，政治非常混乱，社会动荡不安。韩愈在政治上非常反对藩镇割据，主张恢复中央集权。所以，在唐宪宗元和九年（公元814年）至元和十二年（公元817年）唐代中央政府取得平定淮西藩镇叛乱的胜利之后，韩愈非常激动。于是，在受命撰写《平淮西碑文》时给唐宪宗上了一个奏表，表达了他对朝廷重视收复淮西而刻石纪功的决策的衷心拥护之情。在奏表中，韩愈有感而发，就"辞"与"事"的关系，提出了"辞事相称，善并美具"的观点，认为对于政治上的大是大非问题要讲清楚、说明白，思想内容与形式技巧都要重视。认为，如若"文字暧昧，虽有美实，其谁观之？辞事俱亡，善恶惟一"。这一观点提出后，韩愈又在他后来的另一篇文章《至邓州北寄上襄阳于相公书》中予以了强调：

> ……故其文章言语与事相侔，惮赫若雷霆，浩汗若河汉，正声谐《韶》《濩》，劲气沮金石。丰而不余一言，约而不失一辞，其事信，其理切。

认为文章的形式("言辞")与内容("事")要相称("相侔"),这样才能形式上有"丰而不余一言,约而不失一辞"的效果,而内容上又有"其事信,其理切"的效应。这种观点,和他在《进撰平淮西碑文表》中提出的"辞事相称,善并美具"的修辞观完全相同,只是文字表述上有所差异而已,鲜明地体现了他对内容与形式关系问题的"中和主义"的哲学思想,寄托了他对修辞力图臻至思想与形式完美统一的理想,与先秦以来儒家所主张的"文质彬彬"论是一脉相承的。

在唐代,除了韩愈以外,坚持"文质彬彬"论,主张修辞要内容与形式完美结合的,还有一位高僧,就是桂林淳大师。他在所著《诗评》中对此问题有过论述,但是所用的术语跟韩愈有所不同,跟孔子的术语也不同。他将孔子所说的"质"和韩愈所说的"事"换成了"意",将孔子所说的"文"与韩愈所说的"辞"换成了"言",并以写诗为例,说道:

> 诗之有言,为意之壳。如人间果实,厥状未坏者,外壳而内肉也。如铅中金,石中玉,水中盐,色中胶,皆不可见,意在其中。使天下人不知诗者,视至灰劫,但见其言,不见其意,斯为妙也。

认为言为形式,意为内容,言与意的关系应与铅中金、水中盐、色中胶一样,是融为一体的,不可言二。这种关于内容与形式的关系的修辞思想,跟唐以前各代以及有唐一代的各家的修辞思想都有不同,似乎融合了道家的思想于其中,但又似乎不全然,好像还另蕴佛家的禅机。①不过,从本质上看,还是跟孔子、韩愈一样,都是强调修辞要追求内容与形式的完美统一。

---

① 吴礼权:《中国修辞哲学史》,台北:台湾商务印书馆,1995年,第114页。

时至宋代，跟韩愈一样提倡儒学与古文，主张"文以载道"的宋代文坛领袖欧阳修，就"文"与"质"的关系（即语言表达中内容与形式的关系）问题，又提出了新的说法。他在《代人上王枢密求先集序书》中，有曰：

> 某闻《传》曰："言之无文，行而不远。"君子之所学也，言以载事，而文以饰言；事信言文，乃能表现于后世。《诗》《书》《易》《春秋》，皆善载事而尤文者，故其传尤远。荀卿、孟轲之徒，亦善为言，然其道有至有不至，故其书或传或不传，犹系于时之好恶而兴废之。其次楚有大夫者善文，其讴歌以传。汉之盛时，有贾谊、董仲舒、司马相如、扬雄能文，其文辞以传。由此以来，去圣益远，世益薄或衰，下迄周隋，其间亦时时有善文其言以传者，然皆纷杂灭裂不纯信，故百不传一；幸而一传，传亦不显，不能若前数家之焯然暴见而大行也。甚矣，言之难行也！事信矣须文，文至矣，又系其所恃之大小，以见其行远不远也……

从这段文字，我们可以看出，在欧阳修看来，修辞要"事信言文"，即在内容真实的基础上讲究语言表达艺术与技巧。如果只有"事信"而无"言文"，或者只有"言文"而无"事信"，都会"言之难行"，"百不传一"，难于"表现于后世"的。只有"善载事而尤文者"，即内容真实与文辞优美完美的结合，才能"其传尤远"。欧阳修是宋代古文运动的发起人之一，他"从儒家道统观念出发，首先强调作者的道统修养，指出文人不要溺文而轻道，应该重视'道胜'，这是写好文章的根本"[①]。很明显，这种修辞观跟唐代古文运动领袖韩愈等人"文以载道"的主张是一脉相承的。但是，

---

① 易蒲、李金苓：《汉语修辞学史纲》，长春：吉林教育出版社，1989年，第268页。

欧阳修的可贵之处在于，他不仅继承了唐代韩愈等人"文以载道"的合理思想，而且对其理论又有所发展，主张在"重道"的同时要重视"言文"（即修辞），也就是他在《答祖择之书》中所言："道纯则充于中者实，中充实则发为文者辉光。"可见，在欧阳修看来，"重道"（即文章所要表达的思想，所要宣扬的儒家之道）的目的在于使文章立言不朽，而要立言不朽，就必须重视"言文"（即表达的技巧，要有"美"的特质，给人以美的享受）。从中国修辞学发展史的视角来看，欧阳修的"事信言文"说是最典型的主张内容与形式二者兼顾、"真"与"美"二者兼具的观点，既反映了其辩证统一的二元哲学观，又上承先秦时代儒家"文质彬彬"论的"中庸"修辞哲学思想之余绪，可谓是将修辞必须坚持内容与形式完美统一的修辞伦理观表达得最清楚的一位古代学者。

那么，修辞是否真能做到内容与形式的完美统一呢？我们认为，虽然确实不容易做到，但经过努力，也还是有实现的可能。下面我们来看几个例子。

　　弃我去者,昨日之日不可留；
　　乱我心者,今日之日多烦忧。
　　长风万里送秋雁,对此可以酣高楼。
　　蓬莱文章建安骨,中间小谢又清发。
　　俱怀逸兴壮思飞,欲上青天揽明月。
　　抽刀断水水更流,举杯消愁愁更愁。
　　人生在世不称意,明朝散发弄扁舟。

　　　　　　（唐·李白：《宣州谢朓楼饯别校书叔云》）

这首诗是诗人李白抒发自己政治抱负难以实现、仕途不得意的幽愤之情，引发了千古以来无数不得意的文人深切的情感共鸣。从修辞的视角来看,这首诗之所以能够深切打动人心,成为千古名篇,事实上跟其修辞上基本符合了内容与形式完美统一的要求有关。 诗的开头两句:"弃我去者,昨日之日不可留;乱我心者,今日之日多烦忧",是一个"宽式对偶",同时运用了"拟人"修辞手法,将时间拟人化、人格化,明显有在修辞上求"美"的倾向。 但是,所表达的内容是真实的,因为时间确实是不可停留的,时间的流逝确实会让人心志烦乱的。 可见,这两句在修辞上臻至了"真"与"美"的完美结合,是内容与形式的完美统一。 第三、四两句:"长风万里送秋雁,对此可以酣高楼",是写景叙事,符合人之常情,可谓内容属实,达到了"真"的境界;第五、六两句:"蓬莱文章建安骨,中间小谢又清发",是追忆历史,表达对南朝齐诗人谢朓文学成就的崇敬之情,情真意切,亦属写实,达到了情感上的"真"。 事实上,情感的"真",也是修辞所要追求的一种"真",并不违背修辞追求"真善美"统一的伦理原则。 在现实生活中,表达者有时"为了出语惊人,遣词造句夸张铺排,远超过客观事实",是想"借以满足读者的好奇心理。 此乃人之常情"。①这也就是孔子为什么要说"情欲信,辞欲巧"(《礼记·表记》)的原因。"文学讲究'真善美'中的'真'并非指客观事实的真,也可以兼指主观感觉的真。"②"文学诉诸主观的感觉,讲究的是情理的真,而非客观事实的真。"③第七、八两句:"俱怀逸兴壮思飞,欲上青天揽明月",是抒情,运用了夸张修辞手法。 虽然内容上不符合现实世界的"真",却真切地呈现了其情感世界的"真",不是"为赋新词强

---

① 沈谦:《修辞学》(修订版),台北:台湾空中大学印行,1995年,第126页。
② 同上。
③ 同上书,第127页。

说愁"的虚情假意。 第九、十两句："抽刀断水水更流,举杯消愁愁更愁",则是对自然现象与人情的写实,完全符合逻辑与事理,也达到了修辞上的"真",同时也达到了修辞上的"美"。 因为这两句都运用了句内"顶真"的修辞手法,表达效果超越了寻常叙事。 第十一、十二两句："人生在世不称意,明朝散发弄扁舟",是抒情,虽然不是眼下的现实,却是诗人发自内心的决心与决定,是可能实现的现实,所以也可以说是一种情感的"真"。正因为整首诗基本上臻至了"真"与"美"完美统一的境界,达到了内容与形式的完美统一的要求,所以才会产生深切感人的力量,成为千古传诵的名篇,尤其为追求审美情趣的中国文人所激赏。

下面我们再来看一首诗。

对酒当歌,人生几何? 譬如朝露,去日苦多。慨当以慷,忧思难忘。何以解忧? 唯有杜康。青青子衿,悠悠我心。但为君故,沉吟至今。呦呦鹿鸣,食野之苹。我有嘉宾,鼓瑟吹笙。明明如月,何时可掇? 忧从中来,不可断绝。越陌度阡,枉用相存。契阔谈䜩,心念旧恩。月明星稀,乌鹊南飞。绕树三匝,何枝可依? 山不厌高,海不厌深。周公吐哺,天下归心。

(汉·曹操:《短歌行》)

这是东汉末年政治家兼诗人曹操的名篇,是抒发作者渴望得到英才帮助自己建功立业的真挚之情。 限于篇幅,这里我们不对全诗作修辞分析,只就其中与本讲内容有关的几句诗略作分析。 如"人生几何? 譬如朝露,去日苦多",这三句的意思是说,人生短暂,而且苦多乐少。 但是,作者没有这样直言,而是运用了"设问"和"比喻",通过一问一答,既生动形象地揭示了"生命短暂,人生苦多"的人情真理,又通过"设问"的形式加强了语气,强化了读者的印象，引发读者产生深切的情感共鸣，可谓达到了"真"与"美"的完美结合，符合内容与形式完美统一的要求。又如"慨当以慷，忧思难忘。何以解忧？唯有杜康"，这四句的意思是说，有感于生命短暂、人生苦多，建功立业的理想难以实现，心中感到苦闷，只好借酒浇愁。这四句表达的思想内容是符合现实的，也是符合人之常情的，是修辞的"真"。但是，在表达这一思想内容时，诗人没有这样直白地表达，而是运用了"设问"与"借代"修辞手法，不说"无以解忧"，而以"激问"的方法从反面表意，强调了忧愁难解的程度；不说"只有喝酒"，而是以"杜康"代酒，让人联想想象，增加诗思表达的优雅。这是在追求修辞的"美"。可以说，这四句诗也臻至了"真"与"美"完美结合的境界，符合内容与形式完美统一的要求。再如"青青子衿，悠悠我心"，是引用《诗经·郑风·子衿》之句，属于修辞上的"引用"。引用的目的，一是借以表达诗人求贤若渴的心情，二是借以引发读者的联想想象，增添诗思表达的优雅情趣，是一种求"美"的修辞努力。整体上看，诗人借《诗经》之句表达求贤若渴之情，既表现了情感的真，也展现了修辞上的美，是"真"与"美"的完美统一，是内容与形式的完美统一。

第四讲　信达雅：翻译修辞三境界

众所周知,"任何国家或民族都不可能自绝于其他民族或国家而存在。不管愿意不愿意,它们都必须跟其他民族或国家相互往来,相互交流。这样,社会生活与社会生产才能持续进行,社会才能得以发展进步。因为任何民族或国家的生活和生产资料都不可能是自给自足的,都必须跟其他民族或国家进行交换交流"①。除了生产与生活的需要外,一个国家或民族如果要想自立于世界,还会因为种种原因而主动或被动地跟其他国家或民族进行政治、经济、文化、军事等方面的交流。而不管是出于什么目的或什么原因跟他国或异族进行交流,都存在一个问题,这就是以什么为工具进行沟通。

从人类社会发展的视角来看,在人类社会的早期,不同部落或种族之间的来往可能就是物物交换,因而那时不同部落或种族的人们之间彼此沟通就可能比较简单,用相关的肢体语言比画比画也能应付。但是,进入阶级社会之后,随着国家的建立与社会生产力的发展,不同国家、民族之间就会因为利益关系而产生争斗或合作,经济、文化、政治、军事等方面的联系与交流也逐渐频繁起来。这

---

①　吴礼权:《舶来品的汉语音译修辞行为及其心理》,《翻译研究与教学》(辑刊),2019年,第二期。

时，用简单的肢体语言比画就明显解决不了问题，必须要有不同语言之间的对译，也就是不同语码之间的相互转换。

不同语码之间的转换，就是我们通常所说的翻译。翻译是一种语言活动，是将其他民族语言转换为本民族语言的活动，目的是为传情达意。不过，这个"情"不是本民族人之间要传的"情"，这个"意"也不是本民族人之间要达的"意"。因此，要将异民族语言所传之情、所达之意予以准确地翻译过来，就不是一件轻而易举的事，是需要翻译者颇费一番心力的。从某种意义上来说，翻译的过程就是修辞的过程。翻译者不仅要考虑将异民族语言所表达的意思用本民族语言准确地转译过来，而且还要考虑如何转译得好。这就涉及了翻译界人人皆知的"信达雅"问题。本讲我们就是专门探讨这个问题，但是不拟作面面俱到的论述，而只拟从人名与地名的汉语音译视角入手，由小见大，来对翻译的"信达雅"问题作一探讨。

一、翻译即修辞

上面我们已经说过，翻译的过程其实就是一个修辞的过程。日常生活中，我们用本民族语言传情达意，为了准确、明晰，一般都做不到脱口而出，或是提笔一挥而就，而是要经过一番思虑，甚至是字斟句酌，亦即要在语言文字上作一番经营努力。其实，这种为了达意传情而在语言文字上的经营努力，就是我们经常所说的"修辞"。翻译作为一种修辞行为，在语言文字上的经营努力更加明显。因为翻译是用翻译者的本民族语言文字来对译异民族语言文字的，而一般说来两种语言文字之间的差异都是很大的。这种差异,不仅表现在词汇上,还表现在语法上。词汇上的差异,不仅有理性上的,还有色彩意义上的,包括文化上的。可见,要将一种民族语言文字转译成另一种民族语言文字,翻译者所要付出的心力会有多少,其在语言文字上的经营努力要有多大。因此,我们认为,翻译即修辞。

为了论证这一观点,下面我们不妨看三个例子,可以以小见大,且更具说服力。

第一个例子,就是"可口可乐"的汉语音译。作为一种饮料,可口可乐堪称是全世界知名度最大、销售最广的一种了。在当下的世界,几乎没有哪个国家的人不在喝。而在当今的中国,也是被很多人视为饮料时尚。可口可乐的英文名是 Coca-Cola,中国年轻人没有不熟悉的,大街小巷的广告牌上到处可见。其实,了解这种饮料生产史与流行史者都知道,可口可乐并不是什么了不得的饮料,其制造并不复杂,只是由美国佐治亚州人约翰·彭伯顿(Dr.John Stith Pemberton)于 1886 年发明的一种配方清凉饮料而已。但是,自其产生至今却已经风靡世界两个世纪了,全世界男女老少都喜欢喝。尽管如此,Coca-Cola 在 20 世纪 20 年代进入中国时,却并不受中国人的欢迎。据说,1927 年 Coca-Cola 进入中国市场时,即使是在中国最洋化的国际大都市上海,也少有人知其为何物。后来,美国 Coca-Cola 公司发现问题出在商品的译名上,原来 Coca-Cola 在中国上市时的译名是"蝌蚪啃蜡"。于是 Coca-Cola 公司"就举办了一场公开征名活动,登报悬赏求译名。一位上海教授蒋彝,便以'可口可乐'四个字击败其他对手,轻松拿走了奖金。到现在为止,这个词流行了近百年"。百度百科"可口可乐"词条对此也有相同的叙述。可见,Coca-Cola 作为一种舶来品,其在中国能够风行一个多世纪而广受中国消费者喜爱,实在是与"可口可乐"这个音译名称分不开的。①

从语言学的视角来看,以"蝌蝌啃蜡"或是以"可口可乐"来对译 Coca-Cola,都是可以的,没有优劣高下之分。因为它们都在读音上接近 Coca-Cola 的原词发音,都能表示 Coca-Cola 是一种舶来品。但是,从修辞学的视角看,到底是以"蝌蝌啃蜡"还是以"可口可乐"来对译 Coca-Cola,在接受效果上是大不相同的。以"蝌蝌啃蜡"来对译 Coca-Cola,一来会让中国的消费者从名称上不仅不能知其意,而且还会让没见过实物的消费者由"蝌蝌啃蜡"四字而望文生义,误以为 Coca-Cola 是蝌蚪啃蜡烛之类的玩具。很明显,"蝌蝌啃蜡"的译名在达意方面不是很理想,跟我们今天所说的"信达雅"的翻译标准更是完全背离的,是既不"信"(传达准确的信息),也不"达"(易于理解),更不"雅"(具有美感享受)。相反,故事中的那个蒋彝教授以"可口可乐"来对译 Coca-Cola,就臻至了翻译修辞的最高境界"信达雅"②。因为首先以"可口可乐"来对译 Coca-Cola,在读音上与原借词非常接近,在声音的转写上达到了尽可能的真实,是"信"的表现。其次,以"可口可乐"对译 Coca-Cola,在表义上与原借词所指称的商品性质及功效非常契合,让中国人见名即可望文生义,知道 Coca-Cola 是与饮食有关,达到易于理解的效果,是"达"的表现。再次,以"可口可乐"对译 Coca-Cola,在传播上符合中国人喜欢讨口彩、趋吉向利的民族文化心理,既具有极强的广告效果,又让人感受到达意传情婉约含蓄的

---

① 吴礼权:《舶来品的汉语音译修辞行为及其心理》,《翻译研究与教学》(辑刊),2019 年第二期。

② 吴礼权:《"信达雅"与外国人名地名的汉语音译》,《长江学术》,2019 年第一期。

审美享受,这是"雅"的表现。①

　　Coca-Cola一词的音译,尚且有如此的讲究与深奥的学问,那么翻译一首其他民族的诗,或是翻译西方的一部文学名著,其间要让翻译者在语言文字经营上付出多少努力,也就可想而知了。由此一个小小的翻译案例,我们便能由小见大,深刻认识到"翻译即修辞"这一观点的真正含义。

　　第二个例子是一首日本民歌《北国之春》的翻译。

　　关于《北国之春》,百度百科"北国之春"词条是这样介绍的:"《北国之春》(北国の春)是日本歌手千昌夫演唱的一首歌曲,词曲由井出博正和远藤实创作,发行于1977年4月5日。1979年,该曲获得第21回日本唱片大奖'长期畅销'奖。该曲在日本售出超过五百万张(截至1979年),并在中国、泰国、蒙古、印度、越南、菲律宾、美国夏威夷、巴西等地广为翻唱流传"。这首日本民歌我非常熟悉,我读大学的20世纪80年代中期,正是这首日本民歌翻译过来在中国翻唱而风靡一时的高光时刻。我是学过日语的,对日语歌词很熟悉。如果要谈这首日本民歌的中文翻译问题,我有很多话可说。但是,为了节省篇幅,我们这里只谈这首民歌的开头一句。

　　《北国之春》的开头一句,日语原文是:"白樺　青空　南風",中文翻译是:"亭亭白桦,悠悠碧空,微微南来风"。

　　我们可以清楚地看出,日语原文:"白樺　青空　南風",与中文翻译:"亭亭白桦,悠悠碧空,微微南来风",在基本意思上差不

---

　　① 吴礼权:《舶来品的汉语音译修辞行为及其心理》,《翻译研究与教学》(辑刊),2019年第二期。

多。但是，同样是用汉字书写，却在句长上有差异。日语用了六个汉字，中文翻译则用了十三个汉字。那这是为什么呢？如果不懂日语发音，不懂音乐韵律，仅看日语原文与中文翻译的文字，读者一定不明白其中的翻译技巧，不懂这是翻译的艺术，是一种修辞行为。而懂得日语的人，只要一读日语原文，就会明白其中的奥妙。日语原文的"白樺　青空　南風"，日语的发音是："しらかば　あおそら　みなみかぜ"，转写成罗马字母，就是"si ra ka ba a o so ra mi na mi ka ze"，正好是十三个音节，跟一个汉字一个音节的汉语译文"亭亭白桦，悠悠碧空，微微南来风"十三个字完全吻合。这样的翻译，完全是出于吻合日语版《北国之春》的原唱韵律，达到惟妙惟肖的听觉美感效果。很明显，这种翻译是一种修辞行为。

第三个例子是上海的一则公厕公益广告，有中英文对照。中文为：向前一小步，文明一大步。英文为：A small step forward, one step civilization。

这则公益广告，是笔者在上海黄兴公园一间公厕看到的，意思是劝说男士小便尽量靠近小便池。广告词的中文是两句十个字"向前一小步，文明一大步"，从形式上看，属于"宽式对偶"；从内容上看，属于"对比"（或曰"映衬"）；从来源上看，属于"仿拟"，可谓是动用了多种修辞手法的广告文案。形式上的"对偶"与内容上的"对比"，大家一眼就能看得出来，但来源上的"仿拟"，现在年轻一辈人可能并不了解。如果是20世纪60年代初或更早些时候出生的人，大都能记得1969年7月20日，美国阿波罗11号宇宙飞船搭载着三名宇航员首次成功登陆月球。其中，宇航员阿姆斯特朗成为全世界走出飞船并踏上月球的第一人，他自豪地说："这是我个人的一小步，人类的一大步。"从此，"个人的一小步，人类的一大步"就成了享誉全球的名言。可见,上海市这则公共卫生间的公益广告语,明显是模仿阿姆斯特朗的名言,属于修辞上"仿拟"格的"仿句"。这个"仿句"的广告语,从中文创作的动机来看,明显是要通过行为规范与道德水准的对比,劝告如厕者要自觉维护公厕的环境卫生,讲究公德,体谅公厕打扫人员的不易。但是,从英文译文的实际表达来看,中文所要强调的对比效果没有表现出来,即"一小步"与"一大步"的意思在英文表达中没有突显出来,这明显是语义上的缺漏。之所以会造成语义上的缺漏,应该是译者考虑到译文形式要跟中文的对偶匹配,力图使两个句子在结构形式上长短一致。我们可以仔细看一看这个英译的句子:"A small step forward, one step civilization",前句是四个词,共十七个英文字母;后句是三个词,共十九个英文字母。很明显,译者的翻译修辞意图是追求形式上的整齐匀称之美。但正是因为如此,却造成了表达上的语义缺漏,产生"信""达"与"雅"之间的矛盾。可见,这则由中国人"自编自导"的中英文对照的广告文案写作,也是一种修辞行为。

二、翻译的三种境界

1898年,在中国出版史上发生了一件非常重要的历史事件,这就是英国著名学者赫胥黎的演讲稿《天演论》被译成中文在中国出版发行。译者是中国近代著名的启蒙思想家、翻译家与教育家严复。这本译作的出版,不仅对中国近代政治界与思想界产生了深刻的影响,也对中国的翻译界产生了重要影响。直至今日,只要一提翻译,人们都会想起译者严复在《天演论》的"译例言"中所提出的"译事三难",其言曰:"译事三难:信、达、雅。求其信,已大难矣! 顾信矣不达,虽译犹不译也,则达尚焉。"严复所说的这"译事三难",从修辞的视角看,即是翻译修辞的三种境界。"信",就是要求翻译在内容上须"合乎原义";"达",就是要求翻译在表达上须"文从字顺";"雅",就是要求翻译在文字上须"简约优雅"。前二种属于修辞学上所说的"消极修辞",后一种则属"积极修辞"。三种境界都是非常高的境界,其中以第三种为最高境界,由达意传情的层面跃升至审美的层面。

将"信""达""雅"作为翻译修辞的三个标准提出来,应该说是严复的首创。但是,从历史渊源上来看,"信""达""雅"的概念,并非严复的发明,而是源于孔子讲修辞问题时所说到的如下三句话:

子曰:"君子进德修业。忠信,所以进德也。修辞立其诚,所以居业也。"

(《易传·文言》)

子曰:"辞,达而已矣。"

(《论语·卫灵公》)

仲尼曰:"志有之,言以足志,文以足言;不言,谁知其志? 言之不文,行而不远。晋为伯,郑入陈,非文辞不为功。"

(《左传·襄公二十五年》)

孔子所说的"诚",跟"信"是等义词。对于"修辞立其诚"一句,唐人孔颖达疏曰:"修辞立其诚,所以居业者。辞谓文教,诚谓诚实也。外则修理文教,内则立其诚实。内外相成,则有功业可居,故云居业也。"(《周易正义》)可见,孔子所讲的"修辞",是指"修理文教"。而"修辞立其诚"则是"从政治的要求出发,作为君子居业的条件而提出来的。不过,强调'立言'的孔子这里所说的'修辞'自然也包含'修饰文辞'而垂范于人的意思"①。因为出言措辞也是君子修身居业的一个重要方面。如此，所谓"修辞立其诚"，则就是强调出言措辞"当以'内诚'为原则，即是说修辞不能巧饰于外而忘却'诚实'这一根本"②。后代将"修辞"二字专门理解为语辞的考究润饰，遂将"修辞立其诚"的内涵窄化、固定化了，即要求修辞要以"诚"为总原则。换言之，就是要求说写的内容真实可信，绝不可为了动听的效果而罔顾事实。《论语·阳货》篇有"子曰：'巧言令色，鲜矣仁'"的话，《论语·公冶长》篇则有"子曰：'巧言、令色、足恭，左丘明耻之，丘亦耻之'"的话，可见孔子是非常反感花言巧语、言语不实的行为。

孔子所说的"达"，其涵义历来存在很多争议，主要有两派意见。一派认为，"达"是不必讲修辞，将意思说清楚就可以了。如宋人司马光就曾明确指出：

> 孔子又曰："诵诗三百，授之以政，不达；使于四方，不能专对，虽多亦奚以为！"夫国有诸侯之事，而能端委束带，与宾客言，以排难解纷，徇国家之急；或务农训兵，以扞城其民，是亦学之有益于时者也。……古之所谓文者，乃所谓礼乐之文，升降进退之容，弦歌雅颂之声，非今之所谓文也。今之所谓文者，古之辞也。孔子曰："辞达而已矣。"明其足以通意斯止矣，无事于华藻宏辩也。必也以华藻宏辩为贤，则屈、宋、唐、景、庄、列、杨、墨、苏、张、范、蔡，皆不在七十子之后也。
>
> （《答孔文仲司户书》）

---

① 吴礼权：《中国修辞哲学史》，台北：台湾商务印书馆，1995年，第33页。
② 同上。

在司马光看来，孔子所说的"达"，就是将意思说清楚就足够了，不必在"华藻宏辩"上做功夫，即不必在文字上苦心经营。

另一派则认为，"达"不仅不是不要讲修辞，而是另一种非常高的修辞境界，并非是无需努力就能臻至的。如宋人苏轼就曾指出：

> 孔子曰："言之不文，行而不远。"又曰："辞，达而已矣。"夫言止于达意，即疑若不文，是大不然。求物之妙，如系风捕影，能使是物了然于心者，盖千万人而不一遇也，而况能使了然于口与手者乎？是之谓辞达。辞至于能达，则文不可胜用矣。
>
> （《答谢民师书》）

在苏轼看来，能臻至"达"的境界，不是不要"文"（即"修辞"），而是"文不可胜用"（即非常讲究修辞也未必能臻至"达"的境界）。

清人魏禧亦有跟苏轼相同的看法，他曾明确指出：

> 孔子曰："言之不文，行之不远。"于《易》曰："修辞立其诚。"立诚以为质，修之而后言可文也。圣人之于文，盖惓惓矣。昔者先王之制礼也，敬而已矣！必且辨为度数品物，仪饰之节，有所谓以多贵者，有所谓以少贵者，有所谓以大以小以高以下以文以素贵者。圣人之于文亦然。文以明道，而繁简华质洪纤夷险约肆之故，则必有其所以然。盖礼不如是，不足将其敬；文不如是，不可以明道。孔子曰："辞达而已矣。"辞之不文，则不足以达意也。而或者以为不然，则请观于六经孔子孟子之文，其文不文，盖可睹矣。
>
> （《甘健斋轴园稿序》）

在魏禧看来，孔子所说的"达"并不是主张不讲修辞，而是认为不讲修辞是不足以达意的。因此要臻至"达"的境界，就必须要讲修辞。

另一位清代学者洪亮吉也有跟苏轼与魏禧相似的见解,而且说得更加直接:

> 达即繁简适中,事辞相称,犹所谓"初拓《黄庭》,刚到恰好处"也。

(《晓读书斋初录》)

在洪亮吉看来,孔子所说的"达"不是不要讲修辞,而是指文字表达繁简适当,内容与形式相称,既不是不讲修辞,也不是修辞过度,而是修辞恰到好处,属于适度修辞。

可见,除了司马光之外,古代学者大体上都倾向于认为"达"也是一种修辞的境界。用今天我们修辞学的观点来看,它属于在语法、逻辑层面着力的修辞努力,属于"消极修辞"。陈望道曾指出,"消极修辞"是"以明白精确为主的,对于语辞常以意义为主,力求所表现的意义不另含其他意义,又不为其他意义所混淆。但求适用,不计华质和巧拙"[1]。

其实,不论古今学者对于孔子所说"达"的涵义如何理解,我们都可以肯定地说,"达"的涵义即使是指"清楚明白的达意",那也算是一种修辞境界。因为能够清楚明白的达意,实际上也是需要表达者用心经营的,并非可以一蹴而就。现实生活中,很多人说话或写作往往言不达意,甚至有时把意思说反了,这就说明"清楚明白的达意"并不是那么简单,也是需要努力的,这种努力的过程就是修辞的过程。

至于孔子所说的"言之不文,行而不远",其中的"文",就是

---

[1] 陈望道:《修辞学发凡》,上海:复旦大学出版社,2011年,第4页。

指"有文采""表达优雅",因此属于"积极修辞"的境界。

对外国语言文字的翻译,表面上看只是将一种语码转换成另一种语码,但实际上并不是那么简单。因为每一种语言都并非像电报密码那样单纯,而是附着有特定民族文化的因子。表示同一概念的语词,在不同语言中也许理性意义是相同的,但却有色彩、语体等方面的差异。另外,不同语言之间还存在着语法上的差异。因此,要用一种语言准确地对译另一种语言,绝对是一项具有挑战性的语言创造活动。能够臻至"信""达"的境界,就已经是难能可贵了,更遑论达到"雅"的境界。

三、信·达·雅:达意传情与审美的统一

众所周知,一个民族跟另一个民族的交流,反映在语言文字上首先需要解决的问题肯定是人名与地名,因为这是语言间交流的起点。正因为如此,人名与地名的翻译自从人类有语言之间的交流以来就是必须要面对的首要问题。汉民族是一个具有悠久历史的伟大民族,汉民族使用的汉语是一种具有悠久历史的语言,因而汉语与其他民族语言的交流也具有悠久的历史。对汉语历史文献(包括史书)有所涉猎者,大概都知道中国历代文献古籍中都有大量的外国或外来民族的人名与地名。这些人名与地名都是以音译的形式呈现的,跟汉民族的人名与中国本土的地名明显有区别。

从语言学的视角来看,人名与地名的符号性质特别明显。因此,在不同民族语言间的人名与地名的对译中,都是采音译形式的。古今中外概莫能外。同样,外国人名与地名的汉语音译,按照正常的逻辑,也应该如此。汉语在音译外来人名与地名时,只要

根据外来人名与地名的语音形式,选择几个最接近其原词发音的汉字作为注音符号来表示,让人一见或一听就知道是外来的人名或地名,这就臻至了"信"的境界;如果音译过来的人名与地名读起来不拗口、听起来不别扭,那也就臻至了"达"的境界。 也就是说,人名、地名的汉语音译只要语音上接近原词发音,形诸汉字后读起来不拗口,让人一见就知道是外国的人名或地名,就是成功的音译了。 但是,事实上,中国人由于特定的历史文化心理,总喜欢在外国人名、地名的音译上做功夫,力图将之汉化,并赋予其一定的审美意义。 这既是一种翻译的艺术,也是一种独特的文化心理的生动呈现,很值得我们探究。

下面我们就以汉语对外来人名和地名的音译为例,通过"解剖麻雀"的方式,以小见大,来讨论一下如何臻至翻译修辞"信达雅"的境界,实现达意传情与审美的完美统一问题。

首先,我们来谈外来人名的汉语音译修辞问题。

汉语音译外来人名的历史由来已久,中国历代史书中都记载有不同民族国家的外来人名。 这些外来人名的记载,都完全采音译形式呈现。 由于早先汉语没有注音符号(后来出现的"反切"虽有注音符号的性质,但实质上并不是注音符号),所以记载外来人名时只能选择汉字作为注音符号,通过几个在声音上接近外来人名发音的汉字组合来呈现外来人名的大致语音形态。 因此,这样的外来人名音译形式完全只是符号性质,讲究的是声音上的接近或曰相似,而不讲求声音形式之外的语义表达。 下面我们来看一下西汉时代司马迁所作《史记》是如何记载外来人名的:

(1)当是之时,东胡强而月氏盛。匈奴单于曰<u>头曼</u>,<u>头曼</u>不胜秦,北徙。十余年而蒙恬死,诸侯畔秦,中国扰乱。诸秦所徙适成边者皆复去,于是匈奴得宽,复稍度河南与中国界于故塞。单于有太子名<u>冒顿</u>。后有所爱<u>阏氏</u>,生少子,而单于欲废<u>冒顿</u>而立少子,乃使<u>冒顿</u>质於月氏。<u>冒顿</u>既质於月氏,而<u>头曼</u>急击月氏。月氏欲杀<u>冒顿</u>,<u>冒顿</u>盗其善马,骑之亡归。<u>头曼</u>以为壮,令将万骑。

(《史记·匈奴列传》)

例 (1) 中的"头曼""阏氏""冒顿",都是匈奴人的名字,司马迁记载他们的名字时都是以汉字作为注音符号的,但两个汉字呈现的都是匈奴人名字的声音形式,在语义上看不出有什么特殊的内涵,让人一读便知是"非我族类"的外来人名,可谓臻至了"信"的境界。 另外,"头曼""阏氏""冒顿"三个人名的音译,在用字上亦算平易,好读好记,亦可谓臻至了"达"的境界。

但是,到了南朝宋时史学家范晔著《后汉书》时,对于外来人名的音译则别有一番追求。 下面我们也看一个例子。

(2) 顺帝永建四年,于寘王<u>放前</u>杀拘弥王<u>兴</u>,自立其子为拘弥王,而遣使者贡献于汉。敦煌太守除由上求讨之,帝赦于寘罪,令归拘弥国,<u>放前</u>不肯。阳嘉元年,徐由遣疏勒王臣<u>槃</u>发二万人击于寘,破之,斩首数百级,放兵大掠,更立兴宗人<u>成国</u>为拘弥王而还。至灵帝熹平四年,于寘王<u>安国</u>攻拘弥,大破之,杀其王,死者甚众。戊己校尉、西域长史各发兵辅立拘弥侍子<u>定兴</u>为王。时人众裁有千口。其国西接于寘三百九十里。

(《后汉书·西域传》)

例 (2) 于寘国之王"放前"、拘弥国之王"兴"、疏勒国之王臣"槃"等外来人名的音译,所选汉字还算是具有注音符号的性质,即追求的是人名音译在声音上的相似性,属于音译修辞"信"的境界。但是,记载东汉顺帝阳嘉元年兴宗人"成国"、灵帝熹平四年于寘王"安国"、拘弥侍子"定兴"等人名时,史家范晔音译外来人名所选的汉字就不仅仅着重于声音形式上的相似了,而是在语义上也有追求,即赋予了外来人名以一定的语义内涵色彩(两个汉字组合起来有了特定的意义,跟其人的国君身份有了联系)。这就使人名音译从"信"的境界跃升到了"达"与"雅"的境界,体现了范晔主观上意欲"汉化"外来人名的修辞努力,凸显了其以汉人为中心、以华夏为中心的文化心理。

在外来人名音译中追求"信""达""雅"境界的,不仅中国古人有这种情结,现代的中国人仍然有。下面我们看一则中国台湾地区的新闻报道,其中就有涉及外国人名的音译问题。这则报道,是由中国台湾地区三大著名报刊之一的《联合报》2010年7月20日刊发的,是该报驻纽约特派员傅依杰执笔撰写的,题曰:《雀儿喜出阁,美媒"皇婚"规格看待》。报道的文字不多,我们姑且录其全文如下:

(3) 美国前总统柯林顿夫妇掌上明珠雀儿喜要出阁了。婚礼订在本月31日,地点在纽约上州莱茵贝克镇亚斯托豪宅。雀儿喜随爸爸于1993年新搬进白宫时,还是个13岁青涩女孩,戴着牙套,脸上雀斑点点,难掩羞涩,与爸妈的精明干练很不一样,也因此更引美国民众爱怜。

现在这个"全民看着长大"的前第一家庭独生女要结婚了,美国人同沾喜气;加上柯林顿夫妇在美政坛仍举足轻重,使雀儿喜的婚礼成为全美热门新闻。

雀儿喜是个"乖乖女",从小功课好,喜欢跳芭蕾舞,后来念名校史丹福,又到牛津拿硕士,在纽约著名顾问公司麦肯锡工作

3年后，应聘至一家避险基金，现又在哥伦比亚大学公卫学院深造，可说多才多艺又上进。

准新郎<u>麦文斯基</u>（Marc Mezvinsky）今年32岁，比雀儿喜大2岁，他们青少年时就认识，后来同在史丹福大学念书，近年才真正"来电"谈恋爱。<u>麦文斯基</u>在史丹福念金融，毕业后进华尔街大券商高盛公司，后来跳槽到纽约金融管理公司3G Capital Management 当投资顾问。去年初小麦在曼哈坦第5大道买了一栋500万美元公寓当新家，财力可观。

<u>麦</u>家与<u>柯</u>家是旧识，小麦的老爸<u>爱德华·麦文斯基</u>在爱荷华州出生长大，家里开杂货店，到加大念法律，回爱州从政，于1973年至1977年当过二任民主党国会众议员，当年在爱州死对头是共和党的<u>李奇</u>（后来成为"台独四大护法"之一），<u>老麦</u>1976年败选，就是被<u>李奇</u>取代。

<u>老麦</u>近年涉入连串金融不法，2001年被起诉69项诈欺罪，其中31项被判有罪，牵涉金额近1千万美元，判刑7年，2年前才出狱。

小麦的母亲<u>玛裘莉</u>早年是知名电视记者，在NBC做了20年，曾得5次艾美奖，1992年转行从政，代表民主党选宾州国会议员，打败垄断当地数十年的共和党对手，但1994年未能连任，据称败选主因是力挺当年<u>柯林顿</u>推出的争议预算法案。<u>柯林顿</u>可说欠了亲家母人情。

随着婚礼迫近，媒体热度加速升温，从出席婚礼贵宾（<u>欧巴马</u>到底来不来？）、谁设计新娘礼服（先传是王薇薇，现是 <u>Oscar de la Renta</u>），到雀儿喜会不会改信夫家的犹太教（应该不会），都成为媒体追逐题材,才看完瑞典王室大婚的老美,也以"皇家"婚礼看待<u>雀儿喜</u>的大喜日。

例(3) 新闻报道中涉及的美国人名,作者采用了三种处理方式:一是直接原文搬运,如"Oscar de la Renta";二是音译,如"柯林顿""雀儿喜""麦文斯基""爱德华·麦文斯基""李奇""马裘莉""欧巴马";三是音译附加汉语指意,如"小麦""老麦""麦家""柯家"。除了第一种处理方式非常西化外,其余两种音译处理都非常具有传统中国特色,跟南朝史家范晔对于外来人名音译的处理风格基本一致。

不过,如果仔细比较,我们发现这则新闻报道的记者在对外来人名音译的"汉化"上比中国古人(诸如范晔)走得更远。除了"麦文斯基""爱德华·麦文斯基"的音译还算是重于声音形态的呈现,属于追求"信"的境界外,其余的音译都在追求"信""达""雅"三种境界的结合,"汉化"外来人名的色彩特别明显。"柯林顿""李奇""玛裘莉""欧巴马"等,是典型的汉人姓名模式,除"玛裘莉"的"玛"在百家姓中找不到外,其余如"柯""李""欧"等,都是百家姓的常见姓氏;除"李奇"是二字外,其他都是三字,非常类似于汉人单字为姓、双字为名的命名模式。"玛裘莉"的音译,如果"玛"的用字为"马",那就完全让人分不清是中国人还是外国人了,因为它不仅完全符合汉人命名模式,而且名字中还有性别提示("莉"字为女性名常用字)。至于"小麦""老麦""麦家""柯家"等译法,则完全是将美国人姓氏的部分音节等同于中国百家姓中的一种,然后以此组词直接进入汉语的语言表达。至于"雀儿喜"的音译,虽然没有关涉到中国人的百家姓,但"雀""儿""喜"三个汉字的选择与巧妙组合,不仅在声音形态上很好地摹拟了美国前总统克林顿（Bill Clinton）之女 Chelsea Clinton 之名 Chelsea，而且形象地呈现了满脸雀斑的美国女孩的鲜活形象。可以说，"雀儿喜"的音译形式真正达到了严复所说的"信达雅"的境界。因为从声音上看，"雀儿喜"三个汉字的组合密合 Chelsea 之音，算是臻至了音译外来人名"信"的境界；从语义上看，"雀""儿""喜"三个汉字一经组合，在汉语中便产生了语义，能够完整表达一个意思，不仅用字平易，音韵和谐，而且具有形象性，可谓臻至"达"和"雅"的境界。

值得指出的是，对于上述报道中出现的美国人名，中国大陆地区的音译与台湾地区是稍有不同的。比方说，美国第四十二任总统 William Jefferson Clinton（别名 Bill Clinton），大陆音译为"克林顿"，而台湾音译为"柯林顿"；美国第四十四任总统 Barack Hussein Obama，大陆音译为"奥巴马"，台湾地区音译为"欧巴马"；克林顿时代美国众议院国际关系委员会亚太小组委员会主席 Jim Leach，大陆音译为"里奇"，台湾音译为"李奇"；克林顿之女 Chelsea Clinton，大陆音译为"切尔西"，台湾音译为"雀儿喜"。又比方说，克林顿时代，美国政府中有一位精明强干的女人，叫 Charlene Barshefsky，是当时克林顿政府与中国加入 WTO 进行长期谈判的商务代表，不仅在中国算得上是个家喻户晓的人物，就是在全世界也算是势位煊赫的显要。对于这样一个人物，大陆将其姓氏音译为"巴尔舍夫斯基"，明显"是照音直译的，听起来像是一个俄国男人。尽管有让人误会的地方，但所有的大陆人都会由此译名知道是个外国人。但是，在台湾，她的姓名的音译就不是这样简单了，而是非常令人玩味。台湾报刊媒体给她的音译名是'白芙倩'，让不知就里的中国人以为是个姓

'白'的小姐呢"①。两相比较之下,我们会发现这样一个事实:中国大陆地区的音译追求的是"信""达"两种境界,即语音上尽可能接近外来人名的发音,语义上让人一望而知是外来人名。中国台湾地区的音译则尽可能"汉化"其名,让外来人名更像是中国人名,语音、语义、审美三者兼及,追求的是"信""达""雅"三者的完美结合。所以,如果要论外来人名音译修辞之高下,中国台湾地区明显要胜中国大陆一筹。

不过,这里又出现一个问题,为什么对于同一个外国人名的音译海峡两岸的中国人却表现出不同的修辞追求呢? 从表面上看,这似乎只是音译外来人名时两岸中国人在选择作为注音符号角色的汉字来音译外国人名时出现用字不一致的现象。实际上,问题并不是这么简单,不能认为这是"海峡两岸的中国人修辞'爱尚'上的一种分际,纯粹是一种语言现象"②,而是"中国传统文化心理在海峡两岸存续现状的一种折射,是中国传统文化作用于海峡两岸中国人修辞行为的一种反映"③。换言之,"海峡两岸在音译外国人名时出现差异,表面上看只是用字问题,实质上则深刻地反映了中国人的语言心理,折射出海峡两岸的中国人在对待中国传统文化与外来文化的态度上存在着微妙的心理差异"。④造成这种心理差异的原因,主要有两个方面,一是历史的原因,二是政治的原因。"相对于大陆地区而言,中国传统文化的保存在台湾地区要显得完整得多,中国传统文化的延续与发扬在台湾地区也明显要表现突出些。

---

① 吴礼权,谢元春:《中国传统文化心理在海峡两岸的存续现状探析——以海峡两岸对西方人名翻译的修辞行为为例》,《北华大学学报》(社会科学版),2013年第三期。
② 同上。
③ 同上。
④ 同上。

除此，台湾封闭的地理环境，也有利于中国传统文化的保存与延续。这就像我们调查方言时所发现的情况一样，越是封闭的地理环境，其方言所保留的古音古语的成分就越多。因为从传播学的角度看，越是开放性的社会环境、人文环境和地理环境，人的流动性就越大；而人的流动性越大，各种思想观念的更新就越是频繁，虽然有利于文化创新，但却不利于传统文化的保存与延续。台湾与大陆封闭分隔了近六十年，台湾社会孤立的政治处境与沉重的历史包袱，再加上封闭的地理环境，都在很大程度上促成了台湾成为保存中国传统文化最适宜的温床，成为中国传统文化延续发扬的适宜土壤。因此，海峡彼岸（台湾地区）的中国人自然更多地保存和延续了中国传统文化心理。表现在语言上，最典型的就是在音译外国人名时'集体无意识'地'以我为中心'，对外国人名予以'汉化'。而海峡此岸（大陆地区）的中国人，自1949年以后，历史包袱本来就很少，加上十年'文化大革命'运动对中国传统文化毁灭性的打击，中国传统文化意识已经相当薄弱了。到了十年'文化大革命'运动结束，迎来全面的经济改革与开放，西方文化思潮在经济浪潮的裹挟中滚滚而来，大陆从此又进一步将中国传统文化抛得更远了（近些年来虽有'尊孔读经'的思潮，但与整个社会大潮相比，那只是汪洋大海中的一朵朵小浪花而已。要想恢复中国传统文化，至少短期之内不是易事）。海峡此岸的大陆，除了上述开放的国际政治、经济、文化环境外，开放的陆海地理环境，也使人们的思想观念更趋开放多元。多种因素相互作用，必然导致海峡此岸（大陆地区）的中国人对中国传统文化的观念更加淡薄。正因为如此，表现在语言上，也就更少了中国传统文化心理的印记。比方说，在音译外国人名时，海峡此岸（大陆地区）的中国人常常照音直译，并无

'汉化'其人的'文化中心论'的观念与'以我为中心'、'万物皆备于我'的'天朝心态'。也正因为如此,我们看到大陆报刊与媒体在音译外国人名时一般很少在译名上进行修辞努力,自然也就不可能出现台湾报刊媒体上诸如'雀儿喜'、'白芙倩'之类精妙的'汉化'外国人名的修辞范例。"①

从汉语音译史的角度来观察,大凡中华民族受到严重挫折而处于弱势地位时,音译外来人名更倾向于以"汉化"方式处理。如民国时代特别是抗日战争时期,可谓是中华民族灾难最为深重的时候,中国人的天朝自尊受到了极大的挫伤。正因为现实中的挫败感与失落感特别强,需要有一种心理的补偿,所以这一时期汉语音译外来人名的"汉化"倾向就特别明显。比方说,在"二战"之前与"二战"期间常常见诸中国报端的政治人物张伯伦,从中文看很容易让人觉得此人姓张名伯伦。尤其是"伯伦"二字,还透着浓浓的古典韵味,让人既生亲切感,又生崇敬感。实际上,此人并非中国人,而是地地道道的洋人,是1937年至1940年期间担任英国首相的Arthur Neville Chamberlain(1869—1940),汉语音译的全称是:亚瑟·内维尔·张伯伦。对照英文原文,我们知道"张伯伦"实际上是英文姓氏Chamberlain的音译,只是因为汉语音译时有意以三字音节呈现,首字又选用了百家姓中的"张"字,这样就暗合了中国人单姓复名的三音节命名模式,一个英国Chamberlain姓氏就被彻底地"汉化"成了一个中国姓名,融入汉语表达的报纸新闻中,就让人莫辨真相了。事实上,此"张伯伦"并非姓张名伯伦的汉

---

① 吴礼权,谢元春:《中国传统文化心理在海峡两岸的存续现状探析——以海峡两岸对西方人名翻译的修辞行为为例》,《北华大学学报》(社会科学版),2013年第三期。

人，而是"非我族类"的英国人。熟悉世界现代史者都知道，亚瑟·内维尔·张伯伦担任英国首相期间因为对当时的希特勒纳粹德国实行了"绥靖政策"，从而助长了德国法西斯势力的气焰，最终加速了第二次世界大战的爆发，是个具有争议的政治人物。又比方说，丘吉尔和罗斯福，也是一看就像是汉语的两个人名，因为"丘"与"罗"都在百家姓之中。实际上，丘吉尔是"二战"时期的反法西斯英雄、英国首相 Winston Leonard Spencer Churchill（1874—1965），汉语音译的全称是：温斯顿·伦纳德·斯宾塞·丘吉尔。罗斯福是美国第三十二任总统 Franklin D. Roosevelt（1882—1945），也是"二战"时期世界著名的反法西斯英雄、美国历史上连任总统达四届的唯一政治人物。丘吉尔和罗斯福二人姓氏的汉语音译，跟张伯伦姓氏的音译一样，实际上都是译者在汉人天朝自尊受到挫折而又难以消除"天朝心态"的潜意识的语言行为。反观汉唐时代中国强盛时期与今日中国国力鼎盛、开放自信情势下的汉语音译情形，就很不一样。当中国处于真正强势地位时，中国人的心态往往比较开放，并无排斥外来事物或外来文化的倾向。如汉唐时代中国对于外来事物以及外来文化（如佛教等）的包容态度，汉语对于外来词的包容态度，都可以看出中国人无明显"汉化"外来事物、外来文化的倾向。又如今天中国大陆对于外来事物、外来文化的空前包容态度，还有汉语对于外来词的广泛接纳度，都可以看出中国人开放、自信的心态，汉语吸收外来词过程中有意"汉化"外来词的倾向也因此明显少多了。如上面我们提到的美国前总统克林顿、美国前贸易代表巴尔舍夫斯基，还有美国前任总统特朗普和现任总统拜登，其人名音译不仅无明显的"汉化"色彩，而且还带有明显彰显其"非我族类"的性质。

尽管随着中国的对外开放度程度越来越高，中国人的文化自信越来越明显，今天我们有意"汉化"外国人名的情况不是太突出了，但是中国人潜意识中"以我为中心"的"天朝心态"是自古至今都客观存在的，"也许身为中国人（特别是汉民族人）早就潜移默化在文化血液之中，所以自己并不会意识到。但是，作为外国人特别是精通中国文化的西方汉学家，他们却对此看得非常清楚。正因为他们看得很清楚，所以为了求得中国人特别是中国学术界的认同，他们常常为自己取一个中国名或是将自己的名字译得像中国名，其中又特别重视取一个在'百家姓'中能找到的汉人姓氏。如美国著名的汉学家、历史学家，哈佛大学教授、哈佛大学东亚研究中心的创始人 John King Fairbank（1907—1991），他的中文译名是'费正清'。这个汉文姓名，是根据其英文名的谐音而译，不仅符合汉民族人取名的三字模式，而且有一个'百家姓'中常见的'费'姓。因此，不知其人，只闻其名者，一定以为这个'费正清'是一位地道的中国人。又如瑞典著名汉学家、哥德堡大学校长、远东考古博物馆馆长 Klas Bernhard Johannes Karlgren（1889—1978），他的中文译名是'高本汉'，也是根据其瑞典文名而音译成中文的，而且也特意挑选了一个'百家姓'中的大姓'高'为姓。名字'本汉'，更让人望文生义而以为他'本是一个汉人'。费正清与高本汉都是西方著名学者，也是最精通中国文化的汉学家，他们给自己取名或译名主动'汉化'自己，正是缘于他们对中国文化有着深刻的了解，对汉民族人的语言心理有着深刻洞察的结果。其实，费正清与高本汉主动'汉化'自己姓名的修辞行为，并非孤立现象。现今正活跃于全球汉学界的许多汉学家，他们的取名或译名都有主动'汉化'的倾向。如高本汉的弟子、斯德哥尔摩大学东方语言学院中文系汉学教授和系主任、瑞典文学院院士、诺贝尔文学奖评委 Goran Malmqvist（1924— ），也有一个非常地道的中文名字'马悦然'。这个译名，无论是姓氏'马'，还是名'悦然'，都会让不知就里的中国人误认为他是一个汉人。又如德国汉学家、波恩大学汉学系主任 Wolfgang Kubin（1945— ），也有一个中文名字'顾彬'。因为他经常对中国现当代文学有惊人的评论，所以人们能够经常在中国各大新闻媒体上见到他的大名。总之，不管是中国人给外国人音译名字时有意为之'汉化'的修辞努力，还是外国汉学家主动'汉化'其名，都清楚地说明了一点：中国文化的影响力是不容小觑的，中国文化的影响是无所不在的"[①]。

下面我们再来谈谈汉语是如何处理外来地名的音译修辞问题。

众所周知，中国是个历史悠久的国家，有着灿烂的文明与文化，历史上一直处于人类文明的高端地位。因此，中国文化对于周边诸国有着广泛而深刻的影响，中外交流非常频繁，交流的历史也非常悠久，由此在中国古籍中留下了许多有关外国的地名（包括国名）。

根据语言学的相关原则，外国地名与人名一样，翻译时只能音译。从汉语音译史来看，早期汉语音译外来地名（包括国名），跟音译人名一样，主要追求"信"与"达"的修辞境界，即尽量摹写其地名（包括国名）的原始读音，选用读音上最接近其发音的汉字（即"信"），用字力戒成词有义，让人一见便知是外来地名（即"达"），而不是有意"汉化"其名，让人不觉其为外国的地名（即

---

① 吴礼权,谢元春:《中国传统文化心理在海峡两岸的存续现状探析——以海峡两岸对西方人名翻译的修辞行为为例》,《北华大学学报》(社会科学版),2013年第三期。

"雅")。下面我们不妨先来看两个例子。

(4) <u>大宛</u>在<u>匈奴</u>西南,在汉正西,去汉可万里。其俗土著,耕田,田稻麦。有蒲陶酒。多善马,马汗血,其先天马子也。有城郭屋室。其属邑大小七十余城,众可数十万。其兵弓矛骑射。其北则<u>康居</u>,西则<u>大月氏</u>,西南则<u>大夏</u>,东北则<u>乌孙</u>,东则<u>扜罙</u>、<u>于窴</u>。<u>于窴</u>之西,则水皆西流,注西海;其东水东流,注盐泽,盐泽潜行地下。其南则河源出焉,多玉石,河注中国。而<u>楼兰</u>、<u>姑师</u>邑有城郭,临盐泽。盐泽去长安可五千里。<u>匈奴</u>右方居盐泽以东,至陇西长城,南接羌,隔汉道焉。

<u>乌孙</u>在<u>大宛</u>东北可二千里,行国,随畜,与<u>匈奴</u>同俗。控弦者数万,敢战。故服<u>匈奴</u>,及盛,取其羁属,不肯往朝会焉。

<u>康居</u>在<u>大宛</u>西北可二千里,行国,与<u>月氏</u>大同俗。控弦者八九万人,与<u>大宛</u>邻国。国小,南羁事<u>月氏</u>,东羁事<u>匈奴</u>。

<u>奄蔡</u>在<u>康居</u>西北可二千里,行国,与<u>康居</u>大同俗。控弦者十余万。临大泽,无崖,盖乃北海云。

<u>大月氏</u>在<u>大宛</u>西可二三千里,居<u>妫水</u>北。其南则<u>大夏</u>,西则<u>安息</u>,北则<u>康居</u>。行国也,随畜移徙,与<u>匈奴</u>同俗。控弦者可一二十万。故时强,轻<u>匈奴</u>,及冒顿立,攻破<u>月氏</u>,至<u>匈奴</u>老上单于,杀<u>月氏</u>王,以其头为饮器。始<u>月氏</u>居敦煌、祁连间,及为<u>匈奴</u>所败,乃远去,过<u>宛</u>,西击<u>大夏</u>而臣之,遂都<u>妫水</u>北,为王庭。其余小众不能去者,保南山羌,号<u>小月氏</u>。

<u>安息</u>在<u>大月氏</u>西可数千里。其俗土著,耕田、田稻麦,蒲陶酒。城邑如<u>大宛</u>。其属小大数百城,地方数千里,最为大国。临<u>妫水</u>,有市,民商贾用车及船,行旁国或数千里。以银为钱,钱如其王面,王死辄更钱,效王面焉。画革旁行以为书记。其西则<u>条</u>

枝,北有奄蔡、黎轩。

条枝在安息西数千里,临西海。暑湿。耕田,田稻。有大鸟,卵如瓮。人众甚多,往往有小君长,而安息役属之,以为外国。国善眩。安息长老传闻条枝有弱水、西王母,而未尝见。

大夏在大宛西南二千余里妫水南。其俗土著,有城屋,与大宛同俗。无大(王)[君]长,往往城邑置小长。其兵弱,畏战。善贾市。及大月氏西徙,攻败之,皆臣畜大夏。大夏民多,可百余万。其都曰蓝市城。有市,贩贾诸物。其东南有身毒国。

(《史记·大宛列传》)

(5) 天竺国,一名身毒,在月氏之东南数千里。俗与月氏同,而卑湿暑热。其国临大水。乘象而战。其人弱于月氏,修浮图道,不杀伐,遂以成俗。从月氏、高附国以西,南至西海,东至磐起国,皆身毒之地。身毒有别城数百,城置长。别国数十,国置王。虽各小异,而俱以身毒为名,其时皆属月氏。月氏杀其王而置将,令统其人。土出象、犀、玳瑁、金、银、铜、铁、铅、锡,西与大秦通,有大秦珍物。

(《后汉书·西域传》)

例 (4) 是西汉时代司马迁记载张骞奉命出使大月氏,回国后向汉武帝报告出使西域诸国所见所闻的话。 其中,涉及很多当时西域的地名 (国名)。 司马迁记录张骞所说的外国地名,皆采音译方式。"匈奴"、"康居"、"乌孙"、"扞罙"、"于窴"、"楼兰"、"姑师"、"月氏"、"奄蔡"、"安息"(即今之伊朗)、"条枝"(即今伊拉克)、"黎轩"(即古大秦国)、"蓝市"、"身毒"(即天竺,今印度、巴基斯坦、阿富汗等地区) 等, 是全音译式;"(大) 宛"、"(大) 月氏"、"(小) 月氏"、"(大) 夏"、"妫(水)"(即今阿姆河)、

"弱（水）"，则是音译名加汉语词修饰。但不管是哪一种，从选字对译来看，似乎都看不出司马迁有明显的"汉化"外国地名的主观倾向。例(5)是南朝宋时范晔所记载西域地理的文字。其中，"身毒"在南朝时译成了"天竺"，"黎轩"译成了"（大）秦"，"月氏"仍承袭西汉时的译名，"高附""磐起"则是南朝时新译的后汉时代的西域国名。除了"大秦"之外，其余的地名（国名）仍然是采全音译形式，仍然看不出有明显的"汉化"外来地名的迹象。

如果一定要追究《史记》和《后汉书》中上述这些音译地名（国名）有什么微言大义，也许"康居""安息""（大）夏""（大）秦""匈奴""身毒""天竺"等译名可能（也只能说是可能）反映了译者潜意识中的某种情感倾向。比方说，"康居""安息""天竺"等译名，选字组合后便有了一定的褒扬语义，反映出译者对其国家正面的情感态度。而"匈奴""身毒"，选字音译时渗透了译者对其国家某种负面的认知与情感态度。因为历史上匈奴人一直是欺负汉人的，汉人对其有发自内心的仇恨，以"奴"名之乃是一种仇恨情绪的宣泄。印度河流域的湿热多蛇蝎的环境，可能让中国古人产生了错误的认知，认为生存于其地的人也应该身体带毒的，故有"身毒"的音译用字。"（大）夏""（大）秦"的译名，可能是比附中国历史上存在的夏、秦二朝，以"大"字修饰足以反映了译者的心态。当然，这些只是我们今天对古人音译心理的推测，并无可以佐证的依据。也许诸如"康居""安息""天竺""匈奴""身毒""（大）夏""（大）秦"等译名，当初只是音译者随意选字而成，并无什么微言大义，是客观的照音对译。关于这一点，也许我们从"印度"的译名历史可以略窥一二。古印度旧称"婆罗多"（因为一个叫"婆罗多"的国王曾一度统一了印度河流域，建立了国家),又称"身毒""天竺""信度""忻都"。印度河,中国古书上有译成"身毒河"的,也有译成"信度河"的。今天我们地理书上标记的印度河下游的"兴德省"、印度河与阿姆河之间的"兴都库什山脉",其音译"兴德""兴都"都是由梵文 sindhu 音译而来,跟司马迁《史记》所音译的"身毒"是一样的,只是用字不同。今天我们统一写成"印度",乃是源于唐代。唐代高僧玄奘《大唐西域记》有曰:"译夫天竺之称,异议纠纷,归云身毒,或曰贤豆,今从正音,宜印度。"意谓将梵文 sindhu 音译成"身毒""贤豆"都不准确,正确的音译是"印度"。可见,中国古代至少在唐代时音译外来地名(包括国名)追求的还是"信"的修辞境界,即音译要准确地对应原文的发音,而无有意"汉化"外来地名的主观倾向。

如果说汉、唐两个最为强盛的王朝与最为衰落的南朝的译者尚无明显的"汉化"外来地名的意识的话,那么越到后来,随着中国王朝的更替和中国国运的盛衰,对于外来地名(包括国名)音译的"汉化"倾向就不能不说越来越明显了。比方说,柬埔寨是中国西南部的一个小国,中国古代对其国名的称呼有很多,在唐宋之前,有"究不是"(《后汉书》)、"真腊"(《隋书》《宋史》)、"吉蔑""阁蔑"(《新唐书》)、"真里富"(《宋史》)等译名。到了元代,则又有"占腊""甘孛智""澉浦只"等译名。元人周达观《真腊风土记·总叙》有曰:"真腊国或称占腊,其国自称曰甘孛智。今圣朝按西番经名其国曰澉浦只,盖亦甘孛智之近音也。自温州开洋,行丁未针,历闽广海外诸州港口,过七洲洋,经交趾洋,到占城。又自占城顺风可半月到真蒲,乃其境也。"到了明代,则又有"甘武者"(《明史》)"柬埔寨"(万历以后)等。在这些对柬埔寨的音译名中,"甘孛智""澉浦只"两个译名可谓在发音上最接近其原文。

那么，为什么在元朝时对柬埔寨的称谓还是"甘孛智""澉浦只"，而到明朝时却将其转写成了"柬埔寨"呢？这恐怕跟元、明两朝中国人的心态不同有关。元朝是蒙古人统治中国，而明朝则是汉人重回执政，因此汉人"以我为中心"的天朝心态复萌，在外来地名（国名）音译中便有了"汉化"的修辞努力。"甘孛智""澉浦只"与"柬埔寨"虽都是音译，但"柬埔寨"的"寨"字之用，应该是别有深意，是从天朝心态来看周边小国的潜意识的展露，因为"寨"含有"小"的意象。这种音译追求的就不仅是"信"的修辞境界，而是兼及"达"与"雅"的境界，表现了译者的情感态度与思想认知。

如果说在明代中国人音译外来地名（包括国名）时便已显露出"以我为中心"的天朝心态，显现出有意"汉化"外来地名（国名）的倾向的话，那么近代（鸦片战争之后）这种倾向就更加明显了。众所周知，明朝是汉人执政，赶走了曾经横扫欧亚大陆、不可一世的蒙古人，自以为是一个强大的王朝。正因为如此，中国传统的"溥天之下，莫非王土；率土之滨，莫非王臣"（《诗经·小雅·北山》）的天朝心态又死而复萌了，看待世界与周边国家的眼光不同了，因此在音译外来地名（包括国名）时"以我为中心"的天朝心态自然流露出来，音译出来的地名便打上了鲜明的"汉化"烙印。而到了近代，由于从 1840 年鸦片战争开始，经历了一系列的重大挫败，中国从虚幻的"天下第一"的巅峰跌落下来，中国人的天朝自尊受到了极大的伤害，由原来的极度的自尊变得极度的自卑。然而，极度的自卑又往往产生极度的自尊、自大心理。表现在语言中，我们就见到了近代汉语的很多音译词都带有浓厚的"汉化"色彩。地名音译也不例外，这无疑是中国人潜意识中"以我为中心"

的天朝心态不自觉的展露。 比方说，美国加州有一个著名的城市San Francisco，既是太平洋沿岸的著名港口，同时也是华人在美聚居的重要城市，有著名的唐人街，因而中国人到访美国必到此一游。 San Francisco对于大多数中国人来说都是耳熟能详的，甚至可以说是妇孺皆知，因为它在中国有一个响亮的名字，叫作"旧金山"。 其实，熟悉历史者皆知，San Francisco最初并不是城市，而是19世纪因"淘金热"而逐渐聚集了人气而成为城市的。 早期的中国在美劳工为了生存，加入淘金者行列，多居住于此，所以称此为"金山"。 后来，澳大利亚的墨尔本也发现了金矿，成为新的淘金热的中心，于是San Francisco遂由"金山"改称为"旧金山"。 从英文原文看，无论是"金山"，还是"旧金山"，都不是美国城市San Francisco的音译名称。 San Francisco真正的音译名称是"圣弗朗西斯科"，但是不论是当年在美的华工，还是近代诸如孙中山等往来于中美的政治活动家，都不称San Francisco为"圣弗朗西斯科"，而是节译San Fran而成"三藩市"。 事实上，孙中山的著作与书信中也都是这样写的。 San Francisco写成"圣弗朗西斯科"，其实是最贴近原文发音的，其音译可谓臻至了"信"的修辞境界。但是，事实上，中国人最愿意也最乐于接受的音译则是"三藩市"。之所以如此，乃是因为"三藩市"的音译是经过了"汉化"处理，看起来听起来都更像是中国的一个城市名，而且"藩"在汉语中是有特定含义的（中国历史上常称周边小国或附属国为"藩"），满足了中国人潜意识中"以我为中心"的天朝心态。 这对于身处异国他乡最底层的中国人来说，这种阿Q式的自我满足，实在是一种必不可少的心灵慰藉。 虽然以"三藩市"对译San Francisco不是太贴近原文发音，在"信"的方面稍稍有所欠缺，但在达意传情方面却效果非常突出，可谓"达""雅"兼顾。因此，从整体上看，"三藩市"的音译可谓臻至了外来地名音译"信达雅"修辞的完美境界。

又比方说，意大利中部有一个城市，是欧洲文艺复兴时期最著名的艺术中心，叫 Firenze，现在的通译是"佛罗伦萨"。这个城市及其译名，对于大多数中国人来说应该都是非常熟悉的了。但是，20 世纪二三十年代，这个意大利城市却有另一个非常文艺的译名"翡冷翠"。不仅译音非常接近意大利语，而且译名非常具有意境。因为它将"翡翠"的视觉与"冷"的触觉结合起来，贴合了这座城市给人的印象。据游历过这座城市的人说，这座城市的"官邸和教堂专用一种绿纹大理石，将城市点缀得如同一粒翡翠"。可见，"翡冷翠"的音译是独具匠心的，是一种唯美的音译修辞，可谓臻至了"信""达""雅"高度一致的境界。之所以及于此，乃是音译者为中国现代著名诗人、新月派代表人物徐志摩。他于 1925 年在意大利写了一首诗，名曰《翡冷翠的一夜》，第一次将 Firenze 音译成了"翡冷翠"。除了诗，徐志摩还写有一篇散文，名曰《翡冷翠山居闲话》，也是将 Firenze 译成了"翡冷翠"。由于徐志摩在中国现代文坛的崇高地位，加之这个音译确实具有高度的修辞技巧，将汉语联绵词"翡翠"拆开，将表示触觉的"冷"字插入其中，从而完美地解决了"信"（音近）与"达"（通顺）、"雅"（形象）的矛盾，臻至了"信""达""雅"兼容统一的境界，所以就在中国 20 世纪上半叶传播开了。尽管徐志摩的这一音译杰作非常高明，丝毫看不出其有意"汉化"外来地名的痕迹，但潜意识里"以自我为中心""以汉语为中心"的"天朝心态"还是体现在了音译行为之中。

再比方说，20 世纪 40 年代美国米高梅电影公司出品过一部电影，英文名 *Waterloo Bridge*，叙述的是这样一个故事：芭蕾舞演员玛拉与陆军军官罗伊在滑铁卢桥上偶然相遇，一见倾心而坠入爱河。正当二人决定结婚时，由于战事紧张，罗伊被部队召回。玛拉深知战争无情，一旦上了前线便生死未卜，于是便在罗伊重回部队前又跟他见了一面。然而，这最后的一面却让玛拉错过了芭蕾舞团的演出，失去了心爱的工作，也失去了生存的基本保障。没过多久，玛拉获悉罗伊已经阵亡的消息。其实，罗伊并未阵亡，而是误上了阵亡名单。但是，玛拉并不知真相，遂在生活无着、精神几近崩溃的情况下沦为了妓女。当战争结束，一对有情人再次相见时，玛拉重又燃起了对爱情与生活的希望。然而，就当二人再次决定举行婚礼时，玛拉犹豫了。最终为了罗伊家族的荣誉，也为了不负罗伊及其家人的信任，玛拉决定不再自欺欺人，在婚礼的前一天悄然离去，在她当初与罗伊邂逅相遇的滑铁卢桥上了结了自己的生命。这是一个非常凄美的爱情故事，加上费雯·丽、罗伯特·泰勒等著名演员的出色表演，以及著名导演茂文·勒鲁瓦、梅尔文·勒罗伊的执导，因而一时风靡世界。这部电影后来传入中国，也是大受欢迎的。不过，应该指出的是，这部电影在中国之所以大受欢迎，恐怕与其汉语译名有着密切关系。*Waterloo Bridge* 作为一部电影名，如果 Waterloo 照音译为"滑铁卢"，Bridge 照义译为"桥"，前者贴近原词发音，后者切合原词之义，都算臻至了"信"的境界。*Waterloo Bridge* 以音译与意译结合的方式译为"滑铁卢桥"，可算臻至了"达"的境界。但是，"雅"的境界就无法臻至了。因为"滑铁卢桥"的译名，除了告诉观众这是一个外国地名，恐怕就再也传达不出与电影故事相关的其他附加信息了，当然更谈不上有什么审美价值了。这样，电影在中国的传播与影响势必就要大打折扣。令人欣喜的是，当年的译者并未以"滑铁卢桥"对译 *Waterloo*

Bridge,而是先在 Waterloo 这一地名的音译上做足了功夫,将之音译为"魂断蓝"(与原词发音相近度稍弱于"滑铁卢"),然后跟"桥"结合,构成了一个成词有义的汉语词组"魂断蓝桥",让人从字面上一望而知这部电影是有关男女爱情的悲惨故事。除此,"魂断蓝桥"的译名还有一个高妙之处,就是将 Waterloo 中的 loo 音译为"蓝",跟后面的"桥"结合,便巧妙地关合了中国古代的一个地名"蓝桥"。这样,就让接受者经由"蓝桥"一词自然联想到中国唐代诗人裴航蓝桥遇仙女的爱情传说。可见,"魂断蓝桥"的译名实在是妙不可言,它让观众在未进入影院时便已浮想联翩,遐思无限。

类似于"柬埔寨""三藩市""翡冷翠""魂断蓝桥"之类的外来地名音译,还有不少。它们都极力追求"信达雅"三者完美统一的境界,同时也深刻地彰显了中国人潜意识的"天朝心态"。如"雅典"(希腊语:Αθήνα)、"耶路撒冷"(阿拉伯语:القدس الشريف,英语:Jerusalem,希伯来语:ירושלים)、"柏林"(德文为:Berlin),"仰光"(英文写作 Yangon),"枫丹白露"/"芳丹薄露"(前者为朱自清译,后者为徐志摩译,法国巴黎大都会地区的一个市镇,法文为:Fontainebleau),"爱琴海"(地中海东部海湾,在希腊半岛东部,英文写作:Aegean Sea),"米兰"(Milan,意大利第二大城市),"绮色佳"(美国纽约州的一个小镇,康奈尔大学所在地,英文写作:Ithaca,通译为伊萨卡),"优山美地"(美国加州一个国家公园,英文全称:Yosemite National Park),"百花里"(bloomsbury,英国伦敦中北部的一个居住区,因与弗吉尼亚·沃尔夫、E. M. 福斯特、约翰·梅纳德·凯恩斯等 20 世纪初期的知名知识界人士有关而闻名于世。通译为"布鲁姆伯利"或"布隆斯伯里","百花里"

乃印尼华裔作家董桥所创),"碧仙桃"(Bristol,通译为布里斯托或布里斯托尔,是英国英格兰西南地区的最大城市和中世纪以来重要商业港口,"碧仙桃"是香港旧译),"丹纳丽芙"(Tenerife,通译为"特里内费",是西班牙加那利群岛的一个小岛名。"丹纳丽芙"是台湾女作家三毛的译名),"依桃碧谷"(Etobicoke,加拿大城市多伦多的一个区),"卧龙岗"(Wollongong,澳大利亚东南沿海的一个工业城市),"柔似蜜"(Rosemead,通译为"罗斯密",美国加州洛杉矶县的一个城市),"清迈"(Chiang Mai,泰国北部一个城镇),"碧瑶"(Baguio,菲律宾吕宋岛北部一个高原避暑城市),等等,都是有鲜明"汉化"外来地名的音译,既臻至了"信达雅"的修辞境界,又深刻地凸显了中国人潜意识中"以我为中心""以汉语为中心"的天朝心态。至于将美洲国家巴哈马首都 Nassau 音译为"拿骚",将美国首都 Washington(华盛顿)音译为"花生屯",将加拿大城市 Toronto(多伦多)音译为"土狼屯",将利比亚小城 Rock Town 音译成"刘各庄",等等,彰显的则是中国人喜欢"闹剧性的幽默"。①

最后,我们要强调指出的是,"信""达""雅"作为翻译修辞的三种境界,在外来人名与地名的汉语音译上都有不同程度的追求。但是,在不同历史时期,这三种境界的追求是有所侧重的。从汉语音译史来看,在中国国力强盛、开放自信度高的时代,汉语对外来人名、地名的音译往往着重于"信"的境界,即只讲究音译尽可能地接近原词的发音。如汉、唐时代文献中记载外来人名、地名,还

---

① 林语堂:《中国人》(*My Country and My People*),郝志东、沈益洪译,杭州:浙江人民出版社,1992年,第52页。

有今日中国（特别是大陆）翻译外国人名、地名，都是专注于语音的近似度，即挑选一些发音上接近原词音节的汉字作为记音符号（如"特朗普""乌兹别克斯坦"等），而不会有意让几个记音的汉字组合起来表达特定的意义（如"张伯伦""魂断蓝桥"等）。而在中国国力衰弱或受到强烈挫折的时期，或是闭关锁国、盲目自大的时期，汉语对外来人名、地名的音译则往往追求"信""达""雅"三者的统一，力求"汉化"外来人名与地名，以彰显"以我为中心""以汉语为中心"的天朝自尊。这一点，从近代汉语音译史与当今中国台湾地区的汉语音译现状中可以看得非常清楚。如上面我们提到的"丘吉尔""罗斯福""白芙倩"等人名的音译，"仰光""柬埔寨""三藩市"等地名的音译，都鲜明地凸显了中国人潜意识中"以我为中心""以汉语为中心"的天朝自尊心态。

从上述诸多例证及其分析，我们可以清楚地见出，汉语在外来人名、地名音译上选字用字的刻意经营，对"信""达""雅"三境界的热烈追求，都体现了音译者的语言智慧，彰显了音译者的修辞艺术。但是应该指出的是，"信""达""雅"三者之间是有矛盾冲突的，要想三者完美的结合，达到高度的一致，事实上是有难度的。有时为了"信"，就难以顾及"达"与"雅"；有时为了"雅"，就得牺牲"信"。比方说，上面我们说到的美国克林顿政府时代就中国加入 WTO 问题跟中国进行长期谈判的商务代表 Charlene Barshefsky，大陆将其姓氏音译为"巴尔舍夫斯基"，是照音直译，让人一见便知是外国人，而且汉语译音跟原词发音非常接近，可谓达到了"信"的境界。但是，这个译名会让中国人产生误会，以为是个俄罗斯男人，这就在"达"的境界上有所欠缺了。至于"雅"的境界，则完全谈不上。而中国台湾地区将之音译为"白芙倩"，让人一见便知是个女人，而且名字带有中国人欣赏的意象，可谓同时臻至了"达"与"雅"的境界。但是，这个音译让人看不见是个外国人名，而且音译与原词发音差距较大，这就没有达到"信"的境界。又比方说，上面我们说到的美国电影 *Waterloo Bridge*，汉语音译为《魂断蓝桥》，当然是非常唯美的杰作，臻至了"雅"的境界，也达到了"达"的境界（让人由译名便一望而知电影的内容）。但是，Waterloo 的发音跟"魂断蓝"的读音是有差距的，在发音近似度上不及"滑铁卢"，因此"魂断蓝桥"的音译在"信"的境界上明显是有所欠缺的。

第五讲 积极与消极:修辞的两大分野

修辞,是指表达者(说写者)为了实现特定的交际目标而在语言文字上的一切经营努力。不过,应该指出的是,在语言文字上的一切经营努力,事实上是存在着价值目标的分流倾向,这就是修辞的两大分野:"积极修辞"与"消极修辞"。这是陈望道从日本现代修辞学引进的两个重要概念。

所谓"积极修辞",是指表达者在语言文字上的经营努力"注意在积极的方面,要它有力,要它动人。同一切艺术的手法相仿,不止用心在概念明白地表出"①。也就是说,"为了达到'有力''动人'的目标,它可以突破语法规范和逻辑事理。因此,也可以说,'积极修辞'是一种超越常规的创造性语言活动"②。

所谓"消极修辞",是指表达者在语言文字上的经营努力"注意在消极方面,使当时想要表达的表达得极明白,没有丝毫的模糊,也没有丝毫的歧解。这种修辞大体是抽象的、概念的"③。也

---

① 陈望道:《修辞学发凡》,上海:复旦大学出版社,2011年,第36页。
② 吴礼权:《现代汉语修辞学》(第四版),上海:复旦大学出版社,2020年,第7—8页。
③ 陈望道:《修辞学发凡》,上海:复旦大学出版社,2011年,第35页。

就是说,"消极修辞"是一种"专注于在语法、逻辑上努力的一种语言活动。即表达者的说写应该合乎语法规范、符合逻辑事理,也就是'使当时想要表达的表达得极明白,没有丝毫的模糊,也没有丝毫的歧解'的境界,也就是基本修辞"①。

为了直观地说明何为"积极修辞",何为"消极修辞",下面我们不妨举一个例子。

　　A. 汽车夫把私带的东西安置了,入座开车。这辆车久历风尘,该庆古稀高寿,可是抗战时期,未便退休。机器是没有脾气癖性的,而这辆车倚老卖老,修炼成桀骜不驯、怪僻难测的性格,有时标劲像大官僚,有时别扭像小女郎,汽车夫那些粗人休想驾驭了解。它开动之际,前头咳嗽,后面泄气,于是掀身一跳,跳得乘客东倒西撞,齐声叫唤,孙小姐从座位上滑下来,鸿渐碰痛了头,辛楣差一点向后跌在那女人身上。这车声威大震,一口气走了二十里,忽然要休息了,汽车夫强它继续前进。如是者四五次,这车觉悟今天不是逍遥散步,可以随意流连,原来真得走路,前面路还走不完呢!它生气不肯走了,汽车夫只好下车,向车头疏通了好一会,在路旁拾了一团烂泥,请它享用,它喝了酒似的,欹斜摇摆地缓行着。每逢它不肯走,汽车夫就破口臭骂,此刻骂得更利害了。骂来骂去,只有一个意思:汽车夫愿意跟汽车的母亲和祖母发生肉体恋爱。骂的话虽然欠缺变化,骂的力气愈来愈足。

　　B. 这辆汽车已经十分破旧,性能也很不稳定,所以开起来摇晃颠簸得厉害,乘客都被颠得东倒西歪。加之发动机又时常出

---

① 吴礼权:《现代汉语修辞学》(第四版),上海:复旦大学出版社,2020年,第7页。

问题,汽车夫要不时下车修理,气得他破口骂娘。

　　上面一组对照的文字,A是钱锺书小说《围城》中的原文,B是笔者所著《现代汉语修辞学》第四版在分析钱锺书这段文字时所作的语意概括。 这组文字,我们对比一下,就知道在理性意义上完全一样,但是,在表达效果上则明显有很大的差异。 A表达生动形象,读来趣味横生,而B则表达简洁明了,读来清楚明白。 很明显,A就是我们上面所说的"积极修辞",B则属于我们上面所说的"消极修辞"。 因为A运用了比拟、比喻、折绕等修辞手法,如写汽车的破旧和性能不稳定,开起来颠簸难耐的情状,其文字表达是:"这辆车久历风尘,该庆古稀高寿","这辆车倚老卖老,修炼成桀骜不驯、怪僻难测的性格","前头咳嗽,后面泄气,于是掀身一跳","这车声威大震,一口气走了二十里,忽然要休息了","这车觉悟今天不是逍遥散步,可以随意流连,原来真得走路","它生气不肯走了","请它享用,它喝了酒似的,欹斜摇摆地缓行着",这是作者"将无生命的汽车当作有性格、有情感、有脾气的人来写,属于运用比拟手法建构起来的修辞文本"[1];还有"有时标劲像大官僚,有时别扭像小女郎",属于以"比喻"修辞手法建构的文本,也是写这部老旧汽车的性能不稳定。 由于这些比拟、比喻修辞文本的建构,"就将本来平淡的事情写活了,那部破烂不中用的老爷车的情状便真切鲜活地呈现在读者面前,让人如睹其容,如坐其中"[2]。 至于写汽车夫情急的情形,作者则运用了"折绕"修辞手法建构了这样一个文本:"汽车夫愿意跟汽车的母亲和祖母发生肉体

---

[1] 吴礼权:《现代汉语修辞学》(第四版),上海:复旦大学出版社,2020年,第20页。
[2] 同上。

恋爱",可谓"表意含蓄蕴藉,语带嘲弄讽刺之味而又不失幽默诙谐,令人为之喷饭"①。 与A形成对照的是,B没有运用任何一种修辞手法,全是理性的表达,但语义表达完足、清晰,没有丝毫的歧解与语义缺漏,在语法与逻辑上都无懈可击,可谓简洁明了,符合语言表达的"经济原则"。

一、消极修辞:有所为,有所不为

老子说:"无为而无不为。"(《老子》第四十八章)孔子说:"狂者进取,狷者有所不为。"(《论语·子路》)孟子说:"人有不为也,而后可以有为。"(《孟子·离娄下》)可见,中国古代的圣贤是"英雄所见略同",都深刻地认识到为人处事坚持"有所为,有所不为"原则的重要性。 事实证明,"有所为,有所不为"的原则,无论是对于做事,还是对于做人,都具有重要的指导意义。

众所周知,客观世界的奥秘是无穷的,而人类的认识水平是有限的;天地宇宙是永恒的,而人的生命是有限的;在有限的生命历程中,人能做的事又是非常有限的。 因为一个人的时间总是有限的,精力也是有限的,能力更是有限的。 因此,人在有限的生命历程中要有所作为,就必须要有所选择,即"有所为,有所不为"。 这样,才能集中时间,集中精力,以己之所长,在某一领域有所突破,对人类的发展作出应有的贡献,让短暂的生命历程绽放出耀眼的光彩。

其实,修辞也是一样。 作为一种语言活动,表达者在语言文字

---

① 吴礼权:《现代汉语修辞学》(第四版),上海:复旦大学出版社,2020年,第20页。

上的一切经营努力,都不可能面面俱到。因为任何一次修辞活动,都有其要实现的某种特定的交际目标,而不会有很多交际目标要同时实现。因此,在语言文字上的经营努力也是"有所为,有所不为"的。比方说,我们写科学论文或学位论文,就不能试图让接受者(读者)获得某种审美情趣,或是为了真切感人,引发其强烈的情感共鸣,而只能朝着一个目标努力:如何使论文要表达的观点清晰、准确,论证充分有力,逻辑严密,条理清楚,文字表达简洁明了。也就是说,写科学论文或学位论文所要实现的交际目标是:将自己的研究结论及其研究过程清晰、准确地呈现出来,以方法的科学性、论证的严密性、结论的可靠性让接受者(读者)高度认同。众所周知,科学论文或学位论文的接受者(读者)都是科学工作者或科学知识的热爱者,是专业人士,他们阅读科学论文或学位论文的目的是获取科学知识,了解学术研究的前沿动态,为自己的学术研究奠定基础或提供启示。因此,他们阅读科学文献的兴奋点或曰情趣主要专注于科学研究的新方法、新理论,而不是为了获得某种审美情趣。正因为如此,科学论文或学位论文的写作在修辞上只需在"消极修辞"方面着力,无需考虑运用"积极修辞"的种种手段,使论文显得生动有趣或具有真切感人的魅力。这就是"有所为,有所不为"的表现,是"消极修辞"的本色。

下面我们先来看一个例子。

寻找临界电场比较低,在同一电场下屈服应力比较大而功耗小的电流变液是目前研究工作的一个热点。这涉及固体颗粒的合成与成型,以及适当液体的选择。为了提高材料的剪切力,人们往往在油液中放入较多的固体颗粒,但这会使零电场下的黏滞系数变得很大。另外不少材料的漏电流还太大,人们仍在寻求在高电场下不易被击穿且零电场屈服应力低于 0.05 kPa 的电流变液。硅、铝或其他相似元素的氧配位四面体或八面体可以构成层状或三维伸展的微孔骨架,结晶硅铝酸盐就是由这种骨架和位于层间或微孔内的电平衡阳离子构成的。对 Y 类、A 类和 M 类硅铝酸盐,在高电场的作用下,阳离子可以克服与骨架间的电作用力,沿电场方向移动。实验表明,这类硅铝酸盐油液有相当的电流变性。我们发现随交换的离子不同,在电场作用下,它的屈服应力和漏电流都按 Ba<Mg≪Na≈K 的顺序变化,与它们的电导顺序基本一致。因此,可以认为这类硅铝酸盐的电流变性主要来自阳离子的极化。但我们也发现,某些类型的硅铝酸盐也可能在电场中畸变,发生骨架极化。这类硅铝酸盐中阳离子数目很少,但它的屈服应力却相当大,而且随电场增加很快,漏电流也很小。这可能是由于这类材料的骨架容易变化,详细原因还在进一步研究。不少硅铝酸盐非常亲水,太多水分导致漏电流太大,需要进行各种改性,同时还需要从理论上深入了解该材料的有关结构特性。通常认为油液的选择关系不大,但是不少固体颗粒在一些油液中有较强的电流变效应,在另一些油液中却几乎不显示效应,弄清其原因是很有意义的,然而在这方面至少还没有一项工作能清楚地说明这一问题。

  磁流变液(磁场致流变液体)以及电磁流变液(同时受外加电场和磁场作用的流变液)也受到人们很大的重视。美国洛德公司研制成功的磁流变液在 3 000 Oe 的磁场强度下动态剪切应力为 93 kPa,工作温度区间为 −40—150 ℃。

    (周鲁卫、叶聚丰、唐颐:《电流变液的研究进展及

    应用前景》,《物理》1994 年第四期)

上引这两段文字，是一篇物理学论文的片断。从语言文字的经营努力方面看，作者不仅没有运用任何一种"积极修辞"的手法（如比喻、比拟、夸张等），甚至在遣词造句上也完全排斥"积极修辞"的努力。遣词上，这两段文字中基本上没有出现什么口语色彩特别浓厚的词，也没有出现古语词、方言词、成语、歇后语、惯用语等文艺作品最爱用的词汇，所运用的都是通用词、书面语词以及专业术语。在造句上，这两段文字中没有出现疑问句、祈使句、倒装句等表现情感色彩的句式、句类，而都是清一色的不带任何感情色彩，而只作客观叙述判断的陈述句。就句式长短来看，这两段文字大多都以复句、长句的形式呈现，而没有口语表达中或是文艺作品中那种轻快活泼的短句或省略句。之所以选用长句、复句，是因为"长句、复句结构复杂，容量较大，可以在一句话中提供更多而相关的信息，表述比较周密。同时，长句、复句特别是紧缩复句，因为锻句时合并或压缩了用几个简单句表述时需要重复出现的句子成分或其他语词，这就使表述显得精炼"[①]。如"正因为只有一个相，所以不存在两相材料中难以避免的沉积问题；又因为不含水，所以一切与水有关的难题又不攻自破。但目前液晶电流变液的液态向固态转变所需的时间太长，液晶小分子是 0.01—0.1 s，液晶高分子则可能长达几小时；另外，温度适用范围也较小"，这几句就很典型，全是复句，"各分句之间都以相关的关联词语绾合，虽然关系复杂，但表述周密，逻辑层次清晰明白"[②]。

下面我们再来看一个例子。

[①] 吴礼权：《现代汉语修辞学》（第四版），上海：复旦大学出版社，2020 年，第 457 页。

[②] 同上。

中华人民共和国国籍法

(1980年9月10日第五届全国人民代表大会第三次会议通过,1980年9月10日全国人民代表大会常务委员会委员长令第八号公布施行)

第一条 中华人民共和国国籍的取得、丧失和恢复,都适用本法。

第二条 中华人民共和国是统一的多民族的国家,各民族的人都具有中国国籍。

第三条 中华人民共和国不承认中国公民具有双重国籍。

第四条 父母双方或一方为中国公民,本人出生在中国,具有中国国籍。

第五条 父母双方或一方为中国公民,本人出生在外国,具有中国国籍;但父母双方或一方为中国公民并定居在外国,本人出生时即具有外国国籍的,不具有中国国籍。

第六条 父母无国籍或国籍不明,定居在中国,本人出生在中国,具有中国国籍。

第七条 外国人或无国籍人愿意遵守中国宪法和法律,并具有下列条件之一的,可以经申请批准加入中国国籍:

一、中国人的近亲属;

二、定居在中国的;

三、有其他正当理由。

第八条 申请加入中国国籍获得批准的,即取得中国国籍;被批准加入中国国籍的,不得再保留外国国籍。

第九条 定居外国的中国公民,自愿加入或取得外国国籍的,即自动丧失中国国籍。

第十条　中国公民具有下列条件之一的,可以经申请批准退出中国国籍:

一、外国人的近亲属;

二、定居在外国的;

三、有其他正当理由。

第十一条　申请退出中国国籍获得批准的,即丧失中国国籍。

第十二条　国家工作人员和现役军人,不得退出中国国籍。

第十三条　曾有过中国国籍的外国人,具有正当理由,可以申请恢复中国国籍;被批准恢复中国国籍的,不得再保留外国国籍。

第十四条　中国国籍的取得、丧失和恢复,除第九条规定的以外,必须办理申请手续。未满十八周岁的人,可由其父母或其他法定代理人代为办理申请。

第十五条　受理国籍申请的机关,在国内为当地市、县公安局,在国外为中国外交代表机关和领事机关。

第十六条　加入、退出和恢复中国国籍的申请,由中华人民共和国公安部审批。经批准的,由公安部发给证书。

第十七条　本法公布前,已经取得中国国籍的或已经丧失中国国籍的,继续有效。

第十八条　本法自公布之日起施行。

上面所引的是一个20世纪80年代的法律文本,是就有关中国国籍的取得或丧失的条件所作的法律上的专门规定。 如果我们仔细分析一下这个法律文本在语言文字上的经营努力倾向,就会发现它在修辞上有四大明显的特点：一是"内容表述条理化"①。对中国国籍的取得或丧失的条件所作的表述，其逻辑条理十分清楚，相关内容均采用分段或分条明确标出，让人一目了然。二是"表达句式稳定化"②。整个法律文本采用的多是长句、复句。其中，长句中有四种长句类型最为常用。其一，主语部分较长的长句，如"中华人民共和国国籍的取得、丧失和恢复，都适用本法"，主语是个以动词为中心的偏正词组，而修饰语和中心语又都较复杂，修饰语"中华人民共和国国籍"本身又是一个较长的偏正词组，中心语"取得、丧失和恢复"是个较长的并列词组。其二，各种较长的"的"字结构的词组作主语的长句，如"申请加入中国国籍获得批准的，即取得中国国籍；被批准加入中国国籍的，不得再保留外国国籍"两句，都是因为有较长的"的"字结构的词组作主语而加长了句子长度。又如"定居外国的中国公民，自愿加入或取得外国国籍的，即自动丧失中国国籍"，作主语的"的"字结构既长且又复杂，因而全句更长。其三，主语前后有全句修饰语的长句，如"中国国籍的取得、丧失和恢复，除第九条规定的以外，必须办理申请手续""本法公布前，已经取得中国国籍的或已经丧失中国国籍的，继续有效"，这两个句子较长，是因为前者较长的主语之后又带了个全句修饰语"除第九条规定的以外"，后者主语是个较长的"的"字结构作主语，同时主语前面又带了个全句修饰语"本法公布前"。这样，两个句子的长度就更长了。其四，将几个并列复句压缩成一个单句而形成的长句，如"中国公民具有下列条件之一的，

---

① 吴礼权：《现代汉语修辞学》（第四版），上海：复旦大学出版社，2020年，第465页。
② 同上。

可以经申请批准退出中国国籍：一、外国人的近亲属；二、定居在外国的；三、有其他正当理由"，是将三个谓语相同的并列分句的主语通过"的"字结构和总分式提示成分的设置，化三句为一句，化复句为单句，但却加长了单句的绝对长度。复句中，以并列复句的采用为最多，转折复句次之。如"申请加入中国国籍获得批准的，即取得中国国籍；被批准加入中国国籍的，不得再保留外国国籍"，即是并列复句；"父母双方或一方为中国公民，本人出生在外国，具有中国国籍；但父母双方或一方为中国公民并定居在外国，本人出生时即具有外国国籍的，不具有中国国籍"，则是个转折复句。以上是从句子结构和格局来看的。若从语气和语意上来看，整个文本的全部句子都采用肯定陈述句或否定陈述句，不采用其他句式，如"中华人民共和国是统一的多民族的国家，各民族的人都具有中国国籍"，用的是肯定陈述句；"中华人民共和国不承认中国公民具有双重国籍"，则是用的否定陈述句。在句式采用上主要以长句、复句为主，长句中又以上述四类长句为通用，复句中以并列复句为主，以转折复句为次，语气语意上只采用肯定陈述句和否定陈述句两类，这些都典型地体现了法律语体表达句式稳定化的修辞特征[①]。之所以如此，是因为"长句、复句结构复杂，容量较大，易于达到表意周密的效果，这正是法律条文要达到的目标。肯定陈述句和否定陈述句，因为有表意明确而不含糊的效果，正好能体现法律规定不容商量的权威性"[②]。三是"语词运用模式化"[③]。整

[①] 吴礼权：《现代汉语修辞学》（第四版），上海：复旦大学出版社，2020年，第465—467页。
[②] 同上书，第467页。
[③] 同上书，第472页。

个文本中的语词"只采通用语词和专业术语相结合的模式,排斥其他语词如方言语词及描绘性语词的进入"①。 这一点,我们看一下整个文本所使用的词语就清楚了。 四是"修辞手段消极化"②。 整个文本中没有使用任何一种"积极修辞"手段,而只在"消极修辞"上着力,即"力求意义表达明白、准确,逻辑条理周密、有序"③。

由上面两个例子的分析,我们足以清楚地看出"消极修辞"在语言文字经营努力上的表现,见出其"有所为,有所不为"的修辞倾向。

二、 积极修辞: 极尽语言文字的一切可能性

陈望道曾经就"消极修辞"与"积极修辞"的区别,引郑奠所举的两个例子进行了论述。 所引的两个例子,一个是《论语》中的"君子疾没世而名不称焉",二是《古诗十九首》之十一:"回车驾言迈,悠悠涉长道。 四顾何茫茫,东风摇百草。 所遇无故物,焉得不速老? 盛衰各有时,立身苦不早。 人生非金石,岂能长寿考? 奄忽随物化,荣名以为宝。"陈望道认为这是"消极修辞"与"积极修辞"的"绝好比照的两个例"④。 他认为:"两例主要意思可说完全相同,而一只'直写胸臆,家常谈话',单求概念明白地表出,一却'托物起兴,触景生情,而以嗟叹出之',除却表出概念之外,还用了些积极手法。 所谓积极手法,约略含有两种要素:(1) 内

---

① 吴礼权:《现代汉语修辞学》(第四版),上海:复旦大学出版社,2020 年,第 472 页。
② 同上书,第 473 页。
③ 同上。
④ 陈望道:《修辞学发凡》,上海:复旦大学出版社,2011 年,第 3 页。

容是富有体验性、具体性的；(2) 形式是在利用字义之外，还利用字音、字形的。如这首古诗的整整齐齐每句五言，便是一种利用字形所成的现象。这种形式方面的字义、字音、字形的利用。同那内容方面的体验性、具体性相结合，把语辞运用的可能性发扬张大了，往往可以造成超脱寻常文字、寻常方法以至寻常逻辑的新形式，而使语辞呈现出一种动人的魅力。"①

可见，"积极修辞"跟我们上面已经说到的"消极修辞"完全不同，它在语言文字经营上的努力不仅仅是要"概念明白地表出"，就是"讲清楚，说明白"，而且要在"概念明白地表出"的同时，还要"使语辞呈现出一种动人的魅力"。换言之，就是既要传情达意，还要具有审美价值。如果拿经济学的原理来比喻，就是既要求产品有使用价值，同时还要有审美价值，从而通过产品的附加值来达到经济效益的最大化。

事实上，"积极修辞"为了实现传情达意之外别具审美价值的目标，一般都不会像"消极修辞"那样，在遣词造句上循规蹈矩，讲究既有的语言表达规范，而总是力图突破既有的语言规范而努力创新。同时，还要创造或借鉴运用一些有效的表达手段（即修辞格），极尽"语言文字的一切可能性"②，从而"使语辞呈现出一种动人的魅力"③。

下面我们就举两个例子略作分析，看看"积极修辞"是如何极尽"语言文字的一切可能性"，而努力实现其预定的交际目标，同

---

① 陈望道：《修辞学发凡》，上海：复旦大学出版社，2011年，第3页。
② 同上书，第6页。
③ 同上书，第3页。

时"使语辞呈现出一种动人的魅力"①的。

　　那条长几就摆在廊上。

　　廊在卧室之外,负责数点着有一阵没一阵的夜风。

　　那是四月初次燠热起来的一个晚上,我不安地坐在廊上,十分不甘心那热,仿佛想生气,只觉得春天越来越不负责,就那么风风雨雨闹了一阵,东渲西染地抹了几许颜色,就打算草草了事收场了。

　　这种闷气,我不知道找谁去发作。

　　丈夫和孩子都睡了,碗筷睡了,家具睡了,满墙的书睡了,好像大家都认了命,只有我醒着,我不认,我还是不同意。春天不该收场的。可是我又为我的既不能同意又不能不同意而懊丧。

　　我坐在深褐色的条几上,几在廊上,廊在公寓的顶楼,楼在新生南路的巷子里。似乎每一件事都被什么阴谋规规矩矩地安排好了,可是我清楚知道,我并不在那条几上,正如我规规矩矩背好的身份证上长达十个字的统一编号,背自己的邻里地址和电话,在从小到大的无数表格上填自己的身高、体重、履历、年龄、籍贯和家属。可是,我一直知道,我不在那里头,我是寄身在浪头中的一片白,在一霎眼中消失,但我不是那浪,我是那白,我是纵身在浪中而不属于浪的白。

　　也许所有的女人全是这样的,像故事里的七仙女或者螺蛳精,守住一个男人,生儿育女,执一柄扫把日复一日地扫那四十二坪地(算来一年竟可以扫五甲地),像吴刚或薛西佛那样擦抹永世擦不完的灰尘,煮那像"宗教"也像"道统"不得绝嗣的三餐。

---

①　陈望道:《修辞学发凡》,上海:复旦大学出版社,2011年,第3页。

可是,所有的女人仍然有一件羽衣,锁在箱底。她并不要羽化而去,她只要在启箱检点之际,相信自己曾是有羽的,那就够了。

如此,那夜,我就坐在几上而又不在几上,兀自怔怔地发呆。

报纸和茶绕着我的膝成半圆形,那报纸因为刚分了类,看来竟像一垛垛的砌砖,我恍惚成了俯身古城墙凭高而望的人,柬埔寨在下,越南在下,孟加拉在下,乌干达在下,"暮春三月,江南草长,杂花生树,群莺乱飞"的故土在下……

夜忽然凉了,我起身去寻披肩把自己裹住。

一钵青藤在廊角执意地绿着,我大部分的时间都不肯好好看它,我一直搞不清楚,它到底是委屈的还是悲壮的。

我决定还要坐下去。

是为了跟夜僵持?跟风僵持?抑或是跟不明不白就要消失了的暮春僵持?我不知道。我只知道我不要去睡,而且既不举杯,也不邀月,不跟山对弈,不跟水把臂,只想那样半认真半不认真地坐着,只想感觉到山在,水在,鸟在,林在,就好了,只想让冥漠大化万里江山知道有个我在就好了。

我就那样坐着,把长椅坐成了小舟。而四层高的公寓下是连云公园,园中有你纠我缠的榕树,榕树正在涨潮,我被举在绿色的柔浪上,听绿波绿涛拍舷的声音。

(张晓风:《也是水湄》)

上引文字,是中国台湾著名作家张晓风的散文作品(为了节省篇幅,我们引了全文前半部分,约三分之二篇幅)。 我们读上面这些文字,跟读前文我们举到的科学论文与法律文本,在感觉上完全不同。 如果我们打个比方,前文我们举到的科学论文与法律文本,就像是一个不苟言笑,一言一行都中规中矩的老先生;而张晓风的这篇散文,则像是一个花枝招展、青春活泼的少女。之所以会有这种审美上的差异,究其原因是前者在语言文字上的经营努力的目标是"达意"和"明理",所要企及的修辞境界是"讲清楚,说明白";而后者在语言文字上的经营努力的目标是"达意""传情"与"审美"三者兼顾,所要企及的修辞境界是"使语辞呈现出一种动人的魅力"①,让人读后有一种审美享受。

那么,张晓风的这篇散文是如何臻至这一修辞境界的呢?如果我们将张晓风的这篇散文跟前文我们举到的科学论文与法律文本稍作比较,就会发现其在修辞上有如下三个鲜明特点。

一是"在语词选用上的灵活性和形象性、生动性"②。所谓语词选用上的"灵活性",是指作者"根据特定的题旨情境对诸如口语词、书卷语词、古语词、方言语词、熟语词、外来语词、专有名词(术语)等各类语词的广泛运用"③。如文中的"生气""闹""收场""邻里""认命""发呆"等等,都是口语词的运用;"卧室""燠热""渲染""懊丧""寄身""检点""委屈"等等,则都是书卷语词的运用;"仿佛""羽化""冥漠""大化"等等,都是古语词的运用;"有一阵没一阵""生儿育女""日复一日"等,都是熟语的运用;"坪"("四十二坪地"之"坪",源于日语"坪",面积单位,等于3.306平方米)、"甲"("五甲地"之"甲")等,都是外来语词的运用;"统一编号""履历""籍贯""吴刚""道统""柬埔寨""孟加拉""越南""乌干达"等等,都是专有名词(术语)的运用。这些不同类别的语词在文中和谐交错地运用,无疑使作品的文字更显灵

---

① 陈望道:《修辞学发凡》,上海:复旦大学出版社,2011年,第3页。
② 吴礼权:《现代汉语修辞学》(第四版),上海:复旦大学出版社,2020年,第440页。
③ 同上。

动自然。所谓"形象性和生动性",是指作者在选词用语上"注重运用具有某种表情化、感性化或描绘性色彩较强的形象语词"①。如文中的"风风雨雨""草草了事""东渲西染""规规矩矩""一霎眼""七仙女""螺蛳精""兀自""怔怔""一垛垛""恍惚""青藤""执意""僵持""举杯""邀月""对弈""把臂""小舟""纠缠""柔浪""绿波绿涛""拍舷"等等,都是"极具表情化、感性化或描绘性色彩较强的形象语词"②,正是它们的运用才使作品的文字顿显形象灵动的审美情趣。

第二个特点是"句式锻炼上求短趋简"③。具体说来,就是"句式上尽量采用字数少的短句、结构层次简单的单句。尽管不排斥复句,但也力求化复为单,或通过增加分句数量来尽量简化句子的结构层次,使读者读起来顺畅而不至于拗口,理解起来容易而不费解"④。如文中"似乎每一件事都被什么阴谋规规矩矩地安排好了,可是我清楚知道,我并不在那条几上,正如我规规矩矩背好的身份证上长达十个字的统一编号,背自己的邻里地址和电话,在从小到大的无数表格上填自己的身高、体重、履历、年龄、籍贯和家属",是个结构比较复杂的复句。但是,作者尽量化复句为多个分句,通过增加分句的数量使每个分句在结构层次上尽量简单。比方说"可是我清楚知道,我并不在那条几上"两句,本可以合并成一句:"可是我清楚知道自己并不在那条几上。"根据我们的统计分析,上引全部文字的平均句长是 9.07 字,整体不超过十个字。这

---

① 吴礼权:《现代汉语修辞学》(第四版),上海:复旦大学出版社,2020年,第441页。
② 同上。
③ 同上书,第443页。
④ 同上。

跟科学论文与法律文本动辄几十字甚至上百字的长句完全不同。可见，作者在句式锻炼上是相当用心的，极力求短趋简，以给读者阅读带来生理上的快感。

第三个特点是运用多种修辞手法，努力提升作品的审美价值。如"廊在卧室之外，负责数点着有一阵没一阵的夜风"，"只觉得春天越来越不负责，就那么风风雨雨闹了一阵，东渲西染地抹了几许颜色，就打算草草了事收场了"，"春天不该收场的"，"似乎每一件事都被什么阴谋规规矩矩地安排好了"，"一钵青藤在廊角执意地绿着，我大部分的时间都不肯好好看它，我一直搞不清楚，它到底是委屈的还是悲壮的"，"是为了跟夜僵持？ 跟风僵持？ 抑或是跟不明不白就要消失了的暮春僵持"，"既不举杯，也不邀月，不跟山对弈，不跟水把臂"，"园中有你纠我缠的榕树"等，都是运用"比拟（拟人）"修辞手法，将物拟人，令人由此及彼，浮想联翩，遐思无限，极大地拓展了作品的意境。 又如"我是寄身在浪头的一片白，在一霎眼中消失，但我不是那浪，我是那白，我是纵身在浪中而不属于浪的白"，"煮那像'宗教'也像'道统'不得绝嗣的三餐"，"报纸和茶绕着我的膝成半圆形，那报纸因为刚分了类，看来竟像一垛垛的砌砖"，"我就那样坐着，把长椅坐成了小舟"，"榕树正在涨潮，我被举在绿色的柔浪上，听绿浪绿涛拍舷的声音"，等等，都是运用"比喻"修辞手法，使文字表达具有生动形象的效果。 又如"丈夫和孩子都睡了，碗筷睡了，家具睡了，满墙的书睡了"，则是运用"拈连"修辞手法，使表意在逻辑上别具一种"顺水推舟"的情趣；又如"我坐在深褐色的条几上，几在廊上，廊在公寓的顶楼，楼在新生南路的巷子里"，是运用"顶真"修辞手法，使表意别具一种"上递下接"的严密性。 又如"暮春三月，江南草长，杂花生树,群莺乱飞",是运用"引用"修辞手法,写中国自古以来永恒的风物景致,使表情达意别具一种古雅优雅的书卷味;再如"只感觉到山在,水在,鸟在,林在",是运用"排比"修辞手法,利用相同结构的四个短句的连续铺排,造就一种"大江东去,浩浩汤汤"的文势与视觉美感。

下面我们再来看第二个例子。

> 1935年的世界是一个多变的世界。这一年在世界上,波斯改国号叫伊朗了、英国鲍尔温当首相了、墨西哥革命失败了、意大利墨索里尼身兼八职并侵略阿比西尼亚了、法国赖伐尔当总理了、挪威在南极发现新大陆了、德国希特勒撕毁凡尔赛条约扩张军力了、捷克马萨利克辞掉总统职务了、土耳其凯末尔第三次连任总统了、菲律宾脱离美国独立了。

(李敖:《李敖回忆录》)

上引文字是中国台湾地区已故著名作家李敖回忆录中的开头一段,讲他出生的1935年世界局势动荡不安的情况,意在强调说明1935年是一个多事多变的年代。按照一般回忆录的常规写法,这一意思有"1935年的世界是一个多变的世界"这句话作概括,语意已经完足了。但是,作者为了给读者一个先声夺人的印象,激发出读者将整本回忆录读下去的热情,有意在语言文字的经营上进行了努力,运用"排比"修辞手法,以"波斯改国号叫伊朗了、英国鲍尔温当首相了、墨西哥革命失败了……菲律宾脱离美国独立了"等十个结构相同或相似的句子连续铺排,鱼贯而下,不仅使回忆录所要强调的"1935年的世界是一个多变的世界"之意表达得充足酣畅,而且还以整齐的形式格局造就出了一种阅读视觉上的对称、平衡、和谐的美感效应,因为十个结构相同相似的句子连续铺排并置,且有结构助词"了"为标记,极易使读者在文本接受解读中受到极大的刺激,"引发出强烈的'不随意注意'和'随意注意',并在文本齐整的形式格局的影响下生发出一种生理上不自觉的左右平衡的身心律动,产生一种快感,从而提升对文本接受、解读的兴味,加深对表达者所建构的修辞文本真实意图的理解把握——即体认到:1935年确是一个不同寻常的多事多变的年代,出生于这一年的作者(表达者)本人未来的人生经历和命运也将是不同寻常的"①。 这里,我们可以清楚地看出,作者李敖为了提升其回忆录的文学审美价值,不仅运用了"排比"修辞手法,而且突破了"排比"手法运用的常规,不仅在排比的句子数量上作了突破,以十句连续铺排,打破了一般排比多以三句左右为常规的惯例,而且还有意在每个句子之后缀以结构助词"了"为标记,刻意放大了内容排比的性质,可谓是极尽了"排比"修辞手法在实际运用中的一切可能性,是典型的"积极修辞"案例。

"积极修辞"在语言文字经营上的努力,在文学创作中的表现最为突出,在中国古代文学创作中的表现尤其突出。 如汉大赋的写作,就极尽铺张扬厉之能事。 写江河湖海,恨不得将汉字中"水"旁的字用尽;写山峰丘峦,恨不得将汉字中"山"旁的字用尽;写皇家园林中的林木,恨不得将汉字中"木"旁的字用尽;写皇家园林的珍禽,恨不得将汉字中的"鸟"旁字用尽;写皇家园林的奇石,恨不得将汉字中的"玉"旁字用尽。 南朝梁文论家刘勰在《文心雕龙·炼字》中所说的"半字同文"的"联边字",就是说的这种情况。 刘勰认为,这种"联边字"现象,"状貌山川,古今咸用,施

---

① 吴礼权:《修辞心理学》(修订版),广州:暨南大学出版社,2013年,第160页。

于常文,则龃龉为瑕,如不获免,可至三接,三接之外,其字林乎"。事实上,汉赋中"联边字"的滥用现象十分普遍,确实有"字林"的感觉。很明显,汉赋是非常重视"积极修辞"的,力求在文采上取胜,因此也就难免走火入魔,在语言文字经营上的努力就有些过分。另外,古代还有一种诗,叫回文诗,就是顺读倒读都能成文的那种诗。有的会写在盘子上,叫"盘中诗"。这是利用古代汉语单音节词占绝对优势、汉语语法具有弹性的特点,运用"回环"修辞手法创作的诗歌,虽然不乏有传情达意的效果,但游戏意味非常浓厚。这也是中国古代文学创作特别重视"积极修辞"的表现,当然也是在语言文字经营上的努力比较过分的表现。限于篇幅,这个方面的内容我们就不展开论述了。对中国古典文学有所了解者,大抵都清楚其中的情况。

三、对立与统一:消极修辞与积极修辞的关系

通过上面的论述与分析,我们可以清楚地见出,"消极修辞"与"积极修辞"有着根本的区别,二者在语言文字的经营努力方向上是完全不同的,彼此之间是一种对立的关系。但是,二者之间又不是非此即彼,绝对不相融的关系,而是一种相互对立而又相辅相成的关系。因此,从整体的视角看,二者之间实际上是一种对立统一的关系。

"消极修辞"与"积极修辞"这种对立统一的关系,我们可以从两个方面来理解。一是"消极修辞"是"积极修辞"的基础,"积极修辞"在语言文字上的经营努力必须以"消极修辞"为前提;二是"消极修辞"与"积极修辞"是相辅相成的,二者是相互依存的关

系。"积极修辞"在语言文字经营上的成效,事实上有赖于"消极修辞"的参与。

下面我们先来举例说明第一个方面。

草莽之作,丘八语言,有极不通而可笑者,如山东军阀韩复榘《齐鲁大学校庆演讲辞》:

"今天是什么天气?今天是演讲的天气。开会的人来齐了没有?看样子有五分之八,没来的举手吧!很好,都到齐了,你们来得很茂盛,敝人也实在是感冒……蒋委员长提倡新生活运动,兄弟我双手赞成,就是有一条'行人靠右走'着实不妥,实在太糊涂了!大家想想,行人都靠右走,那左边留给谁?"

(沈谦:《冯玉祥的丘八体诗》)

上面这个故事中的主人公韩复榘,在近现代的中国很有知名度。究其原因,主要有二:一是没有什么文化却常常要拽文,以致闹出很多笑话;二是抗日战争时期,他作为山东省主席,不积极组织力量迎击日寇,而是不战而退,让日本人长驱直入,致使中国军队的抵抗陷入极大的被动,结果被蒋介石枪毙。上面这个故事,讲的是他出名的第一个原因。

众所周知,我们每个人的文化水平都不可能是相同的,总是有高有低;语言表达的能力也不可能相同,说话写作的水平也会有高有低。特别是行伍出身的人,没有什么文化,不善于言辞,那就更属正常了。但是,一个人不论文化水平有多低,也不论多么不善于言辞,只要是具备了正常的思维能力,只要说写时用心点,正常情况下总是能够将所要表达的意思表达出来,让他人明白与了解的。也就是说,一个人文化水平不高,语言表达能力不强,表情达意时可以专注在"消极修辞"上下功夫,努力把所要传达的情与意讲清楚、说明白,不要奢求妙语生花、妙笔生花。这样,也能实现预期的交际目标。但是,韩复榘不是。他明明没有什么文化,也并不擅长言辞,却不知道守愚藏拙,少开尊口,而是自以为是,挟山东省主席之尊而"不可为而为之",主动跑到山东省最高学府齐鲁大学演讲,在山东省最有文化的一群人面前卖弄起口才来,结果不仅没能妙语生花,赢得齐鲁大学师生的尊重,反而留下了笑柄,令全中国的人传为笑谈。

韩复榘在齐鲁大学演讲失败的教训,给了我们一个深刻的启示:"积极修辞"所追求的妙语生花、妙笔生花的效果,必须建立在"消极修辞"所追求的"讲清楚,说明白"的基础之上。也就是说,"积极修辞"在语言文字上的一切经营努力必须以"消极修辞"为前提。韩复榘演讲开头说"今天是什么天气?今天是演讲的天气",这是属于运用了"设问"修辞手法的"积极修辞",本意是要先声夺人,在演讲一开始就引起齐鲁大学师生的注意。但是,他的这个"设问"不符合逻辑。因为演讲跟天气没有关系,"今天"与"演讲的天气"在逻辑上构不成判断关系。很明显,这是文理不通,是"消极修辞"不及格,自然他所追求的"积极修辞"的效果也就达不到。韩复榘演讲的第二句"开会的人来齐了没有?看样子有五分之八",也是运用了"设问"修辞手法的"积极修辞"。但是,因为自问自答的答案部分出了问题,出席演讲会的人员不可能是"五分之八",这是不懂数学基本知识的说法,当然也是文理不通,仍然是"消极修辞"不及格,自然他所要追求的妙语生花的"积极修辞"效果也就没有达到。接下来的第三句"没来的举手吧",是个祈使句,在演讲活动中虽然有引发互动、活跃气氛的作用,但因为不符合逻辑,是文理不通之辞,被人认为是思维混乱的表现,自然也是没有达到其"积极修辞"的预期目标。第四句"很好,都到齐了",算是勉强在"消极修辞"上及格。但是,接下来的第五句"你们来得很茂盛,敝人也实在是感冒",则就更是大煞风景了。因为这句话所表之情、所达之意正好与他自己要表达的意思相反。这句话正确的表达应该是:"你们出席的人很多,敝人也实在是非常感谢。"事实上,韩复榘不是这样说的。原因是他对"茂盛""感冒"两个词的词义没理解,以形容植物的"茂盛"来指人,用表示"反感"之义的"感冒"来代替"感谢"。这说明他在语法与逻辑上都没有及格,"消极修辞"所要追求的"讲清楚,说明白"的境界都没有达到,自然是不可能企及"积极修辞"的"妙语生花"的境界了。至于最后一句反对蒋介石提倡的新生活运动的话,也是文理不通,不符合逻辑,完全没明白西式交通规则的含义与真谛,就自以为是地乱批评一通。很明显,韩复榘在山东省最高学府齐鲁大学发表这样哗众取宠的政治批评,事实上不仅没有达到政治人物政治修辞应有的社会效果,反而因为文理不通而成为政敌取笑的把柄,成了民国政坛的笑话。

下面我们再来看一个例子。

我的母亲徐娘半老,风韵犹存。

这是中国台湾地区一个初中生作文中的一句。这位初中生在题为《我的母亲》的作文中,写到自己的母亲时颇为得意,于是就拽文写了这么一句,自以为高明,会让老师高看一眼,结果在台湾地区的学校中传为趣谈[1]。

这个故事在台湾地区之所以传为趣谈,而不是像韩复榘在齐鲁

---

[1] 沈谦:《修辞学》(修订版),台北:台湾空中大学印行,1995年,第2页。

大学演讲那样被传为笑谈,是因为写作文的只是一个初中的孩子。不过,应该指出的是,这个笑话虽然是有关初中生的,但反映的却是如何处理"消极修辞"与"积极修辞"之间关系的问题。 我们都知道,"徐娘半老,风韵犹存"是一个汉语成语,典出于《南史·梁元帝徐妃传》:"徐娘虽老,犹尚多情。"是一个具有非常鲜明色彩的贬义词语。 因为这个典故中的徐娘不是别人,而是历史上非常有名的荡妇徐昭佩。 史载,徐昭佩出身南朝名门豪族,其父徐绲是南朝齐时的侍中、信武将军,祖父徐孝嗣官至太尉,谥枝江文忠。 因为家世背景而得以与梁武帝之子湘东王萧绎结为连理,成为萧绎之妻。 后来,萧绎继位成了皇帝,就是历史上的梁元帝。 由于徐昭佩生性好酒,姿色又很普通,遂渐渐被梁元帝疏远。 徐昭佩因为不受梁元帝宠爱,遂心生不满,对梁元帝宠幸的妃嫔因妒而生恨,杀害了多名梁元帝宠幸的妃嫔。 因为感情无以寄托,加上生性淫荡,后来就跟荆州后堂瑶光寺的僧人智远道人以及朝中美男子、侍从暨季江私通。 东窗事发,被梁元帝逼令自杀,最后投井而死。 徐昭佩死后,梁元帝萧绎余恨未消,不仅不让儿子为其穿丧服,还写了一首《荡妇秋思赋》,将徐昭佩的种种淫荡行为作了描述,并将其尸体送还徐家。 由此可见,"徐娘半老,风韵犹存"这个成语实在没有任何褒义,而是极具贬义色彩,以此来夸说自己的母亲,不仅不得体,甚至是大不敬。 可是,这位写作文的台湾初中生,却自鸣得意地将此成语用在自己母亲身上。 这样,就自然引发了校园趣谈。 可见,"积极修辞"需要有一定的知识储备,要弄懂所用的每个字词的准确含义,不然就会词不达意,不仅不能妙语生花、妙笔生花,还会闹出笑话。 这个例子,再次生动地说明了一个道理:"消极修辞"是"积极修辞"的基础,"积极修辞"在语言文字上的经营努力必须以"消极修辞"为前提。

下面我们再讲"消极修辞"与"积极修辞"对立统一关系的第二个方面,就是"消极修辞"与"积极修辞"是相辅相成的,二者是相互依存的。"积极修辞"在语言文字经营上的成效,要有赖于"消极修辞"的参与。下面我们先来看一个例子。

> 在龙泉村,听到了古琴。相当大的一个院子,平房五六间。顺着墙,丛丛绿竹。竹前,老梅两株,瘦硬的枝子伸到窗前。<u>巨杏一株,阴遮半院</u>。绿荫下,一案数椅,彭先生弹琴,查先生吹箫;然后,查先生独奏大琴。

(老舍:《滇行短记》)

上引这段文字,是著名作家老舍1941年写于抗战期间的一篇散文中的片断。这段写景的文字,乍一读觉得写得非常平实,可以算得上是质朴无华了。但是,细细一品,会发现非常有韵味,不仅有令人遐思的意境之美,而且有韵律上的和谐之美,特别是其中"巨杏一株,阴遮半院"两句,更具听觉上的美感。因为这两句从视觉形象上看,是一个宽式"对偶"文本,虽然词性与句法结构上不是太工整,但整体上有一种对称平衡的视觉形象之美;从听觉形象上看,则是一个"协律"修辞文本。以现代汉语语音系统为标准,"巨杏一株"是"仄仄平平","阴遮半院"则是"平平仄仄",正好平仄交错,读起来朗朗上口,别具一种抑扬顿挫的音乐美感。很明显,这是"作者有意而为之的,是经过精心推敲后而建构出来的,意在通过平仄的调配,使文句读来有一种抑扬顿挫的韵律感,让读者在阅读接受时也能像读诗词一样,获得一种和谐悦耳的美感享受"①。很明显,"巨杏一株,阴遮半院"二句是属于"积极修

---

① 吴礼权:《现代汉语修辞学》(第四版),上海:复旦大学出版社,2020年,第183—184页。

辞"，它的表达效果犹如"万绿丛中一点红"，给读者的印象特别深。

上引的老舍文字，之所以会取得如此突出的表达效果，就是缘于作者善于处理"消极修辞"与"积极修辞"的关系，使"巨杏一株，阴遮半院"二句获得了突出的地位，形成了"庸"与"隽"的对立，使"消极修辞"的"庸"与"积极修辞"的"隽"相辅相成，在相互依存中实现了和谐统一。这不由得我们想起晋人陆机在《文赋》中说过的一段话：

> 或茹发颖竖，离众绝致。形不可逐，响难为系。块孤立而特峙，非常音之所纬。心牢落而无偶，意徘徊而不能揣。石韫玉而山辉，水怀珠而川媚。彼榛楛之勿剪，亦蒙荣于集翠。缀《下里》于《白雪》，吾亦济夫所伟。

这里，陆机通过"石"与"玉"，"水"与"珠"，"榛楛"与"集翠"，"《下里》"与"《白雪》"的相对、相反的具象对比，形象地说明了为文之"庸"与"隽"的关系，也就是"消极修辞"与"积极修辞"之间的关系。近人钱锺书对此曾作出过阐释，说："前谓'庸音'端赖'嘉句'而得保存，后则谓'嘉句'亦不得无'庸音'为之烘托。盖庸音匪徒'蒙'嘉句之'荣'，抑且'济'嘉句之'伟'。'蒙荣'者，俗语所谓'附骥'、'借重'、'叨光'；'济伟'者，俗语所谓'牡丹虽好，绿叶扶持'，'若非培塿衬，争见太山高'。"① 由此可见，陆机的话虽然说得含蓄、蕴藉，但却将"为文"形式的巧拙、庸嘉相互蒙济的辩证统一关系阐述得十分清楚，

---

① 钱锺书：《管锥篇（第三册）》，北京：中华书局，1979年。

而且生动形象,①对于我们正确理解"消极修辞"与"积极修辞"之间对立统一的关系,是很有助益的。

下面我们再来看一个例子。

> 这位牛奶姑娘的话,使我感到惭愧而自卑。后来,我在马致远的《汉宫秋》杂剧里,发现这样质朴动人的描写,那是毛延寿选宫,皇帝爱上了民女昭君唱出的:"你便晨挑菜,夜看瓜,春种谷,夏浇麻,情取棘针门,粉壁上除了差法。……"我进而联想到一个人如果只在屋里埋头写作,而不去外面看那流动的云、摇曳的树、青翠的山,和那浩瀚汹涌的大海,他是写不出有生命的作品。因为只有身心健康的人,才会创作出优美真挚的作品。
>
> (张放:《鸡鸣早看天》)

上引这段文字,是中国台湾地区作家张放的一篇散文的片断。整体文字表达都质朴无华,都在"消极修辞"方面着力,只有其中的一句"而不去外面看那流动的云、摇曳的树、青翠的山,和那浩瀚汹涌的大海",算是运用了"排比"修辞手法,属于"积极修辞"。但是,即便只有这一句是"积极修辞",作者还在这个"排比"修辞文本上进行了文字经营的努力,最大程度地打破了寻常"排比"过于整齐的格局。因为这个"排比"文本本来可以写成整句:"而不去外面看那流动的云、摇曳的树、青翠的山、浩瀚的海(或汹涌的海)。"然而作者没有这样写,而是写成了上引文字中那样整散错落的句子,"这一方面使文章在表达形式上显得富有变化,自然流畅,另一方面也与这段文字主张作家应

---

① 吴礼权:《中国修辞哲学史》,台北:台湾商务印书馆,1995年,第81—82页。

有丰富多彩的生活视野的意旨密合。如果全用整句来表现,效果就不能及此"①。可见,作家非常重视处理"积极修辞"与"消极修辞"之间的关系,力图在两者之间寻求平衡,使之达到对立统一的最高境界。

---

① 吴礼权:《现代汉语修辞学》(第四版),上海:复旦大学出版社,2020年,第368页。

第六讲　建构与解构：修辞文本的层次性

语言结构是有层次性的，比方说，从语素到词，从词到词组（或称短语），从词组到句子，都是逐层建构而成的。正因为如此，现代西方语言学有结构主义（structuralism）学派的出现。他们在对各种语言成分作"语言分析"（linguistic analysis）时，总是将其分解为若干个等级或层次，以揭示语言结构的内在规律。这一语言分析的过程，我们不妨借用一下现代解构主义（disstructuralism）学派的专有术语"解构"来概括。当然，我们这里所说的"解构"，只是"解析语言结构"之意，与解构主义学派所说的"解构"有所不同。

修辞是一种为适应特定的题旨情境，以理想的表达效果为追求目标，以语言手段为凭借的创造性活动。正因为修辞是以语言手段为凭借的，故而修辞作品中自然亦存在着结构层次的问题，这便是本讲所要讨论的"修辞结构的层次性"问题。顺理成章，由于修辞本身存在着结构的层次性，故而我们在对修辞作品作"修辞分析"时，也就要注意到其结构的层次性并予以解剖。这便是本讲所要讨论的另一个问题："修辞解构的层次性"问题。

事实上，任何修辞文本，特别是较为复杂的修辞文本，都是依照一定的结构层次建构起来的,因而在破译修辞文本创造者的修辞思维过程及其文本的意蕴时,就必须注意修辞结构的层次性问题,以便正确解构其文本,把握其文本的精义奥蕴之所在。为此,本讲将基于我们首次提出的修辞结构的层次性与修辞解构的层次性的观点,对两者的内涵以及两者之间的关系进行讨论,以期促进修辞学研究的进一步科学化、系统化与形式化①。

一、修 辞 文 本

修辞文本,是特指表达者(说写者)为了特定的交际目标,适应特定的题旨情境,运用某种特定的表达手段(如修辞格等)而形成的具有某种特殊表达效果的那些言语作品。

为了直观地说明这个定义,我们不妨先看一下如下两个例子。

A. 一个人的缺点,正像猴子的尾巴,蹲在地上的时候,尾巴是看不见的,直到他向树上爬,就把后部给大家看了。可是这红臀长尾巴本来就有,并非地位爬高了的新标志。

B. 一个人的缺点,随着他的地位的攀高而显现得越发清楚。这并不是说他在地位低时就没有缺点,而是那时他的缺点还没机会让人发现而已。

上面A、B两段话,从所表达的意思来看,是完全一样的。但是,从修辞的角度看,这两例则大不相同。A例属于我们上文所说的"积极修辞"的范畴,B例则属于"消极修辞"的范畴。A例是

---

① 吴礼权:《修辞结构的层次性与修辞解构的层次性》,《延边大学学报》(社会科学版),1995年第四期。

我们这里所说的"修辞文本"，B 例则不是。因为 A 例是作家钱锺书在小说《围城》中所创造出的一个修辞文本，它是运用了特定的表达手段"比喻"，将"人的缺点"与"猴子的尾巴"联系搭挂在一起，从而说明了人的地位攀升与缺点易被发现的密切关系，表达生动形象，读后令人难忘，是一个具有特殊表达效果的言语作品。而 B 例之所以不算"修辞文本"，是因为 B 例只是理性地表述了所要表述的语意，没有运用任何一种具有特殊表达效果的表达手段。

通过如上两个实例的分析比较，我们就可以大致了解"修辞文本"的概念了。不过，需要强调指出的是，我们说"修辞文本"是一种"言语作品"，那么就要涉及"言语作品"的结构及其形态。从语言实践来看，"言语作品是有大小之别的。最小的言语作品可以是由一个词或几个词构成的一句话，稍大些的言语作品可以是由两句或两句以上的几个句子构成的语句群，最大的言语作品可以是完整的一个篇什。但是，只要是运用了特定的表达手段，表达时有特殊效果，则不论这一言语作品是大是小，都可称为修辞文本。"①

由一个词或几个词构成的一句话成为一个修辞文本的，如：

甲：骡子！

乙：你爹你娘才是骡子！

上例是笔者一次出差，在北方某城市听到的两个北方汉子在街上吵架时相互对骂的两句话。这二人相骂的话语中都有"骡子"一词，笔者作为南方人，开始并没有明白什么意思。后来经人解释，这才明白其中的奥义精蕴。回到上海后，笔者又特意查了《现代汉

---

① 吴礼权：《修辞心理学》(修订版)，广州：暨南大学出版社，2013 年，第 24 页。

语词典》。在《现代汉语词典》中，对"骡子"一词的解释是："哺乳动物，驴和马交配所生的杂种，比驴大，毛多为黑褐色。寿命长，体力大，我国北方多用作力畜。一般不能生殖。"①至此，笔者方知，北方人大概是因为都知道骡子的上述属性，所以才用"骡子"来骂人。骂人的意思总不会离开词典定义所涉及的三种涵义：一是骂人"杂种"，二是骂人"蠢货"，"只会干活没有脑子"，三是骂人"绝后"。一般情况下，主要是在第一种涵义上骂人。我们认为，骂人总是不好的。但是，这个骂人的例子，却正好能说明我们这里要讨论的言语作品究竟是不是"修辞文本"的问题。我们认为，上面两个北方汉子的话虽然都是刻薄的骂人语，但在表达上都是比较婉转的，属于我们所说的"修辞文本"。因为人不是"骡子"，用"骡子"来说人，明显是运用了"比喻"修辞手法，属于省略了"本体"和"喻词"的"借喻"，表达上有婉转含蓄的特殊效果。其中，甲的话语是由一个词构成的独词句，乙的话语则是由七个词构成的一个简单句，它们都是"修辞文本"。如果甲说："杂种！"乙说："你爹你娘才是杂种！"那么，这二人的话语就都不是"修辞文本"了。因为这样的表述，没有运用特定的表达手段（修辞格），也未产生特殊的表达效果（达意婉转）。

由两句或两句以上的句群构成一个修辞文本的，如：

据说，铸剑大师欧冶子铸剑时，矿石不熔化，夫妻双双投入炉中，熔汁才流将出来。欧冶子的学生干将莫邪夫妻俩铸剑，又碰到了同样的考验，"铁汁"三月不出。这天夜里，夫妇争着往炉

---

① 中国社会科学院语言研究所:《现代汉语词典》(修订本)，北京:商务印书馆，1998年，第836页。

子里跳。彼时,风悲日熏,炉火将衰,莫邪说服了丈夫,站在炉台之上,挥泪诀别。干将简直要疯了……莫邪纵身一跃,像一根羽毛投入火中,以身殉剑,顷刻间,炉火里发出了咕嘟咕嘟的声音,火焰腾空而起,照红了半边天,青铜的熔浆开锅了!喷溅而出!"干将""莫邪"雌雄两剑铸成了。读了这段传奇,感叹一代又一代铸剑师殉剑的悲壮,不由人不相信青铜剑的灵性。匣中的剑在静夜里发出嗡嗡的嘶鸣和铮铮的私语,也没什么可奇怪的了。青铜剑是精灵,是人的精魂所化。人在火中涅槃,再生为剑。剑身上熔铸了人的精气血肉!传奇故事虽然不免张扬,阐释的道理却是颠扑不破的:没有天,哪有地? 没有山,哪有矿? 没有人,哪有炉火? 没有生命,何为剑?

(韩静霆:《书生论剑》)

上例最后四个句子是一个修辞文本,意在说明一个道理:"中国古代的青铜剑是有灵性的,是人类生命的化身。"这个修辞文本不是由一个句子构成,而是以四个设问句组成的语句群呈现。虽然每个句子在长短上略有差异,但整体上句法结构相同,表意地位平等,因而整体上明显是"排比"手法的运用,属于"排比"修辞文本。由于四个句子并列呈现,连贯铺排,且内中每个句子都是设问,因而"壮文势""广文义"的效果非常明显,读后不仅让人印象深刻,而且还有一种酣畅淋漓之感。如果作者不用"排比"修辞手法,而是以理性的文字表达,写成"青铜剑是铸剑师生命的化身,所以是有灵性的",虽然意思表达得非常清楚,但因是寻常的表达,没有运用特定的修辞手段("排比""设问"),自然也不会有什么特殊的表达效果,不能给人留下什么深刻印象,当然不能算是"修辞文本"。

由一个完整的篇什构成一个修辞文本的（一般仅限于讽刺小品之类的短篇），如：

> 獭入水求食，遇一金鱼，即张口啖之，囫囵咽下，殊不足以解馋。复前行，遇一鳖，见鳖裙腻然，喜曰："此足以供我大嚼矣。"向前噬之，牙触鳖甲，骤不得咽。獭不觉大疑曰："适间吃的那东西，文采斑斓，仪表不俗，看看像一个读书种子，却是没骨的。倒不如这个臭王八，还像有点骨气。"
>
> （吴趼人：《俏皮话》）

上例是则小品，很明显是作者故意编造出来的，其意是讽刺近代中国知识分子已失却了中国传统士大夫的那种特立独行的人格魅力，变得越来越没有骨气和个性了。这个小品是整篇构成一个修辞文本，它运用的是"讽喻"修辞手法（即为了表达某种意思而临时编造一个故事），其表达效果含蓄蕴藉，发人深省，而又不乏幽默诙谐的机趣。如果作者不以上述一篇为一个修辞文本，而是直言其意"而今的中国知识分子已经没几个有骨气有个性的了"，这样简则简矣，但明显没有什么特殊的表达效果，更谈不上什么艺术性，读之也就不能给读者什么深刻的印象，更不能发人深省，当然也就算不得"修辞文本"了[①]。

总之，本讲所说的"修辞文本"是一个具有特定内涵的修辞学新概念，它是"专指那些运用特定的表达手段而构成的具有特定的表达效果的言语作品，这个言语作品可以是特定语境中的一个词或几个词构成的一个句子，也可以是由两个或两个以上的句子构成的

[①] 吴礼权：《现代汉语修辞学》（第四版），上海：复旦大学出版社，2020年，第8—11页。

语句群,还可以是只表达某一特定主旨的篇什。'修辞文本'可以是口说的言语作品,也可以是笔写的言语作品"①。

二、修辞文本建构的层次性

修辞结构的层次性,虽然是客观存在的修辞现象,笔者在二十多年前就予以了论述,但二十多年过去了,直到目前还是有很多学者在辞格分析时用"辞格套用""辞格兼用"的老术语,这说明他们至今尚未认识到修辞结构具有层次性这一现象的本质。正因为如此,我们有必要在本讲重提二十年前我的观点,并予以系统论述。

修辞结构具有层次性,在汉语修辞中是普遍存在的现象,尤其在中国古典诗歌中的表现最为突出。说到中国古典诗歌,相信大家首先想到的就是唐诗。唐诗创作取得了无出其右的辉煌成就,这是世人皆知的;中国古典诗歌格律的定型是在唐代,也是大家都了解的。格律诗(即近体诗)讲格律,其中最重要的是讲究对仗(对偶)和平仄押韵。这是格律诗最常规的要求,也是格律诗创作的传统。正因为如此,在中国历代诗歌创作中,"对偶"修辞手法的运用就成了"司空见惯浑闲事"。令人感兴趣的是,在中国诗歌创作特别是古典诗歌创作中,很多对偶文本的形态都不单纯,其在结构上往往呈现出多层次性的特点,即某一对偶文本往往是由内部的多个其他辞格组合而成。如唐人杜甫的名诗《秋兴》八首之一有云:

红豆啄余鹦鹉粒,碧梧栖老凤凰枝。

---

① 吴礼权:《修辞心理学》(修订版),广州:暨南大学出版社,2013年,第25—26页。

这两句，单从结构上看，对仗非常工整，是个严式"对偶"文本。但是，仔细从句法上分析一下，我们就会发现，杜甫的这两句诗都突破了汉语语法的正常规范，在语序上与常规表达大相异趣。因为按照正常的语法与逻辑来说，这两句应当写成："鹦鹉啄余红豆粒，凤凰栖老碧梧枝。"如果真的这样写，语法与逻辑上确实是没问题了，但对于讲究平仄的格律诗来说，却因失去平仄的合理调配而大为失败。相反，写成"红豆啄余鹦鹉粒，碧梧栖老凤凰枝"，不仅在平仄搭配上显得十分和谐悦耳，而且这两句还各运用了一个"倒装"修辞手法，使诗句结构幡然出新，别添一种变异美。同时，在结构上亦天衣无缝地构成了一个新颖的对偶。但是，这个新颖的对偶不是一步构成的，而是经过了两个步骤。即这个对偶文本先是有两个属于第一层次的"倒装"文本，然后才自然形成"对偶"文本。如果用图示法，那么杜甫的这两句诗的修辞结构层次便很清楚了：

红豆啄余鹦鹉粒，碧梧栖老凤凰枝。
[　　倒装　　][　　倒装　　]
[　　　　　对偶　　　　　]

从图示我们可以看见，这里所呈现的三个辞格，在修辞结构上是有层次性的。即两个"倒装"格并列属于第一个层次，"对偶"格属于第二个层次。

无独有偶，宋代大文豪苏轼的名作《前赤壁赋》中亦有类似于杜甫上述诗句的情况：

舞幽壑之潜蛟，泣孤舟之嫠妇。

按照常规，这两句应当写成"潜蛟舞幽壑，嫠妇泣孤舟"，也是一个合格的对偶文本。不过，如果真的这样写，作者所欲突出强调的幽寂凄凉的环境氛围就难以表现出来了。而写成"舞幽壑之潜蛟，泣孤舟之嫠妇"，一来因有两个"之"的嵌入而使语气为之缓舒，与作者所欲渲染的环境氛围恰相契合；二来可以一举而构成两个"倒装"文本，给诗句平添一种新颖别致的神韵。同时，从结构上看，这两句因为"倒装"格的运用，遂使作者原本所要建构的对偶文本在结构上更趋工整，格调上则别添新颖灵动之色彩。然而，苏轼的这两句跟杜甫的上述两句一样，其对偶形式的新颖亦非一步构成的，而是因先有了两个"倒装"文本，然后再形成工整的对偶文本的。其修辞结构的层次性，如果用图示法表示则非常清楚。

舞幽壑之潜蛟，泣孤舟之嫠妇。
[　　倒装　　][　　倒装　　]
[　　　　对偶　　　　]

很明显，这里三个辞格的运用所形成的修辞文本，是分属两个不同层次的，两个"倒装"文本是并列关系，同属文本建构中的第一层次；"对偶"文本则是第二个层次。

又如《诗经·小雅·采薇》有两句名诗云：

昔我往矣，杨柳依依；今我来思，雨雪霏霏。

这两句是各自运用"叠字"格构成的修辞文本，"依依""霏霏"，都是叠字，以之强调征人出征与归来时的两种不同的心情。当诗人将两个运用了"叠字"格的分句完成后，一个很工整的"对偶"文本亦就自然而然地构成了。若图示，其修辞结构层次如下：

昔我往矣，杨柳依依；今我来思，雨雪霏霏。
[　　叠字　　][　　叠字　　]
[　　　　对偶　　　　]

可见，两个运用了"叠字"格的文本是并列关系，属于第一个层次；而"对偶"文本，则是第二个层次。

中国文学作品特别是古代文学作品中，除了喜欢运用"对偶"格建构修辞文本外，"排比""比喻"两个辞格的运用亦很多，而且很有独特的修辞效果。但是，与"对偶"辞格的运用一样，很多由"排比"或"比喻"格建构的修辞文本皆非一蹴而就，而是由内部的一个个其他辞格建构的文本逐层营就的。如汉人司马相如《子虚赋》有云：

靡鱼须之桡旃，曳明月之珠旗，建干将之雄戟。

这三个句子，从结构上看，明显是一个运用了"排比"手法的修辞文本。但是，这个"排比"文本的构成并不单纯，而是由作者先运用了"借代"与"比喻"手法建构了三个修辞文本。第一个是以"鱼须"代"好桡"，是"借代"；第二个是"明月之珠旗"，"珠旗"是本体，"明月"是喻体，以喻体修饰本体，属于比喻中的"缩喻"；第三个是以"干将"代"利剑"，也是"借代"。若用图示，这一"排比"修辞文本的内部结构层次就十分醒目了：

靡鱼须之桡旃，曳明月之珠旗，建干将之雄戟。
[　借代　][　比喻　][　借代　]
[　　　　　　排比　　　　　　]

从图示，我们可以清楚地见出，两个以"借代"格建构的文本与一个以"比喻"格建构的文本同处于第一个层次，它们共同建构了一个"排比"修辞文本。也就是说，"排比"文本是属于第二个层次的。

其实，不仅是汉大赋为了"广文义，壮文势"而运用"排比"

手法建构修辞文本,甚至连诸如南朝梁文论家刘勰《文心雕龙》这样的学术专著亦好用"排比"格建构修辞文本。 但是,它亦如汉大赋一样,其中的有些"排比"文本也是由其他辞格建构的文本逐层营构而成的,非单纯一体。 如《物色》篇有云:

> 灼灼状桃花之鲜,依依尽杨柳之貌,杲杲为日出之容,瀌瀌拟雨雪之状。

这里,我们可以清楚地见出,这四句结构完全相同,构成了一个"排比"修辞文本。 但是,它们每一句内部又各有一个以"叠字"格建构的文本,而每两句又可各各配对构成两个"对偶"修辞文本。 也就是说,这一"排比"修辞文本,是先由每句构成一个"叠字"文本,再由各含"叠字"格在内的四句捉对构成两个"对偶"格,最后才构成一个"排比"修辞文本。 如用图示,这一"排比"修辞文本的内部修辞结构层次便十分醒目了。

灼灼状桃花之鲜,依依尽杨柳之貌,杲杲为日出之容,瀌瀌拟雨雪之状。
[叠字][叠字][叠字][叠字]
[对偶   ][对偶   ]
[排比   ]

"排比"修辞文本的建构,有结构的层次性问题,比喻文本的建构亦如斯。 如唐人白居易著名诗篇《长恨歌》有云:

> 蜀江水碧蜀山青,圣主朝朝暮暮情。

这两句诗是个"比喻"(属于"引喻"),若转换成比喻的一般格式,便是"圣主朝朝暮暮情,正如蜀江的碧水,蜀地的青山"。可见,"蜀江水碧蜀山青"是"喻体","圣主朝朝暮暮情"是"本体"。 这个由"本体"与"喻体"构成的"比喻",在建构的过程中,其"本体"用了两个"叠字"格,即"朝朝"与"暮暮",以突

出唐玄宗对杨玉环的深切思念之情。 若用图示,这一"比喻"文本的建构过程与结构层次便十分清楚:

  蜀江水碧蜀山青,圣主朝朝暮暮情。
     [叠字] [叠字]
  [比喻   ]

又如,南朝齐梁人丘迟《与陈伯之书》有云:

  将军鱼游于沸鼎之中,燕巢于飞幕之上。

很明显,这是一个省略了喻词"似"(或"如")的"比喻"修辞文本。 其中,"将军"是本体,"鱼游于沸鼎之中"与"燕巢于飞幕之上"都是喻体。 两个喻体并列,构成对偶。 如果图示,其结构的层次性非常清楚:

  将军鱼游于沸鼎之中,燕巢于飞幕之上。
    [对偶   ]
  [比喻   ]

至于其他辞格如"错综""拟人""夸张""示现"等修辞文本的建构,亦有结构层次的问题,这是汉语修辞结构特点的独特景观,很值得重视。 限于篇幅,这里不复一一例析。

三、修辞文本解构的层次性

  修辞的结构过程,如果说是个编码的过程,那么修辞的解构过程,便是一个解码的过程。 上文我们说过,修辞文本的建构是有层次性的。 因此,在破译理解修辞文本时,我们就必须充分注意到修辞结构的层次性问题,从而把握修辞者的修辞思维过程;同理,对具有层次性的修辞结构进行解构时,自然应该将修辞解构的层次性明确予以昭示。

　　然而,令人遗憾的是,长期以来修辞学著作,特别是辞格研究的专著中,以及修辞格的教学中,都没有能够运用"层次分析"的方法,对修辞结构的层次性问题予以揭示。亦即没有注意到修辞解构的层次性问题,以致出现辞格分析的"漏解"现象,或是辞格解构的层次紊乱现象。比方说,唐人杜牧《阿房宫赋》有云:

　　　六王毕,四海一;蜀山兀,阿房出……<u>长桥卧波,未云何龙?复道行空,不霁何虹?高低冥迷,不知西东。歌台暖响,春光融融</u>……<u>明星荧荧,开妆镜也;绿云扰扰,梳晓鬟也;渭流涨腻,弃脂水也;烟斜雾横,焚椒兰也</u>……

在《修辞学发凡》中,陈望道先生将上文中画线(原引文是加点)的部分称为"追述示现"。我们认为,画线部分作为"示现"辞格的例证来称举,这是可以的。但是,若要从严格意义上的"修辞解构"视角来看,这种说法并不是非常严密的。如果我们对这一修辞文本作全面的解构,依次将"长桥卧波,未云何龙","复道行空,不雾何虹","高低冥迷,不知西东","歌台暖响,春光融融","明星荧荧,开妆镜也","绿云扰扰,梳晓握也","渭河涨腻,弃脂水也","烟斜雾横,焚椒兰也"各句,以A、B、C、D、E、F、G、H来代表,并用图示的方法来标明,那么各种辞格及其不同的层次关系就昭然若揭了:

```
    A    B    C    D    E    F    G    H
    [                 示现                 ]
    [对偶] [对偶] [叠字] [        排比        ]
                        [ 对偶 ]  [ 对偶 ]
                    [叠字] [叠字]
```

这里，通过图示我们就可以清楚地发现，上例所运用到的辞格并非只是"示现"，而是包含了三个"对偶"、四个"叠字"、一个"排比"在内的九个辞格。如果我们只解构到"示现"，则就出现了上文我们所说到的"修辞解构"中的"漏解"问题。如果我们将此九个辞格全部解构出来，但没有明确划分出其间的层次，只是笼统地将其置于同一个平面上来看待，则就是上文我们所说的辞格解构中的层次紊乱问题，也是不可取的。事实上，如图所示，这九个辞格是分属于四个不同层次的。由此可见，修辞解构的层次性问题是十分重要的问题，必须重视，而不应忽视。

充分认识到修辞结构层次性存在的客观性与普遍性，并建立起"修辞解构"的层次性观念，不仅能便于教学、使读者易知易懂，而且也是正确理解修辞者思想与修辞奥蕴所在的根本保证。比方说，唐人骆宾王《在狱咏蝉》有云：

西陆蝉声唱，南冠客思侵。

这两句诗，如果我们只知是个"对偶"，那么我们不仅在"修辞解构"上失败了，而且也没有真正把握住作者深层的思想意旨，对作者的修辞艺术的真谛也就没有真正领悟。其实，这两句诗中各用了一个"借代"格，"西陆"代"秋天"，这是古代天文学上的概念；"南冠"代"囚徒"，这是历史典故。如果将此两句诗的修辞解构深入到如下图示的层次，则就完美无瑕了：

西陆蝉声唱，南冠客思侵。

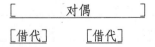

解构至此，我们不仅可以见出这两句诗的全部辞格运用情况及其层次关系，而且亦会加深对作者在秋风乍起易起愁的季节里被囚

禁于狱中的思想苦闷情状的理解。

又如汉人司马相如《子虚赋》有云:

浮文鹢,扬旌枻,张翠帷,建羽盖。

这四句整体上构成一个"排比"修辞文本,这是很容易看出来的。 其次,这四句的每两句可各各配对而成两个"对偶"修辞文本,这也容易看出来。 至于"浮文鹢"的"文鹢",则是个"借代",则非深究而不可知。 鹢,是一种水鸟。 古时天子所乘之舟,头部画有鹢鸟,这里便是以"文鹢"代"刻有鹢鸟的天子龙舟"。 如果我们不能对这一修辞片断解构至此,则不仅是解构上的"漏解",而且不便于理解作者所欲"铺张扬厉"地突显出巡者的身份与气势的修辞努力,也就不能理解作者所欲讽喻的主题思想。 若我们能对这一修辞文本解构至下列图示的层次,则上述作者的修辞艺术与所欲表达的思想就算尽悉于心了。

浮文鹢,扬旌枻,张翠帷,建羽盖。
[　　　　　排比　　　　　]
[　对偶　][　对偶　]
[借代]

如果认为上述诸例中所运用到的辞格及其层次关系比较复杂的话,解构起来有困难,那么诸如下列我们要提及的两个例子,其运用到的辞格及其层次关系就显得更加复杂了。 要对这样复杂的修辞文本进行解构,就必须高度重视"修辞解构"的层次性问题,非深入细密而不可。

下面我们先来看两句诗,是汉代无名氏《古诗十九首》之一的开头两句:

迢迢牵牛星,皎皎河汉女。

一般来说,很多人一眼就能看出这是一个"对偶"修辞文本。再进一步分析,还能指出其中各用了一个"叠字"文本,即"迢迢"和"皎皎"。如果对这一修辞文本仅解构至此,那么就出现了"修辞解构"中的"漏解"问题。因为上述的"对偶"和"叠字"皆是从表层形式上解构出来的,事实上这一修辞文本还有一个深层的修辞格隐藏其中,这就是"互文"。因为从文意上看,诗歌前一句的"迢迢"并非仅指"牵牛星",而是亦指"河汉女"(即"织女星");后一句的"皎皎",既指"河汉女",亦指"牵牛星"。若根据诗的"深层意义",这两句诗应写成:"迢迢皎皎牵牛星,皎皎迢迢河汉女。"分析至此,那么我们以图示的方式便可将此修辞文本作一个全面的解构了:

　　迢迢牵牛星,皎皎河汉女。

由图示,我们可以清楚地看到,这里所解构出来的一个"对偶"与两个"叠字",是分属于两个不同层次的。但是,它们又同属于"表层结构"上的解构成品,与"深层结构"上解构出来的"互文"格不是一个"修辞层次"。只有分析至此,这两句诗作为一个修辞文本的层次解构才算是"功德圆满"。

下面我们来看第二个例子,是《左传·隐公元年》中的一段文字:

　　　　公入而赋,大隧之中,其乐也融融;姜出而赋,大隧之外,其乐也泄泄。

此例的修辞结构,跟上面我们所举的《古诗十九首》中的"迢迢牵牛星，皎皎河汉女"一般无二。从表层结构上看，第一分句与第二分句构成一个"对偶"修辞文本，这是解构的第一层次；第一、二分句内各有一个"叠字"，分别是"融融""泄泄"，这是解构的第二层次。再从深层结构看，第一、二两分句所说意思是互相补足的，即公与姜（"公"指春秋时代的郑庄公，"姜"指郑庄公之母庄姜。庄姜因帮助小儿子公叔段，推翻郑庄公。于是母子产生矛盾，郑庄公将其流放到外地。后经臣下劝谕，母子和好如初）在大隧之中和大隧之外皆"其乐也融融""其乐也泄泄"。由此，我们可以将这一修辞文本的解构过程图示如下：

公入而赋,大隧之中,其乐也融融;姜出而赋,大隧之外,其乐也泄泄。

由此可见，建立层次性的观念，对于修辞解构是何等的必要。因为它可以使修辞文本的解构既全面而又层次分明，绝无层次紊乱之弊，对于正确解读修辞者的修辞心路历程、领悟修辞文本的奥义精蕴亦大有裨益。

修辞结构的层次性与修辞解构的层次性，二者的关系是既相互依存，又相互对立。所谓相互依存，是指修辞结构的层次性是修辞解构的层次性之前提，修辞解构的层次性是修辞结构的层次性之结果。因为客观上修辞存在着结构的层次性，故而对修辞结构进行解析亦就必然存在着层次性。二者是互为因果的关系，相互依存，缺一不可。所谓相互对立，是指修辞结构的层次性表现为修辞过程中隐性的辞格组合形式，它以隐而不现、不露痕迹、巧夺天工的自然之美为艺术追求目标；而修辞解构的层次性则表现为对修辞结构的层次性进行拆解、破译的形式，它以解构得彻底、明晰为追求目标。也就是说，一个是努力建立"结构"，另一个则力图拆解"结构"。

正因为如此，上文我们所论及的修辞结构的层次性，其表现是从小到大的辞格逐层组合的形式；而修辞解构的层次性，则表现为从大到小的辞格化解形式。既然修辞结构的层次性与修辞解构的层次性是两个不同的过程与形式，那么我们在建立"修辞结构"与拆解"修辞结构"时要充分重视各自的特点。建立"修辞结构"（即创造"修辞文本"）时，应该力求将尽可能多的修辞手法巧妙、不露痕迹地逐层组合起来，使人看去表面只是一种修辞手法，实则内里变化无穷，令人玩味不已；而拆解"修辞结构"（即进行"修辞解构"）时，就应该努力化解、破译"修辞文本"中的各种隐而不现的修辞手法，并将各种辞格间的层次关系解析清楚，令人一目了然，知自奥妙所在。

不过，应该指出的是，修辞结构的层次性与修辞解构的层次性之揭示与研究，其目的都在于探究修辞文本建构的规律与修辞者的修辞思维过程，以便总结出修辞规律，使修辞文本的创造更具艺术性，将我们的思想情感表达得更艺术、更圆满。最后，还有一点值得提及的是，通过研究、比较，我们发现相比于现代汉语，古代汉语的修辞文本中存在的修辞结构的层次性要复杂、普遍得多，尤其是诗、词、赋、骈文等文体中，各种辞格的纠结情形非常突出。这大概是与这些文体以及古代汉语简洁、包孕性大的特点有关，亦与古代作家特别讲究修辞、注重在文字上"做功夫"的特点有关。限于篇幅,这里不再展开论述了。不过,需要强调的是,正因为古代汉语的修辞文本建构存在上述特点,故而我们在对这些修辞文本进行修辞结构层次的拆解与破译时,就应格外仔细。否则,便会出现"修辞解构"中的"漏解"与层次紊乱的弊病。这样,不仅不能得古人修辞奥妙之真谛,而且亦不能深入了解其作品深刻的思想旨意之所在。

第七讲　传媒发展与修辞创造

语言的发展变化不仅仅受社会发展与社会生活变化的影响，还会受到语言传播媒介变化的影响。以汉语修辞中最常用的一些辞格，如"比喻""仿拟""排比""讽喻""镶嵌""析字"等的运用来看，就很能说明问题。从修辞实践史来看，这些常用辞格的修辞功能，自古及今一直都是非常稳定的。但是，随着互联网与手机等现代科技传媒的发展，这些常用辞格的修辞功能在当代语言生活中出现了新变化，衍生出了新的修辞功能，可谓是"老树开新花"。还有个别常用辞格在新媒介背景下，通过人们的创造性运用，内部结构形式发展出了新的小类。如"析字"和"双关"，就出现了许多以前未曾有过的新情况，发展出了不少新结构类别，可谓是"旧根吐新芽"。

"一滴水能折射太阳的光辉，一粒沙能观照大千世界。"从这些常用辞格的修辞功能在新媒介背景下的演进，以及个别辞格在互联网情境下的运用而出现类别增加的新情况，我们似乎可以"窥一斑而知全豹"，见出新传播媒介发展对于汉语发展变化，以及汉语修辞发展演进的深刻影响。

一、从简帛纸笔到键盘互联网：传媒的发展演进

以往语言学者都普遍认为，社会的发展与社会生活的变化会导致语言的发展变化，尤其是对词汇的发展变化影响最为直接。其实，语言的发展变化不仅仅受社会发展与社会生活变化的影响，还会受到语言传播媒介变化的影响。

众所周知，语言是人类最重要的交际工具。作为一种工具，就汉语而言，几千年来只有两种传播媒介：一是通过空气传播的声音，以实现同一时空背景下的即时口头直接交际任务；二是通过语言的记录符号体系即文字来传播，以实现不同时空背景下的异时异地的间接交际任务。第一种传播媒介，千古不变，无论是千古以前的古人，还是万年以后的后人，只要是即时的口头直接交际，都是要通过声音与空气为媒介的。现在虽然有电话与视频，但仍然是借助声音与空气为媒介，然后转换成光电媒介而实现远距离声音传播的。这个科学原理，现在已是众所周知了。而第二种传播媒介，则发生了很多变化。大致说来，可以区分为这样四个阶段：第一个阶段是以刀、凿与石、骨、甲、竹木等为媒介，通过刻石、刻陶、刻骨、刻甲、刻竹木等方式而实现的语言信息传播；第二阶段是以笔、墨、布帛、纸张等为媒介，通过书写的方式而实现的语言信息传播；第三阶段是以活字为媒介，通过排版制成印刷品的方式而实现的语言信息传播（早期的手动打字机亦类似于此）；第四阶段是以电脑键盘、手机键盘为媒介，同时配合互联网技术而实现的语言信息传播。①

---

① 吴礼权、谢元春：《传播媒介的发展对汉语修辞创造的促动》，《闽江学刊》，2019年第一期。

第一阶段的媒介，在传播方面有着严重的局限性，这是不言而喻的。第二阶段的媒介，虽然相对于第一阶段的媒介取得了革命性突破，但仍有一个很大的局限性，这便是对书写行为有一定的条件要求。比方说，我们要写一封信，如果是在行走的路上，就没办法实施。只有找到一张桌子或一个几案之类的东西，我们才可能提笔蘸墨展纸，然后写出文字。唐代大诗人岑参《逢入京使》诗有曰："故园东望路漫漫，双袖龙钟泪不干。马上相逢无纸笔，凭君传语报平安。"当时诗人身在唐代西北前线，职任安西四镇节度使高仙芝幕下录事参军，充节度使府掌书记，不可能有机会回京师长安省亲。但是，思念故乡，挂念父母妻儿，乃是人之常情。因此，当诗人路遇入京的使者时，便情不自禁地想到要托他给家人捎封书信，报个平安。可是，当时诗人是骑马行进在路上，没有笔，也没有纸墨，当然也无写字的桌椅，书信就无法写成。所以，诗人只能"凭君传语报平安"，就是托入京使给家人带个口信。可见，以笔墨纸张为媒介，在言语信息传播上仍然存在着障碍。但是，随着时代的推进，科学技术的进步，到了我们今天互联网时代，言语交际的媒介进入第四个阶段后，像唐代诗人岑参这样的交际困境就不可能存在了。只要有互联网，我们随时随地都可以用携身所带的笔记本电脑或手机，以键盘为媒介，毫无障碍地实现千里万里无距离的人际交流。①

从理论上说，语言是人类最重要的交际工具，它的功能就应该是传递信息、传情达意。但事实上，语言除了能够发挥传递信息、

---

① 吴礼权、谢元春：《传播媒介的发展对汉语修辞创造的促动》，《阅江学刊》，2019年第一期。

传情达意的工具作用之外,有时还能发挥娱乐的工具作用。例如,我们通过创意造言的努力(即对语言资源的有效组织调配),建构一个修辞文本,就能发挥娱乐接受者的效果。比方说,以往最为大家津津乐道的相声段子,现今最为流行的网络或手机短信段子,就是语言发挥娱乐作用的最好例证。不过,应该指出的是,语言作为一种工具,能够发挥娱乐的作用,实际上是有前提条件的。这个前提条件就是充当语言工具的媒介必须是最方便的,否则恐怕只能局限于记事、传递信息的层次,更高一点层次就是传情达意。比方说,以刀、凿与岩石、兽骨、龟甲、竹木等为媒介,书写者为刻画条件所限,只能局限于记事或传递信息的层次,而不可能有娱乐受众的目标追求。关于这一点,从今天我们还能看到的远古岩画或刻石、刻陶、刻甲等记事图文就能清楚地了解到这一点。在造纸术未发明前,中国古人的行文为什么那么简洁,文章篇幅为什么不长,绝非是作者有意追求"省文约字"的表达效果,而是限于书写的艰难条件。①

但是,在造纸术发明之后,人们凭借传播媒介(笔墨纸张)的便利性,不仅能够自由、尽情地传情达意,而且还能玩文字游戏以娱乐受众。如古人所作的"回文诗"(包括"回文词"),还有"析字诗"等,就是新传播媒介(笔墨纸张)带来书写上的革命与方便,从而促成了语言文字在表情达意功能之外衍生出娱乐、游戏的新功能。关于这一点,我们从汉语修辞的实践史中就能找到鲜活的例证。比方说,古代文人最喜欢的两种诗歌形式:一种是利用"回

---

① 吴礼权、谢元春:《传播媒介的发展对汉语修辞创造的促动》,《阅江学刊》,2019年第一期。

环"修辞手法创作的回文诗,另一种是利用"析字"修辞手法创作的析字诗。它们都是具有高度修辞技巧的文字游戏,娱乐意味非常浓厚。这两种诗歌形式之所以会产生,追根究底还是因为汉字书写上的革命。①

创造"回文诗"的修辞手法"回环",是汉语中特有的一种文字表达技巧,从形式上可分为两类:一是"宽式回环",二是"严式回环"。所谓"宽式回环",是指以词或词组为单位,通过词序的变化来阐明某种事理或相互关系。如《老子》第五十六章的"知者不言,言者不知",第八十一章的"信言不美,美言不信"。所谓"严式回环",或称"回文",是指以字为单位,通过字序的变化来阐明某种事理或某种关系,同时表现一种回环往复的机趣。如酒楼联语"客上天然居,居然天上客",顺读倒读都能成文有意,说明的是店家与客人之间的融洽关系。需要说明的是,"宽式回环"产生较早,先秦时代的文献中就有不少。但是,大多都是具有某种哲理意涵,文字游戏的意味并不明显。而"严式回环",即古人所说的"回文",则产生时代较晚,其中的文字游戏意味是相当浓厚的。②

说到"严式回环",学术界对其产生的时代是存在争议的。就现有文献资料来看,最早论及"严式回环"的当数南朝著名文论家刘勰,他在《文心雕龙·明诗》篇中有两句话"回文所兴,则道原为始",第一次提到了回文诗的源头。但是,现代学者陈望道则不以为然,他说:"道原姓什么,什么时代人,都无从查考,大概刘勰

---

① 吴礼权、谢元春:《传播媒介的发展对汉语修辞创造的促动》,《阅江学刊》,2019年第一期。

② 同上。

说的也不一定对",认为刘勰的话"还不及清朱存孝说的确实而简括"①。根据朱存孝《回文类聚序》中"诗体不一,而回文尤异。自苏伯玉妻《盘中诗》为肇端,窦滔妻作《璇玑图》而大备"的话,陈望道评论道:"原来是几个太太创造出来的文体。创造的原因,大体相同,都是因为同男人分离得太久了,思念男人,造这玩意儿寄给男人看的。苏伯玉的太太,我们不知道她姓甚名谁,也不知道她是汉代人不是。只知《盘中诗》的本事是'伯玉被使在蜀,久而不归;其妻居长安,思念之,因作此诗'"②。尽管如此,陈望道最终也没敢肯定作回文《盘中诗》的苏伯玉之妻是否汉代人,因而没有断定回文究竟产生于何时。不过,清代《四库全书总目提要》中有"苏伯玉妻,本晋人,故《玉台新咏》列傅玄之后"这样的话,据此我们大致可以肯定《盘中诗》是晋人的作品,也就是说,回文的创作始于晋代。需要强调说明的是,无论是苏伯玉妻的《盘中诗》,还是后来窦滔妻的《璇玑图》,虽然其中不乏真情实感的展露,不都是徒有其技巧的文字游戏之作,但炫才示巧的意味无疑是非常明显的。③

创造"析字诗"的"析字",亦是汉语特有的一种修辞手法,是利用汉字乃形意文字的特点,通过偏旁笔画的离合增损,以此巧妙地表情达意。这种修辞手法,从表达上看虽有含蓄传情、婉约达意的效果,但运用这种修辞手法的人很多时候并非是为了表情达意,而是别有追求,这就是炫才示巧。很明显,这就是一种文字游戏,

---

① 陈望道:《修辞学发凡》,上海:复旦大学出版社,2011年,第157页。
② 同上书,第157—158页。
③ 吴礼权、谢元春:《传播媒介的发展对汉语修辞创造的促动》,《阅江学刊》,2019年第一期。

娱乐的意味非常浓厚。事实上,这类游戏性质的"析字"在中国古代小说、诗话或文人笔记中都能看到。至于"析字"修辞法究竟产生于何时,学术界一般倾向于认为始于汉末孔融所创作的《郡姓名字诗》:

>渔父屈节,水潜匿方;与时进止,出行施张。吕公饥钓,阖口渭旁;九域有圣,无土不王。好是正直,女回予匡;海外有截,隼逝鹰扬。六翮不奋,羽仪未彰;龙蛇之蛰,俾也可忘。玟璇隐曜,美玉韬光。无名无誉,放言深藏;按辔安行,谁谓路长?

全诗二十二句八十八字,依宋人叶梦得的解说,通过字形的离合,只说了六个字"鲁国孔融文举"。因此,陈望道说它是"出名古怪"①的诗。

言及于此,自然逼出这样一个问题:为何具有明显游戏意味的"回环"(主要指"严式回环"的"回文")修辞法与"析字"修辞法在东汉末期才开始出现呢?为何此前汉语文献中未见或很少见到此类游戏意味浓厚的文字与修辞法呢?要明白其中的道理,我们必须先了解中国历史与科技史。

东汉明帝时有个位居九卿之尊的尚方令蔡伦,虽是一位太监,却对科学研究有浓厚兴趣。他在总结前人造纸经验的基础上通过不断革新,最终制成了当时最具科技含量的"蔡侯纸"。永兴元年(公元105年),蔡伦造纸法随着汉和帝的一道诏令得以广泛推广。从此以后,中国人著书立说终于轻松多了,有了先前发明的毛笔,再配合纸,就再也不必有操刀刻竹、刻木、刻骨、刻甲之苦。由于书写工具的进步,写作不再被视为畏途,中国人以文字表情达意之

---

① 陈望道:《修辞学发凡》,上海:复旦大学出版社,2011年,第119页。

余便有了玩文字游戏的兴趣。以"回环"修辞手法创造的"回文诗"创始于晋代,以"析字"修辞法创造的"析字法"出现于东汉末年,这些都明显是由造纸术的发明,以及纸的广泛使用所促成,是借了纸这一传播媒介之便。可以说,纸的发明是传播媒介的一次革命,第一次改变了汉语的工具性质。当今互联网时代以手机与电脑键盘为工具进行书写,同样也是一次传播媒介的革命。由于手机与电脑键盘相比于纸笔有更大的机动性与方便性,汉语的工具性质再次发生了改变。由此,我们便看到了互联网时代新传播媒介情境下网络段子在表情达意之外衍生出来的更为张扬的娱乐、游戏功能。①

今天随着科技的进步,以键盘与互联网技术为媒介,由于彻底突破了以往人们以笔墨纸张为媒介进行交际沟通在"即时性"方面的局限,遂使人们书面语言交际的即时互动有了可能。正因为如此,今天的语言(包括记录语言的符号体系"文字")作为人际沟通交流的工具,在传情达意的功能之外,其娱乐受众的功能就越来越明显。这一点,从今日人们特别是年轻一代越来越青睐以手机短信、微信或网络段子来娱乐的现象中可以看得非常清楚。②

二、老树开新花:传媒演进与修辞功能再造

其实,传播媒介的进步不仅使语言(包括文字)作为一种交际

---

① 谢元春、吴礼权:《新媒介情境下"讽喻"修辞功能的衍变》,《江苏师范大学学报(哲学社会科学版)》,2019年第一期。

② 吴礼权、谢元春:《传播媒介的发展对汉语修辞创造的促动》,《阅江学刊》,2019年第一期。

的工具,在传情达意功能之外的娱乐功能越来越明显,而且事实上还导致了汉语传统修辞方式在功能上的转变。比方说,本讲即将要讨论到的"比喻""仿拟""排比""讽喻""镶嵌"等汉语常用的修辞方式,在这个方面的表现就非常典型。

下面我们先来看"比喻"。

比喻,是一种"通过联想将两个在本质上根本不同的事物由某一相似性特点而直接联系搭挂于一起"[1]的修辞手法。从语言实践来看,在任何语言中比喻都是不可或缺的。因为以比喻手法建构的修辞文本,"在表达上有增强所叙写对象内容的生动性和形象性的效果;在接受上,有利于调动接受者的接受兴趣,使其可以准确地解读出文本的意蕴,而且可以经由接受者的再造性想象,扩添文本所叙写对象内容的内涵意象,从而获得大于文本形象内容的解读快慰与审美享受"[2]。

汉语具有悠久的历史,汉语中的比喻更是丰富多彩。从汉语比喻发展史的视角来看,自古以来,汉语比喻文本的建构,无论是为了"化未知为已知",还是为了"化抽象为具象",或是为了"化深奥为浅显",或是为了"化平淡为生动"[3],都是以生动形象为其追求的总目标。也就是说,比喻的修辞功能主要是生动形象。如:

(1) 手如柔荑,肤如凝脂,领如蝤蛴,齿如瓠犀。

《诗经·卫风·硕人》

(2) 上善若水。

《老子》第八章

---

[1] 吴礼权:《现代汉语修辞学》(第四版),上海:复旦大学出版社,2020年,第77页。
[2] 同上。
[3] 同上书,第94—95页。

(3) 子曰:"不义而富且贵,于我如浮云。"

(《论语·里仁》)

(4) 肌肤若冰雪,绰约若处子。

(《庄子·逍遥游》)

(5) 民望之,若大旱之望云霓。

(《孟子·梁惠王下》)

(6) 离恨恰如春草,更行更远还生。

(南唐·李煜:《清平乐》)

(7) 人生到处知何似?应似飞鸿踏雪泥。

(宋·苏轼:《和子由渑池怀旧》)

例(1)是写卫庄公夫人庄姜之美,例(2)是老子谈道德的最高境界,例(3)是孔子谈自己的义利观,例(4)是庄子写神人之美,例(5)是孟子谈人民对仁君的渴望之情,例(6)是李煜写离恨的情感体验,例(7)是苏轼对人生的感悟,都是通过比喻手法来表达的。尽管涉及的内容不同,但都有生动形象的效果,给人的印象极深。

现代中国人的比喻审美价值观跟古人并无二致,依然是追求生动形象。如:

(8) 红海早过了,船在印度洋面上开驶着,但是太阳依然不饶人地迟落早起,侵占去大部分的夜。夜仿佛纸浸了油,变成半透明体;它给太阳拥抱住了,分不开身来,也许是给太阳陶醉了,所以夕照晚霞褪后的夜色也带着酡红。

(钱锺书:《围城》)

(9) 坐在这样的树下,又使我想起自己平日对人品的观察。我常常觉得自己的浮躁和浅薄就像"夏日之阳",常使人厌恶、回避。

(张晓风:《画晴》)

(10) 所谓番茄炒虾仁的番茄,在北平原叫作西红柿,在山东各处则名为洋柿子,或红柿子……这种东西,特别是在叶子上,有些不得人心的臭味——按北平的话说,这叫作"青气味儿"。所谓"青气味儿",就是草木发出来的那种不好闻的味道,如楮树叶儿和一些青草,都是有此气味的。可怜的西红柿,果实是那么鲜丽,而被这个味儿给累住,像个有狐臭的美人。

(老舍:《西红柿》)

例(8)以日常生活中都能见到的物象"纸浸了油"为喻体,形容夏日印度洋的夜色,化未知为已知,让没有航海经验的人也能由此及彼展开联想,进而领略印度洋夏日夜色之美。 例(9)以"夏日之阳"为喻体,跟本体"浮躁和浅薄"(人性的弱点)匹配,化抽象为具象,让人深切地感知到一个人的浮躁和浅薄是多么令人厌恶。 例(10)以"有狐臭的美人"为喻体,说明西红柿颜色虽美而叶子气味难闻是多么可惜,化平淡为生动,让人印象极为深刻。

由上述古今例证的对比,我们可以清楚地发现,汉语比喻的修辞功能自古及今非常稳定,都是以追求生动形象的效果为目标。 然而,时至今日互联网时代,新传播媒介情境下的修辞文本建构,比喻的修辞功能已悄然发生了变化,在生动形象的功能之外又衍生出了一种新功能,这便是幽默诙谐。 下面我们看一个例子。

(11) 养育一个小屁孩就像发射卫星,花费十几年心血确保每个环节和数据的正确。最后一朝发送成功,考上大学,然后卫星就消失在茫茫的外太空,只剩下定期不定期地发回来一些微弱的信号:"给点钱,给点钱。"把钱发给了卫星,叮嘱吃好穿暖。卫星又发回来微弱的信号:"别啰嗦,别啰嗦。"等信号稳定了,又要花一辈子的积蓄帮他建立空间站。如此坑爹的事情,居然还号召大家造两颗。

(搜狐网:《养育一个小屁孩就像发射卫星》,http://www.sohu.com/a/239108628_760823,2018年7月2日)

例(11)是说现在培养一个孩子非常不容易,既要花费十多年的心血保证其从幼儿园到小学、中学每个环节的学习不出现任何问题,从而确保其考取大学,还要为其准备上大学的费用,以及大学毕业后结婚的房子。这层意思,作者并未如此理性地表达,而是将培养孩子比作卫星的发射及其维护,还有空间站建立的筹划。这个比喻由于"喻体"的选取出人意料,跟"本体"匹配后又显得无比贴切,不仅将培养孩子的辛苦情状呈现得生动形象,而且让人忍俊不禁。这种效果是传统比喻手法达不到的,完全是互联网时代新传播媒介情境下衍生出来的新修辞功能。

下面我们再来看"仿拟"。

仿拟,是汉语表达中最为悠久的一种修辞手法之一。一般可以分为"正仿"和"反仿"两类。所谓"正仿",就是"单纯模仿前人的作品,学得惟妙惟肖"[①];"反仿"则称之为"仿讽","不但模仿前人的作品,在句法与调子上惟妙惟肖,而且是为了滑稽嘲弄而故意摹仿特定的既成形式,借形式与内容的不调和,模拟嘲讽,

---

① 沈谦:《修辞学》(修订版),台北:台湾空中大学印行,1995年,第153页。

达成滑稽悦人的效果"①。作为一种修辞手法,"仿拟"一般有四种表现形式,分别是"仿词""仿语""仿句""仿篇"②。从汉语修辞史的角度来看,"仿拟"在修辞功能上,其主流是使达意传情显得优雅渊博。如唐人王勃所写《秋日登洪府滕王阁饯别序》中的名句"落霞与孤鹜齐飞,秋水共长天一色",乃是仿南朝文学家庾信所写《马射赋》中"落花与芝盖齐飞,杨柳共春旗一色"二句而成;王勃在另一首诗《送杜少府之任蜀川》中创造的一个名句"海内存知己,天涯若比邻",乃是仿自三国魏曹植所写《赠白马王彪》诗中"丈夫志四海,万里犹比邻"二句。又比方说,唐代骆宾王所写《为徐敬业讨武曌檄》有曰:"班声动而北风起,剑气冲而南斗平。喑呜则山岳崩颓,叱咤则风云变色。以此制敌,何敌不摧?以此图功,何功不克?"气势相当豪迈而震撼人心,但却是仿自隋末祖君彦所写《为李密讨熠帝檄》中的名句:"百万成旅,四七为名。呼吸则河渭绝流,叱咤则嵩华自拔。以此攻城,何城不陷;以此击阵,何阵不摧?"再如宋人林逋所写《山园小梅》中的名句"疏影横斜水清浅,暗香浮动月黄昏",乃是仿自唐人江为诗句"竹影横斜水清浅,桂香浮动月黄昏"(事见明人李日华《紫桃轩杂缀》)。这些"仿拟"文本,在修辞功能上明显都趋向于使传情达意显得庄严神圣,文字优雅渊博,并无戏谑诙谐的意味。当然,也有少数"仿拟"文本是以戏谑为旨趣的。如宋人苏轼嘲笑其得了风疾而鼻梁烂断的友人刘贡父(即刘攽),有句子说"大风起兮眉飞飏,安得壮士兮守鼻梁",系仿自汉高祖刘邦《大风歌》而成,意在戏谑。(事见

---

① 沈谦:《修辞学》(修订版),台北:台湾空中大学印行,1995年,第153页。
② 吴礼权:《现代汉语修辞学》(第四版),上海:复旦大学出版社,2020年,第243页。

宋·王辟之的笔记《渑水燕谈录（十）》："贡父晚苦风疾，鬓眉皆落，鼻梁且断。一日与子瞻数人小酌，各引古人语相戏。子瞻戏贡父云：'大风起兮眉飞飏，安得壮士兮守鼻梁'。座中大噱，贡父恨怅不已。"）现代人鲁迅也有以"仿拟"手法传达戏谑之意的修辞文本，如讽刺诗《我的失恋》，是仿汉人张衡的《四愁诗》而成，读来颇是令人发噱。不过，应该指出的是，在"仿拟"的四种表现形式中，"仿篇"倾向于从反面着笔，戏谑成分较多。陈望道将"仿拟"分为两类，一是"拟句"，二是"仿调"（即"仿篇"）①，而且认为"仿拟"的修辞功能都是"为了滑稽嘲弄"②。其实，并不尽然。因为"仿句"中绝大多数还是以优雅渊博为其修辞功能的，上面我们所举到的古人所运用的"仿句"都是如此。只有"仿篇"（即陈望道所说的"仿调"），才是以戏谑为主。

虽然从整体上看，除"仿篇"（即"仿调"）以外，"仿拟"的其他三种类型多是趋向于正面模仿，突显的是优雅渊博的效果，但是在当代以键盘与互联网为媒介进行创作的"仿拟"文本中，情况则发生了很大的变化，以幽默诙谐为修辞功能的价值取向已经占据了主导地位，而且追求幽默诙谐功能的也不仅限于"仿篇"一类，而是扩展到其他各种类型。

下面我们来看一个例子。

（12）以短信消磨时间的称为信生活，只收不发为信冷淡，狂发一气为信亢奋，发错对象是信骚扰，发不出去是有信功能障碍，看着信息傻笑的基本已达到信高潮。

---

① 陈望道：《修辞学发凡》，上海：复旦大学出版社，2011年，第89页。
② 同上。

例（12）是一则手机短信段子，是一位朋友十几年前用短信的方式传给我的。因为有趣，我就保存了下来。这则短信段子是一个全篇都运用了"仿拟"修辞手法的文本，不过全是属于上面我们说过的第一种类型，即"仿词"，而非上面我们所说的第四类"仿篇"（或曰"仿调"）。我们都知道，中国南方人说话大多是前鼻音与后鼻音不分的，所以"信"与"性"在读音上没有差别。正因为如此，所以上述短信段子的创造者能够通过"仿拟"与"谐音"修辞手法的结合，创造出"信生活""信冷淡""信骚扰""信功能障碍""信高潮"等新词，从而与医学意义上的"性生活""性冷淡""性功能障碍""性高潮"以及法学上的"性骚扰"等专业术语形成对照，从而突破了人们的心理预期，让人不禁为之哑然失笑，并打内心里佩服其创意造言的高度智慧。

类似于例（12）这种经由"仿拟"修辞手法创造的网络新词汇"信生活""信冷淡"等"仿词"，还有"蒜你狠""豆你玩""姜你军"等曾经流播广泛的网络新词。这三个新词的产生，也是经由"仿拟"修辞手法创造出来的，亦属"仿词"一类。它们的产生，是当年中国社会经济生活的鲜活反映。"蒜你狠"一词，百度百科"蒜你狠"词条有曰："2009年起，随着通货膨胀向普通商品蔓延。大蒜价格居高不下。2010年第2、3季度，土豆、大蒜、绿豆轮番涨价。大豆价钱追赶一斤鸡蛋的价格、大蒜价格贵过猪肉，其他品种的蔬菜也有提价。"百姓对此感到不满，但又无奈无助，遂有网友为天下普通百姓代言，仿照日常生活中人们常说的口头语"算你狠"，仿造出来"蒜你狠"一词（也有人说是仿一首流行歌曲《算你狠》的歌名），以此抒发郁积内心的不满与无奈情绪。"豆你玩"一词，情况亦然，是网友仿著名相声演员马三立"逗你玩"这一经典

"口头禅"而仿拟出来的,也是属于"仿词",以戏谑调侃的口吻抒发老百姓对土豆、绿豆等基本生活商品疯狂涨价的不满之情。"姜你军"(或称"姜一军"),则是仿象棋术语"将军"而仿拟出来的词汇,反映了百姓对生姜涨价影响基本生活的不满之情。 很明显,这些经由"仿拟"修辞手法创造出来的网络新词("仿词"),在表达功能上都是追求幽默诙谐的,而非优雅渊博。

"仿词"是如此,"仿语"与"仿句"亦然。 如中国自古就有一句俗语,叫作"百年修得同船渡,千年修得共枕眠",是说能做夫妻是难得的缘分,劝世人要珍惜夫妻之情。 但是,十多年前却有网友仿此俗语创造出了一个新的说法,叫作"百年修得同船渡,千年修得当副处",成为 2012 年网络上一个非常有人气的流行语。 这个流行语,其实就是一个典型的"仿语",是调侃身处官场者晋升副处级领导职位不易的无奈之情。 从修辞功能看,这个"仿语"明显不是为了追求优雅渊博的效果,而是意在幽默调侃,在自嘲之中娱乐大众。"仿句"在网络上的运用,情况亦然。 如十多年前有人在网络上发了一个吃面条的图片,还配了一句话:"哥吃的不是面,是寂寞。"经过网络的传播,这句由网友不经意而写下的句子迅速蹿红。 之后,诸如"哥发的不是帖子,是寂寞""哥唱的不是歌,是寂寞"等句子不绝于网络。 这些流传于网络上的句子,明显都是仿"哥吃的不是面,是寂寞"一句而来,属于"仿句",它们的修辞功能明显也是为了幽默诙谐,而非显示其表达的优雅渊博。

下面我们再来看"排比"。

排比,是一种将"同范围同性质的事象用了组织相似的句法逐一表出"[①]的修辞手法。 以这种修辞手法建构的文本,其所要追求

---

① 陈望道:《修辞学发凡》,上海:复旦大学出版社,2011 年,第 163 页。

的修辞功能都是"获求形式整齐、表意充足酣畅"①的效果。宋人陈骙的《文则》有一句概括，叫作"壮文势，广文义"，说的正是这个意思。但是，在当今以键盘与互联网为媒介的言语交际中，"排比"在修辞功能上并非都是为了"壮文势，广文义"，亦即追求"形式整齐、表意充足酣畅"的效果，而是不时有趋向于幽默诙谐的倾向。（用例删）

下面我们再来看"讽喻"。

讽喻，也是汉语表达中最古老的一种修辞手法之一。它是一种"在特定语境帮助下临时杜撰一个故事来阐明某种道理，寄予某种教导意向，或是婉约地传达某种情意"②的修辞手法，在古今汉语表达中都很常用。从汉语修辞实践史的角度看，讽喻有两种表现形态：一是"叙而不议"式，二是"叙而后议"式。③ "叙而不议"式，就是"只编造一个故事，表达者不加任何评点或议论，其所表达的意向需要接受者透过故事本身来意会而得之"④；"叙而后议"式，就是"既编造故事，又于故事之后缀以一两句画龙点睛、点明故事寓意的话语以强调表达意图"⑤。

"叙而后议"式，是中国古人用来说理最常用的修辞手法，尤其在先秦文献中特别常见。如《韩非子·外储说左上》记载楚王问墨子弟子田鸠说："墨子者，显学也，其身体则可，其言多不辩，何也？"意思是说，墨家学说是当今显学，用于实践很有价值，但表达

---

① 吴礼权：《现代汉语修辞学》（第四版），上海：复旦大学出版社，2020年，第149页。
② 吴礼权、谢元春：《传播媒介的发展对汉语修辞创造的促动》，《阅江学刊》，2019年第一期。
③ 沈谦：《文心雕龙与现代修辞学》，台北：益智书局，1980年，第111—119页。
④ 吴礼权：《现代汉语修辞学》（第四版），上海：复旦大学出版社，2020年，第122页。
⑤ 同上。

得没有文采。田鸠没有直接回答，而是先给楚王讲了秦伯嫁女于晋、郑人买椟还珠两个故事，然后予以评论说："今世之谈也，皆道辩说文辞之言，人主览其文而忘其用。墨子之说，传先王之道，论圣人之言，以宣告人；若辩其辞，则恐人怀其文，忘其直，以文害用也。此与楚人鬻珠，秦伯嫁女同类，故其言多不辩也。"意思是说，诸子百家学说都只是在言辞上做功夫，说得好听，不像墨家学说那样有实用价值。这就是典型的"叙而后议"式讽喻。①

中国古人说理除了喜欢采用"叙而后议"式讽喻外，偶尔也有用到"叙而不议"式的。如《列子·汤问》中"愚公移山"的故事，《百喻经·三重楼喻》中"富人造屋"的故事，就是"叙而不议"式。这两例，"一个寄寓智而怕难，不如愚而努力的意思，一个寄寓努力应当依照程序，应当从下层基础做起的意思，都是故事本身便已显示得明白周到，无须再加说明"②。应该指出的是，古人运用讽喻修辞法，无论采用"叙而后议"式，还是采用"叙而不议"式，都是为了说理或是寄予某种教导意向。③

与古人相反，现代人运用讽喻修辞法不是为了说明或寄托某种教导意向，而是为了婉约含蓄地表情达意，因此，倾向于采用"叙而不议"式。如：

> （13）有一天，参政员开会休息时，三三两两坐着闲谈，有人讲了些嘲笑胡子的笑话，说完还对沈老（沈钧儒）发笑，沈老是有一口不算小的胡子的。他立即笑着说："我也有一个胡子的笑话

---

① 吴礼权、谢元春：《传播媒介的发展对汉语修辞创造的促动》，《阅江学刊》，2019年第一期。
② 陈望道：《修辞学发凡》，上海：复旦大学出版社，2011年，第100—101页。
③ 吴礼权、谢元春：《传播媒介的发展对汉语修辞创造的促动》，《阅江学刊》，2019年第一期。

可以讲讲。"大家很诧异。沈老接着说:"当关、张遇害之后,刘备决定兴兵伐吴,要从关兴、张苞二人中选一个当正先锋,叫他们当场比武,结果不分胜负,又叫他们各自讲述他们父亲的本领。关兴说他父亲过五关、斩六将;斩颜良、诛文丑,杯酒斩华雄,讲了一大套。张苞也说他父亲如何一声喝断灞陵桥,'如何'三气周瑜芦花荡等等,说得也有声有色。关兴急了,说:'我父亲丹凤眼,卧蚕眉,一口长髯,飘到胸口,人称美髯公,你爸爸比得了么?'正讲到这里,关羽忽然在空中'显圣'了,横刀怒目对关兴说:'你老子有这么多长处你不说,单提老子的胡子做什么?'"自然,大家听完也是哄堂大笑。

(徐铸成:《旧闻杂忆续篇·王瑚的诙谐》)

(14) 人到了迟暮,如石火风灯,命在须臾,但是仍不喜欢别人预言他的大限……胡适之先生素来善于言词,有时也不免说溜了嘴,他六十八岁时来台湾,在一次欢宴中遇到长他十几岁的齐如山先生,没话找话的说:"齐先生,我看你活到九十岁决无问题。"齐先生愣了一下说:"我倒有个故事,有一位矍铄老叟,人家恭维他可以活到一百岁,忿然作色曰:'我又不吃你的饭,你为什么限制我的寿数?'"胡先生急忙道歉:"我说错了话。"

(梁实秋:《年龄》)

例(13)沈钧儒讲关羽显圣的故事,例(14)齐如山讲矍铄老叟的故事,其意都不是为了说理或寄托某种教导意向,而是含蓄地表达自己的不满之情。 沈钧儒所要表达的意思是:"你们这些人太无聊,我的胡子有什么好说笑的。"齐如山所要表达的意思是:"我又不吃你胡适家的饭,你为什么要限制我的寿数"。 由于沈、齐二位说话人表情达意采用"叙而不议"式讽喻修辞法,其不满情绪的宣泄就显得相当含蓄，因而被传为佳话。如果直白本意，或是采用"叙而后议"式讽喻法，势必显得情绪反应过于强烈而影响同僚、朋友之间的关系，同时也有失文人的君子风范。①

不过，需要指出的是，现代人运用讽喻修辞法也偶有用"叙而后议"式的，其目的仍如古人一样，是为了说理或寄托某种教导意向。②如：

(15) 有一西人，身服之衣敝，召裁缝至，问："汝能制西式衣否？"曰："有样式，即可以照做。"西人检旧衣付之。越数日，裁缝将新制衣送来，剪裁一切无差，惟衣背后剪去一块，复又补缀一块。西人骇然问故。答曰："我是照你的样式做耳。"今中国锐意图新，事事效法西人，不求其所以然，而但行其所当然，与此西人所雇之裁缝又何以异欤？噫！

(辜鸿铭：《辜鸿铭笔记》)

例(15)是辜鸿铭笔记中的一段文字，阐明了这样一个观点："中国学习西方锐意图新是对的，但学习要有选择地学，学其好的一面，而不能连糟粕一起学了。"但是，作者没有这样直白地表达，而是先编造了一个中国裁缝做西服的故事，然后顺势生发议论，点明自己的观点。这是典型的"叙而后议"式讽喻修辞手法的运用。辜鸿铭是清末著名的保守派人士，他说理用古人"叙而后议"式讽喻法，这一言语行为本身也能见出他思想的守旧特点。不过，应该指出的是，他跟中国古人一样，以故事代事证，在逻辑上虽有"暗度陈仓"之嫌，但事实上确有增强说服力的效果。因为这种为其观

---

① 吴礼权、谢元春：《传播媒介的发展对汉语修辞创造的促动》，《阅江学刊》，2019年第一期。

② 同上。

点度身定做的故事,虽然从理论上说不能作为支撑论点的事实论据,但在接受者的心理上产生类同于事实论据的效果。①

纵观汉语修辞实践史,从有汉字记载的文献来看,汉语中的"讽喻"自古以来都只有上面所说的两种修辞功能:一是用以说理或寄托教导意向,二是婉约含蓄地表情达意。 但是,时至今日,在互联网时代新的传播媒介大行其道的情势下,汉语传统的修辞手法"讽喻"在修辞功能上发生了变化,衍生出一种新的功能,这便是幽默诙谐。 也就是说,"讽喻"文本的建构成了娱乐大众,特别是新生代的重要工具之一。②如:

(16)三岁儿子整天淘气,于是他妈妈让他提前半个小时上床睡觉,以示惩罚。他一声不响就大步走开了,但五分钟后又带着他最心爱的玩具和一些衣服回来了。"我要离家出走。"儿子宣布。"你饿了怎么办?"他爸爸镇静地问。"我回家吃饭。""钱用完了呢?""我再回家。"随后,他爸爸看到那卷衣服:"那你衣服脏了呢?""我带回家让妈妈洗。"他爸爸对他妈妈说:"这孩子不是离家出走,而是去上大学。"

(百度知道:《求一些具有讽刺社会现象的笑话,
要意味深长的》)

(17)小王在十楼人事部门工作,一个月前,被调到九楼行政部门去了。今天,小王同学打电话到人事部门找他:"小王在吗?"接电话同事说:"小王已不在人事了。"小王同学:"啊啊?!什么时候的事啊,我怎么不知道啊,还没来得及送他呢?""没关

---

① 吴礼权、谢元春:《传播媒介的发展对汉语修辞创造的促动》,《阅江学刊》,2019年第一期。

② 同上。

系,你可以去下面找他啊……"

(搜狐网:《2017年最受欢迎的幽默段子》)

例(16)、例(17)都是网络流行的段子,皆为娱乐大众的文字。它们创作的目的并非要寄托什么教导意向,而只是针对现实的社会现象而作的调侃。例(16)所要表达的意思是:现在的大学生基本没有生活自理能力。但这层意思作者并未直白地表达,而是编造了一个三岁小孩要离家出走的荒唐故事,并透过父子之间煞有介事的对话,将所要寄予的讽刺之意含而不露地表达出来,让人始料不及,不禁会心一笑。例(17)所要表达的意思是:打电话或说话时关键性的词千万别省略,否则就会造成巨大的误会或误解。但这层意思作者也未直接说出,而是编造一个故事,让故事中的人物在打电话的过程中将"不在人事"(调离人事部)听成了"不在人世"(已经死亡),将"去下面找"(到楼下找)理解成"到地下找"(到阴曹地府找),弄得一惊一乍,读了让人忍俊不禁。可见,这两例虽然跟传统的"叙而不议"式讽喻一样,也有婉约含蓄的修辞功能,但同时又带有另一种鲜明的修辞功能,这便是幽默诙谐。这种新功能是传统传播媒介情境下的讽喻所没有的,是互联网时代新传播媒介情境下衍生出来的新修辞功能。①

其实,新传播媒介情境下的讽喻不仅"叙而不议"式衍生出了幽默诙谐的新修辞功能,"叙而后议"式也同样衍生出了幽默诙谐的新修辞功能。②如:

(18)昨晚心情不好,破例去KTV喝酒了。本来就不会喝

---

① 吴礼权、谢元春:《传播媒介的发展对汉语修辞创造的促动》,《阅江学刊》,2019年第一期。

② 同上。

的,临走时还唱了一首《北京北京》。边走边哼着歌,上了出租车也哼着,居然睡着了。早上司机叫醒我:"北京到了!"我睁眼一看计价器:一万两千八百一十五块钱。我说:"师傅。你咋开北京来了?"师傅说:"昨晚问了你好几次,你都说北京北京,我以为你是赶着去看升国旗呢!"唉,喝酒有风险,唱歌需谨慎!

(百度知道:《2017年最受欢迎的幽默段子》)

(19) 昨天去广场散步,看到有个老头拿着海绵笔在地上写大字,忍不住凑上去看。老头看我一眼,提笔写了个"滚"字。我心想,看一下至于吗?忍住心头怒气,继续看。老头又看我一眼,又写了个"滚"。我再也忍不住了,上去一脚将老头踢倒在地……警察来了问咋回事,老头委屈地说:"我就想写句'滚滚长江东逝水',刚写两个字,就被这个神经病踹倒了。"开悟:凡事一定要看全面!

(百度贴吧:《栾川吧》)

例(18)、例(19)都在故事结束后有一个评论,明显属于"叙而后议"式的讽喻。从表面上看,这两例跟传统传播媒介情境下的"叙而后议"式讽喻没有什么区别,好像都是在阐明一个道理或寄托某种教导意向。但实际上,我们在阅读接受时除了受思想认识上的启发外,还从中获得了一种幽默诙谐的审美情趣。这种审美情趣,便是上述两个讽喻文本在阐明道理或寄托教导的修辞功能之外衍生出来的新修辞功能。①

最后,我们再来看一下"镶嵌"。

---

① 吴礼权、谢元春:《传播媒介的发展对汉语修辞创造的促动》,《阅江学刊》,2019年第一期。

镶嵌，是一种"为着表意的婉转含蓄或是耐人寻味的机趣而有意将某些特定的字词镶嵌于语句之中"①的修辞手法。跟上文所论及的"比喻""排比""讽喻"一样，"镶嵌"在汉语表达中也是一种具有悠久历史的修辞手法，中国古代文人尤其喜欢运用。②如：

(20) 东坡集中有《减字木兰花》词云："郑庄好客，容我樽前先堕帻，落笔生风，籍籍声名不负公。高山白早，莹雪肌肤那解老，从此南徐，良夜清风月满湖。"人多不晓其意。或云：坡昔过京口，官妓郑容高莹二人尝侍宴。坡喜之，二妓间请于坡，欲为脱籍。坡许之而终不为言。及临别，二妓复之船所恳之，坡曰："尔但持我此词以往，太守一见，便知其意。"盖是郑容落籍高莹从良八字也。此老真尔狡狯耶。

(宋·陈善：《扪虱新话》下集卷之三
《东坡为郑容落籍高莹从良》)

例 (20) 记宋代大文豪苏轼为官妓郑容、高莹二人请托求情，让京口太守帮助她们销除官妓户籍而从良嫁人之事。苏轼虽满口允诺，但并未直接找京口太守，而是给他写了一首词，将"郑容落籍，高莹从良"请托之意镶嵌于词的每句之首。苏轼之所以这样做，是基于两个方面的原因：一是为官妓请托落籍从良并非合法与光彩之事，二是京口太守是否愿意或方便帮忙不可知。因此，为了自己的颜面，也为了不为难朋友京口太守，他选择了"镶嵌"修辞手法写了一首词，让京口太守自己根据情况决定。很明显，苏轼建

---

① 吴礼权：《现代汉语修辞学》(第四版)，上海：复旦大学出版社，2020年，第69页。
② 吴礼权、谢元春：《传播媒介的发展对汉语修辞创造的促动》，《阅江学刊》，2019年第一期。

构"镶嵌"修辞文本,目的是为了婉转含蓄地达意传情。①

古代文人诸如苏轼这样建构"镶嵌"修辞文本的情况非常普遍,现代人运用这一修辞手法的已较少,因为它有文字游戏的嫌疑。但是,由于这种修辞手法具有婉约含蓄的修辞功能,因此,在特定情境下现代人仍然有采用的。②如:

(21) 民犹是也,国犹是也,何分南北?总而言之,统而言之,不是东西!

(22) 昨天,台视举行《雪山飞狐》试片会,会场高挂两标语"雪山压垮望夫崖,飞狐踹倒张三丰。"足可见台视企图借《雪山飞狐》重拾八点档威风的决心。

例(21)是民国时代学者章太炎讽刺北洋军阀曹锟通过贿选而当选总统之事的联语。联语所要表达的意思是:"民国何分南北?总统不是东西。"但是,章太炎没有这样直白地表达,而是通过"镶嵌"修辞手法建构了一个中国人都喜欢的联语,将"民国""总统"两个关键词镶嵌于上下联的句首。这样,既辛辣地讽刺了曹锟,又彰显了自己的才学智慧与骂人不带脏字的文人风范。例(22)是1991年3月14日中国台湾《中国时报》的一则新闻报道,说的是"台湾有三大知名电视台:中视、华视、台视。当时中视正播映电视剧《望夫崖》,华视正播映《张三丰》。台视为了争夺电视观众,所以打出了这幅标语,意在与其他两家电视台竞争,是一种广告战"③。但是,台视的广告战为了展现君子相争而不失风度的姿

---

① 吴礼权、谢元春:《传播媒介的发展对汉语修辞创造的促动》,《阅江学刊》,2019年第一期。

② 同上。

③ 吴礼权:《语言策略秀(修订版)》,广州:暨南大学出版社,2013年,第70页。

态,标语采用了镶嵌的修辞法,将自己所要宣传推广的电视剧片名与竞争对手正在热播的电视剧片名分别镶嵌于前后句中,让人思而得之。①

可见,不论是古代还是现代,人们建构镶嵌修辞文本,其目的都是为了达意传情的婉约含蓄。也就是说,婉约含蓄一直是汉语镶嵌修辞手法最主要的修辞功能。但是,时至今日,在互联网时代的新传播媒介情境下,镶嵌这一古老的修辞手法又衍生出了一种新的修辞功能:幽默诙谐。②如:

(23)我10在受不了啦,我想你很9了,天天都想见你了,你8自己交给我吧,我绝不会再7负你了,让你永远6在我身边嘛,5爱你爱到4啦,绝不会再3心2意啦,我发誓这辈子就只养你1只小猪了!

(百度贴吧:《定州吧》)

(24)有人说:3月4日真是个好日子,可以丢3落4,可以挑3拣4,可以说3道4,可以颠3倒4,可以勾3搭4,可以朝3暮4,还可以不3不4,一年也就这么一天可以乱来。童鞋们一定要珍惜啊!

(短文学网:《短篇原创文学》)

例(23)、例(24)都是以数字镶嵌于文句之中,也是"镶嵌"的一种方式,而且并非是现代人的发明,早在中国古代就有了。只是中国古代用的数字是用汉语的"一、二、三、四"等,而不是阿拉伯数字。另外,古代还有用中药名等镶嵌于诗句之中的情况。

---

① 吴礼权、谢元春:《传播媒介的发展对汉语修辞创造的促动》,《阅江学刊》,2019年第一期。

② 同上。

但是，古代用数字或中药名等镶嵌，主要是展示其修辞技巧，并无幽默诙谐的修辞目的。而当今新传播媒介情境下的"镶嵌"，不仅炫耀修辞技巧（利用谐音双关），而且文本建构的目标直指幽默诙谐的功能。例（23）用阿拉伯数字10、9、8、7、6、5、4、3、2、1分别谐音汉语的"实""久""把""欺""留""吾（我）""死""三""二""一"，例（24）直接以阿拉伯数字3、4代替汉语数字"三""四"，从而对应汉语成语（或固定语）"丢三落四""挑三拣四""颠三倒四""勾三搭四""朝三暮四""不三不四"，都是富于修辞技巧与创意的，但它们建构的目的明显不是为达意传情的婉约含蓄，而是要彰显修辞技巧，以出人意料的表达巧智让接受者始料不及，从而不禁为之会心一笑。也就是说，这种"镶嵌"文本的建构，其修辞功能主要是幽默诙谐，目的是为娱乐大众。①

三、旧根吐新芽：传媒演进与辞格结构扩容

互联网与新科技促进了传播媒介的演进，而传播媒介的演进又在事实上为修辞创造提供了广阔的空间，不仅使汉语原有的常用辞格衍生出新的修辞功能，而且还为旧有辞格的内部结构形式再扩容提供了空间。如"双关"辞格中的"谐音双关"在原有的基础上扩容出四种新类别，"析字"辞格在原有的"化形析字""谐音析字""衍义析字"②之外，又扩容出了"据形析字"一类。

下面我们先讲"双关"。

---

① 吴礼权、谢元春：《传播媒介的发展对汉语修辞创造的促动》，《阅江学刊》，2019年第一期。

② 陈望道：《修辞学发凡》，上海：复旦大学出版社，2011年，第119—124页。

双关，是汉语中一种具有悠久历史的辞格。从双关方式上看，一般分为"谐音双关""语义双关""对象双关"三类。从修辞实践上看，这三类双关模式的运用古往今来都比较一致，没有什么大的变化。但是，时至今日，由于网络的发展与人们交际交流的网络化，"双关"辞格在运用中出现了很多新情况，特别是"谐音双关"一类，在互联网语境下尤其受到年轻人的追捧。在广泛运用的过程中，"谐音双关"逐渐出现了结构形式的扩容。

作为"双关"的一类，"谐音双关"在汉语表达中运用频率最高，它"是利用语音的相同或相近的条件构成的"①。如：

(25) 不知不觉间，梅贻琦做清华校长已经六年了，没有人再提出要更换校长，有人问其中的奥妙，梅贻琦幽默地回答："因为我姓梅，大家倒这个倒那个，就是没有人愿意倒霉。"

(上海卫视纪实频道《大师》系列之《梅贻琦》)

例 (25) 梅贻琦的答客问，其中一句"就是没有人愿意倒霉"，即是一个"谐音双关"的修辞文本。它是说话人梅贻琦巧妙利用自己的姓氏"梅"与汉语常用词汇"倒霉"之"霉"的同音关系，顺势将"倒梅"与"倒霉"牵连搭挂在一起，从而婉约地表达出这样一个意思："我能做稳清华校长的位置，不被大家轰下台，不是我有什么特别的能耐，而是因为我尊重清华师生，坚持教授治校的办学理念，所以大家都认同，不愿意再换掉我。否则，换成一个独裁的人当校长，大家岂不又要倒霉了吗？"这层意思，在 20 世纪 30 年代清华园特定的语境下，谁都能解读得出来。因为在梅贻琦接任清华校

---

① 吴礼权：《现代汉语修辞学》(第四版)，上海：复旦大学出版社，2020 年，第 33 页。

长之前，有很多校长包括五四运动的健将罗家伦都被清华师生轰下台。清华校长不好当，是当时人所共知的事实。梅贻琦接任清华校长虽然极为成功，但他知道在清华园他不能骄傲。所以，当有人问及他成功的秘诀时，他不敢也不能直道事实的本相，只能选择打太极拳的方式应对。但是，他的太极拳打得好，既不像某些名人那样以"无可奉告"之类的外交辞令应对，也不像某些政治家那样玩神秘笑而不答，而是自嘲式地拿自己的姓氏说事，借"倒梅"与"倒霉"的谐音关系，巧妙地绕开了正面实打实的回答，让问话者自己解读。表达上显得含蓄蕴藉，接受上有味之无穷之妙。正是由于梅贻琦这一回答含蓄而不失幽默，既凸显了其谦谦君子的风范，又展现了其学者的敏锐机智，所以一时被人传为佳话。这反过来又增加了他在清华师生心目中的地位，对他今后持续治理清华大学助力不少。①

"谐音双关"在日常语言生活中最为常见，谐音歇后语就是其典型表现。如"腊月里的萝卜——冻了心"，以"冻心"谐音双关"动心"，表意婉约而风趣。又如"外甥打灯笼——照舅"，以"照舅"谐音双关"照旧"，达意含蓄而生动。"下雨出太阳——假晴"，"假晴"谐音双关"假情"。这个谐音双关可能源于唐代诗人刘禹锡《竹枝词》诗："杨柳青青江水平，闻郎江上唱歌声。东边日出西边雨，道是无晴却有晴。"以"无晴""有晴"谐音双关"无情""有情"，生动形象地再现了唐代西南少数民族少男少女恋爱中的复杂情感与心理。晚唐诗人温庭筠《新添声杨柳枝辞》诗："一尺深红

---

① 吴礼权：《现代汉语修辞学》（第四版），上海：复旦大学出版社，2020年，第34页。

蒙曲尘,天生旧物不如新;合欢桃核终堪恨,里许元来别有仁。"其中"别有仁",乃谐音双关"别有人",是表达女子对其男人喜新厌旧,外面另有女人的愤激之情。①

相对来说,在古代汉语中,谐音双关更多,这可能与语言表达的时代情境(如思想表达的自由度、语言表达方式的时代风尚等)有关。据说,明末清初著名文人金圣叹被满清政府以谋反罪判处死刑,临刑时从容与其子诀别,召其子联语作对。父曰:"莲子心中苦。"子答:"梨儿骨里酸。"以"莲子"谐音双关"怜子","梨儿"谐音双关"离儿",曲尽其妙地表达了父子生离死别的悲痛之情,不仅真切地展露了骨肉情深的人伦至性,而且生动地展示了汉族士大夫不屈服于异族统治者淫威的从容风度。②

值得指出的是,随着现代网络技术的发展,以及人们特别是年轻人网络语言生活的日常化,"谐音双关"出现了一些前所未有的新情况,内部结构形式有了扩容。就目前我们所调查到的材料看,主要有"字母谐音""杂合谐音""数字谐音""拼读谐音"四类新结构形式被创造出来。③为了节省篇幅,下面我们列表予以呈现。

表1 谐音借代

书写形式	含义	备注/说明	造词方式
GG	哥哥	取"哥哥"汉语拼音的首字母缩写而成	谐音借代
JJ	姐姐	取"姐姐"汉语拼音的首字母缩写而成	谐音借代

---

① 吴礼权:《现代汉语修辞学》(第四版),上海:复旦大学出版社,2020年,第34—35页。
② 同上书,第35页。
③ 同上。

续表

书写形式	含义	备注/说明	造词方式
DD	弟弟	取"弟弟"汉语拼音的首字母缩写而成	谐音借代
MM	妹妹	取"妹妹"汉语拼音的首字母缩写而成	谐音借代
PLMM	漂亮妹妹	取"漂亮妹妹/美眉"汉语拼音的首字母缩写而成	谐音借代
PPMM	漂漂妹妹	取"漂漂妹妹/美眉"汉语拼音的首字母缩写而成	谐音借代
LG	老公	取"老公"汉语拼音的首字母缩写而成	谐音借代
LP	老婆	取"老婆"汉语拼音的首字母缩写而成	谐音借代
SL	色狼	取"色狼"汉语拼音的首字母缩写而成	谐音借代
LS	楼上（指前一个发帖者）	取"楼上"汉语拼音的首字母缩写而成	谐音借代
LX	楼下（指后一个发帖者）	取"楼下"汉语拼音的首字母缩写而成	谐音借代
LZ	楼主（发帖子的人）	取"楼主"汉语拼音的首字母缩写而成	谐音借代
RT	如题	取"如题"汉语拼音的首字母缩写而成	谐音借代
TS	同上	取"同上"汉语拼音的首字母缩写而成	谐音借代
TX	同学、童鞋（"同学"的谐音写法）、调戏、腾讯（腾讯QQ）	取"同学/童鞋/调戏/腾讯"汉语拼音的首字母缩写而成	谐音借代
RP	人品、运气（一般代指"运气"）	取"人品/运气"汉语拼音的首字母缩写而成	谐音借代
MS	貌似	取"貌似"汉语拼音的首字母缩写而成	谐音借代

续表

书写形式	含义	备注/说明	造词方式
BC	白痴	取"白痴"汉语拼音的首字母缩写而成	谐音借代
BS	鄙视	取"鄙视"汉语拼音的首字母缩写而成	谐音借代
BT	变态	取"变态"汉语拼音的首字母缩写而成	谐音借代
MPJ	马屁精	取"马屁精"汉语拼音的首字母缩写而成	谐音借代
PMP	拍马屁	取"拍马屁"汉语拼音的首字母缩写而成	谐音借代
PMPMP	拼命拍马屁	取"拼命拍马屁"汉语拼音的首字母缩写而成	谐音借代
ODBC	哦,大白痴	取"哦,大白痴"汉语拼音的首字母缩写而成	谐音借代
XB	小白	取"小白痴"汉语拼音的首字母缩写而成	谐音借代
LJ	垃圾	取"垃圾"汉语拼音的首字母缩写而成	谐音借代
PF	佩服	取"佩服"汉语拼音的首字母缩写而成	谐音借代
YY	意淫	取"意淫"汉语拼音的首字母缩写而成	谐音借代
ZE	贼恶(贼,东北话,最。意最恶心)。	取"贼恶"汉语拼音的首字母缩写而成	谐音借代
SE	少恶	取"少恶"汉语拼音的首字母缩写而成	谐音借代
ZT	转帖	取"转帖"汉语拼音的首字母缩写而成	谐音借代
CJ	纯洁	取"纯洁"汉语拼音的首字母缩写而成	谐音借代
JS	技师(一般指按摩师)	取"技师"汉语拼音的首字母缩写而成	谐音借代

续表

书写形式	含义	备注/说明	造词方式
RPWT	人品问题（多用于解释某人无故倒霉的原因）	取"人品问题"汉语拼音的首字母缩写而成	谐音借代
PS	补充说明	取"补充说明"的"补"与"说"汉语拼音的首字母缩写而成	谐音借代
PP	批批、漂漂、屁屁	取"批批/漂漂/屁屁"的汉语拼音的首字母缩写而成	谐音借代

表2 杂合谐音

书写形式	含义	备注/说明	造词方式
B4	鄙视	汉语拼音首字母缩写加数字	谐音拼写
ZT3	猪头三（骂人语）	"猪头三"的汉语拼音首字母与数字的杂合。"猪头三"是吴方言"猪头三牲"的缩脚语	歇后与缩写并用
ZT4	猪头四（骂人语）	"猪头四"是据吴方言"猪头三牲"的缩脚语仿造而来	仿拟与缩写并用
CU	再见	英文 see you 读音的汉语拼音首字母缩写	仿音
JMS	姐妹们	"姐妹们"中英文杂合缩写。JM 是"姐妹"汉语拼音的首字母拼合。S 是英文中表示复数的拼法	杂合字母
3Q	谢谢你	英文 thank you 的谐音拼写	谐音拼写

表3 数字谐音

书写形式	含义	备注/说明	造词方式
3166	再见	日语"再见"读音的数字谐读	仿音
7456	气死我了	"气死我了"读音的数字谐读	仿音
9494	就是，就是	"就是，就是"读音的数字谐读	仿音
874	不去死	"不去死"读音的数字谐读	仿音
886	再见	"拜拜咯"读音的数字谐读	仿音

表 4　拼读谐音

书写形式	含　义	备注/说明	造词方式
斑竹	版主	"版主"的谐音	谐音
板猪	版主	"版主"的谐音	谐音
板斧	版副	"版副"的谐音	谐音
兰州	楼主	"楼主"的谐音	谐音
楼猪	楼主	"楼主"的谐音	谐音
me too	我吐（恶心）	"我吐"的谐音	谐音、借代
纳尼	什么	日语"なに"（什么）谐音	仿音
OICQ	我找你	英文"oh, I seek you"的谐读	谐音
OIC	我明白	英文"oh, I see"的谐读	谐音
白白	再见	英文 bye-bye 的谐读	谐音
CYA	再见	英文 see you 的谐读	谐音
R U O K	好吗	英文 are you ok 的谐读	谐音
IOWAN 2BWU	我只想和你在一起	英文 I only want to be with you 的谐读	谐音
偶	我	变调谐读	谐音
酱紫	这样子	将"这样子"三字快速连读而成	谐音
表	不要	将"不要"两字快速连读而成	谐音
粉	很	模仿闽南人说"很"的发音	仿音
灰机	飞机	模仿闽南人说"飞机"的发音	仿音
虾米	什么	模仿闽南人说"什么"的发音	仿音
米	没有	模仿南方某些方言说"没"的发音	仿音
额滴神	我的天	模仿山西人说"我的神"的发音	仿音
木有	没有	模仿山东潍坊方言"没有"的发音	仿音
杯具	悲剧	"悲剧"的谐读	谐音
洗具	喜剧	"喜剧"的谐读	谐音
餐具	惨剧	"惨剧"的谐读	谐音

续表

书写形式	含义	备注/说明	造词方式
为所	猥琐	"猥琐"的谐读	谐音
神马	什么	网络最热门用语"神马都是浮云",其中"神马"便是指"什么","浮云"比喻过眼即逝的东西	谐音

第一类"谐音借代",数量最多,代表了网络用语的主流。这是因为这类谐音借代是运用汉语拼音的首字母来拼写,网民比较熟悉,也能熟练运用,所以易于推广开来。在表意上有简捷含蓄的特点,因此表达效果很好。即使是骂人的话,因为只用拼音的首字母表示,没有形诸汉字,也没有形诸汉语拼音的全拼形式,因此就自然具有含蓄婉约的表意效果,符合中国人委婉含蓄的民族性格,符合汉语表达的社会规范。第二类"杂合谐音",数量不多,但在表达上具有明显的简捷含蓄的特点,因此表达效果较好,使用频率较高。第三类"数字谐音",虽然数量不多,但使用频率极高,因为数字表意既简捷,又令人有回味的意趣。第四类"拼读谐音",是将本来已有的汉语普通话词语用另一个音同或音近的汉语表达,其意不在简捷,而是为了新鲜好玩,增添网络交际的情趣。①

接下来,我们再来讲"析字"。

析字,作为一种修辞格,是汉语中所特有的(日语中也有,那是因为日语也用汉字的缘故)。因为汉字是音节文字,一个汉字就是一个音节。而每个汉字都有形、音、义三个要素,因此人们在语言表达中都有可能利用汉语汉字的条件,在形、音、义三个方面进

---

① 吴礼权、潘海峰:《网络词汇成活率问题的一点思考》,《江苏大学学报》(社会科学版),2011年第三期。

行创意造言的努力。陈望道在《修辞学发凡》中指出:"字有形、音、义三方面;把所用的字析为形、音、义三方面,看别的字有一面同它相合相连,随即借来代替或即推衍上去的,名叫析字辞。"①并将"析字"分为三大类:一是"化形析字",下分"离合""增损""借形"等三小类;二是"谐音析字",下分"借音""切脚""双反"等三小类;三是"衍义析字",下分"代换""牵附""演化"等三小类。②

  限于篇幅,这里我们不拟对陈望道所区分的三大类九小类的"析字"一一举例分析,而只拟对网络时代新媒介情境下"析字"格在运用中新发展出来一个类别"据形赋义"作一举例说明。下面我们举三个网络段子来作说明。先看第一个例子:

災和灾,一个繁体字一个简体字,
其意义却大不同!
災——着了火冒了烟发出来预警,
灾——着了火盖上宀不让你知道。

  这是 2020 年初在网络上流传的一个帖子。《羊城晚报》2020 年 3 月 23 日还针对这一现象进行了报道,并作出了评论。其中

---

① 陈望道:《修辞学发凡》,上海:复旦大学出版社,2011 年,第 118 页。
② 同上书,第 119—127 页。

有曰:

近日,一段关于"灾"字演变"内涵"的文字在网上流传,该内容称:"'災'和'灾'一个繁体字,一个简体字,其意义却大不同。'災'——着了火冒烟了发出来预警;'灾'——却是着火了盖着不让你知道。"乍看之下,这段分析似乎精妙独到、鞭辟入里,赢得一些网友支持赞扬。实际上,这样的"说文解字"无非是借题发挥,其科学性根本经不起仔细推敲。

对于上述网络帖子,我们不拟作纯文字学的讨论,而是将其视为修辞现象。它正是我们要讨论的"析字"新现象,即网络时代发展出来的"析字"新形式类别"据形赋义"。我们认为,这个帖子之所以受到网友的支持与赞扬,其实是跟其创意造言的智慧有关,是新媒介条件下汉语传统"析字"修辞法的一种创造性运用,是经由"说文解字"而借题发挥,深刻地揭示了某些社会问题的本质,令人深思。

接着,我们再来看第二个例子:

四字明了人生

看了那么多的《人生寄语》,孰不知仅四个汉字即可明了整个人生。

"尖"字,能大能小,

"斌"字,能文能武,

"卡"字,能上能下,

"引"字,能屈能伸。

真可谓:人生虽复杂,四字即道明。能大能小明世态,能文能武乃英才,能上能下淡名利,能屈能伸福自来。

这则流传于网络的"人生感悟",之所以流传广泛,就是创造性地运用了汉语修辞"析字"法,是新创出的"析字"修辞法新形式类别"据形赋义"。 也就是根据汉字的形体特点,即兴借题发挥,抒发人生感悟。 因为富有创意,也富含一些中国式的传统人生哲理,因而获得了网友的认同而广泛传播。

最后,我们再来看第三个例子:

"京津冀"是什么关系?

京:jing

津:jin

冀:ji

到河北就不剩啥了……

反过来就是

冀(挤):ji

津(进):jin

京(京):jing

也就是北漂!

京—jing

津—jin

冀—ji

告诉我们:北京不要的给天津,天津不要的给河北,就这样实现京津冀一体化发展。

天津比河北多了个 N 就是牛,北京比天津多了个 G 就是哥!

这个网络段子,所要表达的意思是:京津冀三地经济发展水平不平衡,如果说北京是带头大哥,天津是紧追其后的二哥,那河北就是落在后面的小弟了。 但是,创作者并非这样理性平实地表达,而是创造性地从京、津、冀三个汉字的汉语拼音入手，通过三个汉字所包含的音素多少来跟三者各自的经济地位相比附牵联，从而形象生动地说明了问题，让接受者印象深刻，击节赞赏。这就是这个段子之所以在网络上广泛流传的原因，也是其修辞上创意造言的智慧所在。值得指出的是，这个网络段子的"析字"，是通过汉语拼音结构进行离析说明的，是陈望道所说汉语"析字"格三大类九小类所没有的新类别，明显是新传媒背景下网友的发明创造，是汉语修辞的新现象。

第八讲　意境创造与修辞经营

　　大凡是读过大学中文系的人，都要学习一门必修课，就是《文学概论》。而《文学概论》首先要讲的一句话，就是"文学是语言的艺术"。那么，"语言的艺术"是什么呢？讲文学概论的老师一般是回答不出来的，因为他们大都没有学过修辞学。如果学过修辞学，这个问题就非常容易回答了："语言的艺术就是修辞。"

　　事实上，文学就是修辞，文学创作的过程就是修辞的过程。大凡是有过写作经验，特别是有文学创作经验的人，对此都会有些体会。我们创作文学作品时，遣词造句要费心力，起承转合要煞费苦心，架构篇章要大费周章，这都是在修辞。古人有"吟安一个字，捻断数茎须"（唐·卢延让：《苦吟》）、"二句三年得，一吟双泪流"（唐·贾岛：《题诗后》）的"夫子自道"，说的就是遣词造句的修辞体会。明清士子想要实现从平民到官员身份的转换，只有一条路，那就是通过科举考试，要会做八股文。而做八股文是最见修辞功力的，除了要讲对偶技巧外，其中"起承转合"的技巧尤见修辞的功力。八股文虽是应试的文章，但也是表情达意的文学作品。因此，他们在写八股文时讲究起承转合的技巧，就是在考究修辞。明清时代，小说与戏曲文学发达，小说要写多少回，回目怎么写，第一回要写什么，最后一回又要怎么收结，这是篇章修辞；戏曲要有引子或序曲，中间分几折或几场，结尾如何安排，这也是篇章修辞。因此，我们怎么强调文学跟修辞的密切关系都不过分。其实，不仅文学创作的过程可以看作是修辞的过程，文学批评也可以看作是修辞批评。事实上，任何文学批评如果不谈作品的篇章架构技巧，不讲作品的语言技巧，包括遣词造句的用意，那都是在扯淡，是不着边际的胡说八道。道理很明白，既然"文学是语言的艺术"，那么文学批评就应该紧扣作家在语言文字经营上的努力来分析评论作品。否则，便是"不务正业"，是"离题万里"的舞文弄墨。这样的文学批评，实际上是不具有学术价值的。

众所周知，文学作品不同于科学论著，它主要不是为了论述某一学术观点，或是描述说明某一科学发明的过程，当然也不是为了讲理（讲理的主要是政论文，不属于文艺语体，自然也就不是文学作品），而是要塑造文学形象，要抒发深切的情感，要以形象（包括视觉形象与听觉形象）触发接受者的联想想象，要以感情扣动接受者的心弦，要讲究情境交融，要讲究意与境的结合。正因为如此，文学创作与文学批评就不能不讨论意境创造的问题，当然更不能不讨论意境创造与修辞经营的关系问题。

不过，这里我们要予以说明的是，本讲讨论意境创造与修辞经营的问题，不拟作泛泛的论述，而是要采用"解剖麻雀"的方式，选取汉语修辞中最具特色的一种修辞现象——"名词铺排"来作分析解剖的对象，从而以小见大，由现象透视本质。

一、意　　境

讨论"意境创造与修辞经营"的问题，我们先要讲"意境"这个概念。

意境,是中国人特别喜欢用的一个词。日常生活中,我们常听人说:"这幅画很有意境","这首诗非常有意境","这篇散文写得非常有意境,跟唐诗宋词似的","他的书法很有特色,笔走龙蛇,但不乏意境之美"。如此等等,不一而足。

那么,什么叫"意境"呢?恐怕很多人都说不上来,就是专门研究文学与美学的学者们,也不能确切地给"意境"下个定义。事实上,近现代研究美学与文艺学的中国学者不知有多少,涉及意境问题的论著也不知有多少,但似乎都没有对"意境"的概念内涵形成一个共识。虽然其中不乏专门从事意境学说史研究的专家,对中国古往今来有关"意境"学说的来龙去脉爬梳清理得非常清晰,论及其间的是非得失也是头头是道。然而,令人遗憾的是,引经据典、旁征博引地梳理、分析、评判之后,这些论著却往往没有对"意境"这个中国美学最核心的概念下一个明确的定义。如有学者名曰古风,著有《意境探微》一书,堪称是这方面研究相当深入的一部专著了。其中第二章"多维视野中的'意境'理论",分为十一节,系统地梳理了从南朝梁文论家刘勰到近代著名学者王国维的有关"意境"理论学说。认为刘勰是"意境"理论的奠基者,其重要贡献有三个方面:一是"对人与自然的审美关系在文艺创作中的作用,进行了专门而系统的理论研究"[1],二是"从心理学角度,论述了心与物的关系,提出了'心物交融'的思想,为'情景交融'的'意境'论奠定了理论基础"[2],三是"'意境'术语的创构与运用"[3]。认为

---

[1] 古风:《意境探微》,南昌:百花洲文艺出版社,2017年,第29页。
[2] 同上书,第33页。
[3] 同上书,第43页。

唐代诗人王昌龄的贡献是"首创'意境'范畴"①,并总结了其对"意境"理论的四大贡献:一是"第一次铸造了'意境'范畴"②,二是"第一次明确论述了'意境'的形态问题"③,三是"第一次明确地论述了'意境'的创造问题"④,四是"第一次论述了'意境'的审美特征"⑤。由此得出结论:"王昌龄具备了这'四个第一',便奠定了他在'意境'美学发展史上的地位。他的'意境'说标志着'意境'美学的正式形成。"⑥认为唐代诗僧皎然"对于'意境'理论的特殊贡献是提出了'取境'说"⑦,并强调指出:在皎然之前,"荀子和刘勰都谈到了'取象'问题,或关乎《礼》,或关乎《易》,与诗无关且不说,还欠周详。皎然继承了前人的'取象'说。他谈'意境'时,就沿用了'取象'一词,并在此基础上提出并论述了'取境'问题。所以,他的'意境'理论便以'取境'为核心,也以'取境'为特色"⑧。进而高度赞扬道:"皎然的'意境'理论不仅以'取境'为核心,为特色,而且内容丰富,衣被后人,非一代也,是'意境'史上的又一里程碑。"⑨对晚唐文学家司空图《二十四诗品》在"意境"理论上的贡献分析得更加详细,最后得出结论说:"司空图在《二十四诗品》中所标举的二十四品,是二十四种风格,是二十四种意境,也是二十四种韵味。前两者(即

---

① 古风:《意境探微》,南昌:百花洲文艺出版社,2017年,第45页。
② 同上书,第47页。
③ 同上。
④ 同上。
⑤ 同上书,第48页。
⑥ 同上书,第49页。
⑦ 同上书,第54页。
⑧ 同上。
⑨ 同上书,第64页。

二十四种风格,二十四种意境)是从诗歌本体着眼,是本体论;后两者(即二十四种意境、二十四种韵味)是从读者鉴赏着眼,是鉴赏论;而中间者(即二十四种意境)则是载体,是质,是核心,前后两者都离不开它。由此便推演出三种'意境'形态论:一是二十四种'意境'形态论(其中包括了'实境'与'虚境'两种形态);二是二十四种意境与二十四种风格组合,构成二十四种'意境'风格形态论;三是二十四'境'与二十四种韵味组合,构成二十四种'意境'韵味形态论。三者相辅相成,共同构成了一个'意境'形态体系。"①并强调指出:"司空图以《二十四诗品》为核心,构筑了他的'意境'形态体系。这是对有唐一代诗歌创作和鉴赏经验的美学总结。"②另外,对宋人普闻《诗论》的"意句"与"境句"论③,明代文学理论家谢榛的"情景之合"论④,明代文学家陆时雍的"情境创造"论⑤,明末清初学者王夫之的"情景交融"论⑥,近代学者梁启超的"新意境"说⑦,近代学者王国维的"境界"说⑧,该书也作了非常详细的爬梳分析(限于篇幅不一一列举其结论与评价),堪称一部系统的中国"意境"学说演进史。然而,作者勾勒完中国"意境"学说演进史后,却没有告诉我们"意境"究竟是什么? 在第十一节的"结语:历史语境中的'意境'理论"中,作者只是说:"'意境',是中国美学发展到一定阶段的产物。它产生前

---

① 古风:《意境探微》,南昌:百花洲文艺出版社,2017年,第76页。
② 同上书,第76—77页。
③ 同上书,第77—83页。
④ 同上书,第77—88页。
⑤ 同上书,第88—91页。
⑥ 同上书,第88—99页。
⑦ 同上书,第99—106页。
⑧ 同上书,第106—126页。

有一个孕育期,产生后又有一个发展期。在中国文化时间中,它的孕育、产生和发展,形成了一条特殊的历史轨迹,即一部'意境'美学史","在这一条特殊的历史轨迹上,我们发现两个问题:其一,'意境'是一个不断生长和发展着的美学范畴,或者说是一个动态的美学范畴。一个历史时期的'意境'理论与另一个历史时期的'意境'理论,并不完全相同。这样,就形成了不同历史语境中的'意境'理论。其二,这条历史轨迹是由一个个'意境'研究者组成的。处于某一历史时期的'意境'研究者,具有不同的学术视野,这样又形成了多维视野中的'意境'理论。"①这样的结论,不在读者的预期之内。因为按照学术研究的逻辑,我们在爬梳、分析、总结前人有关对"意境"概念内涵的认知之后,应该给出一个自己的定义,这才是学术史研究的意义,而不应该让人在读完了中国"意境"学说演进史后,不仅仍然对"意境"的概念内涵不甚了了,甚至更加困惑了。

那么,作者为什么不在总结、评判前人有关"意境"理论学说的基础上,顺理成章地给出一个属于自己的"意境"定义呢?读到该书第三章"'意境'内涵的多层阐释"的第六节,也就是小结部分:"结语:文化语境中的'意境'内涵",作者才"夫子自道",讲出了其中的原因:"20世纪的'意境'研究者所做的第一件事,就是为'意境'内涵寻找一条能让学界所公认的定义。谁能寻找和归纳出这样一条定义,谁就立了'一家之言'。在这种'定义旋风'的裹挟下,人们纷然影从,趋之若鹜。于是,关于'意境'定义的说法就渐渐多了起来。从20世纪初,谈'意境'定义;到20世纪

---

① 古风:《意境探微》,南昌:百花洲文艺出版社,2017年,第126页。

末,还谈'意境'定义。一百年来,似乎原地踏步,并未走出'定义旋风'的圈子。而且,越谈越让人糊涂,弄不清'意境'究竟是什么了。"①面对现实,作者选择直接"躺平",明白清楚地宣布:"本书不打算回答'意境是什么'的问题,而只是在一个更为广阔的文化语境中,对意境内涵进行多层阐释。"②不过,有个问题,既然作者是要对"意境"的内涵进行阐释,而且是多层阐释,那么就是事实上在给"意境"下定义了。因为所谓"定义",就是对概念内涵的界定,即对概念的内涵作出阐释或说明。只是该书自始至终没有给"意境"下一个明确的定义,可见作者对于给"意境"下定义有一种既心向往之,而又顾虑重重的心理。

其实,我在这一讲里准备讨论"意境"的概念内涵之前,也有这种心理。因为我知道,"意境"的定义不好下,之前的定义已经足够多了,而且我对这些定义都不满意,所以,就想找一个在意境研究方面最新最权威的论著仔细研读一下,看看是否能够给我提供一个现成而满意的定义,让我直接引用之后,就可以进入主题,直接讨论了。结果,令人非常遗憾,我没有发现这样的论著。

既然如此,我们就只好从头开始讨论"意境"的定义,并试图给出我自己的定义,以便让本讲所讨论的"意境创造与修辞经营"的主题有一个好的基础,后续的论述能够顺理成章地进行下去。

一般说来,讨论学术问题时,我们要引述某一概念的定义作为逻辑起点,往往都倾向于引述权威教科书,或是权威辞书。依循学术惯例,这里我们也想从一部权威的教科书或权威辞书里引述"意

---

① 古风:《意境探微》,南昌:百花洲文艺出版社,2017年,第247页。
② 同上书,第249页。

境"的定义,作为本讲讨论"意境创造与修辞经营"问题的起点。但是,就我们的视野所及,目前众多中国文艺美学理论教科书中并无一个为大家所公认的最好定义。基于此,我们不得不将目光投向中国学术界人士都认同的权威辞书《辞海》。因为《辞海》的词条都是经过很多学者多次讨论并打磨过的,其对某一概念的定义往往是取得了学术界的最大认同公约数。下面我们就看一下《辞海》给"意境"下的定义:

> 意境 文艺作品中所描绘的客观图景和所表现的思想感情融合一致而形成的一种艺术境界。能使读者通过想象和联想,如身入其境,在思想感情上受到感染。中国古代文学批评家常以意境的高下来衡量作品的成败,但有时由于过分强调作者个人的主观感受,流于玄秘。优秀的文学艺术往往能使情与景、意与境相交融,塑造鲜明生动的艺术形象,产生强烈的感染力。[①]

在这个定义中,有五个关键词是所有谈意境的现代学者都会触及的,这就是:"景""情""联想""想象""感染力"。也就是说,意境跟这五个关键词所代表的因素有密切关系。根据我们的理解,这个定义的核心是强调情与景、意与境的交融。也就是说,文艺作品所描绘的图景要跟其所表达的思想感情融合一致,具象的"景"要映射抽象的"情",不是为了写景而写景,即不是仅仅为了营造视觉上的画面效果而设景布景;而且所写之景,要能引发接受者的联想和想象,令其有身临其境的感觉,从而在思想情感上受到感染,获得一种审美享受。相对来说,这个定义还是比较完备的,基

---

① 辞海编辑委员会编:《辞海》(1989年版缩印本),上海:上海辞书出版社,1990年,第2291页。

本上抓住了"意境"最核心的要素,是可以参考的一家之言。

《辞海》的这个定义,事实上是集合了众家的观点而成的多数人的意见,有其合理性是理所当然的。其实,在众多给"意境"下过定义的学者中,也有完全体现个人学术见解的"一家之言"也有相当的合理性,值得我们重视。例如,宗白华先生发表于20世纪40年代的论文《中国艺术意境之诞生》(载于《时与潮文艺》1943年3月创刊号,又见于《哲学评论》第八卷第五期),给"意境"下了一个夹叙夹议、非常文艺化的"非典型"的定义:

> 什么是意境?人与世界接触,因关系的层次不同,可有五种境界:(1)为满足生理的物质的需要,而有功利境界;(2)因人群共存互爱的关系,而有伦理境界;(3)因人群组合互制的关系,而有政治境界;(4)因穷研物理,追求智慧,而有学术境界;(5)因欲返本归真,冥合天人,而有宗教境界。功利境界主于利,伦理境界主于爱,政治境界主于权,学术境界主于真,宗教境界主于神。但介于后二者的中间,以宇宙人生的具体为对象,赏玩它的色相、秩序、节奏、和谐,借以窥见自我的最深心灵的反映;化实景为虚境,创形象以为象征,使人类最高的心灵具体化、肉身化,这就是"艺术境界"。艺术境界主于美。
>
> 所以一切美的光是来自心灵的源泉:没有心灵的映射,是无所谓美的。瑞士思想家阿米尔(Amiel)说:"一片自然风景是一个心灵的境界。"中国大画家石涛也说:"山川使予代山川而言也……山川与予礼遇而迹化也。"艺术家以心灵映射万象,代山川而立言,他所代表的是主观的生命情调与客观的自然景象交融互渗,成就一个鸢飞鱼跃,活泼玲珑,渊然而深的灵境;这灵境就是构成艺术之所以为艺术的"意境"。(但在音乐和建筑,这时

间中纯属形式与空间中纯形式的艺术,却以非模仿自然的境相来表现人心中最深的不可名的意境,而舞蹈则又为综合时空的纯形式艺术,所以能为一切艺术的根本型态,这事后面再说到。)

意境是"情"与"景"(意象)的结晶品。王安石有一首诗:"杨柳鸣蜩绿暗,荷花落日红酣。三十六陂春水,白头相见江南。"前三句全是写景,江南的艳丽的阳春,但着了末一句,全部景象遂笼罩上,啊,渗透进,一层无边的惆怅,回忆的愁思,和重逢的欣慰,情景交织,成了一首绝美的"诗"。

元人马东篱有一首《天净沙》小令:"枯藤老树昏鸦,小桥流水人家,古道西风瘦马,夕阳西下——断肠人在天涯!"也是前四句完全写景,着了末一句写情,全篇点化成一片哀愁寂寞,宇宙荒寒,怅触无边的诗境。

艺术的意境,因人因地因情因景的不同,现出种种色相,如摩尼珠,幻出多样的美。同是一个星天月夜的景,映射出几层不同的意境:

元人杨载《景阳宫望月》云:"大地山河微有影,九天风露浩无声。"明画家沈周《写诗寄僧》云:"明河有影微云外,清露无声万木中。"清人盛青嵝咏《白莲》云:"半江残月欲无影,一岸冷云何处香。"杨诗写涵盖乾坤的封建帝居气概,沈诗写迥绝世尘的幽人境界,盛诗写风流蕴藉,流连光景的诗人胸怀。一主气象,一主幽思(禅境),一主情致。至于唐人陆龟蒙咏白莲的名句"无情有恨何人见,月晓风清欲堕时",却系为花传神,偏于赋体,诗境虽美,主于咏物。

在一个艺术表现里情和景交融互渗,因而发掘出最深的情,一层比一层更深的情,同时也透入了最深的景,一层比一层更晶莹的景;景中全是情,情具象而为景,因而涌现了一个独特的宇宙,崭新的意象,为人类增加了丰富的想象,替世界开辟了新境,正如恽南田所说:"皆灵想之所独辟,总非人间所有!"这是我的所谓"意境"。"外师造化,中得心源。"唐代画家张璪这两句训示,是这意境创现的基本条件。①

相比于《辞海》对"意境"所下的定义,宗白华先生的这个"意境"定义实在是太"文艺"了,是"非典型性"的定义。不过,其基本意思还是非常清楚的。依我们的理解,就是认为"意境"是情和景的交融互渗,情愈深则景愈深,景愈深则情更深,即"景中全是情,情具象而为景"。因为有更深的情,所以才会涌现出"独特的宇宙,崭新的意象,为人类增加了丰富的想象,替世界开辟了新境"。也就是因景而生情,因情而触发联想想象,从而开辟出审美的新境界。认为意境的创造需要两个条件:一是"外师造化",即从自然万物中汲取灵感;二是"中得心源",即内心要有深切的感动,要善于联想,有丰富的想象力。

概括起来说,宗白华先生的这个定义虽然"很文艺",表意并不十分明确,跟我们常见的、通行的下定义的逻辑模式不一样,但也突出强调了五个关键因子"景""情""联想""想象""感染力",跟《辞海》中的定义在内涵上是一致的,只是在表述上有所差异而已。如《辞海》强调"文艺作品中所描绘的客观图景和所表现的思想感情融合一致",宗白华先生强调"艺术表现里情和景交融互渗",说的都是"情""景"二要素在构成"意境"中的不可或缺以及交融一体的重要性;《辞海》强调文艺作品要"使读者通过想象和

---

① 宗白华:《美学与意境》,南京:江苏凤凰文艺出版社,2017年,第135—138页。

联想,如身入其境",宗白华先生说艺术表现"为人类增加了丰富的想象,替世界开辟了新境",说的都是意境创造与"联想""想象"密不可分的关系;《辞海》强调"优秀的文学艺术往往能使情与景、意与境相交融,塑造鲜明生动的艺术形象,产生强烈的感染力",宗白华先生说"艺术表现里情和景交融互渗,因而发掘出最深的情,一层比一层更深的情",说的都是有意境的作品所产生的感染力。

我们认为,学者古风《意境探微》一书对中国"意境"理论学说演进的爬梳钩沉很有功力,也很有学术价值;《辞海》对"意境"所作的概念界定,体现了中国文艺美学界的集体共识;宗白华先生对"意境"所下的定义,夹叙夹议,表述上非常"文艺化",定义模式具有"非典型性"特征,表意虽有模糊性,但却抓住了"意境"的核心要素,因此,对我们理解什么是"意境"具有相当的启发意义。 不过,我们觉得,对"意境"下定义并不需要那么复杂,只要抓住其中的核心要素,用一两句话简明扼要地概括出其核心要旨,足矣。

日常生活中,我们常常见到很多中国人在欣赏文学艺术作品(包括诗、词、曲、赋、散文、小说等文学作品,戏曲、绘画、书法、雕塑等艺术作品),或是欣赏自然山水风光时,最喜欢用"诗情画意"四个字来作评判。 由此我们想到,是否可这样给"意境"下定义:

所谓"意境",是指文学艺术创作中所呈现出来的文本形式(如诗、词、歌、赋等文学作品)或实物样式(如书法、绘画、雕塑等艺术作品)跟所要表达的思想情感交互融合而产生的一种"诗情画意"的境界。

所谓"诗情",是指经由作品的表现形式,能引发接受者深切的感动,有一种思绪万千或思接千古的情感冲动;所谓"画意",是指经由作品的表现形式,能引发接受者丰富的联想想象,仿佛有一种如临其境、如见其人、如闻其声的视听觉形象美感,也就是有一种鲜明的画面感。无论是"诗情",还是"画意",都是一种美,都是一种感染力,让人获得一种审美享受。从这个意义上说,古人以意境高下来论文学艺术创作的成败,是不无道理的。因为文学艺术本来就是要给人以一种美的享受,要给人以某种深切的感动。

二、意境的创造途径

意境创造的途径,视文学艺术作品的类别而有所不同。比方说,以文字为载体的文学作品(如诗、词、曲、赋、散文、小说等),跟以笔墨纸张为载体的绘画相比,跟以唱、念、做、打等形式呈现的戏曲、戏剧表演艺术相比,跟以运笔而形成某种笔势、笔锋的书法艺术相比,跟以金属或泥土等为材料进行创作的雕塑艺术相比,在意境创造的途径上肯定不相同。

本讲的主旨是"意境创造与修辞经营",因此不拟谈论绘画、书法、戏曲、雕塑等艺术的意境创造途径问题,而只拟以文学作品为对象来谈意境的创造途径问题。因为文学是语言的艺术,而语言的艺术就是修辞。所以,谈修辞必然要谈文学作品的意境创造问题。

文学作品的意境创造,其途径有很多。根据我们粗浅的研究,发现跟很多汉语修辞格的运用都有密切关系。比方说,"比拟"格(特别是其中的"拟人"格)、"比喻"格、"示现"格、"叠字"格、

"用典"格、"引用"格等常用辞格,都是意境创造的有效途径。

下面我们先来看"比拟"格的运用。

  天上飘着些微云,
  地上吹着些微风,
  啊!微风吹动了我头发,
  教我如何不想她?

  月光恋爱着海洋,
  海洋恋爱着月光。
  啊!这般蜜也似的银夜,
  教我如何不想她?

  水面落花慢慢流,
  水底鱼儿慢慢游。
  啊!燕子你说些什么话?
  教我如何不想她?

  枯树在冷风里摇,
  野火在暮色中烧,
  啊!西天还有些儿残霞,
  教我如何不想她?

(刘半农:《情歌》)

  这首诗,是著名文学家、语言学家刘半农(即刘复)写于20世纪20年代留学英国之际,抒发的是身在异国对祖国的思念之情。诗中的"她"指的就是中国,而非意中人、心上人。全诗运用了

"比拟"格中的"拟人"法,将祖国比作自己的情人,在抒发对祖国的思念之情的过程中,让月光与海洋恋爱,让落花与鱼儿浪漫相遇,让燕子窃窃私语,情景交融,创造出了一种超现实的、魔幻的、浪漫主义的意境。这首诗在 20 世纪 30 年代经过语言学家、音乐家赵元任的谱曲,成为当时唱遍大江南北的流行歌曲,至今仍为音乐界传唱的经典。一首诗经历一个多世纪仍然魅力不减,这不能不说与其意境创造有关。

接着,我们再来看"比喻"格的运用。

凌波不过横塘路,但目送,芳尘去。锦瑟华年谁与度?月桥花院,琐窗朱户,只有春知处。

飞云冉冉蘅皋暮,彩笔新题断肠句。试问闲愁都几许?一川烟草,满城风絮,梅子黄时雨。

(宋·贺铸:《青玉案》)

贺铸的这首词在宋词中是非常出名的,在后代中国人的记忆里也是非常深刻的,广泛流传了近千年,尤其赢得中国广大读书人的击节赞赏。究其原因是多方面的,其中最重要的一个原因是词的下阕末四句,运用了"比喻"格,将抽象的"闲愁"比作"一川烟草""满城风絮""梅子黄时雨",让人由此及彼展开联想想象,脑海中幻化出一幅烟雨濛濛、草色无边、梅子黄熟、落花满城的江南暮春景象,如诗如画,诗中有画,画中有情,让人遐思无限,陶醉不已。这就是"比喻"格在创造意境方面的效果。另外,这个比喻文本置于全词的末尾,还有拓展意境的效果,别具一种"曲终人不见,江上数峰青"的韵味,让人有回味无穷的美感。

类似的还有南唐后主李煜的《虞美人》词:

春花秋月何时了?往事知多少。小楼昨夜又东风,故国不堪回首月明中。

雕栏玉砌应犹在,只是朱颜改。问君能有几多愁?恰似一江春水向东流。

这首写帝王亡国之恨、离乡之愁的作品,之所以深切感人,其中最重要的原因是全词最后二句以"比喻"手法建构的一个比喻修辞文本,将抽象之"愁"比作滚滚东流、绵绵不绝的长江之水,让人由此及彼展开联想想象,不禁触景生情,无限感慨。可见,这首词的成功也是依靠"比喻"格创造意境,从而实现了以情动人的预定目标。与上举贺铸的《青玉案》词一样,这首词将比喻文本置于全词的末尾,对于拓展词的意境,强调词人"此恨绵绵无绝期"的悔恨之情发挥了重要作用,使词作更具感人至深的魅力。

下面我们再来看"示现"格的运用。

六王毕,四海一;蜀山兀,阿房出。覆压三百余里,隔离天日。骊山北构而西折,直走咸阳。二川溶溶,流入宫墙。五步一楼,十步一阁;廊腰缦回,檐牙高啄;各抱地势,钩心斗角。盘盘焉,囷囷焉,蜂房水涡,矗不知其几千万落!长桥卧波,未云何龙?复道行空,不霁何虹?高低冥迷,不知西东。歌台暖响,春光融融;舞殿冷袖,风雨凄凄。一日之内,一宫之间,而气候不齐。妃嫔媵嫱,王子皇孙,辞楼下殿,辇来于秦,朝歌夜弦,为秦宫人。明星荧荧,开妆镜也;绿云扰扰,梳晓鬟也;渭流涨腻,弃脂水也;烟斜雾横,焚椒兰也。雷霆乍惊,宫车过也;辘辘远听,杳不知其所之也。一肌一容,尽态极妍,缦立远视,而望幸焉……

(唐·杜牧:《阿房宫赋》)

唐人杜牧所写的阿房宫,是秦始皇时代所建造的豪华宫殿,未及完成，秦朝就灭亡了。已然造好的宫殿也被入关的楚霸王项羽一把火给烧了。因此，作者杜牧身为唐人，是没有亲眼见过阿房宫的。但是，在他的笔下，却将阿房宫的气势与建筑精美、精巧之状写得如在目前，阿房宫内的宫人生活也写得活灵活现，这是作者运用了"示现"格中"追述的示现"手法，根据现实中所见的宫殿及其宫人生活，结合自己的联想想象，将已然过去的景象呈现出来，让人有一种如临其境，如睹其状，如见其人的感觉。这种意境的创造，就是依靠"示现"格的运用而实现的。

下面我们再来看"叠字"格的运用。

> 迢迢牵牛星，皎皎河汉女。
>
> 纤纤擢素手，札札弄机杼。
>
> 终日不成章，泣涕零如雨。
>
> 河汉清且浅，相去复几许。
>
> 盈盈一水间，脉脉不得语。

（汉无名氏：《古诗十九首》之一）

这首写爱情神话故事的诗，之所以成为汉乐府诗的名篇，并且排在了《古诗十九首》之首，跟其意境之美有着密切关系。牵牛星与河汉女（织女星）的相爱，河汉女的痴情，凄楚浪漫而令人遐思无限；"纤纤擢素手，札札弄机杼"和"终日不成章，泣涕零如雨"的形貌与行为描写，生动逼真，让人有一种如见其人的感觉，"诗情画意"的美感特别浓郁。事实上，这首诗的审美远不止于此。诗中六次运用了"叠字"格，六个叠字"迢迢""皎皎""纤纤""札札""盈盈""脉脉"，就像大珠小珠，均匀而有规律地呈现于诗歌的开头与结尾各句，在"诗情画意"之外，别具一种"大珠小珠落玉盘"的听觉美感。可见，这首诗的意境创造，有"叠字"格的功劳在其中。

再说"用典"格的运用。

> 所谓亲近,不过是多谈闲天,一多谈,就露出了缺点。几乎有一年多,他没有消失掉从上海带来的才子必有"红袖添香夜读书"的艳福思想,好容易才给我们骂掉了。但他好象到处都这么的乱说,使有些"学者"皱眉。
>
> (鲁迅:《忆刘半农》)

这是鲁迅回忆亡友刘半农(即刘复,北京大学教授、著名文学家与语言学家)的纪念文字,其中有一句"他没有消失掉从上海带来的才子必有'红袖添香夜读书'的艳福思想",就是运用了"用典"格的修辞文本。 其中,"红袖添香夜读书"是个典故,有两个出处:一是源自清代女诗人席佩兰的《寿简斋先生》诗"绿衣捧砚催题卷,红袖添香伴读书";二是见于清人魏子安的小说《花月痕》第三十一回"从此绿鬓视草,红袖添香;眷属疑仙,文章华国"。可见,"红袖添香夜读书"这个典故的实指义是:"夜晚读书有美人相伴。""红袖添香夜读书",于中国古代文人而言是一种佳话,但在现代知识分子看来则不是一种健康的想法与光彩的事情。 所以,鲁迅为了替亡友刘复(半农)避讳,述及其事时就用了一个"红袖添香夜读书"的典故一带而过。 读者要想解读出鲁迅的本意,就必须透过"红袖添香夜读书"这七个字的典故细细咀嚼体味。 很明显,这样的表达比直白地表达,说刘复有离不开女人的说法要优雅得多。 其实,不仅仅是优雅,事实上还会引发读者的联想想象,别具一种思接千古、遐思万千的审美情趣。 很明显,这种平淡情事艺术化,于寻常叙事中创造出来的意境,是完全得力于"用典"格的运用。

最后我们说说"引用"格的运用。

这样想时,严寒里竟有一点温暖的感觉了。这样想时,他希望这些狭长的巷子永远延伸下去,不是金门街到厦门街,而是金门到厦门。他是厦门人,至少是广义的厦门人,二十年来,不住在厦门,住在厦门街,算是嘲弄吧,也算是安慰。不过说到广义,他同样也是广义的江南人,常州人,南京人,川娃儿,五陵少年。杏花春雨江南,那是他的少年时代了。再过半个月就是清明,安东尼奥尼的镜头摇过去,摇过去又摇过来。残山剩水犹如是。皇天后土犹如是。纭纭黔首纷纷黎民从北到南犹如是。那里面是中国吗?

那里面当然还是中国,永远是中国。只是杏花春雨已不再,牧童遥指已不再,剑门细雨渭城轻尘也都已不再。然则他日思夜梦的那片土地,究竟在哪里呢?

在报纸的头条标题里吗?还是香港的谣言里?还是傅聪的黑白键马思聪的跳弓拨弦?还是安东尼奥尼的镜底勒马洲的望中?还是呢,故宫博物院的墙头和玻璃橱内,京戏的锣鼓声中太白和东坡的韵里?

杏花。春雨。江南。六个方块字,或许那片土地就在那里面。而无论赤县也好神州也好中国也好,变来变去,只要仓颉的灵感不灭,美丽的中文不老,那形象,那磁石一般的向心力当必然长在。因为一个方块字是一个天地。太初有字,于是汉族的心灵,祖先的回忆和希望便有了寄托。譬如凭空写一个"雨"字,点点滴滴,滂滂沱沱,淅沥淅沥淅沥。一切云情雨意,就宛然其中了。视觉上的这种美感,岂是什么 rain 也好 Pluie 也好所能满足?翻开一部《辞源》或《辞海》,金木水火土,各成世界,而一入

"雨"部,古神州的天颜千变万化,便悉在望中,美丽的霜雪云霞,骇人的雷电霹雹,展露的无非是神的好脾气与坏脾气,气象台百读不厌门外汉百思不解的百科全书。

(余光中:《听听那冷雨》)

上引文字是中国台湾诗人余光中散文名篇中的片断,抒发的是对祖国大陆真挚的思念之情与热爱之情。虽然是散文,不是诗,但却有诗一般的意境之美。这其中,就得力于"引用"格的运用。如"杏花春雨江南,那是他的少年时代了","杏花。春雨。江南。六个方块字,或许那片土地就在那里面",其中"杏花""春雨""江南"三字的铺排连用与拆开并用,都使文字表达别具一种"诗情画意",令人不禁触发联想想象,思接千古,遐思万千。因为"杏花春雨江南"这六个字,是诗人余光中引用元人虞集《风入松·寄柯敬仲》一词的最后一句,也是最著名的一句,表达了词人身在元朝大都(北京)而朝思暮想江南故乡的深切之情。这就是明末清初思想家与文学家王夫之所说的"一切景语皆情语",是以景语代情语,于情景交融中写出最美的景、最深的情。又如"只是杏花春雨已不再,牧童遥指已不再,剑门细雨渭城轻尘也都已不再",这三句也是运用"引用"格建构的修辞文本。第一句的"杏花春雨",是对上述元人虞集《风入松·寄柯敬仲》词中"杏花春雨江南"句的"断引"("引用"格的一种类型,只引其中一部分);第二句的"牧童遥指",是对唐人杜牧《清明》诗中"牧童遥指杏花村"句的"断引";第三句的"剑门细雨",是对宋人陆游《剑门道中遇微雨》的末一句"细雨骑驴入剑门"的"缩引"。这三个引用修辞文本,虽然都不是采用"全引",而是"断引"或"缩引",但由于被引原诗词的知名度非常高,一经引用,便会引发接受者的联想想象,还原历史的情境,并与原作者达成情感上的共鸣。因此,这不仅使表达显得优雅有深度,而且别具"诗情画意"。很明显,这种散文中的意境创造,完全是得力于"引用"格的运用。

意境创造的途径,除了相关辞格的运用之外,在中国古典文学作品特别是诗、词、曲、赋等韵文作品的创作中,还有一种常见的方法,就是通过使用具有某种意象的名词,为作品创造某种意境。如古人最爱用的"柳""松""竹""菊""梅"等名词,还有"长亭""古道""夕阳""残月""明月""青天""清风""玉露""碧草""蓝天",等等。因为这些具有特定文化内涵的名词经过历代文学家的反复使用,慢慢就形成了某种具有特定内涵的意象,对意境的创造可以发挥非常直接的作用。如宋人柳永的《雨霖铃·寒蝉凄切》词中有个名句:"今宵酒醒何处?杨柳岸、晓风残月。"之所以有名,就是因为这个句子非常有意境之美。而这种意境之美,就源于"杨柳""晓风""残月"三个具有特定意象的名词,它们让人引发了联想与想象,遂有"诗情画意"产生。又如近人李叔同(即弘一法师)的《送别》词:

长亭外,古道边,芳草碧连天。晚风拂柳笛声残,夕阳山外山。

天之涯,地之角,知交半零落。一壶浊酒尽余欢,今宵别梦寒。

长亭外,古道边,芳草碧连天。问君此去几时来,来时莫徘徊。

天之涯,地之角,知交半零落。人生难得是欢聚,惟有别离多。

这首歌词创作于 20 世纪 20 年代,直到今天仍然是中国人最喜欢传唱的歌曲之一。原因是它具有一般流行歌曲所没有的那种具有古典意味的意境之美。如果我们仔细读一读这首歌词，就会发现其中运用了很多中国古典诗词都常用的特定名词，如"长亭""古道""芳草""碧天""晚风""笛声""夕阳""天涯""地角""浊酒""别梦"等。熟读中国古典诗词的人都知道，这些名词都具有某种意象的，是古人反复使用的。因此，它们在歌词中的反复出现与组合运用，就给歌曲创造了特定的意境。"长亭"与"古道"，是古人送别最常见的场景；"晚风""笛声""夕阳""浊酒"，是最易引发人忧愁的触媒。正是因为这首歌词中有这些特定意象的名词，所以就使整首歌曲别具一种凄凉而缠绵的意境之美。

限于篇幅，这里我们就不再对意境创造的途径作进一步论述了。

三、名词铺排：意境创造的独到修辞经营

关于意境创造，上面我们讲了很多种途径。其实，还有一种非常有效的途径，就是通过"名词铺排"（也就是本书第二讲所说的"列锦"修辞手法）来实现。名词铺排，是汉语修辞中一种非常独特的现象，也是意境创造最有效的途径之一。

所谓"名词铺排"，是特指汉语表达中出现的一种以一个名词或名词短语单独构句，或是以两个或两个以上的名词或名词短语（包括名词短语组合）联合构句，以此写景叙事的语言现象。

汉语的名词铺排，从严格意义上说不是语法现象，而是修辞现象，它是表达者有意突破语法规约，意欲在表情达意的同时展露其某种审美倾向的一种修辞努力。

以名词铺排形式出现的言语作品,我们将之称为"名词铺排文本"。

根据我们的研究,汉语的名词铺排在结构形式上相当复杂,结构类型非常多。但是,从构成名词铺排的单位大小来看,只有三种:一是单句形式,二是对句形式,三是多句形式。但是,不论是哪种形式,都必须同时满足如下三个条件:

一是构句中不出现任何一个动词。

二是每个句子都是名词性质的,但可以是单个名词或名词短语独立构句,也可以是两个或两个以上的名词或名词短语联合构句。

三是每个句子在语法上都不与其前后句发生结构上的纠葛,即既不做其前句的谓语、宾语或补语,也不做其后句的主语、定语或状语。①

名词铺排作为一种修辞现象,在意境创造方面有着独特的作用,这主要表现在两个方面:

其一,名词铺排可以有效"拓展接受者的联想与想象空间"②。

名词铺排由于突破了汉语语法的规约,以几个名词或名词短语的连续铺排来写景叙事,因此在语义呈现上必然不会像正常表达那样清晰,甚至可以说是显得相当模糊。然而,从审美的角度看,正是因为语义呈现上具有模糊性或曰多义性,由名词铺排手法创造出来的文本才充满魅力。③因为它给接受者留足了联想与想象的空间,"让他们可以凭借自己的生活经验与对文本所写对象的独特感知进行'二度创造',从而在阅读欣赏中使文本的审美价值得

---

① 吴礼权:《汉语名词铺排史》,广州:暨南大学出版社,2019年,第3页。
② 同上书,第20页。
③ 同上。

以增量"①,产生"一千个接受者有一千种解读"的效应。

关于这一点,我们不妨来看一个例子。

空嗟覆鼎误前朝,骨朽人间骂未销。
<u>夜月池台王傅宅</u>,春风杨柳太师桥。

(宋·刘子翚:《汴京纪事二十首》其七)

众所周知,刘子翚在中国文学史上并不是成就特别大的作家,但是他的这首诗却是千古以降人们所公认的名篇,读之让人油然生发出无限的感慨,可谓耐人寻味,魅力十足。那么,为什么能臻至如此境界呢?仔细分析一下,我们不难发现,这首诗最引人回味的是三四两句:"夜月池台王傅宅,春风杨柳太师桥。"而这两句之所以深具魅力,则又与它是以名词铺排形式来呈现有关。②

从创作主旨看,上引这首诗,与《汴京纪事》二十首中的其他十九首一样,也是就某一特定重大历史事件抒发诗人的历史感慨,表达其对北宋王朝由盛而衰终至走向亡国结局的沉痛反思。就诗的内容来看,上引这首诗主要是指斥北宋末期奸臣当道而误国的历史现实。整首诗只有四句,前二句"空嗟覆鼎误前朝,骨朽人间骂未销",乃是直陈其意,对北宋误国奸臣的滔天罪行予以愤怒谴责。虽然表意略嫌直白了点,不符合"温柔敦厚"的传统诗教主旨,也与唐人司空图主张的"不著一字,尽得风流"的境界有很大差距,但却真真切切地呈现了诗人从心底自然流露的真情实感,这就是对误国奸佞的切齿痛恨之情,对亡宋故国的深切怀念之情。③

---

① 吴礼权:《名词铺排与唐诗创作》,载《蜕变与开新——古典文学国际学术研讨会论文集》,台北:东吴大学,2011年,第160页。
② 吴礼权:《汉语名词铺排史》,广州:暨南大学出版社,2019年,第20页。
③ 同上书,第20—21页。

从创作技巧看,诗歌凌空起势,一开始就大发议论,且表意直白。这看起来很不合常规,当然也算不得是妙笔。但是,当我们读完了诗人上面两句议论之后,却陡然发现随后的两句不再是议论,而是纯粹的写景"夜月池台王傅宅,春风杨柳太师桥",则就会惊呼其转接的突兀与诗思的巧妙了。因为这样的转接,会让读者于瞬间的惊诧与错愕之后,情不自禁地沉浸于这两句诗所呈现的景象之中,顿起一种思接千古、感时伤怀的情感苦痛。因为"夜月""池台"与"王傅宅"的并置,"春风""杨柳"与"太师桥"的并列,表面看是纯粹的名词或名词性短语的连续铺排,是亡宋故都风物景象的自然呈现,属于写景之笔。实际上,情况并非如此。诗人有意让"夜月""池台""王傅宅"配列为一句,将"春风""杨柳"与"太师桥"组合在一起,意在通过寻常景物"夜月""池台""春风""杨柳"与特定历史建筑"王傅宅"和"太师桥"的匹配,让读者产生联想,在由此及彼的风物对比中体会到诗句痛斥误国奸佞的深意,从而让人们深刻反思北宋亡国的深层原因。①

那么,为什么这种匹配与对比会产生这种独特的效果呢?这实际上是与"王傅宅"与"太师桥"两个名词短语有着密切关系。在不了解北宋历史的读者眼中,"王傅宅"与"太师桥"就是平常的两处历史遗迹;但是,在了解北宋历史的读者看来,"王傅宅"与"太师桥"承载了太多的历史记忆,与北宋之所以亡国息息相关。稍微了解一点历史者皆知,"王傅宅"乃指北宋徽宗朝"六贼"之一王黼的宅子。王黼在宋徽宗朝是一代权臣,更是一个祸国殃民的奸臣。他除了利用宰执之权力假公济私,广求天下子女玉帛,苛取四

---

① 吴礼权:《汉语名词铺排史》,广州:暨南大学出版社,2019年,第21页。

方水陆珍异而据为己有外,还罔顾国家利益,极力怂恿宋廷联金制辽,借机搜刮民脂民膏。最后,以钱六千余万缗买得燕京等空城,以此向朝廷虚报战功,得以进封太傅、楚国公。至于王黼以贪污腐败得来的钱财所营建的太傅宅,其豪奢程度就更令人惊骇了。因此,历史学家们大多认为,北宋之所以灭亡,实际上是与王黼的贪腐特别是其联金攻辽决策有明显的直接关联。至于诗中提到的"太师桥",则与北宋的另一权臣蔡京有关。蔡京亦为宋徽宗朝的"六贼"之一,执掌朝政时间在王黼之前,而且时间也长。关于他祸国殃民的劣迹,就更是人人尽知了。①正因为"王傅宅"与"太师桥"两个名词与诗人所要指斥的特定历史人物(王黼和蔡京)紧密相联,诗人将"夜月""池台"与"太傅宅"进行配列,将"春风""杨柳"与"太师桥"并置②,就会自然"让人由此及彼产生诸多联想与想象,想到北宋故都汴京旧有的风物,想到在这风物背景下所发生一系列历史事件,想到与这些历史事件相联系的历史人物。由此,自然让人们对北宋亡国的历史进行反思,从而深刻认识到奸臣误国的严重危害性,油然而生对王黼与蔡京等祸国殃民的奸臣切齿痛恨之情"③。

可以这样说,上引这首诗如果没有"夜月池台王傅宅,春风杨柳太师桥"这两句,那么肯定是一首非常平庸的诗。事实上,正是因为有了这两句,整首诗才顿时显得气韵生动,余味无穷。而这种独特效果的产生,则全赖名词铺排的作用。假如诗人不以名词铺排文本呈现,而是依照汉语语法规则,规规矩矩地遣词构句,那是根

---

① 吴礼权:《汉语名词铺排史》,广州:暨南大学出版社,2019年,第21页。
② 同上书,第21—22页。
③ 吴礼权:《表达力》,台北:台湾商务印书馆,2011年,第32页。

本无法企及上述这种表达效果的。这里需要特别指出的是，名词铺排在诗词作品中出现乃是司空见惯的，但一般多是用于写景，意在营构一种意境之美。但是，刘子翚以名词铺排建构修辞文本，其目的并非为了写景，而是意在通过写景达到讽斥奸佞的目标。事实上，诗人的这一修辞目标完全达到了，且极具魅力与感染力。因为从审美的角度看，"夜月""池台"与"王傅宅"的配列，"春风""杨柳"与"太师桥"的并置，两句各三组名词与名词性短语之间的语法结构关系没有明确予以界定。因此，"夜月""池台"到底是作为描写"王傅宅"周围景观的修饰语，还是与"王傅宅"并立的景物呈现，就有不确定性。而正是因为这种不确定性的存在，就让读者有了更多自由联想想象的空间，使他们能够根据自己特定的生活体验，以及个人对于诗句语义的理解，从而有了不同的解读。"春风""杨柳"与"太师桥"的并置，情况亦然。[①]相反，假使诗人不以名词连续铺排的方式构句，而是依汉语语法的结构规则，中规中矩地遣词造句[②]，"即在每句三个名词（或名词短语）之间用动词或介词、连词等予以缀合串联，那么这两句诗的内涵就是'有定'的，没有别种理解的可能。这样，诗因失去了'多义性'而韵味顿减。'夜月池台王傅宅，春风杨柳太师桥'二句，由于每句三个名词（或名词短语）是采并置对峙的形态呈现，不仅使诗歌内涵有了理解上的'多义性'，还在事实上造成了各个名词在语义上的对比效应。这就是通过'风'、'月'的永久性与'池台'、'王傅宅'、'杨柳'、'太师桥'的暂时性的对比，含蓄蕴藉地说明一个道理：宇宙、真理

---

① 吴礼权：《汉语名词铺排史》，广州：暨南大学出版社，2019年，第22页。
② 同上。

是永恒的,公道、人心是不可欺的,奸佞弄权及其富贵荣华都只是一时的。如果说'王傅宅'、'太师桥'可以永久,那么宅中之王傅、桥上之太师,骂名亦永久矣"①。

其二,名词铺排可以有效"制造画面效果"②,营造一种"诗情画意"。

名词铺排通过名词或名词短语的连续铺排来实现其特定的写景叙事目标,其表现手法类似于现代电影艺术中的"蒙太奇"手法,极易制造鲜明的画面效果,③营造出一种"诗情画意"的效果。前文我们说过,名词铺排是通过一组名词或名词短语的连续铺排来写景叙事的。这些连续铺排的名词或名词短语,彼此之间没有动词、助词、介词、连词等的绾合,各自呈块状独立结构,彼此对峙并立,因而在表义上就显得孤立而不连贯,没有正常语句那样表义清晰。这看起来是个缺憾,其实不然。从接受美学的角度看,各个并立对峙的名词或名词短语之间关系的不确定,语义表达具有明显的模糊性与多解性,恰恰增强了文本语言表达的张力,易于激发出接受者文本解读的积极性,引导他们集中注意力,由此及彼展开丰富的联想,进而经由文本中一个个名词或名词短语所对应的特定画面,实现对时空的再造。因为构成名词铺排的一个个名词或名词短语在意象呈现上就像电影中推出的一个个分镜头或曰特写镜头,因而极易创造出某种深邃的意境,制造出鲜明的画面效果。④

关于这一点,我们不妨看一个例子。

---

① 吴礼权:《表达力》,台北:台湾商务印书馆,2011年,第33页。
② 吴礼权:《汉语名词铺排史》,广州:暨南大学出版社,2019年,第23页。
③ 同上。
④ 同上书,第24页。

<u>枯藤老树昏鸦</u>,小桥流水人家,<u>古道西风瘦马</u>。夕阳西下,断肠人在天涯。

(元·马致远:《越调·天净沙·秋思》)

如果是对元曲有较深入研究的学者,那么他一定会知道,"元曲中以《越调·天净沙》为曲牌的作品很多,但真正为历代读者所广泛传诵的则不多。读过《全元曲》的人都知道,以《越调·天净沙》为曲牌创作小令的,并不是自马致远开始,元初作家商衢就以《越调·天净沙》为曲牌创作过四首小令。①但是,商衢所作的四首以《越调·天净沙》为曲牌的小令中,却没有一首运用名词铺排表达法"②。马致远虽非《越调·天净沙》曲牌的创始者,但他以此为曲牌的小令却都非常有名,尤其是上引这首《秋思》更是影响超绝千古,千百年来赢得无数中国文人为之掉头苦吟。③

那么,为什么这首小令会有如此独特的魅力呢?关于这一点,很多文学研究者都有过不同的阐释。其实,从修辞的角度看,这首小令之所以有着独特的魅力,追根究底,还是因为是以名词铺排文本来呈现的。④

从作品的立意来看,这首小令意在表现游子浪迹天涯、漂泊不定的行旅哀愁,以及悲秋感伤的凄凉心境。这样的主题,事实上已被中国历代作家们反复书写过,在中国古代文学作品中也不乏感人至深的篇什。马致远这首小令之所以显得难能可贵,事实上并不是

---

① 吴礼权,《汉语名词铺排史》,广州:暨南大学出版社,2019年,第25页。
② 吴礼权,《表达力》,台北:台湾商务印书馆,2011年,第33—35页。
③ 吴礼权,《汉语名词铺排史》,广州:暨南大学出版社,2019年,第25页。
④ 同上。

因为它所表现的情感有多么深沉,而是因为它以最少的文字表达出了同类主题作品所要表达的意蕴。 整首小令只有寥寥二十八个字,但却诗中有画,画中有诗,既有一般诗歌所不能企及的意境之美,又有一般诗歌所难以尽情展露的凄凉之意,因此别具一种凄切苍凉之美,读之不禁令人心生无比的感动。 这种效果的取得,也许文学研究者会有很多说法。 但是,从修辞的角度看,我们认为这首小令独特效果的取得,全赖名词铺排。 整首小令只有五句,除了最后两句"夕阳西下,断肠人在天涯"属于直抒胸臆的议论外,前三句"枯藤老树昏鸦,小桥流水人家,古道西风瘦马",全是写景之笔。但是,它的写景不同于一般文学作品的写景,而是以名词连续铺排的形式构句,每句均由三个名词配列。 由于"这些并立的名词之间没有主从关系,在语义上也无先后次序,这就使读者在解读接受时,可以充分发挥自己的想象力,根据自己的生活体验与对作品内容的把握,通过再造性想象或创造性想象,在脑海中复现出与作者建构文本时完全不同的影像世界,使作品产生'一千个读者有一千种解读'的接受效果"[①]。 因此,从审美的视角来看,这三句并立,九个名词一字铺排开来,实在是作家的大手笔与创意所在。 因为这三句内部三个名词的并行铺排,就像三组电影分镜头组合。"前句有三个名词:'枯藤'、'老树'、'昏鸦',其所表现的都是让人感到凄凉萧条的意象,中间一句的三个名词:'小桥'、'流水'、'人家',其所表现的则是一种闲适宁静的意象,后句的三个名词:'古道'、'西风'、'瘦马',则是表现一种苍凉肃杀的意象。 这九个名词所呈现的三组意象以并列的形态呈现,其间的对比效应是不言而

---

① 吴礼权:《表达力》,台北:台湾商务印书馆,2011年,第34页。

喻的,作品所要表现的主旨也是不言而喻的:'小桥流水人家'的景象虽是平常平淡,但对于飘泊无定的游子却是那么令人向往;身在异乡,本就容易触景生情,却偏偏在应该'牛羊归圈人回家'的黄昏时分,骑着瘦马,迎着西风,走在苍凉古道上,满眼看到的都是肃杀凄凉的景象:枯藤、老树、昏鸦。'真是无限凄凉意,尽在此画中!'"①

由上述一例的分析,我们便可管中窥豹,清楚地见出名词铺排对"制造画面效果",营造"诗情画意"的独特作用。

根据我们的考证,名词铺排作为汉语修辞现象,最早出现于先秦时代的《诗经》中。

(1) <u>喓喓草虫,趯趯阜螽</u>。未见君子,忧心忡忡。亦既见止,亦既觏止,我心则降。

(《诗经·国风·草虫》)

(2) <u>秩秩斯干,幽幽南山</u>。如竹苞矣,如松茂矣。兄及弟矣,式相好矣,无相犹矣。

(《诗经·小雅·斯干》)

例(1)"喓喓草虫,趯趯阜螽",即是以叠字领起且以四言成句的"NP,NP"式名词铺排。因为这两句居全诗之首,前面没有其他句子,因此它们不可能充当其前面句子的谓语。而它们之后的句子"未见君子,忧心忡忡",是两个并列的主谓谓语句,主语(诗中所写的"女子")都被省略。前句"未见君子",有动词("见")、有宾语("君子");后句"忧心忡忡",是一个主谓结构的谓语,"忧心"是主语,"忡忡"则是形容词当谓语。可见,"喓

---

① 吴礼权:《表达力》,台北:台湾商务印书馆,2011年,第34页。

喓草虫，趯趯阜螽"是个独立的言语文本。而在这个文本内部，"喓喓草虫"与"趯趯阜螽"是一种并列对峙的关系，各自独立成句，在结构上互不充当彼此的语法成分。如果将其转换成一般的主谓句，则是"草虫喓喓，阜螽趯趯"，两个句子在结构与语义上的独立性更加明显。因此，这是一个典型的名词铺排，是《诗经》创造出的最原始形态的名词铺排文本。这一名词铺排文本，由于采用了两个名词短语句的并列铺排，遂使本来是叙事形态的文本添加了一种画面构图的审美效果。"喓喓"拟草虫（即蝗虫，即蝈蝈）鸣叫之声，"趯趯"摹阜螽（蚱蜢）跳跃之状，两个名词短语句就像两幅画，一个是听觉形象，一个是视觉形象，冠于全诗之首，给人以强烈的视听觉冲击，先声夺人的效果非常明显，读之让人有一种味之无穷、诗画合一的审美享受。例（2）情况亦然，是同一类型的名词铺排。"秩秩斯干，幽幽南山"，是两个"NP"式名词句的并列铺排，共同组成一个独立的语言单位，跟其后的句子在语义上互不相属，在语法上不存在结构上的纠葛（"如竹苞矣，如松茂矣"二句，各是一个比喻，在语法上是省略了主语的主谓句。"兄及弟矣，式相好矣，无相犹矣"是一个完整的句子，"兄及弟矣"是主语，后二句是两个谓语）。可见，"秩秩斯干，幽幽南山"跟例（1）一样，也是一个以叠字领起且以四言成句的"NP，NP"式名词铺排文本。这一文本由于居于全诗之首，在审美上有一种造景呈象、创造意境、先声夺人的效果。[①]

《诗经》所创造的名词铺排文本，虽然是先秦诗人不经意间的妙笔，不是刻意而为之，但其妙趣天成的审美效果却成了后代诗人

[①] 吴礼权:《汉语名词铺排史》,广州:暨南大学出版社,2019年,第29页。

们所热烈追求的境界。因此,在汉代诗歌中,这种以叠字领起、以偏正结构的名词短语形式成句的名词铺排,就逐渐多了起来。《古诗十九首》中就有不少,如:

(3) 青青河畔草,郁郁园中柳。盈盈楼上女,皎皎当窗牖。

《青青河畔草》

(4) 迢迢牵牛星,皎皎河汉女。纤纤擢素手,札札弄机杼。

《迢迢牵牛星》

(5) 青青陵上柏,磊磊涧中石。人生天地间,忽如远行客。

《青青陵上柏》

这些名词铺排,如果说它们是无意而为之,恐怕很难。相反,说它们是模仿《诗经》"喓喓草虫,趯趯阜螽"的名词铺排结构形式,则有相当充足的理由。如"青青河畔草,郁郁园中柳",也可以变换成"河畔草青青,园中柳郁郁",表意上没有什么变化,但在审美效果上则有相当大的差异。前者因为是名词铺排文本,接受上就有一种电影镜头式的特写画面感,给人以更多的联想想象空间,审美价值明显很高。后者则仅是一种简单的描写句,类似于陈述事实的性质,提供给读者的是"春天到了,草绿柳郁"这样一个信息,审美价值就打了折扣。虽然汉人诗歌名词铺排是有意为之,少了点妙趣天成的审美情趣,但有意以叠字领起的模式,事实上造就了一种听觉上的音乐美,这也是值得重视的。①

汉代之后,诗歌中的名词铺排现象就更为普遍了。如魏晋南北朝时代的诗歌中,名词铺排不仅结构类型有创新,而且在意境创

---

① 吴礼权:《汉语名词铺排史》,广州:暨南大学出版社,2019年,第45页。

造上也很有特色。下面我们来看几个例子。

(6) 遥遥山上亭,皎皎云间星。远望使心怀,游子恋所生。

(三国魏·曹丕:《于明津作》)

(7) 洋洋熊耳流,巍巍伊阙山。高冈碣崔嵬,双阜夹长川。

(晋·成公绥:《诗》)

(8) 霭霭停云,濛濛时雨。八表同昏,平路伊阻。

(晋·陶渊明:《停云诗》四章之一)

(9) 黮黮重云,习习和风。黍华陵巅,麦秀丘中。

(晋·石崇:《华黍》)

(10) 兰庭厌俗赏,奈苑瞩年华。始入香山路,仍逢火宅车。慈门数片叶,道树一林花。虽悟危藤鼠,终悲在箧蛇。

(南朝陈·何处士:《春日从将军游山寺诗》)

例(6)"遥遥山上亭,皎皎云间星",是一个"NP,NP"(叠字起首)式名词铺排。它以山上之亭与天上之星进行对比映衬,让读者展开丰富的联想想象,创造出了一种"融天地为一体,星云山亭相辉映"的意境。例(7)"洋洋熊耳流,巍巍伊阙山",亦是一个"NP,NP"(叠字起首)式名词铺排。它以山水进行对比映衬,使山水成为浑然一体的画面。①例(8)"霭霭停云,濛濛时雨",也是名词铺排,采用的是《诗经》所创造的叠字领起的"NP,NP"式结构,在强调突出了云之密布、雨之细密的形象的同时,自然营造出一种抑扬有致的音乐美。"霭霭"与"濛濛"之用,都是为状物而选择的自然叠字,并非是诗人为了营造一种声律美而有意为之。因

---

① 吴礼权:《汉语名词铺排史》,广州:暨南大学出版社,2019年,第78页。

此,它是一种散淡自然的音乐美,没有人工斧凿的痕迹,是一种天籁之音。①这里的意境之美,既有视觉形象的,也有听觉形象的。例(9)"黮黮重云,习习和风",也是"NP,NP"(叠字起首)式名词铺排。前句"黮黮重云",以"重"修饰"云",是通感,是将视觉与触觉打通交融。同时,前句以"黮黮"写"重云"颜色之黑,后句以"习习"拟"和风"轻拂之声,则是通过两句并立,使视觉与听觉联动,将天上之云与地上之风巧妙地联系在一起,从而使文本别具一种和谐之美的意境。②例(10)全诗八句,前四句与最后两句都是正常的主谓句,唯独第五句与第六句不是正常的主谓句,而是以名词短语独立构句,二句并列对峙,形成了一个"NP,NP"式结构的名词铺排文本。由于这二句是以名词短语构句,每个句子没有动词,句子就没有了叙事性质,而是具有一种构图性质,这就增加了句子表达的画面感。因而从审美上来看,这两个名词短语句就像是插入电影叙事中的两个特写镜头,不仅画面感强,有利于拓展诗歌的意境,别具诗中有画的效果,同时也使诗的表意带有一种含蓄蕴藉之美。③

唐代诗歌的成就众所周知,唐代诗歌在名词铺排结构模式上的创新更是前所未有,在意境创造上也别开生面。如:

(11) 七泽云梦林,三湘洞庭水。自古传剽俗,有时遁恶子。

(沈佺期:《别侍御严凝》)

(12) 孤舟汴河水,去国情无已。

(宋之问:《初宿淮口》)

---

① 吴礼权:《汉语名词铺排史》,广州:暨南大学出版社,2019年,第77页。
② 同上书,第78页。
③ 同上书,第77页。

(13) 悯悯琴上鹤,萧萧路傍马。严程若可留,别袂希再把。

(马怀素:《饯许州宋司马赴任》)

(14) 晨起动征铎,客行悲故乡。鸡声茅店月,人迹板桥霜。槲叶落山路,枳花明驿墙。因思杜陵梦,凫雁满回塘。

(温庭筠:《商山早行》)

例(11)"七泽云梦林,三湘洞庭水",以"七泽"对"三湘","云梦"对"洞庭","林"对"水",不仅有视觉形象上的对比映衬,而且还有听觉形象上的交错变化,因为这两句是属对精工的对偶(属于"严对"或曰"工对"),韵律上有一种抑扬顿挫之美,有力地拓展了诗歌的意境。 例(12)"孤舟汴河水,去国情无已",前句是名词铺排,只以"孤舟"与"汴河水"并列铺排,不表明两者之间的关系,这就好比在桌面上放了两样静物,如何组合成作品或画面,接受者可以充分发挥自己的想象力。 而后句"去国情无已",则是一个平常的陈述句,直白地表达出去国离乡的悲愁之情。 两句相比,前句表意蕴藉,后句表意直白,两者形成了鲜明的对比。①这样,就使诗歌别具一种错综灵动的自然之美,创造出了另一种意境效果。 例(13)"悯悯琴上鹤,萧萧路傍马",是一个以叠字领起的名词铺排。 其中,"悯悯"与"萧萧"都是叠字。 但是,从韵律上看,前者是"仄仄",后者是"平平",这样前后二句平仄交错,在诗句一开头便先声夺人地营造出了一种抑扬顿挫的音乐美②,一下子就拓展开了意境。 例(14)这首诗是写山中早行者的辛苦。 其中,以"鸡声茅店月,人迹板桥霜"最为有名。 而这

---

① 吴礼权:《汉语名词铺排史》,广州:暨南大学出版社,2019年,第194页。
② 同上书,第195页。

二句就是典型的名词铺排文本。从结构上看，两句皆由两个双音节的名词短语与一个单音节的名词铺排组成，无论是视觉形象的"茅店""板桥""人迹""月""霜"，还是听觉形象的"鸡声"，都像是一个个电影分镜头。它们组合起来所构成的深秋山色的图画，不同的读者可以经由自己不同的生活阅历而有不同的解读。但是，不论解读者脑海中呈现的画面是如何的不同，总会有一种抹不掉的色彩，这便是淡淡的哀伤之情，既是哀秋之零落，更是哀行者山中早行的悲苦。而这层语义在诗句表面却并没有出现，而是经由六个名词和名词短语的连续铺排，以"景语"代"情语"而自然地呈现出来。正因为如此，这两句诗才显得特别有意境，深具婉约含蓄之美，成为照亮全诗的灵魂。①

宋金元诗歌的创作成就，在中国文学史上的地位也不容小觑，其在名词铺排结构上的创新也相当引人注目。至于在意境创造上，则别有追求，"注重节奏与意境统一之美"②。下面我们来看几个例子。

(15) 节物岂不好，秋怀何黯然。<u>西风酒旗市，细雨菊花天</u>。感事悲双鬓，包羞食万钱。

（宋·欧阳修:《秋怀》）

(16) 曾作金陵烂漫游，北归尘土变衣裘。<u>芰荷声里孤舟雨</u>，卧入江南第一州。

（宋·张耒:《怀金陵三首》其三）

(17) 希夷自然，三光灵秀。<u>阆苑仙花，胜春花柳</u>。转运南

---

① 吴礼权:《汉语名词铺排史》，广州：暨南大学出版社，2019年，第196页。
② 同上书，第417页。

辰,慧观北斗。

(金·刘处玄:《述怀》十一首其八)

(18) 老峰黀云,壁立挽秀。林阴洒雨,<u>苍苍玉门</u>。虚明满镜,夜气成画。

(金·李经:《失题》)

(19) 金陵南之镇,兴废满目中。青山澹无言,万里江流东。<u>高楼朱雀桥</u>,野笛交秋风。子行览其余,弹琴送飞鸿。柏台云霄间,貂荐峨群公。为言经济理,所贵贤俊崇。

(元·刘诜:《古诗三首赠张汉臣游金陵》其三)

(20) 人海偶相逢,凄凉共客中。笑谈良不恶,去住若为同。<u>春草池塘夜</u>,<u>梨花院落风</u>。乡人如问讯,即此是诗筒。

(元·张伯淳:《赠富翠屏》)

例(15)至例(20)的名词铺排文本,无论是单句式,还是对句式,均置于篇中位置,从诗歌的韵律上看,都有调整诗歌语言节奏的效果;从审美接受上看,都完美地臻至节奏与意境统一之美。①

明清诗歌创作的成就虽然不及唐宋,在诗歌的名词铺排结构上的创新也不及唐宋。但是,从总体上看,还是有少量结构上的创新,在意境创造上也有值得重视的地方。下面我们来看几个例子。

(21) <u>朔风边月蓟门秋</u>,画角呜呜百尺楼。自著戎衣频上策,三年不起别家愁。

(明·黄克晦:《后出塞送陈季立防秋》)

(22) <u>惨惨堂前紫荆</u>,<u>飞飞原上脊令</u>。桓山之鸟,欲去而哀

---

① 吴礼权:《汉语名词铺排史》,广州:暨南大学出版社,2019年,第418页。

鸣。苦哉远征人,陟山望亲还望兄,嗟嗟行役万古情。

(清·周永铨:《义辛行》)

(23) 大江曲,山树秋。天寒日暮,野鸟啁啾,中流激荡风浏浏……江上何所有?<u>芙蓉北渚,葭菼中洲</u>。江中何所有?鲸鱼鼓浪,天吴嬉游。

(清·方朝:《大江吟》)

(24) 短长亭畔暗销魂,无复丝丝映绿门。千缕冷风馀倦态,满梢清露尚啼痕。<u>萧萧去马斜阳路,点点归鸦落叶村</u>。独立寒潭倍惆怅,婆娑生意不堪论。

(清·汪绎:《秋柳次韵》)

(25) 峡口回波绕塞流,黄河利独擅边州。千屯得水成膏壤,两坝分渠据上游。<u>鸡犬人家红稻岸,鱼盐贾舶白苹洲</u>。哪知泽国堤防急,百万金钱掷浪头。

(清·黄庭:《宁夏渡河》)

例(21)"朔风边月蓟门秋,画角呜呜百尺楼"是七言成句的"NP+NP+NP, NP"式名词铺排,是明诗的创造。例(22)"惨惨堂前紫荆,飞飞原上脊令"是六言成句的"NP, NP"(叠字领起)式名词铺排,例(23)"芙蓉北渚,葭菼中洲"是四言成句的"NP+NP, NP+NP"式名词铺排,例(24)"萧萧去马斜阳路,点点归鸦落叶村"是七言成句的"NP+NP, NP+NP"(叠字领起)式名词铺排,例(25)"鸡犬人家红稻岸,鱼盐贾舶白苹洲"是七言成句的"N+N+NP+NP, N+N+NP+NP"式名词铺排,均为清诗的创造。 这些名词铺排文本,或居于全诗之首,犹如电影开幕时首先推出的一组特写镜头,画面感特别强,给人以一种强烈的视觉冲击;或居于全诗篇中,犹如电影叙事中间突然插入的一组特写镜头,不仅给诗歌增添了画面感,而且改变了诗歌的语言节奏,使诗歌语言表达显得灵动自然;或居于全诗之末,犹如电影结束时推出的一组特写镜头,不仅画面效果强烈,而且使达意传情显得意犹未尽,别有一种"曲终人不见,江上数峰青"的意境之美。

中国古典诗歌重视通过名词铺排文本的建构创造意境,现代白话诗也是如此。事实上,很多白话诗不仅重视名词铺排文本建构,而且有意识地将名词铺排文本予以大规模的集结,追求一种汪洋恣肆的意境之美。下面我们来看一个例子。

(26) 匆匆匆!催催催!
<u>一卷烟</u>,<u>一片山</u>,几点云影,
<u>一道水</u>,<u>一条桥</u>,<u>一支橹声</u>,
<u>一林松</u>,<u>一丛竹</u>,红叶纷纷。

<u>艳色的田野</u>,<u>艳色的秋景</u>,
梦境似的分明,模糊,消隐,
催催催!是车轮还是光阴?
催老了秋容,催老了人生!

(徐志摩:《沪杭车中》)

例(26)是现代著名诗人徐志摩的一首白话诗,是中国现代诗歌史上的名篇。全诗除了押韵、叠字和设问等修辞手法的运用外,最大特点就是名词铺排文本的建构。诗的第一章,"除了开头的'匆匆匆,催催催'和结尾的'红叶纷纷',其余都是由偏正结构的名词短语构成,一个名词短语就是一个句子,这是明显脱胎于《诗经》'喓喓草虫,趯趯阜螽'(《国风·召南·草虫》),汉乐府民歌

'青青河畔草，郁郁园中柳'（汉古诗十九首《青青河畔草》）、'青青陵上柏，磊磊涧中石'（汉古诗十九首《青青陵上柏》）、'岧岧山上亭，皎皎云间星'（汉乐府古辞《长歌行》）等原始'名词铺排'形态的。但是，与《诗经》以来的'名词铺排'模式不同的是，徐志摩不是以二句对峙并立的形式来表现，而是以'一卷烟'、'一片山'、'几点云影'、'一道水'、'一条桥'、'一支橹声'、'一林松'、'一丛竹'等八个名词短语句一气铺排而下，就像迅速摇动的电影镜头，将一个接一个的影像推向读者面前，给人以一种目不暇接的视觉冲击，让沪杭平原上一幅幅生动的图画以移步换景的手法一一呈现出来，让人不禁思绪绵绵，遐思万千。除此，诗人如此高密度地将八个名词短语句集结到一起，还有一个用意，那就是用一个接一个的名词短语造景，有意造成一种匆匆而过的形象，这既与《沪杭车中》的诗题相关，通过表现火车速度之快，含蓄蕴藉地表现出时光荏苒，'逝者如斯'的主旨"①。诗的第二章，"开头两句'艳色的田野，艳色的秋景'，也是用名词铺排表达法建构的修辞文本，两句各以一个名词短语构句。虽然所写对象'田野'、'秋景'都有'艳色'作修饰限定语，但仍给读者留下了想象的空间，那就是'艳色'究竟指的是什么？读者可以经由自己的生活体验与对诗歌内涵的理解，通过再造性想象或创造性想象予以发挥，从而复现出沪杭平原上一派丰收的秋日气象"②。

除了受中国古典诗歌意境美学的影响外，中国很多现代派诗人还深受西方电影美学的影响，在新诗创作中钟情于电影"蒙太奇"

---

① 吴礼权：《表达力》，台北：台湾商务印书馆，2011年，第38—39页。
② 同上书，第39页。

的画面效果,意境创造别开生面。下面我们来看一个例子。

(27) 夜雨。

点点滴滴,点点滴滴,点点滴滴,

稀疏又稠密。

记忆。

模糊的未来,鲜明的往昔。

向北,向南,向东,向西,上天,下地。

悠长的一瞬,无穷无尽的呼吸。

喧嚣的沙漠。严肃的游戏。

西湖,孤山,灵隐,太白楼,学士台,

惆怅的欢欣,无音的诗句。

迷濛细雨中的星和月;

紫丁香,白丁香,轻轻的怨气;

窗前,烛下,书和影;

年轻的老人的叹息。

沉重而轻松,零乱而有规律。

悠长,悠长,悠长的夜雨。

短促的夜雨。

安息。

(金克木:《寄所思二章——为纪念诗人戴望舒
逝世三十周年作》第二章《夜雨》)

例(27)几乎全是由名词铺排文本构成,大量的名词或名词短语的铺排,读之让人犹如在看电影中一个个扑面而来的镜头及其镜头组合,感觉作者不是在用文字写诗,而是在用镜头拍电影。之所以会如此,这就是作者钟情于电影"蒙太奇"表现手法的画面效果,审美意识与电影表达趋同的结果。①

除了诗歌外,中国古代的赋、词、曲等韵文,也钟情于以名词铺排创造意境。限于篇幅,我们这里不能像论述诗歌一样展开论述,只拟每类各举两至三例予以说明。

下面我们先来看两个汉赋的例子。

(28) 徇以离殿别寝,承以崇台闲馆,焕若列星,紫宫是环。<u>清凉、宣温、神仙、长年、金华、玉堂、白虎、麒麟</u>,区宇若兹,不可殚论。

(班固:《西都赋》)

(29) 于是使伊尹煎熬,易牙调和。<u>熊蹯之臑,芍药之酱,薄耆之炙,鲜鲤之鱠,秋黄之苏,白露之茹</u>。兰英之酒,酌以涤口。山梁之餐,豢豹之胎。小饫大歠,如汤沃雪。此亦天下之至美也,太子能强起尝之乎?

(枚乘:《七发》)

例(28)是班固写汉代西都长安宫殿之多的笔触。其中,"清凉、宣温、神仙、长年、金华、玉堂、白虎、麒麟",是八个宫殿专名的名词句铺排,自成一个言语单位,属于典型的名词铺排(因为它之前的句子"焕若列星,紫宫是环"和之后的句子"区宇若兹,不可殚论",都是语法结构封闭自足的主谓句,与这八个并列铺排的名词没有语法上的关涉)。这一名词铺排文本,通过八个名词的一气呵成地连续铺排,将大汉王朝的西都长安宫殿林立的景象呼之欲出地呈现于接受者眼前,不仅给人给强烈的视听觉冲击,亦让人对天朝盛世、大国威仪有一种强烈的印象,一种肃然起敬的崇高感

---

① 吴礼权:《汉语名词铺排史》,广州:暨南大学出版社,2019年,第549页。

油然产生。①例(29)是枚乘写楚王宫美味佳肴的一段文字。其中,"熊蹯之臑,芍药之酱,薄耆之炙,鲜鲤之鱠,秋黄之苏,白露之茹",是六个偏正式名词短语并列铺排,它们之前的句子"使伊尹煎熬,易牙调和"和它们之后的句子"兰英之酒,酌以涤口",都是结构上封闭自足的主谓句。可见,这六个名词句也是名词铺排文本,它通过大量名词句的集结铺排,强烈地渲染了楚王宫菜肴的丰富与珍稀,读之让人怦然心动,不禁为之神往不已。②可见,名词铺排也是汉赋创造意境的一种重要途径。

下面我们再来看两首唐宋词的例子。

(30) 雪溪湾里钓鱼翁,舴艋为家西复东。<u>江上雪,浦边风</u>,笑着荷衣不叹穷。

(张志和:《渔父》)

(31) 碧海无波,瑶台有路。思量便合双飞去。当时轻别意中人,山长水远知何处?绮席凝尘,香闺掩雾。红笺小字凭谁附?高楼目尽欲黄昏,<u>梧桐叶上萧萧雨</u>。

(宋·晏殊:《踏莎行》)

例(30)"江上雪,浦边风",是由两个偏正短语并列铺排构成的名词铺排文本。从结构上看,虽然这两句本身也很对仗工整,但是与其前句"雪溪湾里钓鱼翁,舴艋为家西复东"与后句"笑着荷衣不叹穷"均为七字的句式比较,形体上便显得短小,与整体七字句的格局不一样,置于全词篇中,犹如电影叙事中的两个特写镜头,不仅画面感非常强烈,而且打破了全词由七字成句模式所带来

---

① 吴礼权:《汉语名词铺排史》,广州:暨南大学出版社,2019年,第46页。
② 同上。

的板滞感，使语言节奏显得灵动自然，使整个词作别具一种错综有致、灵动自然的审美效果。①例 (31)"梧桐叶上萧萧雨"，从句法上分析，是"（梧桐叶上）（萧萧）雨"，整体上属于七言成句的"NP"式；从语境与语义上看，它居词末，后无他句，跟其前句亦无语法结构上的纠葛，是一个独立表义的言语单位，属于名词铺排文本。这一文本，由于是以一个名词短语的形式呈现，单独成句，从审美上看，就像是一个框架式构图，不仅画面感非常鲜明，而且还因为它居全词末尾，犹如电影结束时的一个特写镜头，意境就显得特别深邃，给人留下的想象空间特别大；加上写的又是雨声，遂在画面之外又别添了一种余音袅袅的听觉美感，让人有回味无穷的审美享受。可见，名词铺排也是唐词、宋词创造意境的重要途径。

下面我们再来看看元曲的例子。限于篇幅，我们举三个例子。

(32) 丽日和风柳陌，花开相间红白，见游人车马闹该该。

（无名氏:《中吕·红绣鞋·偷欢》）

(33) 竹风过雨新香，锦瑟朱弦，乱错宫商。樵管惊秋，渔歌唱晚，淡月疏篁。准备了今宵乐章，怎行云不住高唐？目外秋江，意外风光，环佩空归，分付下凄凉。

（贯云石:《双调·蟾宫曲·秋闺》）

(34) 疏林暮鸦，聚鱼远浦，落雁寒沙。青山隐隐夕阳下，远水蒹葭。

（无名氏:《中吕·满庭芳·风月》）

例 (32) 至例 (34) 各有一个名词铺排文本，或居于篇首，如例 (32)，或居于篇中，如例 (33)，或居于篇尾，如例 (34)。无

---

① 吴礼权:《汉语名词铺排史》，广州：暨南大学出版社，2019年，第195页。

论是居于曲中什么位置，这些单句式名词铺排文本的建构，都对创造曲的意境，提升曲的审美价值，发挥了至关重要的作用。居于篇首的，恰似电影开幕时首先推出的一个特写镜头，不仅有定格画面、造景呈象的作用，更有一种先声夺人的效果。居于篇中的，则像是电影叙事中突然插入的一个特写镜头，既有调节语言节奏的作用，又有拓展曲之意境的效果。居于篇尾的，则犹如电影结束时的一个特写镜头，以画面形象给人以回味无穷的感觉。如果我们说元曲别有一种如诗如画的感觉，那么这其中肯定就有名词铺排在意境创造的过程中发挥了作用。①

在中国文学中，除了诗、词、曲、赋等韵文讲究意境，重视通过名词铺排创造意境外，小说、散文等散体作品也是非常重视通过名词铺排来创造意境的。

下面我们先来看看小说。为了节省篇幅，我们举两个例子，一个是唐代小说的例子，一个是现代小说的例子。

(35) 少时，饮食俱到。薰香满室，赤白兼前，穷海陆之珍羞，备川原之果菜……熊腥纯白，蟹浆纯黄；鲜脍共红缕争辉，冷肝与青丝乱色。蒲桃甘蔗，栀枣石榴，河东紫盐，岭南丹橘。敦煌八子柰，青门五色瓜。太谷张公之梨，房陵朱仲之李。东王公之仙桂，西王母之神桃，南燕牛乳之椒，北赵鸡心之枣。千名万种，不可俱论。

(张鹭：《游仙窟》)

(36) 红的街，绿的街，蓝的街，紫的街……强烈的色调化妆着的都市啊！霓虹灯跳跃着——五色的光潮，变化着的光潮，没有色的光潮——泛滥着光潮的天空，天空中有了酒，有了烟，有

---

① 吴礼权：《汉语名词铺排史》，广州：暨南大学出版社，2019年，第417页。

了高跟儿鞋,也有了钟……

请喝白马牌威士忌酒……吉士烟不伤吸者咽喉……

<u>亚历山大鞋店,约翰生酒铺,拉萨罗烟商,德茜音乐铺,朱古力糖果铺,国泰大戏院,汉密而登旅社</u>……

回旋着,永远回旋着的霓虹灯——

忽然霓虹灯固定了:

"皇后夜总会"。

(穆时英:《夜总会里的五个人》)

例(35)是写仙窟宴客的排场。其中,"蒲桃甘蔗,楖枣石榴,河东紫盐,岭南丹橘。敦煌八子柰,青门五色瓜。太谷张公之梨,房陵朱仲之李。东王公之仙桂,西王母之神桃,南燕牛乳之椒,北赵鸡心之枣"十二句,是一个名词铺排文本。因为它之前的句子"鲜脍共红缕争辉,冷肝与青丝乱色",是两个结构完整的并列主谓句,它之后的句子"千名万种,不可俱论"也是一个结构完整的主谓句。例中画线部分的十二个名词短语句,是作为一个整体,不与其前后的句子发生语法结构上的关涉,因此是典型的名词铺排性质。这十二句的前两句皆由两个名词短语并列铺排而成,是"NP+NP"结构;后十句各自由一个偏正式名词短语单独构句,是"NP"结构。这个以大量名词短语句超常规集结的名词铺排文本,通过十二个名词句的铺排,将仙窟宴席上的十四种佳肴美味一一呈现,在表意上有力地突显了仙窟的非同凡响,让人油然而生一种仰慕神往之情,在审美上不仅有电影特写镜头连续推出的强烈画面效果,而且有一种铺排壮势、一气呵成的力量感,给人的视觉冲击特别强烈。①例(36)是中国20世纪初期"新感觉派的圣手"与

---

① 吴礼权:《汉语名词铺排史》,广州:暨南大学出版社,2019年,第189页。

现代派的先锋穆时英的小说代表作《夜总会的五个人》中的开头部分，描写"皇后夜总会"及其周围霓虹灯璨灿闪烁的夜景。"以此为背景，描写20世纪30年代上海滩夜总会中一群男女主人公的夜生活情状及其背后的故事。小说一开头连用四个偏正结构的名词短语：'红的街，绿的街，蓝的街，紫的街'，而且这四个短语都各自成句，这是典型的'名词铺排'修辞文本。它通过'红'、'绿'、'蓝'、'紫'四种颜色的变化写旧时上海滩夜景中的街道影像。虽然造句极为简洁简单，却经由颜色的丰富多彩，如电影'蒙太奇'(montage) 的镜头组合一样，呈现出旧上海灯红酒绿的夜生活图画，让人不禁遐思万千，情不自禁地随着作者的文字而作充分的联想想象，仿佛走入时光隧道，进入昔日殖民地时代的'十里洋场'。"①紧接着"五色的光潮，变化着的光潮，没有色的光潮""泛滥着光潮的天空"四句，也是以名词短语铺排出现的名词铺排文本，同样是以特写镜头及其组合的形式呈现霓虹灯的光潮及其上海夜空的景观，让人有身临其境之感。②"至于紧随其后的另一段文字，则更将昔日'十里洋场'的繁华景象尽显眼前：'亚历山大鞋店，约翰生酒铺，拉萨罗烟商，德茜音乐铺，朱古力糖果铺，国泰大戏院，汉密而登旅社……'这七个句子，每个句子都是一个偏正结构的名词短语，表示的都是一家商店或商铺的名称，也是典型的'名词铺排'修辞文本模式。由于每个句子都是一个名词短语的形式，表示的都是一家商铺名称，这就使所描写的诸多商铺形象显得比较抽象或模糊。但是，正是这种抽象或模糊，恰恰给读者解读文

---

① 吴礼权：《表达力》，台北：台湾商务印书馆，2011年，第40页。
② 吴礼权：《汉语名词铺排史》，广州：暨南大学出版社，2019年，第551页。

本留下了更多的想象空间。每个商铺是什么样子，卖的是什么，店铺装潢如何，客流如何，等等，都可以由读者凭借自己的日常生活经验，通过再造性想象或创造性想象予以补充发挥，从而在脑海中复显出一种新的影像。如此，作品自然能够达到'一千个读者有一千种解读'的接受效果，作品的审美价值就会大大提升。上述作者一气铺排七家店铺而不以正常汉语句子予以详细描写的意图，正在此矣。七家店铺（其实是更多，省略号的添加便是此意）以七个名词短语表示，而且是以七个并列句的形式出现，让读者顺着作者的笔触读下去，感觉就像是一个个电影镜头匆匆摇过，将旧时殖民地时代畸形繁荣的上海滩影像生动鲜活地呈现出来，让人遐思无限。"[1]可见，在古今小说创作中，有意识地建构名词铺排文本，对于创造小说的意境是非常有效的。不过，需要指出的是，中国古代小说与现代小说以名词铺排创造意境，所受的美学影响是不一样的。古代中国小说家以名词铺排创造意境，是受《诗经》以降的诗歌意境美学的影响；而现代中国小说家以名词铺排创造意境，则是受西方文艺思潮和电影美学的影响，包括西方电影"蒙太奇"表现手法，以及意识流、象征主义与印象主义等表现手法的影响。

最后，我们来看两个散文的例子。根据我们的调查，在中国古代散文中，很少能发现有名词铺排文本的建构。但是，在现代散文中就比较普遍了。下面我们也举两个例子。

(37) 火车过了泰晤士河一路南下的时候,雨很细,天气有点冷。经过不下雨的村庄,原野上有成群的牛,成群的羊。有的麦田光秃秃的,有的麦田像一堆蓬松的黑头发。

---

[1] 吴礼权:《表达力》,台北:台湾商务印书馆,2011年,第40—41页。

山坡上,山坡下,田舍零零星星。

远观四野很静。有点风,有点冷。

后来,气垫船破浪横渡英法海峡的时候,太阳很大。

三十分钟上岸。法车的天气更热,像西贡。

火车从北部的布垄开出去的时候是中午两点钟。

<u>车厢里红色地毯,红色软椅,米黄色墙板,鸽灰色窗帘。</u>

火车在飞驰:玉米田在飞逝。果树在飞逝。菜园在飞逝。湖在飞逝,沼泽在飞逝。旧世纪的砖房子在飞逝。新建的洋房在飞逝。

(董桥:《在巴黎写的之一》)

(38) 我挤坐在车厢连接处狭小的空间内。涩热。奔驰的狭小金属空间内充溢腐酸浓郁的复杂气体。那对婚外有染或临时碰上的做作中年男女腰旁,是一把发亮的不锈钢把手。旅途中无数的手摸过它,我注意到即使是它的光芒,也是如此细腻。<u>膨胀的花花绿绿的包。臀部(男人的、女人的、正面的、侧面的、近的、远的、饱满的、瘪平的)。腿脚(或站、或蹲、或坐、或靠)。警惕又交替着昏昏欲睡的眼神。咣当咣当的夜。</u>从火车内穿挤的小贩手中,我终于买到了一袋小苹果。

(黑陶:《夜晚的印痕》)

例 (37) "车厢里红色地毯,红色软椅,米黄色墙板,鸽灰色窗帘",是由四个"NP"式名词短语句("车厢里"是四句共同的修饰语)连续运用而构成的名词铺排文本。这一文本跟其前后所写"火车过了泰晤士河一路南下"所见的动态景象完全不同。车厢外所见都是以正常语句叙写的车外之景,而以名词铺排文本呈现的则是车内之景。车外之景是动态的,车内之景是静态的,是以特写镜头的形式定格的画面。这种动静结合、内外结合的表达,不仅为散文作品增添了"诗情画意",拓展了作品的意境,也使行文增添了活力,让读者在阅读中获得更多的审美享受。[①]例(38)"膨胀的花花绿绿的包。臀部(男人的、女人的、正面的、侧面的、近的、远的、饱满的、瘪平的)。腿脚(或站、或蹲、或坐、或靠)。警惕又交替着昏昏欲睡的眼神。咣当咣当的夜",这一段文字,看起来令人眼花缭乱,实则抽掉括号内的补充说明文字,结构非常简单,就是以"包""臀部""腿脚""眼神""夜"等五个名词或名词短语为中心语的名词短语句。这五个名词短语句的并列对峙,构成了一个名词铺排文本。它就像电影叙事中插入的五个电影特写镜头,不仅画面感特别鲜明,而且强烈突显了夜晚火车中所见的众生相,使人有一种如临其境、如见其人的感觉,文字的生动性远非正常叙事文字可比。[②]可见,散文以名词铺排创造意境也是非常有效的,对于提升散文的审美价值有不可小觑的作用。

[①] 吴礼权:《汉语名词铺排史》,广州:暨南大学出版社,2019年,第511页。
[②] 同上书,第520页。

第九讲　修辞与政治人生

众所周知，人是社会的人，需要融入社会，跟他人合作与交往。为此，他就必须跟他人进行沟通交流。沟通交流有很多方式，但最直接、最有效的方式还是通过语言。不过，应该指出的是，以语言为工具跟他人进行沟通交流，虽然是具备正常思维能力与语言能力的普通人都能做到的，但是沟通交流的效果并不是所有人都一样。沟通交流的效果不同，融入社会，跟他人合作与交往的结果也会有所不同。沟通交流效果好，则合作交往愉快，工作或事业推进顺利，人生境遇顺遂。沟通交流效果不好，则合作交往不愉快，工作或事业的推进会受到阻力，人生境遇可能陷入困顿。因此，只要稍微懂些社会生存法则的人，都会非常重视与人沟通交流，并努力提升沟通交流的效果。①

为了提升沟通交流的效果，交际者（亦即"表达者"，包括开口说话的说话人，提笔写作的写作者）就必然要在语言文字表达上经营努力。②事实上，在日常生活中，作为"自然人"的交际者，"为了达到其预期的交际目标，往往都会考虑说写表达的效果。为了取

---

① 吴礼权、谢元春：《政治修辞与用典文本建构》，《江苏师范大学学报》（哲学社会科学版），2022年第二期。
② 同上。

得尽可能好的表达效果,交际者都会在修辞上用心,讲究表达的技巧,这就是'日常修辞'"①。 而在政治生活中,作为"政治人"的交际者,也会"为了达到特定的政治交际目标而应合特定题旨情境,发挥创意造言的智慧,有效调动语言资源,动用一切有效的表达手法,为实现达意传情效果最大化"②。"政治人"在语言文字表达上经营努力,就是"政治修辞"。

从逻辑的层面看,"政治修辞跟日常修辞没有什么区别,都是一种在语言文字表达上的经营努力"③。 但是,"从客观事实来看,政治修辞与日常修辞还是有明显区别的。 即使是使用同一种修辞手法建构修辞文本,在所追求的目标预期上也会有所区别"④。 这是因为政治修辞与日常修辞的主体不同,政治修辞的主体是政治人(有特定政治身份的非普通人),日常修辞的主体是自然人(没有特定政治身份的普通人)。 虽然在日常生活中,自然人为了实现其交际目标,也非常讲究修辞技巧,但是只是为了提升达意传情的效果而已;而在政治生活中,政治人讲究修辞技巧则就不仅仅是为了提升达意传情的效果那么简单,往往还有别的修辞境界的追求。 比方说,同样是"用典",自然人在日常修辞中的"用典",一般多是为了展现其学识的渊博与表情达意的含蓄优雅,而政治人在政治修辞中"用典",则多倾向于追求表情达意的含蓄婉转,以此规避政

---

① 吴礼权:《政治修辞与比喻文本建构》,《阜阳师范大学学报》(社会科学版),2020 年第三期。
② 吴礼权:《政治与政治修辞》,《淮北师范大学学报》(哲学社会科学版),2020 年第五期。
③ 吴礼权、高宇虹:《政治修辞与双关文本建构》,《淮北师范大学学报》(哲学社会科学版),2021 年第五期。
④ 同上。

治上的风险。同时,还可能有借此展现渊博的学识与优雅的风度,进而塑造自身作为政治人的人格形象。①

为此,本讲将从三个方面谈谈修辞与政治人生的关系问题。

一、政治是一门修辞的艺术

政治是什么? 这似乎是政治学者应该回答的问题。 其实,也不尽然。

政治学虽然是众多学问中最古老的一门学问之一,但直至今日,政治学界对于"政治"到底是什么,仍然没有一个大家都认同的定义。 本讲为了论述修辞与政治人生的问题,不得不先从"政治"的定义讲起。

政治,是汉语中一个具有悠久历史的词语。 虽然"政""治"二字连用早在先秦典籍中就已存在,但连用的"政治"并不是一个词,表达的也不是一个特定的概念,而是作为一个词组(或称短语)。 如《尚书·毕命》篇记载周康王当着毕公之面赞扬周公、君陈、毕公三人治理周朝的功绩时,有曰:"三后协心,同厎于道,道洽政治,泽润生民,四夷左衽,罔不咸赖,予小子永膺多福。"意谓:周公、君陈、毕公三公先后同心协力,共同将国家导入了圣道,圣道和洽,政局平稳,你们三位的恩泽犹如雨露滋润了天下万民,四夷化外之民更没有不依赖你们的,我这个年轻后生也可以永享大福了。 其中"道洽政治"一句,虽然"政""治"二字连用,但

---

① 吴礼权、谢元春:《政治修辞与用典文本建构》,《江苏师范大学学报》(哲学社会科学版),2022 年第二期。

并不像现代汉语的"政治"那样是一个词的概念，而是跟其前面的"道洽"（意谓"圣道和谐"，"道"是主语，"洽"是谓语）一样，从语法结构上分析，属于主谓结构的短语。其中，"政"（意谓"政事""政局"）是主语，"治"（意谓"平稳""安定"，跟"乱"意义相对，指国家治理得好）是谓语。又如《周礼·地官第二·遂人》曰："凡事，致野役，而师田作野民，帅而至，掌其政治禁令。"意谓：凡有工程建设之事，由遂人负责召集野地徒役，而有征伐、田猎之事，则由遂人负责征调野地民众，并率领他们前往目的地，负责掌管有关他们的政事、治理与禁令。其中的"政""治"二字虽也连用，但亦非一个词，而是两个词（"政事""治理"）的联合，仍然是一个短语（联合结构）。再如西汉刘向《说苑·敬慎》曰："政治内定，则举兵而伐卫。"意谓：[晋国]国家治理好了，国内安定了，就出兵攻伐卫国。其中连用的"政""治"二字也不是一个词，而是一个主谓结构的短语（"政"指国家、政局，"治"指国家治理得好、平稳）。①

从汉语史的角度来看，上古典籍中的"政""治"二字连用的情况并不多，最常见的情况是彼此分开使用，而且"政"也不一定都表示"政治"的意思，而是随着不同语境有不同的含义。如《尚书·大禹谟》曰："德惟善政，政在养民。"意谓：帝王之德的体现就是要能妥善处理政事，处理政事的目的则在于教养民众。其中的"政"，指的就是"政事"或"政务"的意思。又如《左传·昭公六年》曰："夏有乱政，而作《禹刑》；商有乱政，而作《汤刑》；周

---

① 吴礼权：《政治与政治修辞情境》，《阜阳师范大学学报》（社会科学版），2021年第一期。

有乱政，而作《九刑》。"意谓：夏朝的政局出现了混乱，于是便制定了《禹刑》；商朝的政局出现了混乱，于是就制定了《汤刑》；周朝的政局出现了混乱，于是就制定了《九刑》。其中的"政"，指的都是"政局"。又如《左传·定公四年》曰："聃季授土，陶叔授民，命以《康诰》，而封于殷墟，皆启以商政，疆以周索。"意谓：周成王授聃季与陶叔以土地民众，周公用《康诰》告诫他们，将他们封在夏朝故墟，都是沿用商朝的政治制度，按周朝的法度划定疆土。其中"启以商政"之"政"，指的是政治制度。又如《论语·为政》记孔子言论，有曰："道之以政，齐之以刑，民免而无耻；道之以德，齐之以礼，有耻且格。"意谓：以政令引导人民，以刑罚约束人民，人民虽惧刑而免罪，却不会以不遵教化为耻；以仁德引导人民，以礼教同化人民，人民不仅有知耻之心，而且会主动纠错而归于正道。其中"道之以政"之"政"，是指政令。再如《孟子·梁惠王上》所载梁惠王（即魏惠王）与孟子对话，有曰："寡人之于国也尽心焉耳矣。河内凶，则移其民于河东，移其粟于河内。河东凶亦然。察邻国之政，无如寡人之用心者。"意谓：对于国家，我可谓是竭尽了全部心力。河内地区发生饥荒，我就将其民众迁移到河东，将粮食调到河内。河东发生饥荒，也同样如此。仔细看看周遭邻国，他们所实行的政策，没有一个像我这样一心为民的。其中"察邻国之政"之"政"，是指政策。至于"治"，在古汉语中有很多意思。但是，在上古汉语中，"治"跟"政"相联系的语义，主要有两个：一是作动词使用的"治理""管理"；二是作形容词使用的"太平""安定"，指"国家治理得好"（跟"乱"相对）。作动词"治理""管理"理解的，在上古汉语中最为常见。如《孝经·广要道》载孔子之言，有曰："安上治民，莫善于礼。礼者，敬而已矣。故敬其父，则子悦；敬其兄，则弟悦；敬其君，则臣悦；敬一人，而千万人悦。所敬者寡，而悦者众，此之谓要道也。"意谓：使君主安心，人民驯服，没有比推行礼教更好的办法了。所谓礼，就是表达尊敬之意而已。所以，尊敬他人之父，其子必然高兴；尊敬他人之兄，其弟必然高兴；敬人之君，其臣必然高兴；尊敬一个人，而千千万万人都为之高兴。所尊敬的人不多，但为之高兴的人却很多，这才叫重要的道理。其中"安上治民"之"治"，就是"管理"之意。又如《孟子·滕文公上》曰："劳心者治人，劳力者治于人。治于人者食人，治人者食于人，天下之通义也。"意谓：从事脑力劳动者管理别人，从事体力劳动者被别人管理。被别人管理者供养别人，管理别人者受别人供养，这是天下通行的基本原则。其中"治人"与"治于人"之"治"，也都是"管理"之意。再如《吕氏春秋·察今》有曰："治国无法则乱，守法而弗变则悖，悖乱不可以持国。"意谓：治理国家若无法制，那么就会天下大乱；死守先王旧法而始终不予变革，那么就会跟现实社会脱节相背。没有法制与死守前人旧法，都不能治理好国家。其中"治国无法则乱"之"治"，则是"治理"之意。作形容词"太平""安定"（指国家治理得好，跟"乱"相对）理解的，在上古汉语中也很常见。如《孟子·滕文公下》曰："天下之生久矣，一治一乱。"意谓：人类社会产生已久了，总是一时太平，一时动乱。其中"一治一乱"之"治"，就是跟"乱"相对，是指"太平""安定"之意。又如《史记·屈原列传》赞屈原之能，有曰："博闻强志，明于治乱，娴于辞令。"意谓：屈原知识渊博，记忆力强，明晓国家治乱之道，擅长外交辞令。其中"明于治乱"之"治"，也是跟"乱"并用，指国家治理得好，意即"太平""安定"。再如《韩非子·初见秦》曰：

"以乱攻治者亡,以邪攻正者亡,以逆攻顺者亡。"意谓:以治理混乱的国家攻击治理成功的国家,则必然自取灭亡;以邪恶的力量攻击正义的力量,则必然自取灭亡;以逆人心的力量攻击顺人心的力量,则必然自取灭亡。其中"以乱攻治"之"治",也是跟"乱"相对并用,指的也是国家治理得好,即"太平""安定"之意。现代汉语中"政""治"二字连用,成为一个表示单一概念的词"政治",则是汉语借用日语词的缘故。日语里的"政治"一词,虽然用字来源于诸如《尚书》"道洽政治"等上古汉语典籍中"政""治"二字连用的先例,但只是借汉语"政""治"二字作为媒介对译近现代西方的 politics 一词而已。尽管如此,但赋予了新义的日语新词"政治"一旦作为外来词引入现代汉语之中,便成了现代汉语中的常用词,当然更成了近现代中国人谈论政治的基本词汇,也少有人知其前世今生的成词、造词背景。①

从政治学史的角度来看,作为一个学术概念,"政治"是"从古希腊语 polis 一词演化而来的,它的最初含义是指希腊的古代城邦,即城市国家。西方政治学的奠基人之一亚里士多德撰写的名著《政治学》,就是在这个意义上使用'政治'概念的。在古希腊的政治思想家看来,政治主要指的是国家的活动。这种认识至今仍有广泛的影响"②。中国古代虽也有"政治"一词,但指称的概念并不同于西方:"主要是统治的意思。它主要讲的是'治国之道',即根据某种特定的道德伦理原则来建立国家制度,并通过这种制度和政治活动来治理国家。这种对政治即是'治国平天下'的理解,在我国

---

① 吴礼权:《政治与政治修辞情境》,《阜阳师范大学学报》(社会科学版),2021 年第一期。

② 王惠岩主编:《政治学原理》(第二版),北京:高等教育出版社,2006 年,第 2 页。

传统社会中一直延续了两千多年。"① 虽然政治与人类社会的关系非常密切,从理论上说,有了人类社会,便就有政治现象存在。研究政治现象的政治学事实上早在古希腊时代就出现了,但是对于"政治"概念的理解,却一直在东西方政治学界存在分歧,而且成了"众说纷纭、争论不休的话题"②。 根据王惠岩等学者的研究,这些有关对"政治"概念理解上的争论与分歧,大致说来可以归纳为五大类:一是"用道德的观点解释政治,把政治等同或归结为伦理道德"③,二是"认为政治是一种法律现象,将政治说成是立法和执法的过程"④,三是"将政治视为争权夺利以及施展谋略和玩弄权术的活动"⑤,四是"将政治看作是'管理众人之事'即管理公共事务的活动"⑥,五是"把政治解释为围绕着政府制定和执行政策而进行的活动,是一种实现'社会价值的权威性分配的活动'"⑦。

上述第一种观点(即"用道德的观点解释政治,把政治等同或归结为伦理道德"⑧),在中国古代与西方的古希腊时期,都有其持论的代表人物。 因为:"无论是西方,还是中国,在古代,政治学和伦理学是混在一起的。 各个思想家都用道德的观点解释政治,认为政治的最高目的,就是为了使人和社会达到最高的道德境界。"⑨

---

① 王惠岩主编:《政治学原理》(第二版),北京:高等教育出版社,2006年,第2页。
② 同上。
③ 同上。
④ 同上书,第3页。
⑤ 同上。
⑥ 同上书,第4页。
⑦ 同上。
⑧ 同上书,第2页。
⑨ 王惠岩主编:《政治学原理》(第二版),北京:高等教育出版社,2006年,第2页。

例如,在中国古代占统治地位的儒家思想,就是"道德政治的典型代表"①。 关于这一点,我们从《论语·为政》篇与《论语·颜渊》篇记载的孔子有关言论中都能找到有力的证据。 如《论语·为政》第一条记孔子关于政治的言论,有曰:"为政以德,譬如北辰,居其所而众星共之。"意谓:以仁德从事国家治理,治国者就像是北极星,安处其位而众星皆环绕其周围。 认为统治者从事国家治理首先要加强自身道德修养,才能以德服众。 也就是说,从事国家治理的政治家首先应该是个道德家。 又如《论语·为政》篇记载,有人问孔子为何自己不从政,孔子回答说:"《书》云:'孝乎! 惟孝,友于兄弟'。 施于有政,是亦为政,奚其为为政?"意谓:《尚书》说"孝呀! 只有孝顺父母,才能推及友爱兄弟"。 我将孝悌之义推而广之,使其影响及于政治,这也就是参与了政治,为什么一定要做官才算是参与政治呢? 认为从事教化民众的工作就是参与政治。 也就是说,教化民众是政治的重要组成部分。 很明显,这仍然是在强调政治与道德伦理的密切关系。 又如《论语·颜渊》记载子贡与孔子的对话,有曰:"子贡问政。 孔子曰:'足食、足兵、民信之矣。'子贡曰:'必不得已而去,于斯三者何先?'曰:'去兵。'子贡曰:'必不得已而去,于斯二者何先?'曰:'去食。 自古皆有死,民无信不立。'"意谓:子贡问孔子如何治国为政,孔子回答说:"使粮食充足,使兵器充足,受百姓信任。"子贡又问:"如果必不得已而三样去一样,那么先去哪一样?"孔子回答说:"去兵器。"子贡再问:"如果必不得已而要再去一样,那么先去哪一样?"孔子回答说:"去粮食。 自古以来,人都免不了一死,但是百

---

① 王惠岩主编:《政治学原理》(第二版),北京:高等教育出版社,2006年,第2页。

姓对国家不能失去信任,没有信任,国家就不可能存在。"认为获得人民的信任是统治者治国安邦的根本。信任关乎道德,孔子将信任与治国紧密联系在一起,说明在他心目中政治跟统治者的道德修养是不可分的。很明显,这仍然是强调政治与道德的关系。又如《论语·颜渊》记齐景公问政于孔子,孔子答曰:"君君,臣臣,父父,子子。"意谓:做国君的要像个国君,做臣子的要像个臣子,做父亲的要像个父亲,做儿子的要像个儿子。认为治国安邦的最高境界就是要让所有人都摆正自己的位置、谨守自己的本分。很明显,孔子这是要求统治者加强道德修养,以宗法制度为基础,对百姓加强礼法教育。这仍然是将政治与道德伦理联系在一起。再如《论语·颜渊》记季康子问政于孔子,孔子回答说:"政者,正也。子帅以正,孰敢不正?"意谓:政就是正的意思,您自己做到品德端正,那么还有谁敢不品德端正?认为从政首先就要加强自身的品德修养,为万民作表率,为他人做出榜样。可见,孔子释"政"为"正"是有深意的,目的就是要强调说明:"正就是正道,也就是符合礼义的道德。"①从中国古代政治实践来看,以孔子为代表的儒家学派之所以强调"礼治"与"德政",实际上"就是要求统治者按照礼法来进行统治,并强调统治者要以身作则,自己本身要正,也即具有良好的道德素质,才能很好地进行统治"②。其实,在古代,除了中国儒家代表人物(如孔子等)将政治等同于道德伦理之外,西方也有此种倾向的思想家。如古希腊著名的哲学家柏拉图与亚里士多德,事实上也是"把政治与伦理混在一起"③的。"柏拉图所

---

① 王惠岩主编:《政治学原理》(第二版),北京:高等教育出版社,2006年,第2页。
② 同上。
③ 同上。

设计的'理想国'就是'公道和正义之国',而'公道'乃是灵魂的至德。公道既是个人的道德,也是国家的道德。"①柏拉图认为,政治制度不是"从木头里或石头里产生出来的",而是"从城邦公民的习惯里产生出来的;习惯的倾向决定其他一切的方向"②。而由习惯产生的政治制度又跟人的性格有关,"有多少种不同类型的政制就有多少种不同类型的人们性格"③。也就是说,有什么样的政治制度就有什么样的人格心灵。认为在现存的四种政治制度("第一种被叫做斯巴达和克里特政制,受到广泛赞扬的。第二种被叫做寡头政制,少数人的统治,在荣誉上居第二位,有很多害处的。第三种被叫做民主政制,是接着寡头政制之后产生的,又是与之相反对的。最后,第四种,乃是与前述所有这三种都不同的高贵的僭主政制,是城邦的最后祸害"④)之外,如果还有第五种政治制度,那么就可以称之为"贵族政治或好人政治"。并指出:"如果有五种政治制度,就应有五种个人心灵。""与贵族政治或好人政治相应的人",就是"善者和正义者"⑤。可见,柏拉图是将"善"和"正义"作为政治最基本的特质。至于"善"与"正义"的具体内涵,柏拉图则明确指出:"政治意义上的善应该是'哲学家管理国家,武士管理军队,支配人民工作,而人民则供给国家以劳动物质。'这就是公道,即每个人在社会中按其本性去做其分内的事,而不管其分外之事。因此,国家的正义就是保证社会成员各守其位。

---

① 王惠岩主编:《政治学原理》(第二版),北京:高等教育出版社,2006年,第2页。
② 柏拉图:《理想国》,郭斌和、张竹明译,北京:商务印书馆,1986年,第317页。
③ 同上书,第316—317页。
④ 同上书,第316页。
⑤ 同上书,第317页。

人类最高的生活就是公道或正义的生活，这是政治活动的最高目的。"①这一观点，跟我们前述中国儒家代表人物孔子"君君，臣臣，父父，子子"(《论语·颜渊》)所宣扬的加强礼法教育，让所有人都摆正自己的位置、谨守自己本分的政治思想是一致的，都是将政治等同于伦理道德的表现。至于古希腊另一位大思想家亚里士多德，也是将政治归结于"善"。在其所著《政治学》中，他明确提出："一个城邦的目的是在促进善德。"②意思是说国家存在的意义就在于提升人民的道德境界，"善德"是政治的意义所在。为此，他还具体描绘了理想的城邦生活的情境，最后得出结论说："政治团体的存在并不由于社会生活，而是为了美善的行为。"③可见，在亚里士多德看来，政治团体存在的价值就在于促使人们贡献更多"美善的行为"。换言之，即认为："国家是表现为最高的善，是人们的一种道德生活的体现。城邦的目的就是使人们在城邦中过有道德的生活。"④除古希腊的柏拉图与亚里士多德外，近代西方思想家中也有将政治等同或归结为伦理道德的，如德国著名的思想家康德和黑格尔，就是其中的代表。他们也是"把国家与伦理视为一体，认为国家就是人类伦理精神的集中体现，是一个具有传统的道德精神的实体"⑤。换言之，就是认为政治与伦理是紧密联系的，彼此不可分割。对于东西方思想家的上述观点，现代学者王惠岩等认为："所有这些观点都把政治视为一种最高的道德活动，认为只有

---

① 王惠岩主编：《政治学原理》(第二版)，北京：高等教育出版社，2006年，第2页。
② 亚里士多德：《政治学》，吴寿彭译，北京：商务印书馆，1965年，第140页。
③ 同上书，第141页。
④ 王惠岩主编：《政治学原理》(第二版)，北京：高等教育出版社，2006年，第2—3页。
⑤ 同上书，第3页。

通过有道德、有学问的贤人哲学家来治理国家,才能实现理想的政治目的。"①

上述第二种观点(即"认为政治是一种法律现象,将政治说成是立法和执法的过程"②),在中国古代与西方近现代思想家中也都有其典型代表。如中国先秦时代的法家代表人物韩非,其理论核心是"以法治国"。《韩非子·有度》曰:"以法治国,举措而已矣。法不阿贵,绳不挠曲。法之所加,智者弗能辞,勇者弗敢争。刑过不辟大臣,赏善不遗匹夫。故矫上之失,诘下之邪,治乱决缪,绌羡齐非,一民之轨,莫如法。"意谓:以法治国,就是将所制定的法律付诸实施而已。法律不偏袒权贵,就像墨绳不迁就曲木一样。触犯法律就要受到制裁,智者不能逃避,勇者不敢抗争。大臣有罪不能饶过,小民有功不能漏赏。所以,矫正在上者的过失,究察在下者的奸行,治理乱局,判定错谬,削羡余,正是非,统一百姓的行为规范,没有比法律更有效果的了。众所周知,中国古代思想家都是将政治与"治国平天下"画等号的。③因此,从这个角度来看,韩非的"以法治国"论跟近现代西方思想家视政治为法律现象,"将政治说成是立法和执法的过程"④的观点没有两样。不过,相对于中国古代的韩非,西方近现代思想家对于这一观点的阐述显得更明确、更系统了。如17世纪英国著名思想家洛克(John Locke, 1632—1704)在其所著《政府论》(下篇)中,就曾明确指出:"我认为政治权力就是为了规定和保护财产而制定法律的权利,判处死刑

---

① 王惠岩主编:《政治学原理》(第二版),北京:高等教育出版社,2006年,第3页。
② 同上。
③ 吴礼权:《政治与政治修辞情境》,《阜阳师范大学学报》(社会科学版),2021年第一期。
④ 王惠岩主编:《政治学原理》(第二版),北京:高等教育出版社,2006年,第3页。

和一切较轻处分的权利,以及使用共同体的力量来执行这些法律和保卫国家不受外来侵害的权利;而这一切都只是为了公众福利。"①这里,洛克已经将政治(权力)与立法、执法的关系说得非常明白了。至于政治为什么跟立法、执法有关,他也有清楚的论述,指出:"上帝既把人造成这样一种动物,根据上帝的判断他不宜于单独生活,就使他处于必要、方便和爱好的强烈要求下,迫使他加入社会,并使他具有理智和语言以便继续社会生活并享受社会生活。"②也就是认为,任何人都不是孤立的存在,必须融入社会,成为社会的人。而成为社会的人,就必须受到相应法律的约束。③对此,他明确说明了其理由:"人们既生来就享有完全自由的权利,并和世界上其他任何人或许多人相等,不受控制地享受自然法的一切权利和利益,他就自然享有一种权力,不但可以保有他的所有物……甚至在他认为罪行严重而有此需要时,处以死刑。但是,政治社会本身如果不具有保护所有物的权力,从而可以处罚这个社会中一切人的犯罪行为,就不成其为政治社会,也不能继续存在;真正的和惟一的政治社会是,在这个社会中,每一成员都放弃了这一自然权力,把所有不排斥他可以向社会所建立的法律请求保护的事项都交由社会处理。于是每一个别成员的一切私人判决都被排除,社会成了仲裁人,用明确不变的法规来公正地和同等地对待一切当事人;通过那些由社会授权来执行这些法规的人来判断该社会成员之间可能发生的关于任何权利问题的一切争议,并以法律规定的刑罚来处罚任

---

① 洛克:《政府论》(下篇),叶启芳、瞿菊农译,北京:商务印书馆,1964年,第2页。
② 同上书,第48页。
③ 吴礼权:《政治与政治修辞情境》,《阜阳师范大学学报》(社会科学版),2021年第一期。

何成员对社会的犯罪；这样就容易辨别谁是和谁不是共同处在一个政治社会中。凡结合成一个团体的许多人，具有共同制定的法律，以及可以向其申诉的、有权判决他们之间的纠纷和处罚罪犯的司法机关，他们彼此都处在公民社会中；但是那些不具有这种共同申诉——我是指在人世间而言——的人们，还是处在自然状态中，因为既然没有其他裁判者，各人自己就是裁决者和执行人，这种情况，如我在前面已经说明的，是纯粹的自然状态。"①这里，我们再清楚不过地看出洛克对于政治与立法、执法之间紧密关系的认识。又如18世纪法国著名思想家卢梭（Jean-Jacques Rousseau, 1712—1778）在其所著《社会契约论》中，明确指出："一个治理得很好的国家，是只需要很少的法律的，而在有必要颁布新的法律时，这种必要性早已为人们看出来了。第一个提出那些法律的人，只不过是说出了其他人已经感到的情况罢了。只要他确信别人也会像他那样做，这时候，把每个人都已决定要做的事形成法律，是不需玩弄手腕和多费唇舌就能使法律得到通过的。"②虽然卢梭不像洛克那样强调立法在政治中的重要性与必要性，但还是承认了"治理得很好的国家"是需要立法的。其实，他不仅承认要立法，还明确强调了政府所应该承担的执法责任："政府是介于臣民和主权者之间使这两者互相沟通的中间体。它的任务是执行法律和维护自由，既维护社会的自由，也维护政治的自由。"③这里，卢梭强调政府所应担负的执法责任，事实上就是在强调政治与执法的关系，因为政府是政

---

① 洛克：《政府论》（下篇），叶启芳、瞿菊农译，北京：商务印书馆，1964年，第52—53页。
② 卢梭：《社会契约论》，李平沤译，北京：商务印书馆，2011年，第116页。
③ 同上书，第64页。

治活动的主体。再如20世纪法律实证主义代表、奥地利犹太裔法学家凯尔森(Hans Kelsen, 1881—1973)在其所著《法和国家的一般理论》中,明确指出:"我们只是把国家当成一个法律现象,一个法人……国家是国内法律秩序所创立的社团。国家作为一个法人,是这个社团的人格化,或者是构成这个社团的国家法律秩序的人格化。"①虽然凯尔森只是"把国家说成是一种法律现象"②,但是"实质上也就是把政治界定为一种法律现象,因为政治活动主要是通过国家来进行的"③。

上述第三种观点(即"将政治视为争权夺利以及施展谋略和玩弄权术的活动"④),在中外思想界也早就有了。例如,中国先秦时代的法家,就是"把政治理解为对权力的追逐和运用。他们认为,政治就是集势以胜众,任法以齐民,因术以御群的事务"⑤。法家的代表人物韩非对此说得最为明白,如《韩非子·八经》曰:"凡治天下,必因人情。人情者,有好恶,故赏罚可用;赏罚可用,则禁令可立而治道具矣。君执柄以处势,故令行禁止。柄者,杀生之制也;势者,胜众之资也。废置无度则权渎,赏罚下共则威分。"意谓:大凡治理天下者,一定会依循人之本性常情。人之本性常情,都是有喜好,也有憎恶的,因此赏罚就有用武之地。赏罚有用武之地,则禁令法度就可以确立,治国之道就具备了。国君执掌权柄而天赋威势,所以能够令行禁止,号令一切。权柄是决定臣民生死之关键,威势乃使众人臣服之凭借。任免官员若无法度为

---

① 凯尔森:《法和国家的一般理论》,波士顿:哈佛大学出版社,1945年,第225页。
② 王惠岩主编:《政治学原理》(第二版),北京:高等教育出版社,2006年,第3页。
③ 同上。
④ 同上。
⑤ 同上。

据,则君权就会被亵渎而失去其不可侵犯的神圣性;赏罚之权若不专属而与臣下共享,则君威就不复存在。这说的就是政治"集势以胜众"的道理。又如《韩非子·心度》曰:"夫国之所以强者,政也;主之所以尊者,权也。"意谓:国家之所以强大,是因为政治清明;君主之所以位尊,是因为大权在握。《韩非子·人主》曰:"万乘之主、千乘之君所以制天下而征诸侯者,以其威势也。威势者,人主之筋力也。"意谓:大国之君之所以能臣服天下而征服诸侯,凭借的是其威势。威势就像是君主的筋肉气力。《韩非子·难势》曰:"抱法处势则治,背法去势则乱。"意谓:坚守法度、保持威势,则天下太平;违背法度、失去威势,则天下大乱。《韩非子·显学》曰:"威势之可以禁暴,而德厚之不足以止乱也。"意谓:威势可以禁止动乱,而厚德不足以止乱。这些说的也是政治"集势以胜众"的重要性。关于"任法以齐民"的道理,《韩非子·有度》就有明确的论述,前文已经说过。至于"因术以御群"的道理,韩非也有系统的论述,如《韩非子·内储说·七术》曰:"主之所用也七术,所察也六微。七术:一曰众端参观,二曰必罚明威,三曰信赏尽能,四曰一听责下,五曰疑诏诡使,六曰挟知而问,七曰倒言反事。此七者,主之所用也。"意谓:君主用以控制驾驭臣下的权术有七种,需要着意考察臣下的隐情有六种。七种驭臣之术:一是从各方面参照观察臣下的所作所为,二是臣下有过一定要严惩以显示君威,三是信守奖赏承诺以促使臣下效忠而竭尽所能,四是听取各方面的意见而督促臣下尽职,五是以疑诏引发臣下猜度而用诡道驱使他们,六是实情尽在掌握之中而反过来询问臣下,七是故意正话反说并做出一些悖情反理之事以刺探臣下。这七种权术,都是做君主所使用的。可谓是将政治"因术以御群"的实质说得淋漓尽致了。①西方学者也有持"政治即权斗""政治即权术"这种观点的,如 15 世纪意大利著名政治家与历史学家马基雅维利(Niccolò Machiavelli, 1469—1527)就是其中的代表人物。②马基雅维利在其所著《君主论》中,曾明确指出:"任何人都认为,一位君主笃守信义,以诚实而非机巧立身行事,这是多么值得赞扬!然而,从我们这个时代的经验却可以看到:那些做成了大事的君主们都很少把信义放在心上,都深谙如何以他们的机巧把人们搞得晕头转向,并最终战胜了那些立足于诚信的人们。"③即认为成功的君主都是不讲信义而深谙机巧、精于权谋的人。④如果说马基雅维利这种宣扬"政治即权斗""政治即权术"的思想还嫌不够明白、彻底的话,那么他接下来的表述就再清楚不过了:"君主既必须是一只狐狸以便识别陷阱,又必须是一头狮子以便使豺狼畏惧。那些单纯依靠狮子之道的人不理解这一点。所以,当遵守信义对他不利时,并且当使他做出承诺的理由不复存在时,一位审慎的统治者就不能——也不应该——遵守信义。假如人们全都是良善的话,这教导便谈不上良言善语;但因为人们是恶劣的,对你并不是守信不渝的,所以你也无须对他们遵守信义。一位君主也总是不乏正当的理由来掩饰其背信弃义。关于这一点,我们可以给出无数现代的例子为证,它们表明:许多和约与承诺由于君主们的背信弃义而废止,成为一纸空文;而最懂得如何使用狐狸之道的人却取得最大的成

---

① 吴礼权:《政治与政治修辞情境》,《阜阳师范大学学报》(社会科学版),2021 年第一期。
② 同上。
③ 马基雅维利:《君主论》,刘训练译注,北京:中央编译出版社,2017 年,第 226 页。
④ 吴礼权:《政治与政治修辞情境》,《阜阳师范大学学报》(社会科学版),2021 年第一期。

功。但是,他必须很好地懂得如何掩饰这种特性[兽性],必须做一个伟大的伪君子和假好人;人们是如此单纯,如此服从于当前的必然性,以致要进行欺骗的人总是可以找到上当受骗的对象。"①除此,马基雅维利也跟韩非一样详细谈到了君主"因术以御群"的问题。如关于如何选择大臣的问题,他说:"选择大臣对于一位君主来说非同小可;他们良善与否,取决于君主的审慎。人们对一位统治者的头脑形成的第一印象,就是看伴随他左右的人:如果他们是能力超群、忠心耿耿的,他就享有明智的名声,因为他知道如何识别他们能力超群、如何让他们维持忠心;但如果他们不是这样的,人们就总是对他做出不利的判断,因为他在这项选择上犯下了他的第一个错误。"②关于如何识别大臣问题,他说:"如果你看到一位大臣想着他自己甚于想着你,并且在一切行动中只追求对他自己有好处的,那么,这个人就绝不是一个好的大臣;你绝不能信赖他,因为国家掌握在他的手里,他就绝不应该想着他自己,而应该始终想着君主,并且他绝不应该想起任何同君主无关的事情。另一方面,为了使他保持良善,君主应该想着大臣——给他荣誉[名位],使他富贵,让他对自己感恩戴德,与他共享荣誉、分担重任;这样他就会看到,如果没有君主,他就站不住脚,如此多的荣誉使他别无所求,如此多的财富使他更无所欲,如此多的重任使他害怕变革。因此,当大臣们[对其君主]以及君主们对其大臣如此相待时,他们就能够彼此信任;如果反之,结果对任何一方就总是有损害的。"③关

---

① 马基雅维利:《君主论》,刘训练译注,北京:中央编译出版社,2017年,第228—230页。
② 同上书,第308页。
③ 同上书,第310—312页。

于如何对待臣下的阿谀奉承问题，他说："我不想略而不谈一件重要的事情以及一种君主们很难防范自己不去犯下的错误，除非他们非常审慎或者做出很好的选择。这就是阿谀奉承者充斥宫廷；因为人们对自己的事务如此喜闻乐见，并且如此自欺欺人，以致他们防范这种瘟疫；并且，在试图防范的过程中，又会冒着被人蔑视的风险。因为一个人没有别的办法来提防阿谀奉承，除非人们知道他们对你讲真话不会得罪你；但是，当每个人都能对你讲真话的时候，他们就会缺乏对你的敬畏。因此，一位审慎的君主必须采取第三种方式：在他的国家里选择一些明智的人，应该只赋予这些人对他讲真话的自由，并只就那些他询问的事情，而非其他任何事情。但是，他应当询问他们一切事情，并且听取他们的意见；然后，他应当独自按照自己的方式做出决定。对于这些顾问委员会及其每一个成员，他的行为方式要让每个人都认识到，谁愈是自由地畅所欲言，谁就愈受欢迎。除了这些人之外，他不应该再听任何人的意见；他应该推行已经决定的事情，并且对于自己的决定坚定不移。任何人如果不是如此，就要么被那些阿谀奉承者所毁，要么由于观点易变而频频变卦，从而导致不受人敬重。"[1]马基雅维利上述驭臣之术的论述，本质上都是其"政治即权术"观点的典型体现。除了中世纪的马基雅维利外，西方现代政治学者中也有持上述第三种观点的。如德国社会学家、政治学家、经济学家与哲学家马克斯·韦伯（Max Weber, 1864—1920）认为"政治意指力求分享权力或力求影响权力的分配"[2]。又如行为主义政治学的创始人、美国著名

---

[1] 马基雅维利：《君主论》，刘训练译注，北京：中央编译出版社，2017年，第314—316页。

[2] 马克斯·韦伯：《经济与社会》，林荣远译，北京：商务印书馆，1997年，第731页。

政治学家哈罗德·D. 拉斯韦尔 (Harold D. Lasswell, 1902—1978) 就认为政治行为"就是人们为权力而进行的活动"①，并说"研究政治就是研究权力的形成和分享"②。可见，他们都是将政治视为对权力的追求或分享。

第四种观点（即"将政治看作是'管理众人之事'即管理公共事务的活动"③），主要盛行于英国，其主要代表人物是保守主义政治哲学家奥克肖特 (Michael Oakeshott, 1901—1990)④。另外，中国近代民主革命先行者孙中山先生也有类似于奥克肖特的观点。他在阐述其所主张的"民权主义"思想时就曾说过："政治两字的意思，浅而言之，政就是众人之事，治就是管理，管理众人之事便是政治。有管理众人之事的力量，便是政权。"⑤王惠岩等认为："虽然孙中山的定义对政治的实质及其内涵仍未作出准确的阐述，但这一定义无疑标志着我国近代政治观的一种进步。"⑥

第五种观点（即"把政治解释为围绕着政府制定和执行政策而进行的活动，是一种实现'社会价值的权威性分配的活动'"⑦），主要盛行于美国，是"美国的政治概念"⑧，其主要代表人物是美国当代著名政治学家、政治行为主义倡导人和政治系统论创立者戴维·伊斯顿 (David Easton, 1917—2014)。其主要观点，王惠岩

---

① 王惠岩主编:《政治学原理》(第二版)，北京:高等教育出版社,2006年,第3页。
② 拉斯韦尔、卡普兰:《权力和社会:政治学研究的框架》，纽黑文:耶鲁大学出版社,1950年,第9页。
③ 王惠岩主编:《政治学原理》(第二版)，北京:高等教育出版社,2006年,第4页。
④ 同上。
⑤ 孙中山:《孙中山选集》，北京:人民出版社,1981年,第692—693页。
⑥ 王惠岩主编:《政治学原理》(第二版)，北京:高等教育出版社,2006年,第4页。
⑦ 同上。
⑧ 同上。

主编的《政治学原理》(第二版)有简要介绍①,兹不赘述。

政治学是一门古老而年轻的学科,因此有关学科性质的基本概念如"政治",其定义总是纷繁复杂、莫衷一是的。这是正常现象,其他古老而年轻的学科在基本概念的定义上同样存在着纷争。虽然自古以来政治学界对于"政治"的定义存在着很大分歧,但是,有一点是所有学者都能认同的,这就是认为政治是一种社会活动,是一种社会现象。另外,还有一点,也应该是所有学者都能认同的,这就是政治跟国家政权及其运作有关。正因为如此,王惠岩主编的《政治学原理》(第二版)据此给政治下了这样一个定义:"政治是人类社会一种特殊的历史现象。它产生于人与人之间的利害冲突,是社会中占据统治地位的阶级,通过建立以暴力为基础的国家政权,利用法律这种强制性的手段来调节利益分配,解决社会冲突的活动。"②

我们认为,从某种意义上说,政治是一门修辞的艺术。因为政治既然是一种社会活动,是一种社会现象,那么就跟语言活动有密切的关系。事实上,不论是政治观点的提出,还是政策的宣导,都离不开语言表达。政治人要使自己或自己所代表的政治集团的政治主张、政策方针得到广大民众的认同,就不能不讲修辞。施政效果好与不好,最终都要向民众报告说明,有一个交代,必须讲清楚、说明白。既然要报告说明,那就必须讲修辞。否则,就不能获得民众的认同或同情。只有报告说明注重修辞,措辞得当,才能犯了错会得到民众的原谅,做得好会得到民众的进一步支持。

---

① 王惠岩主编:《政治学原理》(第二版),北京:高等教育出版社,2006年,第4页。
② 同上书,第1页。

自古以来，在西方与中国都有学者或政治家认为政治是一种权术，上面我们已经有所论述。但是，应该指出的是，政治其实是有两面性的，它既可以是一种权术，也可以是一门艺术。至于什么情境下是艺术，什么情境下是权术，这要视从事政治活动的主体（政治人）的人格而定。

总之，政治既然是一种社会活动，那么不论它是艺术，还是权术，都跟修辞有密切关系。因为从事政治的主体（政治人）要想实现其社会活动的目标预期，势必就要有效地阐述或表达其社会活动的诉求，从而赢得全体社会成员或特定社会群体成员的认同。为了实现这一目标，政治人就不能不在语言文字表达上有一番经营努力，这便是政治修辞。

二、政治修辞的基本原则

政治修辞，从本质上说，跟日常修辞一样，都是语言活动的一种，是交际者（说写者）为了实现交际的目标预期而在语言文字表达上所作的经营努力。但是，政治修辞毕竟不同于日常修辞，因为"政治修辞的效果好坏，不仅跟作为政治人的修辞者本人的前途命运密切相关，还跟国计民生、政权存亡、国家形象等密切相关"[①]。正因为如此，作为政治修辞主体的政治人，在政治交际活动中就必然要比日常修辞主体的自然人更加谨慎用心，为了实现其政治修辞的特定目标预期，不仅需要围绕相关政治话题或论题的题旨而在语言文字表达上经营努力，还要权衡政治交际活动当下所处的政治境

---

① 吴礼权：《政治境界与政治修辞的基本原则》，《淮北师范大学学报》（哲学社会科学版），2021年第二期。

界，自觉遵循特定政治境界下的政治修辞原则。①

无论是从理论上说，还是从实践上看，政治在事实上都存在着境界上的差异。如果要对政治境界进行区分，可以将之分为理想与非理想两种，即理想政治境界与现实政治境界。作为政治修辞主体，每一个政治人都是生活于特定时代、特定社会之中，是特定政治境界下的政治人。因此，处身特定政治境界下的政治人，就需要遵循特定政治境界的政治修辞原则。如果有幸处身于理想政治境界下，那么作为政治修辞主体的政治人，在其政治交际活动中遵循"坦诚相见""友善合作""慎言其余"三原则，就可以轻松实现其政治修辞的目标预期；如果不幸处身于非理想的现实政治境界下，那么作为政治修辞主体的政治人就必须遵循"知人论事""审时度势""因地制宜"三原则，同时还要超越现实政治境界，尽可能地遵循理想政治境界的政治修辞原则，以此塑造良好的社会形象、彰显高尚的人格魅力，从而实现其政治修辞意图的终极目标。②

有关理想的政治境界，古今中外的政治家与思想家都曾有过向往，也曾有过论述。如中国古代就有过三种模式的理想政治境界。第一种模式是最高层级的，就是中国古代思想家孔子所向往的"天下大同"的社会。这种模式的政治境界，其实就是中国古代儒家所普遍向往的理想政治境界。这种理想的政治境界，在《礼记·礼运》中有清楚的描述："大道之行也，天下为公，选贤与能，讲信修睦。故人不独亲其亲，不独子其子，使老有所终，壮有所用，幼有所长，鳏寡孤独废疾者皆有所养。男有分，女有归。货，恶其弃

---

① 吴礼权：《政治境界与政治修辞的基本原则》，《淮北师范大学学报》（哲学社会科学版），2021年第二期。

② 同上。

于地也，不必藏于己；力，恶其不出于身也，不必为己。是故谋闭而不兴，盗窃乱贼而不作，故外户而不闭，是谓大同。"意谓：大道通行之时，天下是全体人民所共有的，有贤德、有才能的人被选拔与举荐出来治理天下，人人讲诚信，邻里重和睦。因此，人们都有博爱天下之心，不只是奉养自己的父母，不只是抚养自己的儿女，而是使天下所有的老人都能得到奉养而终其天年，所有壮年人都能人尽其用而为社会奉献力量，所有孩童都能健康成长，老而无妻的光棍、老而无夫的寡妇、幼年丧父的孤儿、老而无子的老人、残废有病的人，都能得到照顾供养。男子都各有其职责，女子都适时而嫁。人们虽然憎恨货物被弃于地而白白糟蹋，却也没有因此而将之据为己有之心；人们虽恨自己没有力气，却也没有恃力而为自己谋取私利之想。所以，阴谋诡计被遏制而不会发生，偷盗行窃和乱臣贼子也不会产生，百姓家家户户夜里都不必关闭大门，这就是大同社会①。由此可见，在以孔子为代表的儒家看来，人类社会最理想的政治境界就是天下一家，财富公有，贤人当政；人人讲诚信，彼此和睦相处；大家都有博爱之心，尊老爱幼，关爱弱势人群；所有的人都不贪财好利，不惜力偷懒；天下没有一个不尽职的男人，也没有一个嫁不出去的女人；人民淳朴，生性善良，既无耍阴谋诡计的野心家，也无偷盗行窃的不良之辈，更无祸乱国家的乱臣贼子；家家温饱，户户富足，路不拾遗，夜不闭户。②

第二种模式的理想政治境界，就是孟子所向往的"王道社

---

① 吴礼权：《政治修辞学研究的内容、方法与意义》，《淮北师范大学学报》（哲学社会科学版），2021年第一期。

② 吴礼权：《政治境界与政治修辞的基本原则》，《淮北师范大学学报》（哲学社会科学版），2021年第二期。

会",是次高层级的。这种理想的政治境界,孟子曾在游说梁惠王(即魏惠王)实行"保民而王"的政治主张时作过清楚的描绘:"五亩之宅,树之以桑,五十者可以衣帛矣。鸡豚狗彘之畜,无失其时,七十者可以食肉矣。百亩之田,勿夺其时,数口之家可以无饥矣。谨庠序之教,申之以孝悌之义,颁白者不负戴于道路矣。七十者衣帛食肉,黎民不饥不寒。"(《孟子·梁惠王》)意谓:老百姓如果在其五亩宅基地上,都种上桑树,那么他们五十岁时就可以穿上丝绸衣裳了。鸡猪狗等家畜的饲养,如果不失其时,七十岁的人都可以有肉吃了。百亩之田的耕作,国王不去占用他们的农时,数口之家应该是饱食无虑的。尽心尽力地办好学校,反复进行"孝悌"(顺从并奉养父母,敬爱兄长)的道德教育,那么道路上就不会再有头发斑白的老人背着、顶着重物在行走了。七十岁的老人都能穿绸吃肉,老百姓温饱无忧。①由此可见,在孟子看来,实现"王道"的社会是美好的政治境界。在这种政治境界中,天下所有老百姓都有自己一定数量的田地栽桑种粮,还有一定规模的家庭养殖业;统治者对老百姓很仁爱,不轻易征发徭役,保证老百姓的农耕与养殖时间不被挤占,因而天下万民都没有饥寒之虞;所有人都有接受学校正规教育的机会,都懂得孝敬父母、友爱兄弟的道理;老人普遍受到尊重并得到优待,五十岁可以吃肉,七十岁可以穿丝织品。②

第三种模式的理想政治境界,就是东晋大文学家陶渊明所向往

---

① 吴礼权:《言语交际与人际沟通》(第三版),上海:复旦大学出版社,2023年,第72页。

② 吴礼权:《政治境界与政治修辞的基本原则》,《淮北师范大学学报》(哲学社会科学版),2021年第二期。

的"桃花源"社会，跟先秦时代老子所向往的"小国寡民"的社会有点相似，是最低层级的。在这种理想的政治境界中，人们生活于一个与世隔绝的、相对封闭、自足、自由的社会中。这里没有官府，也没有剥削，当然更没有苛捐杂税和繁重的徭役与兵役；人们和睦相处，自耕自食；这里环境优美，有"夹岸数百步，中无杂树，芳草鲜美，落英缤纷"的桃花林；这里"土地平旷，屋舍俨然，有良田美池桑竹之属。阡陌交通，鸡犬相闻"，人们"其中往来种作"，生活恬静自适；这里的人民"男女衣着，悉如外人。黄发垂髫，并怡然自乐"；这里民风淳朴，人民热情好客，偶见外来之客进入他们的世界，"便要（邀）还家，设酒杀鸡作食。村中闻有此人，咸来问讯"（《桃花源记》）。①

上述三种模式的政治境界，事实上在中国古代从未实现过。在世界历史上，也未见有其他国家实现过。因此，它们都只是理想的政治境界模式，虽然真实地反映了无数理想主义者对现实政治境界的不满之情，真切地流露了他们对理想政治境界的热烈向往之情，但毕竟只是一种善良而不切实际的政治幻想。②

西方思想家，不论是古希腊时代的哲学家，诸如柏拉图与亚里士多德等人，还是近现代空想社会主义理论家，诸如英国的托马斯·莫尔（St. Thomas More，又作 Sir Thomas More，1478—1535）、意大利的托马斯·康帕内拉（Tommas Campanella，1568—1639）、英国的罗伯特·欧文（Robert Owen，1771—1858）、法国的克劳德·昂利·圣西门（Claude-Henri de Rouvroy, Comte de Saint-

---

① 吴礼权：《政治境界与政治修辞的基本原则》，《淮北师范大学学报》（哲学社会科学版），2021年第二期。
② 同上。

Simon，1760—1825）、法国的夏尔·傅立叶（Charles Fourier，1772—1837）等人，虽然都未曾像中国的先哲孔子、孟子、陶渊明那样具体描绘过理想的政治境界的模式图画，但都提出过他们对理想政治境界的设想。①如柏拉图曾提出，理想的政治就是"哲学家应为政治家，政治家应为哲学家"②。他认为政治家之所以要成为哲学家，是因为只有"哲学家是能把握永恒不变事物的人"，而非哲学家则"做不到这一点"，他们往往"被千差万别事物的多样性搞得迷失了方向"③。他认为："一个人如果不是天赋具有良好的记性，敏于理解，豁达大度，温文尔雅，爱好和亲近真理、正义、勇敢和节制，他是不能很好地从事哲学学习的。"④也就是说，只有天赋优越、智力超常（如"良好的记性""敏于理解"等禀赋），且有高尚品德（如"豁达大度""温文尔雅""爱好和亲近真理、正义、勇敢和节制"等）的人，才有资质学习哲学并成为哲学家。而只有成为了哲学家，才有资格"当城邦的领袖"⑤，也就是成为政治家。亚里士多德虽然对于成为政治家没有提出明确的标准，但在论述政体类型时表达了类似于柏拉图的观点。他曾明确指出："政体的正宗类型有三，而其中最优秀的政体就该是由最优良的人们为之治理的政体。这一类型的政体的统治者或为一人，或为一宗族，或为若干人，他或他们都具有出众的才德，擅于为政，而且邦内受治的公

---

① 吴礼权：《政治境界与政治修辞的基本原则》，《淮北师范大学学报》（哲学社会科学版），2021年第二期。
② 柏拉图：《理想国》，郭斌和、张竹明译，北京：商务印书馆，1986年，译者引言，第1页。
③ 同上书，第230页。
④ 同上书，第235页。
⑤ 同上书，第230页。

众都有志于，也都适于，人类最崇高的生活。"①很明显，在亚里士多德看来，政治家应该具备"出众的才德"，且有出众的政治才干，这样才能表率万民，带领城邦内的人民过上"人类最崇高的生活"。可见，柏拉图与亚里士多德都是将理想的政治境界跟理想的政治领袖的资质画等号的。这跟中国古代儒家所倡导的"以德治国"的政治理念相类似，强调的是德化万民的政治环境营造的重要性。至于托马斯·莫尔、托马斯·康帕内拉、罗伯特·欧文、克劳德·昂利·圣西门、夏尔·傅立叶等西方近现代思想家所主张的"空想社会主义"(utopian socialism，准确的译法应是"乌托邦社会主义"，或称"乌托邦共产主义")，跟中国古代思想家与古希腊哲学家所设想的理想政治境界都有所不同，这主要表现在它不再强调政治的理想境界与政治人的理想人格的密切关系，也就是说不再对从事社会公共事务的政治人的品德提出具体要求，而主要专注于社会制度的设计。其中，最核心的观点是：主张废除私有制，消灭阶级差别，共同劳动，平均分配产品，建立社会平等（主张仍然保留私有制的早期社会主义学说，称为空想社会主义；主张实行公有制的早期社会主义学说，则称为空想共产主义)。②

跟中国古代思想家与文学家所憧憬的理想政治境界只是"镜中之花，水中之月"一样，西方思想界从古希腊的柏拉图、亚里士多德，直到近现代的托马斯·莫尔、托马斯·康帕内拉、罗伯特·欧文、克劳德·昂利·圣西门、夏尔·傅立叶等所设想的理想政治境界，事实上至今都未曾实现过，也只是一种虚无缥缈的

---

① 亚里士多德:《政治学》,吴寿彭译,北京:商务印书馆,1965年,第175页。
② 吴礼权:《政治境界与政治修辞的基本原则》,《淮北师范大学学报》(哲学社会科学版),2021年第二期。

幻想而已。①

　　有关现实的政治境界，相信所有稍微对现实政治生活有所关心的人，都多少有些直观的感受。即使是确因身处环境的局限，或是眼界不够，所见世面不多，也能通过历史的记载或现代传媒而对古往今来人类社会现实的政治境界有所了解。比方说，我们通过阅读《史记·屈原贾生列传》中有关屈原的生平事迹，就可以管中窥豹，大致了解到屈原生活的战国时代末期的现实政治境界究竟如何。在屈原生活的时代，无论是国与国之间，还是人与人之间，不见讲信修睦，只有尔虞我诈，你争我夺，相互倾轧；无论是楚国，还是秦国，或是战国七雄的其他诸侯国，不是选贤与能，而是小人得志当道，贤人受气遭贬；执政者不是天下为公，而是为了一己之私，不惜以涂炭天下生灵为代价。②

　　除了通过阅读古代历史文献了解人类社会过往的政治现实境界，还可以通过现代传媒了解当今世界的政治现实境界。比方说，我们通过电视、报纸与互联网，可以及时了解世界各国发生的政治事件，观察不同政治人物的所作所为，研究各国现行的政治生态，进而清楚地观照各国的政治现实境界。

　　就以当今世界各国为之聚焦的美国来说，自从 2017 年 1 月第四十五任总统唐纳德·特朗普（Donald Trump）就任以来，美国的政治生态发生了深刻的变化。美国在特朗普执政时期的政治生态与时任总统特朗普的所作所为，对照中国儒家先贤在《礼记·礼运》中所描绘的"天下为公"的"大同社会"的理想政治境界，正好形

---

　　①　吴礼权：《政治境界与政治修辞的基本原则》，《淮北师范大学学报》（哲学社会科学版），2021 年第二期。
　　②　同上。

成了鲜明的对照。

可以说,美国当今的政治生态是将西方社会的现实政治境界作了一个生动而具体的展示,足以让人们对西方世界的现实政治境界有一个清楚的认知。①

政治境界,无论是从理论上来看,还是从实践上来看,都存在着理想与现实(即"非理想")两种。理想的政治境界,虽然非常令人向往,但事实上自古及今都从未实现过。而现实的政治境界,则始终伴随着人类社会发展的每个阶段。因为只要政治人(从事政治活动的主体,包括国家的执政者以及各级政府机构的主事者)没有达到"天下为公"的道德境界,而"选贤与能"的政治机制又没有真正建立起来并持续健康地运转,"讲信修睦"和尊老爱幼、关爱弱势人群的社会风气也没有普遍形成,"天下大同"的理想政治境界就不可能出现。

不过,应该指出的是,政治境界从理论上来说虽然有"理想的政治境界"与"现实的政治境界"之分野,但是在实际上两者绝不是水火不容、绝无交集的。从理论上说,在理想的政治境界下,人们(包括政治人与自然人)都能"讲信修睦"。但是,在实际社会生活与政治实践中却未必能够贯彻到底。因为即使是在理想的政治境界下,事实上也是难以保证每个人(包括政治人与自然人)的每句话都是实话,每个人每时每刻都能对他人心平气和。②

比方说,日常生活中,别人有缺点,或是做错了事,如果不能直言指出来,那就跟"讲信"的原则冲突了。如果说了实话,符合

---

① 吴礼权:《政治境界与政治修辞的基本原则》,《淮北师范大学学报》(哲学社会科学版),2021年第二期。
② 同上。

了"讲信"的原则,却又因伤害了对方的感情而损害了"修睦"的原则。因为人是情感动物,会有情感情绪。一旦情感情绪不能有效控制,势必就会在言语或行为中伤害到他人,这就影响到了"修睦"。可见,"讲信"与"修睦"是有矛盾冲突的。因此,政治人即使智慧远超自然人,也不一定都能在政治交际活动中完美地处理好"讲信"与"修睦"的关系。而不能处理好这两者之间的关系,那么势必就不能臻至理想的政治境界。①

又比方说,"选贤与能"也是理想政治境界的一种重要指标,但是如果所选出的人"贤"有余,而"能"不足,那么势必就会影响到他所治理的国家或社会的人民的幸福;如果选出来的人"能"有余,而"贤"不足,则势必又不能达到"天下为公"的境界,同样也会影响到他所治理的国家或社会的人民的幸福。事实上,既"贤"且"能"的执政者在人类历史上是凤毛麟角的,难得一见。就中国历史而言,如果真有这样的执政者,那么也就只有传说中的上古尧、舜二帝符合这个条件了(《史记·五帝本纪》记载的五帝,其中的黄帝、颛顼、帝喾虽有治世之功,但都传位于其子孙,并没有达到"天下为公"的境界。所以,他们只能算是"能",而不能称为"贤")。汉人司马迁在《史记·五帝本纪》中对尧的记载是:"帝尧者,放勋。其仁如天,其知如神。就之如日,望之如云。富而不骄,贵而不舒。黄收纯衣,彤车乘白马。能明驯德,以亲九族。九族既睦,便章百姓。百姓昭明,合和万国……讙兜进言共工,尧曰不可而试之工师,共工果淫辟;四岳举鲧治鸿水,尧以

---

① 吴礼权:《政治境界与政治修辞的基本原则》,《淮北师范大学学报》(哲学社会科学版),2021年第二期。

为不可，岳彊请试之，试之而无功，故百姓不便。三苗在江淮、荆州数为乱。于是舜归而言于帝，请流共工于幽陵，以变北狄；放驩兜于崇山，以变南蛮；迁三苗于三危，以变西戎；殛鲧于羽，以变东夷：四罪而天下咸服……尧立七十年得舜，二十年而老，令舜摄行天子之政，荐之于天。尧辟位凡二十八年而崩。百姓悲哀，如丧父母。三年，四方莫举乐，以思尧。尧知子丹朱之不肖，不足授天下，于是乃权授舜。授舜，则天下得其利而丹朱病；授丹朱，则天下病而丹朱得其利。尧曰：'终不以天下之病而利一人'，而卒授舜以天下。"（意谓：尧帝，就是放勋。他的仁德像天一般深邃辽阔，他的睿智像神一般的微妙难测。人们接近他，感觉犹如太阳一般的温暖；人们远望他，感觉就像是头顶飘过的一片云。他富有而不骄奢，高贵而不放纵。他总是戴一顶黄色的帽子，穿一身黑色的衣服，坐一辆红色的车子，驾着白马。他敬重有德之人，使同族九代皆相亲相爱。使同族相亲、九代和睦后，他便开始考察百官。在他治下，百官政绩昭彰，诸侯各国和睦相处……驩兜曾举荐共工，尧认为共工不值得信任，但驩兜仍任共工为师，结果证明共工果然是放纵邪僻之辈；四岳曾举荐鲧治理洪水，尧认为不可行，但四岳硬是请求试一试，结果鲧治水没有成效，所以百官都认为不合适。南方的江、淮流域与荆州一带居住有三苗，不时起来为非作乱。这时，舜巡视天下回来，向尧帝报告情况，请求将共工流放至幽陵，以便改变北狄之风俗；将驩兜流放至崇山，以便改变南蛮之风俗；将三苗迁徙至三危，以便改变西戎之风俗；将鲧流放至羽山，以便改变东夷之风俗。尧帝听从舜的建议，惩处了这四个罪人，于是天下人都心悦诚服了……尧在位执掌天下七十年，这才发现了可以交接天下的合适人选舜。又过了二十年，尧因年事已高而决定退居二线,让舜代摄天子之政,并向上天举荐了舜。让出天子之位二十八年后,尧帝离开了人世。对于尧帝的离世,天下百姓悲痛欲绝,就像死了生身父母。尧帝离世后的三年之内,四面八方、天下各地,没听到奏乐之声,这都是为了悼念尧帝的缘故。尧帝禅位于舜,而不传位于自己的儿子丹朱,是他认为其子不贤,德不配天子之位,才不足以治天下,因此才权授于舜。他认为,让位于舜,得其利者乃天下万民;而不得其利者,则丹朱一人而已。传位于丹朱,天下人皆蒙受其害,而只有丹朱一人得其利。尧帝说:"我终究不能以天下人受害为代价而让一人得利。"所以他最终决定将天下传给了舜。)由太史公司马迁的记载,我们可以清楚地了解,尧在民众的心目中是位道德高尚、智慧超群的君主。作为君主,他知人善用(反对任用共工与鲧),从善如流(听从舜的建议放逐四大罪人),又具有"天下为公"的胸怀(不传位于其子丹朱,而让位于舜)。他治理天下七十年,深受万民的拥戴,死后人民仍然怀念他。可见,他的执政是成功的,道德是高尚的,真正是"贤"且"能"的典型。在尧之后的舜,也是"贤"且"能"的典型。《史记·五帝本纪》记载说:"虞舜者,名曰重华。重华父曰瞽叟……舜父瞽叟盲,而舜母死,瞽叟更娶妻而生象,象傲。瞽叟爱后妻子,常欲杀舜,舜避逃;及有小过,则受罪。顺事父及后母与弟,日以笃谨,匪有解。舜,冀州之人也。舜耕历山,渔雷泽,陶河滨,作什器于寿丘,就时于负夏。舜父瞽叟顽,母嚚,弟象傲,皆欲杀舜。舜顺适不失子道,兄弟孝慈。欲杀,不可得;即求,尝在侧。舜年二十以孝闻。三十而帝尧问可用者,四岳咸荐虞舜,曰可。于是尧乃以二女妻舜以观其内,使九男与处以观其外……舜入于大麓,烈风雷雨不迷,尧乃知舜之足授天下。尧老,使舜摄行天子政,巡狩。 舜得举用事二十年,而尧使摄政。 摄政八年而尧崩。 三年丧毕,让丹朱,天下归舜。 而禹、皋陶、契、后稷、伯夷、夔、龙、倕、益、彭祖自尧时而皆举用,未有分职。 于是舜乃至于文祖,谋于四岳,辟四门,明通四方耳目,命十二牧论帝德,行厚德,远佞人,则蛮夷率服……践帝位三十九年,南巡狩,崩于苍梧之野……舜之践帝位,载天子旗,往朝父瞽叟,夔夔听爸唯谨,如子道。 封弟象为诸侯。 舜子商均亦不肖,舜乃豫荐禹于天。"(意谓:虞舜,名叫重华。 重华的父亲叫瞽叟……舜的父亲瞽叟是个瞎子,而舜的母亲早死,于是瞽叟就又娶了一个妻子,生下了象。 象为人桀骜不驯。 瞽叟喜欢后妻之子象,而常存杀舜之心,但都被舜巧妙地躲过了。 舜一旦犯了点小错,就会遭受父亲重罚。 尽管如此,但舜仍侍奉父亲与后母甚恭,对后母所生之弟象也非常友好,而且对他们的孝顺与友爱一天比一天深厚,天长日久而没有丝毫的懈怠。 舜是冀州人,曾耕种于历山,捕鱼于雷泽,烧陶于黄河岸边,制日常生活器物于寿丘,贩卖货物于负夏。 舜父瞽叟愚昧,继母顽固,继弟象则桀骜不驯,他们都想杀了舜。 但是,舜却恭顺地对待他们,从不违背为子之道,对父母孝顺,对弟弟友爱。 他们想杀掉他时,他就躲起来,让他们找不到;而当他们有事需要他帮助时,他又总是及时出现在他们身边。 舜年二十,即以孝顺名闻于天下;年三十,尧帝访察天下贤能可治天下者,四岳皆一致举舜,说他可以。 于是,尧就将两个女儿嫁给舜以考察其在家的修齐之德,又让九个儿子跟他共处以考察其在外的为人处世能力……尧帝又让舜深入山林,舜遇暴风雷雨都不迷路。 由此,尧知道舜确实贤能,足可以托付天下。 等到尧帝年老时,就让舜代行天子之政,自己则巡行四方。 舜被举荐掌管天下事务二十年后,尧帝正式让他开始代行天子之政。舜正式代行天子之政八年后，尧帝过世了。为尧帝服丧三年后，舜将天子之位让给了尧帝之子丹朱。但是，天下之人都不朝丹朱而来归服舜。禹、皋陶、契、后稷、伯夷、夔、龙、倕、益、彭祖等贤能之人，虽在尧帝时就被举用，却一直没有应有的职位。于是，舜就往文祖庙，跟四岳协商大计，开放四门，了解并沟通四方之情。又命十二州牧讨论称帝应备之德，认为治天下要行厚德，远小人，那么蛮夷都会归服……舜在位三十九年，南巡途中，死于苍梧之野……舜即帝位时，打着天子之旗，去给父亲瞽叟请安，恭敬和悦，完美践行了为子之道。封其弟象为诸侯。舜知道其子商均不肖，不足以治天下，遂预先决定了让禹作为接班人，并向上天作了举荐。）由此可见，舜不仅有治世之才干（执政三十九年），克己奉公、勤于政事（死于南巡途中），而且有孝行（事不肖之父兄甚谨），具有"天下为公"的胸怀（临终前就作出决定，传位于禹而不传其子商均），亦可谓是"贤"且"能"的典型。①

虽然尧、舜都是"贤"且"能"的典型，在他们的治理下，整体上算是臻至了理想的政治境界，但并不是非常完美。比如说，尧帝时，禹、皋陶、契、后稷、伯夷、夔、龙、倕、益、彭祖等人虽被举用，但都未有职分，不能人尽其才，说明尧帝在"选贤与能"方面还有不足；舜的父亲与继母及其继弟象有种种不肖之所为，说明尧帝对民众的教化尚有很大不足。又比如说，舜帝虽有"天下为公"的胸怀，但是他在"选贤与能"方面仍有不足，他所选定的接班人禹，虽然"能"有余（治水有功），但"贤"不足，即天子之位

---

① 吴礼权:《政治境界与政治修辞的基本原则》，《淮北师范大学学报》（哲学社会科学版），2021年第二期。

后，最终没能贯彻"天下为公"的用人原则，传位于其子启，从此"天下为公"的"大同社会"的理想政治境界不复存在，代之而起的是"天下为私"的"家天下"局面。不过，在现实的政治境界中，仍然有理想的政治境界的因子存在。比方说，在春秋战国时代，周天子的权威不复存在，周公礼法全面崩坏，乱臣贼子满天下，但仍然有像孔子、孟子这样向往"大同社会"的政治家，像老子、庄子这样主张清静无为、和平和谐的思想家，像墨子这样主张"兼爱""非攻""尚同""尚贤"且在实践中有"摩顶放踵而利天下"之作为的学者。如此等等，实际上都是春秋战国时代现实政治境界下的理想政治境界的因子，是理想政治境界的火花在现实政治境界中的闪现。①

既然政治境界存在着理想与现实（非理想）的分野，那么，从理论上说，政治修辞主体（政治人）在适应特定政治情境的政治交际活动中，其政治修辞就必须遵循不同的原则。在理想的政治境界下，可以遵循"坦诚相见""友善合作""慎言其余"的原则。因为在理想的政治境界下，人们应该都是能够奉行"讲信"理念的。政治人作为自然人（普通民众）的道德表率，自然更能笃守"讲信"理念。因此，包括政治人在内的所有人，都完全可以有什么想法就坦诚地跟对方交流，知道什么就说什么，心里有什么就说出来，不需要拐弯抹角，不需要闪烁其词，可以完美地贯彻"坦诚相见"（或曰"修辞立其诚"）的原则。如果确是理想的政治境界，人们应该都能奉行"修睦"理念的。政治人作为自然人（普通民众）的道德

---

① 吴礼权:《政治境界与政治修辞的基本原则》,《淮北师范大学学报》(哲学社会科学版),2021年第二期。

表率，自然更能处处彰显其"修睦"的风范。因此，包括政治人在内的所有人，都应该具有博爱天下、兼容并包的胸襟，思想情感的抒发与政治见解的表达都会以理性和平的方式呈现，绝不会有唇枪舌剑的火药味，可以完美地贯彻"友善合作"的原则。如果确是理想的政治境界，社会应该是处于一种"谋闭而不兴"的状态，人们（包括政治人与自然人）都是淳朴无邪的，没有城府，没有心机，因此政治人作为全体民众的道德表率，自然心地纯洁，不会在政治交际活动中为了某种政治目的而欺骗民众，而一定会秉持"知之为知之，不知为不知"的态度，实事求是地表达自己的观点与见解，完美地贯彻"慎言其余"的原则。而在现实（非理想）的政治境界下，政治修辞主体（政治人）的政治修辞就不一样了，必须遵循"知人论事""审时度势""因地制宜"的原则。因为在现实（非理想）的政治境界中，社会不是处于"讲信修睦"与"谋闭不兴"的状态，尔虞我诈、你争我夺属于社会生活特别是政治生活的常态。因此，在这种政治境界下，政治人作为社会大众行为规范的标杆与关注的对象，为了实现特定的政治交际目标预期，在政治交际活动中就必须直面现实，努力适应特定的政治交际情境，见人说话（甚至要"见人说人话，见鬼说鬼话"），为实现政治修辞的预定目标而贯彻"知人论事"的原则。除此，政治人还要根据政治情势的变化与特定政治场域的要求，在政治观点与见解的表达时灵活应对（甚至要"见风使舵"），从众从俗（即"入乡随俗"），为实现政治修辞的预定目标而贯彻"审时度势"与"因地制宜"的原则。①

---

① 吴礼权：《政治修辞与比喻文本建构》，《阜阳师范大学学报》（社会科学版），2020年第三期。

虽然我们一再强调，理想的政治境界在人类社会中其实是不存在的，但是我们也不能否认，非理想的现实政治境界下，仍有理想政治境界的因子存在。正因为如此，在非理想的现实政治境界下，政治修辞主体（政治人）为了实现特定的政治修辞目标预期，在政治交际活动中除了要自觉地贯彻现实政治境界下政治修辞的三原则："知人论事""审时度势""因地制宜"，还要彰显智慧、创造条件，尽可能地贯彻理想政治境界下所要贯彻的三原则："坦诚相见""友善合作""慎言其余"。唯有如此，才更能彰显政治修辞主体（政治人）的人格魅力，使其政治修辞艺术超越技巧，臻至政治修辞的最高境界。

三、政治修辞：技巧决定境界

日常修辞要讲技巧，政治修辞自然更要讲技巧。因为技巧直接影响到政治修辞文本建构的水平，也由此决定了政治人的政治修辞境界。

日常修辞的技巧有很多，政治修辞的技巧也有很多。但是，相对于日常修辞，政治修辞最常用而有特效的技巧则是相对比较集中的。根据我们的考察与研究，主要有比喻、排比、承转、折绕、设问、讽喻、倒反、镶嵌、引用、用典、双关、留白、设彀、呼告、示现等十多种。限于篇幅，下面我们不拟一一举例论证，而是只拟选择古今中外若干政治人物在政治修辞中运用特定修辞技巧的案例予以简要分析。

下面我们先来看一下美国历史上最伟大的总统之一罗斯福是如何运用"排比"技巧在美国国会演讲的。

昨天对夏威夷群岛的进攻,给美国海陆军部队造成了严重的损害。我遗憾地告诉各位,很多美国人丧失了生命。此外,据报,美国船只在旧金山和火奴鲁鲁之间的公海上也遭到了鱼雷袭击。

昨天,日本政府已发动了对马来西亚的进攻。

昨夜,日本军队进攻了香港。

昨夜,日本军队进攻了关岛。

昨夜,日本人进攻了威克岛。

今晨,日本人进攻了中途岛。

(罗斯福:《1941年12月7日——一个遗臭万年的日子》)①

上引文字,是美国第三十二任总统富兰克林·德拉诺·罗斯福(Franklin Delano Roosevelt, 1882—1945) 1941年12月8日在美国参众两院所作的一次政治演讲的片断。这次政治演讲的目的非常明确,就是呼吁美国参众两院议员凝聚共识,支持并批准政府对日宣战。

对世界史特别是第二次世界大战史有所了解者都知道,美国虽然早在第一次世界大战期间就已崛起为世界强国之一,但却在第一次世界大战与第二次世界大战早期始终坚守所谓的"中立"国策。然而,1941年12月7日(星期日)凌晨,日本却对美国不宣而战,偷袭了美国在太平洋地区的主要海空军基地珍珠港,"击毁击伤美主要舰只十余艘、飞机一百八十八架,美太平洋舰队遭到惨重损失"②。虽然珍

---

① 李增源:《如何在"渲染"中提高演讲的艺术表现力》,《演讲与口才》,2002年第十期。

② 辞海编辑委员会编:《辞海》(1989年版缩印本),上海:上海辞书出版社,1990年,第1361页。

珠港事件"是美国有史以来最大的耻辱,但要仅就此事而劝说参众两院改变在二战中的'中立'既定国策,授权总统发动一场空前规模的战争,卷入难以预料的第二次世界大战的漩涡中,那也是很难的"①。然而,罗斯福总统却做到了。在珍珠港事件发生后,罗斯福到美国国会山向参众两院议员发表了一通政治演说。半小时后,美国参众两院就通过了对日宣战的决议。

那么,罗斯福总统的演讲何以有如此的魅力,能够突破美国国会历史上的先例,在极短的时间内获得对外宣战的授权呢?应该说,这与罗斯福总统演讲中讲究政治修辞的技巧不无关系。作为政治人,罗斯福深知自己虽贵为美国总统,是法律上认定的国家元首,但在美国特定的政治体制下,他的权力并不是不受约束的。事实上,"参众两院对其权力的制约是非常大的,特别是总统要宣布对外国开战,那是一定要参众两院通过的,否则总统就根本不能发布对外宣战的命令"②。正因为对此有清醒的认识,罗斯福总统决定到国会向参众两院议员发表演说时,就已经确定了明确的目标,必须说服参众两院议员支持自己对日宣战的决定,并且要国会在最短的时间内批准对日宣战的决议。为了实现这一伟大的目标,作为游说者的罗斯福没有就事论事,只谈当日凌晨发生的珍珠港事件,而是"从更广阔的背景上来论说日本对美不宣而战的本质"③,创造性地运用了一般政治人在政治演说中都会运用的排比手法,以时间轴与空间轴相辅相成的内在逻辑来架构排比文本,让"昨天,日本政府已发动了对马来西亚的进攻","昨夜,日本军队进攻了香

---

① 吴礼权:《口若悬河:演讲的技巧》,广州:暨南大学出版社,2014年,121页。
② 同上。
③ 同上。

港","昨夜,日本军队进攻了关岛","昨夜,日本人进攻了威克岛","今晨,日本人进攻了中途岛"五个结构相同、相似的句子依时间之序、空间之序连续铺排,鱼贯而下,使日本军国主义侵略的步伐正随着时间的推移而由远及近地逼近美国本土的现实危机形象地呈现出来,由此"有力地向参众两院的议员们表明了问题的严重性,美国的国家安全和民族生存的严重危机"①,从而"让两院议员终于从'中立'政策的梦幻中惊醒,迅速批准了授权总统对日本宣战的决议"②。可见,罗斯福政治演说的成功跟其创造性运用排比技巧的智慧是有密切关系的。他能成为第二次世界大战反法西斯同盟阵营的领袖与英雄,成为美国历史上唯一连任四届总统的人,不是没有原因的。

由此可见,排比虽是一种寻常的修辞技巧,但在政治修辞中运用得当,往往能发挥举足轻重的重要作用。政论性的书面表达与政治演讲类的口语表达中,如果能够创造性地运用技巧,建构适当的排比修辞文本,将会极大地提升或放大政治修辞的预期效果。③

下面我们再来看看美国在世最年长的前总统、民主党人卡特的母亲,一个非典型的政治人(即"角色政治人"),是如何运用"承转"技巧应付美国政治记者的。

> 美国前总统卡特竞选总统时,一位爱找茬的女记者访问了他性情暴躁的母亲。

---

① 吴礼权:《口若悬河:演讲的技巧》,广州:暨南大学出版社,2014年,第121—122页。
② 同上书,第122页。
③ 吴礼权:《政治修辞与排比文本建构》,《常熟理工学院学报》,2021年第一期。

女记者道:"你儿子说如果他说谎话,大家就不要投他的票,你敢说卡特从未说过谎吗?"

卡特母亲答道:"也许我儿子说过谎话,但都是善意的。"

"何谓善意的谎言?"

"你记不记得,几分钟前,当你跨进我家的门时,我对你说你非常漂亮,我见到你很高兴。"

(王政挺编:《中外奇辩艺术拾贝》)

这个故事中提到的卡特（Jimmy Carter）,就是美国第三十九任总统,1977年至1981年在任,任内实现了中美两国正式建立外交关系的重大历史使命。虽然卡特是典型的政治人,但他的母亲与故事中的女记者都不是政治人。不过,从政治修辞学的视角来看,由于女记者采访卡特母亲时正处于卡特竞选美国第三十九任总统的特定时期,采访的话题涉及总统竞选的政治话题,因而卡特母亲与采访她的女记者在谈论有关卡特是否说过谎的话题时,就被临时赋予了政治人的角色。二人的言语博弈,也就超越了日常修辞的范畴,而进入政治修辞的领域,具有了鲜明的政治修辞色彩。

从上面故事所述的情节中,我们可以清楚地见出,卡特母亲虽然是个政治素人,且性情暴躁,但在儿子卡特参加美国总统竞选这一特定的时期,她便自然变身为一个典型的"角色政治人",显得非常睿智而冷静。她清醒地认识到,在美国当总统可不是一件容易的事,而竞选总统并最终成功当选则更是困难重重。因为在竞选总统的过程中,竞选人"必须经过全体民众特别是政敌或竞选对手无数次的道德检视。为了能够顺利当选,不仅自身在道德与能力上要真的过硬,而且还必须有应对'莫须有'的指控甚至谣言而进行辩驳消毒的智慧与语言能力"①。故事中的那位女记者明显是一个职业的政治新闻记者,在总统竞选的关键时刻特意前往采访总统候选人卡特性情暴躁的母亲,肯定不是因为"她跟卡特母亲有什么亲密的关系,或者是为了宣传卡特而去找卡特母亲挖掘少年卡特的不平凡事迹。相反,她是有意要找碴,给卡特挑毛病。因为通过卡特本人,她不可能获得攻击卡特本人的任何材料。总统候选人防记者犹如防贼,她岂能从正常渠道获取自己想要的东西"②。于是,女记者就别有用心地找到了卡特那位性情暴躁的母亲,希望从她那里获得突破,找到一些有可能对卡特竞选总统不利的相关证据。没承想,卡特这位性情暴躁的母亲对政治却非常敏感,面对女记者别有用心的提问,保持了高度清醒的头脑,不但"没有落入女记者预设的语言圈套,反而趁机对女记者的不怎么样的长相进行了辛辣的讽刺,让她自讨了一个没趣"③。

那么,卡特母亲何以由一个政治素人迅速成长为一个成熟的政治人,在美国总统竞选趋于白热化的关键时刻为自己的儿子守住了道德上的清白,并让找碴的女记者图谋不能得逞而狼狈逃去呢?

从政治修辞学的角度看,我们认为卡特母亲在这场与女记者的政治博弈中表现出的高度智慧是值得特别推崇的。这主要有两个方面。其一,卡特母亲作为被采访对象,虽然明知上门采访的女记者不怀好意,但仍遵循了理想政治境界所要遵循的"友善合作"的政治修辞基本原则,在女记者一进她家大门时,就毫不吝啬地夸她

---

① 吴礼权:《言语交际与人际沟通》(第三版),上海:复旦大学出版社,2023年,第382页。

② 同上,第382—383页。

③ 同上,第383页。

长得漂亮。"这种语言行为实质上是说谎,但却是社会都认同的,是维护人际良好关系的一种礼仪。虽然只是礼仪,并非发自内心的真诚赞美,但却可以真切地传递交际者希望与受交际者友好合作的善意。正是有了这一先发的友好合作的善意为铺垫,交际者后来对受交际者的反唇相讥就具有了合理性。因为我友善待你在先,你却对我不怀好意在后,那么我反击你也就理所当然了。"①仅此一点,我们就不能不说卡特母亲的政治智慧不逊色于任何政治家。其二,作为接受提问的受交际者,卡特母亲在这场与女记者的言语博弈中所运用的修辞策略非常高明。女记者作为这场政治言语博弈中的交际者,其所提出的问题"你敢说卡特从未说过谎吗",表面看起来很寻常,也不难回答。以英语表达,说"Yes"或"No"就够了。其实,女记者的这个提问并不简单,无论受交际者(卡特母亲)是说"Yes"还是"No",都会掉入其预设的语言陷阱之中。如果卡特母亲说"No",或是言之凿凿地回答说"我敢说卡特从未说过谎",那么女记者就会据此断定卡特母亲此时正在说谎。因为逻辑与常识告诉我们,任何一个生活于现实社会中的人,可以尽最大努力做到诚实,但不可能一辈子不说一句谎话。这一点,应该是所有人都会承认的,无须提出论据予以证明。事实上,女记者正是基于这一逻辑前提与客观常识,才会设计出"你敢说卡特从未说过谎吗"这一提问。只要卡特母亲敢于说"No",那么女记者就有了突破口,可以借题发挥,顺理成章地得出一个结论:"一个善于说谎的母亲,不可能教育出一个不说谎的儿子。"②只要得出这个结论,卡

---

① 吴礼权:《言语交际与人际沟通》(第三版),上海:复旦大学出版社,2023年,第383页。

② 同上,第383页。

特竞选总统就失去了正当的理由，因为他事先跟美国公众承诺过："如果他说谎话，大家就不要投他的票。"如果卡特母亲对于女记者的提问答之以"Yes"，或是说"卡特小时候说过谎话"，那么，女记者势必会据此玩弄逻辑游戏，以偏概全，通过搬出卡特此前对公众所作诺言"如果他说谎话，大家就不要投他的票"，顺势将卡特一军，使其信用破产，无法再将总统竞选活动继续下去。令人欣慰的是，作为这场言语博弈的受交际者，卡特母亲虽然平日性情暴躁，但关键时刻却能沉得住气，冷静应对，发挥了一个政治素人寻常不可能有的政治智慧，选择了两个最有效的修辞技巧，打出了一套政治修辞的组合拳，化危机于无形，不仅巧妙地摆脱了尴尬与困境，而且顺手牵羊对女记者的长相予以了嘲讽，使其狼狈而逃。卡特母亲选择的两个修辞技巧，一是运用"承转"技巧建构了一个承转修辞文本："也许我儿子说过谎话，但都是善意的。"先顺着女记者的预设思路，承认儿子卡特说过谎话，从逻辑上堵住自己所作断语的漏洞，不让女记者有借题发挥的机会；然后再从人情上进行补正，突出强调了卡特说谎的正当性（对人抱持善意），从反面彰显了卡特心地善良、彬彬有礼的绅士形象，让人觉得他们母子二人都非常有人情味，是诚实可亲的人。卡特母亲选择的第二个修辞技巧，是顺着女记者的第二个提问"何谓善意的谎言"，运用"示例"技巧建构了一个示例修辞文本："你记不记得，几分钟前，当你跨进我家的门时，我对你说你非常漂亮，我见到你很高兴。"通过举例说明的方式，以"当你跨进我家的门时，我对你说你非常漂亮，我见到你很高兴"作为"善意的谎言"的注脚，一下子就将女记者颠进了预设的语言陷阱，使其无法挣脱而困辱不堪。因为按照这个注脚，女记者进行逻辑反推，就不难理解卡特母亲的话语真义："其实,你长得并不漂亮,今天我见到你并不高兴。"可见,卡特母亲还真的不是一个政治素人,而是一个成熟的政治人,仅从上述她与女记者的一番言语博弈就能见出其政治智慧与政治修辞的艺术。①

说完了美国政治家的表现,下面我们再来看看英国政治家丘吉尔是如何运用"折绕"技巧跟政敌斗嘴的。

> 英国议会里的第一个女议员阿斯特曾经对丘吉尔说:"如果我是你的妻子的话,我就在你的咖啡里放上毒药。"
>
> 丘吉尔反唇相讥:"如果我是你的丈夫,我就把它喝下去。"
>
> (段明贵:《名人的幽默·如果是夫妻》)

上述故事中的阿斯特,是指阿斯特子爵夫人,本名南希·威撒·兰霍恩(Nancy Witcher Astor, Viscountess Astor, 1879—1964),生于美国弗吉尼亚,是英国历史上第一位女性下议院议员。丘吉尔是指温斯顿·伦纳德·斯宾塞·丘吉尔(Winston Leonard Spencer Churchill, 1874—1965),是第二次世界大战期间世界反法西斯战争的领袖之一,两度出任英国首相(1940—1945, 1951—1955)。阿斯特子爵夫人是英国保守党成员,丘吉尔原也是保守党成员,后来与保守党决裂,接受过自由党的任命,还参加过工党竞选,最终回到了保守党内。上述故事中丘吉尔与阿斯特子爵夫人的言语博弈,应该是发生于丘吉尔坐在非保守党议席上的事。

从政治修辞学的视角看,丘吉尔与阿斯特子爵夫人都是典型的政治人,因此他们的斗嘴就属于政治人之间的言语博弈性质,是政治修辞,而非日常修辞。二人的言语博弈虽然都充满了敌意与强烈的火药味,都是恶狠狠的咒人之语,但相对而言,丘吉尔的话要比

---

① 吴礼权:《政治修辞与承转文本的建构》,《宜春学院学报》,2020年第七期。

阿斯特子爵夫人的话在表情达意上显得婉转含蓄，既毫不掩饰地宣泄了对阿斯特子爵夫人的愤怒之情，又不失幽默风趣，表现了一个政治家应有的雅量与绅士风度，从而赢得了广泛的认同，在世界政坛传为佳话。之所以有此独特的效果，是因为丘吉尔对于阿斯特子爵夫人"如果我是你的妻子的话，我就在你的咖啡里放上毒药"的诅咒，没有直言回怼，而是顺着她的话，以"四两拨千斤"的方式，以"折绕"技巧建构了一个修辞文本"如果我是你的丈夫，我就把它喝下去"，婉约含蓄地表达了其对阿斯特子爵夫人的极度厌恶之情。很明显，这种笑着骂人的优雅姿态，远比恶形恶状的叫骂要效果好得多，给人的观感也好得多。如果丘吉尔不以"折绕"技巧建构修辞文本，而是直言"你这样的女人，谁做了你丈夫，还不如死了算了"，那就大大降低了一个男人应有的站位，有损英国首相与英伦绅士应有的形象了。①

接下来，我们再来看看中国近现代著名政治家兼学者章太炎，是如何运用"镶嵌"技巧批评现实政治乱象的。

民犹是也，国犹是也，何分南北？
总而言之，统而言之，不是东西！

（章太炎：《讽曹锟》联语）

这副联语是"民国时代学者章太炎讽刺北洋军阀曹锟通过贿选而当选总统之事的"②。章太炎写这副联语的时代背景是，"1923年10月5日，直系军阀首领曹锟通过重金收买国会议员而当选中华

---

① 谢元春、吴礼权：《政治修辞与折绕文本的建构》，《修辞研究》（第九辑），广州：暨南大学出版社，2022年。

② 吴礼权、谢元春：《传播媒介的发展对汉语修辞创造的促动》，《闽江学刊》，2019年第一期。

民国第五任总统。贿选消息一出，举国舆论大哗。于是，就有了章太炎上述这副联语，对曹锟丑行予以了无情挞伐"①。

众所周知，章太炎（即章炳麟，1869—1936）虽是清末民初著名的思想家与学者，但同时也是著名的职业革命家，鲁迅曾称他是"革命的先觉，小学的大师"，是典型的政治人。他写联语讽刺曹锟贿选总统，是典型的政治话题。因此，他写联语骂曹锟就不是普通民众的骂街性质，而是政治修辞行为。从政治修辞学的视角分析，这副联语虽是骂人，但却极具政治修辞的智慧。其高明之处在于，他对曹锟贿选总统丑行的挞伐"并不是泼妇骂街式，而是陈情表意温文尔雅，不失君子风度"②。联语实际要表达的意思是："民国何分南北？总统不是东西。"但作者"并未这样构句而直白本意，而是以镶嵌修辞法建构了一个中国人喜闻乐道的联语文本，将'民国'二字镶嵌于上联的一二句之首，以与第三句'何分南北'的问句配合，深刻地阐明了民国是全体中国人的民国，不应该地分南北、人分派系的道理；将'总统'二字镶嵌于下联的一二句之首，配合第三句'不是东西'的直陈句，旗帜鲜明地表明了自己对曹锟贿选丑行的否定态度"③。这样，"既辛辣地讽刺了曹锟，又彰显了自己的才学智慧与骂人不带脏字的文人风范"④，堪称政治修辞的范本，臻至了"不著一字，尽得风流"的崇高修辞境界。

最后，我们再来看一例中国古代政治人是如何运用"示现"技巧进行劝降，让敌军将领阵前倒戈的。

---

① 吴礼权：《现代汉语修辞学》（第四版），上海：复旦大学出版社，2020年，第70页。
② 同上。
③ 同上。
④ 吴礼权、谢元春：《传播媒介的发展对汉语修辞创造的促动》，《阅江学刊》，2019年第一期。

暮春三月,江南草长。杂花生树,群莺乱飞。见故国之旗鼓,感平生于畴昔。抚弦登陴,岂不怆悢! 所以廉公之思赵将,吴子之泣西河,人之情也! 将军独无情哉? 想早励良规,自求多福。

(南朝·梁·丘迟:《与陈伯之书》)

　　上引文字,乃南朝梁文学家丘迟劝说北朝将领陈伯之归顺梁朝的一封书信的片段。 写信人丘迟(公元464—508年),是南朝齐、梁间著名的文学家。 梁武帝天监四年(公元505年),丘迟任临川王萧宏记室(相当于机要秘书),随萧宏率兵北伐时遵萧宏之命写给陈伯之的。 陈伯之,亦为南朝齐、梁间人。"少有武力,稍长为盗。 后随乡人车骑将军王广之。 以战功累迁冠军将军。 齐末,守江州,降萧衍。 梁天监元年(公元502年)叛降北魏,为平南将军。 五年,梁临川王萧宏督师北伐,宏命记室丘迟修书劝降,得书感动,复率八千兵众归降于寿阳。 梁任为通直散骑常侍。"①

　　从丘迟与陈伯之的身份,以及丘迟写信给陈伯之的目的,我们可以清楚地见出,《与陈伯之书》不是一般的书信,而是以"示现"技巧建构的一个政治修辞文本。"信中以陈氏的前途为出发点,并以乡国之情来打动陈的心灵。 行文情理并至,极富感染力。 陈氏接书后,读之深受感动,遂从寿阳率众归顺了梁朝。 由此,在中国历史和文学史上留下了一段佳话。"②由于这一特定背景,丘迟此文,历来备受人们赞叹。 中国台湾学者沈谦教授曾评价说:"此为千古劝降文之压卷作,一封书信,兵不血刃,化干戈为玉帛,使陈伯之

---

① 辞海编辑委员会编:《辞海》(1989年版缩印本),上海:上海辞书出版社,1990年,第493页。

② 吴礼权:《修辞心理学》(修订版),广州:暨南大学出版社,2013年,第39页。

拥兵八千归降梁朝。其所以幡然悔悟,弃暗投明,端赖丘迟之文章精彩绝伦,足以打动对方的内心。这封书信脍炙人口,传诵一千五百年,为人所津津乐道者,缘于其感染力足以铼动人心。喻之以理,不如动之以情。文中最为人所赞颂者,于利害相喻之时,忽然插入'暮春三月,江南草长,杂花生树,群莺乱飞。见故国之旗鼓,感平生于畴昔。抚弦登陴,岂不怆悢!'一段警策文字,所以江南美景,动其乡思,缓迫之势,俾以情动之。'将军独无情哉?'掌握了人性之微妙处——情关,攻心为上,一举破解了对方的心防。此文动人因素固多,最精彩的关键处,即为善用'示现'笔法,将江南美景与对方抚弦登陴的怆悢之情景描绘得状溢目前,跃然纸上。"①

丘迟作为政治人,确实具有很高的政治修辞智慧,其《与陈伯之书》确实是一个具有感染力的政治修辞范本。不过,应该指出的是,这封信中最有名,也是最能打动受交际者陈伯之,使之心灵受到震撼的,其实就是上面沈谦先生所提到的八句:"暮春三月,江南草长,杂花生树,群莺乱飞。见故国之旗鼓,感平生于畴昔。抚弦登陴,岂不怆悢!"

仔细分析一下,我们会发现,这八句实际上是两个以示现手法建构的修辞文本,均属于"预言的示现"。前四句"暮春三月,江南草长,杂花生树,群莺乱飞",是一个示现修辞文本;后四句"见故国之旗鼓,感平生于畴昔。抚弦登陴,岂不怆悢",是另一个示现修辞文本。前者写暮春三月的江南美景,后者写陈伯之睹物思乡的深情。虽然前者"所写的暮春三月的江南景色,并非作者写作时

---

① 沈谦:《修辞学》(修订版),台北:台湾空中大学印行,1995年,第205页。

所见,而是作者通过想象而再现的景象"①,但却是每年都能看到的。作者这样写出来,目的就是要以此引发接受者陈伯之进行联想想象,勾起其乡国之思,从而彻底突破其心防,促使其下定决心率部归顺梁朝,重新回到其魂牵梦萦的江南故土;后者所写内容,也不是作者亲眼所见,因为作者写这封信时,南梁与北魏的军队并未接触,陈伯之尚未到达两军对垒的前线,所以不可能有"见故国之旗鼓"和"抚弦登陴"之实,当然也就更不可能有"感平生于畴昔"和"岂不怆悢"的感慨。尽管如此,作者还是突破了正常表达的常规,通过联想与想象,推己及人,替陈伯之抒发了背井离乡的乡愁,借人之常情的世俗逻辑,将陈伯之可能有的乡愁予以生动的呈现,让陈伯之读之不能不为之动容。

---

① 吴礼权:《现代汉语修辞学》(第四版),上海:复旦大学出版社,2020年,第110页。

第十讲　修辞与经济效益

修辞，是人们表情达意时在语言文字上的一种经营努力。之所以要经营努力，是因为表情达意要追求尽可能好的效果。只要是思维正常的人，他开口说话，总希望自己传递的信息，能被对方准确无误地理解；自己提出的某种见解或主张，能被对方欣然接受或认同；自己所传达的某种情感，能引发对方强烈的共鸣，并予以深切的同情。他提笔写作，写出来的文字，如果是表达某种思想的，则希望得到读者的认同；如果是抒发某种情感的，则希望读者为之感动；如果是写景状物的，则希望读者能够欣赏。

但是，同样都是在语言文字上经营努力，有些人可能很成功，说出的话是妙语生花，写出的文字则是妙笔生花；有些人则可能成效不如预期，甚至词不达意，将所要表达之意、所要传达之情说反了。这是为什么呢？要解释这种现象，我们就必须要换个视角来看问题，否则就看不清问题的本质。

那么，从哪个视角来看这个问题好呢？我们认为，最好是从经济学的视角。众所周知，经济学研究的对象是生产、流通、分配、消费等环节的经营活动，经济活动追求的目标是：对稀缺有限的资源（包括生产资料、生活资料、资金等）作最适当的安排，从而获得尽可能大的利润（或曰收益）；修辞学研究的对象是人类交际在语言文字上的经营活动，也就是修辞活动。修辞活动追求的目标是：对现成有限的语言资源（包括语音、词汇、语法规则等条件）予以最合理的配置与使用，从而尽可能圆满地表达出人类最复杂的情感、最难穷尽的万事万物之理。从这个意义上看，我们就会发现，修辞学跟经济学并不是毫无瓜葛，而是有着惊人相似的一面。正因为如此，本讲拟从三个方面对修辞与经济效益的问题予以探讨，希望能给大家以一定的启发。

一、修辞是一个语言资源配置的过程

前文我们一再强调指出，修辞是表达者传情达意时在语言文字上的一种经营努力。经营努力的目的非常明确，就是为了使达意传情尽可能的圆满。那么，如何在语言文字上经营努力呢？一般说来，主要有三个方面：一是遣词造句，二是谋篇布局，三是特定表达手法的运用。

遣词造句方面的经营努力，是指选择并运用好每一个词（包括词的等价物，如汉语中的成语、惯用语等），将它们配置到特定语境中，成为句子中的某一句法成分，并发挥其最大的效用；选择并运用好每一种句型或句式，使其在达意传情上实现效果最大化的目标。

众所周知，汉语是一种历史悠久的语言，积存于汉语词汇库中的词汇丰富多彩，既有古今通用的基本词，也有不断产生的新造词；既有古语词，也有流行语；既有方言词，也有外来词，等等，它们都是我们以汉语达意传情时可以选择并运用的宝贵语言资源。除此，汉语在长期运用中所形成的各种句型（如主谓句、非主谓句、动词谓语句、名词谓语句、形容词谓语句,把字句、被字句、兼语句、连谓句、存现句、独词句、叹语句,等等)和各种句式(如陈述句、否定句、祈使句、感叹句),也是我们准确达意、圆满传情所可选择并运用的宝贵语言资源。应该强调指出的是,修辞活动中可以运用的语言资源,跟经济活动中可以运用的生产资料、生活资料等物质资源有所不同。生产资料、生活资料等物质资源本身有质量上的优劣高下之别,因此同样的东西就有不同的价格,经营的结果就有利润收益的大小问题。而修辞活动中可以运用的语言资源,则不存在高下优劣之分。语言中的所有的词、各种各样的句型和句式,都各有其不可替代的价值。关键问题是,表达者是否能够将其作最恰当的配置。如果配置恰当,就能实现达意传情效果的最大化,是成功的修辞;如果配置不恰当,就难以达到达意传情的预期目标,是失败的修辞。

下面我们来看几个例子。

(1)不错,<u>朋友们也有时候背地里讲究他</u>;谁能没有些毛病呢。可是,地山的毛病只使朋友又气又笑的那一种,绝无损于他的人格。他不爱写信。你给他十封信,他也未见得答复一次;偶尔回答你一封,也只是几个奇形怪状的字,写在一张随手拾来的破纸上。我管他的字叫作鸡爪体,真是难看。这也许是他不愿写信的原因之一吧?另一毛病是不守时刻。口头的或书面的通知,何时开会或何时集齐,对他绝不发生作用。只要他在图书馆中坐下,或和友人谈起来,就不用再希望他还能看看钟表。所以,你设若不亲自拉他去赴会就约,那就是你的过错;他是永远不记着时刻的。

(老舍:《敬悼许地山先生》)

例（1）是老舍为逝世的好友、中国现代著名作家许地山先生所写纪念文章的片段。纪念亡故的老友，自然要回忆老友过往的事情。因此，文中老舍就自然而然地谈到了老友的一些缺点。但是，在谈及老友许地山的缺点时，老舍先有一句定性的总括之语："不错，朋友们也有时候背地里讲究他；谁能没有些毛病呢。"这句话表面看起来没有什么特别的，除了末尾用了一个反问之外，也没有运用什么别的修辞手法，表达也不具有生动形象性，但却堪称是全文的灵魂之句。因为它强烈地凸显了老舍对亡友许地山的深切情感，动词"讲究"的运用可谓一词千钧。

从文章的上下文语境来看，"这句话的表达可以使用'批评''指责''议论'等词，但这些动词明显都不及'讲究'表达效果好。如果用'批评''指责''议论'等词，意指许地山缺点确实存在，且可能是有很大的缺点；而用'讲究'一词，则表明许地山的缺点本就不存在或微不足道，如果朋友要议论他，也只是对他过分提出了高要求"[①]。对中国传统文化稍有了解者都知道，中国自古以来就有为尊者讳、为死者讳的文化传统。因此，老舍在20世纪40年代这一特定历史时期写悼念文章，纪念自己亡故的老友许地山，在谈到他的缺点时就自然而然地为其回护讳饰，这是人之常情。只是回护怎么回护，讳饰怎么讳饰，事实上是有讲究的。人非圣贤，有缺点在所难免。因此，写纪念亡友的文章，就不能不正视这一点，当然更不能颠倒黑白，或是无视事实而闭口不谈。如果这样，势必会让人产生一种错觉，认为作者是在歪曲历史，写文章不是本着实事求是的态度。这样，势必会使文章中所写亡友的人格学问等方面的

---

① 吴礼权:《现代汉语修辞学》(第四版)，上海:复旦大学出版社，2020年，第2页。

优点也显得不可信，这就不是写纪念亡友文章的题中应有之义了。老舍的高明之处在于，他不回避亡友许地山的缺点，但措词时特别用心，选择了一个动词"讲究"，以"褒贬系于一字"的"春秋笔法"为亡友作了一个漂亮的回护。为了使这种回护显得天衣无缝，作者老舍特意举了亡友的两个所谓"毛病"：字写得不好而不愿给人回信，到图书馆坐下或与友人交谈而忘记约会时刻。这是"绕着弯子赞誉老友许地山专心学术、重友健谈的学者风范"①。可见，老舍先生这里选用的"讲究"一词，可谓是语言资源的最佳配置，将现代汉语动词"讲究"的表意与表情效果放大到了最高倍率。客观地说，"在现代汉语词汇库中，'批评''指责''议论''讲究'等动词都是极其寻常普通的词，它们之间没有优劣高下之别。可是，当它们被表达者调遣出来并配置到特定的题旨情境之中，则就显出极大的差别了"②。我们之所以高度赞赏老舍这里所用的"讲究"一词，"并不是说'讲究'这个动词本身有什么特殊的表达效果，而是说只有这个动词才能适切这篇悼念文章的题旨情境，并能真切地表达出老舍对朋友许地山先生深厚的感情，凸显出许地山先生高尚的人格魅力。也就是说，动词'讲究'一词在这里是用得适得其所"③。它配置在这篇悼文特殊的语境中，实现了达意传情效果最大化的目标预期。

词语的选用要适得其所，才是语言资源配置的最佳表现，才能实现达意传情效果最大化的目标预期。句型、句式的选用，其实也是一样。现代汉语句型，按照结构与格局，"可以分为单句、复

---

① 吴礼权：《现代汉语修辞学》（第四版），上海：复旦大学出版社，2020年，第3页。
② 同上。
③ 同上。

句,主谓句、非主谓句等等"①;按照句子的语气,"可以分成陈述句、疑问句、祈使句、感叹句"②。此外,根据句子成分的完全与否,可以将现代汉语的句子分成完全句、省略句。究竟哪种句型、哪种句式好,我们认为不能一概而论。能够适应说写时的特定题旨情境,有尽可能好的表达效果,那么我们就可以说这种句型或句式的选用是高明的,实现了语言资源配置的效益最大化目标,反之,就是语言资源配置不合理,效益最小化。

下面我们来看一个例子。

(2) 美国人民是伟大的人民,中国人民是伟大的人民。我们两国人民一向是友好的。由于大家都知道的原因,两国人民之间的来往中断了二十多年。

(《人民日报》1972 年 2 月 22 日,周恩来总理在
欢迎美国总统尼克松宴会上的祝酒词)

例 (2) 是中国已故政治家、外交家周恩来总理在欢迎美国总统尼克松的宴会上的祝酒词片段。这一演讲片段,除了其中的一句"由于大家都知道的原因,两国人民之间的来往中断了二十多年",是运用了"推避"修辞手法婉转达意,成为中国外交从业者广泛模仿的名句外,另外的两句"美国人民是伟大的人民,中国人民是伟大的人民",也是极具修辞智慧的,妙不可言。这两句话,表面上看只是两个结构完全相同的判断句,从语气上看是四平八稳的陈述句,没有什么稀奇特别的地方。甚至不懂修辞的人,还会认为这两句话表达不简洁,可以修改成"中美两国人民都是伟大的人

---

① 胡裕树主编:《现代汉语》(重订本),上海:上海教育出版社,2011 年,第 314 页。
② 同上。

民"。如果有人真的这样认为,真的这样修改,那么就说明他真的是不懂修辞,完全读不懂政治家、外交家周恩来总理政治修辞的奥义精蕴,看不出其高明高妙之处。事实上,周恩来总理的这两句话包含了非常丰富的内涵。他将"美国人民是伟大的人民"与"中国人民是伟大的人民"并列,而且没有按照寻常表达的逻辑思路,在后一句加副词"也",说成"中国人民也是伟大的人民",这是有意以句子结构的完全相同,字数的完全相等,暗示中美两国的关系是平等的。至于将"美国人民是伟大的人民"置于"中国人民是伟大的人民"之前,那是外交礼仪,因为尼克松访华是客人身份,尊重客人表明中国是一个礼仪之邦,暗寓一层含义"中国是一个具有悠久历史的文明大国"。这些言外之意,政治家与外交家都能读懂。可见,周恩来总理上述两个判断句,将所要表达的全部意思都包括进去了,达到不可增一字,也不可少一字的最高境界,堪称是外交语境中语言资源配置最佳的成功案例。

前面我们说过,语言文字上的经营努力,就是语言资源配置力求效益最大化的努力,它包括三个方面。一是遣词造句方面的,上面我们已经举例予以了论述。二是谋篇布局方面的,限于篇幅,这里不拟展开,留待本书"结语"部分再讨论。三是特定表达手法运用方面的,这个我们在本讲第二节将举到林语堂的比喻时会有论述,"结语"部分讨论文本建构时,也要论及这个方面的内容,所以这里也不展开论述了。

二、语言资源配置需要讲究经济效益

经济活动追求的目标就是利润收益最大化,而修辞活动追求的目标则是接受效果最大化。经济活动是否成功，判定的标准是看最终的利润回报；修辞活动是否成功，判定的标准则是接受效果。如果能以尽可能少的语言资源配置，实现表意传情效果的最大化，那么肯定是最成功的修辞。反之，以最多的语言资源配置，还实现不了"讲清楚，说明白"的达意传情的最低标准，那么肯定就是失败的修辞。像本书开始时，我们在"卷首语"中说到的那个视频中发言的年轻人一样，说了半天，徒费了很多口舌，却什么意思也没有表达出来，这就是语言资源配置的浪费，是失败的言语表达，更遑论修辞了。

上面我们刚刚说过，修辞是一个语言资源配置的过程。既然是语言资源配置，就要像经济活动中的资源配置一样，要讲经济效益。具体说来，就是在达意传情的过程中，努力争取以尽可能少的、合理的语言资源配置，实现接受效果最大化的目标预期。

下面我们来看古今修辞者的修辞实践。

(3) 有一次,我参加在台北一个学校的毕业典礼。在我说话之前,有好多长长的讲演。轮到我说话时,已经十一点半了。我站起来说:"绅士的讲演,应当是像女人的裙子,越短越好。"大家听了一发愣,随后哄堂大笑。报纸上登了出来,成了我说的第一流的笑话。其实是一时兴之所至脱口而出的。

(林语堂:《八十自叙》)

例 (3) 是幽默大师林语堂回忆录中的一段文字，读起来不仅文从字顺，而且幽默风趣。也就是说，以接受效果来论修辞的成败，林语堂的上述文字表达无疑是非常成功的。之所以成功，是因为林语堂作为修辞者在语言资源配置时非常合理，能省略的地方都惜墨如金，决不多用一个字；而不能省略的地方，则一个句法成分都不少。如第一句"有一次,我参加在台北一个学校的毕业典礼",第二句"在我说话之前,有好多长长的讲演",根据汉语语法来分析,无论是主语、谓语、宾语,还是定语、状语,一个句法成分都没有省略。为什么不省略?因为它们是为下文叙事作铺垫的,属于背景介绍,是叙事的起点,必须讲清楚、说明白,不能有丝毫的模糊。但是,除了第四句是个比喻外,从第三句开始,后面的句子在句法成分上都有省略。如第三句,如果补全了相关的句法成分,应该是"轮到我说话时,【时间】已经【到】十一点半了";第五句,如果补全了相关的句法成分,应该是"大家听了【这话】一发愣,随后【大家】哄堂大笑";第六句,如果补全了相关的句法成分,应该是"报纸上【将这话】登了出来,【这话】成了我说的第一流的笑话";第七句,也就是最后一句,如果补全了相关句法成分,应该是"其实【这话】是【我】一时兴之所至脱口而出的"。事实上,作者没有按照汉语句法规则中规中矩地表达,而是依托上下文语境,将相关的句法成分作了省略。但是,读者读起来丝毫不影响意思的理解,反而觉得非常自然,就像现场听幽默大师闲话家常一般,觉得亲切有味,没有丝毫的矫揉造作之感。这就是以最少的文字传递最准确的信息,既符合"语言经济"原则,又符合读者语言接受习惯,实现了接受效果最大化的目标预期。至于第四句的比喻"绅士的讲演,应当是像女人的裙子,越短越好",更是一个以少胜多、出奇制胜,最具经济效益的修辞范例。这个比喻所表达的真实语义,如果用理性的语言表达出来,应该是:"绅士的讲演应该简明扼要,言简意赅,要给人以意味深长,余味不尽之感,而不应该冗长乏味,徒然浪费了大家宝贵的时间,还挤占了我发言的时间。"这样表达,从语法与逻辑上看,堪称无懈可击,可谓达到了"讲清楚，说明白"的境界。但是，这势必会让之前所有演讲的嘉宾情感受伤，也破坏了毕业典礼欢乐融洽的气氛。因此，从接受效果来判断，这肯定是非常失败的。事实上，林语堂不愧是语言学家和幽默大师，他以一个生动的比喻，将"绅士的讲演"与"女人的裙子"联系搭挂在一起，让"绅士讲演的短"与"女人裙子的短"形成对照，让人由此及彼产生联想，让生动的形象与丰富的内涵融汇一体，以出人意料的语言智慧突破了在场所有嘉宾与师生的心理预期，既态度明朗地批评与教训了其他嘉宾，又没有拂逆其他嘉宾的意绪，还意外地娱乐了在场所有听众。这种达意传情之外的修辞附加值，正是这个比喻成为"第一流笑话"的真正原因所在。

下面我们再来看第二个例子。

(4) 我对胡琴的反感亦只是一种怪癖罢？皮黄戏里的青衣花旦之类，在戏院广场里令人毛发倒竖，若是清唱则尤不可当，嘤然一叫，我本能地要抬起我的脚来，生怕是脚底下踩了谁的脖子! 近听汉戏，黑头花脸亦唧唧锐叫，令人坐立不安；秦腔尤为激昂，常令听者随之手忙脚乱，不能自已。我可以听音乐，但若声音发自人类的喉咙，我便看不得粗了脖子红了脸的样子。我看着危险! 我着急。

(梁实秋:《音乐》)

例(4)是文学大师梁实秋散文中的一个片断，其中末二句"我看着危险! 我着急"，前句是个完整句，后句则是一个省略句，省去的是动词"看着"。虽然省略了句子中最关键的动词，但并不影响句子意思的理解。相反，还因为"看着"这两个字的省略，而使前后句在句长上发生了变化，显得长短参差有致，增加了语言节奏的灵动性，在达意传情之外增加了语言表达的审美价值。可见，这里梁实秋对语言资源的配置是合理的,是以最少的语言资源配置实现了接受效果的最大化。

接下来,我们再来看两个古代的例子。

(5) 五月斯螽动股,六月莎鸡振羽,七月在野,八月在宇,九月在户,十月蟋蟀入我床下。穹窒熏鼠,塞向墐户。嗟我妇子,曰为改岁,入此室处。

(《诗经·豳风·七月》)

例 (5) 是《诗经·豳风·七月》第五章。全诗是写秦地农民农事生活的,描写他们一年四季不是耕种,就是打猎,不是盖房,就是制衣、酿酒,不是采桑叶,就是挖野菜,总是忙个不停,辛劳备至。上引第五章是写仲夏五月开始的节候变化,包括蝗虫、纺织娘、蟋蟀的活动情况,以及屋主人为了迎接老婆孩子入住新房,欢度新春,而忙着堵地洞、熏老鼠、塞窗户、填门缝的劳动场景。其中,第三句至第六句:"七月在野,八月在宇,九月在户,十月蟋蟀入我床下",都是写蟋蟀活动的,每句的主语都是"蟋蟀",但是这个主语直到第六句(即最后一句)才出现,前三句都省略了。这种省略,就是我们今天语法学上经常说的"探下省略"。之所以要省略三个主语"蟋蟀",既是诗歌体制要求(《诗经》是以四言为主),也是诗人语言资源配置的修辞作为。因为前三句主语"蟋蟀"省略,不仅可以使前三句保持四言成句的整齐格局,而且还有设置悬念、引人入胜的审美情趣。很明显,这样的语言资源配置,既体现了"语言经济"的原则,又提升了诗歌的审美价值,可谓实现了接受效果最大化的修辞目标。

下面我们再来看一首古代诗歌的例子。

(6) 唧唧复唧唧,木兰当户织。不闻机杼声,惟闻女叹息。

问女何所思,问女何所忆。女亦无所思,女亦无所忆。昨夜见军帖,可汗大点兵,军书十二卷,卷卷有爷名。阿爷无大儿,木兰无长兄,愿为市鞍马,从此替爷征。

东市买骏马,西市买鞍鞯,南市买辔头,北市买长鞭。旦辞爷娘去,暮宿黄河边,不闻爷娘唤女声,但闻黄河流水鸣溅溅。旦辞黄河去,暮至黑山头,不闻爷娘唤女声,但闻燕山胡骑鸣啾啾。

万里赴戎机,关山度若飞。朔气传金柝,寒光照铁衣。将军百战死,壮士十年归。

归来见天子,天子坐明堂。策勋十二转,赏赐百千强。可汗问所欲,木兰不用尚书郎,愿驰千里足,送儿还故乡。

爷娘闻女来,出郭相扶将;阿姊闻妹来,当户理红妆;小弟闻姊来,磨刀霍霍向猪羊。开我东阁门,坐我西阁床,脱我战时袍,著我旧时裳。当窗理云鬓,对镜帖花黄。出门看火伴,火伴皆惊忙:同行十二年,不知木兰是女郎。

雄兔脚扑朔,雌兔眼迷离;双兔傍地走,安能辨我是雄雌?

(北朝民歌《木兰诗》)

例(6)是南北朝时期的北朝著名诗篇《木兰诗》,其中有"互文"修辞手法的运用。如"东市买骏马,西市买鞍鞯,南市买辔头,北市买长鞭",这四句的意思是说,在各个集市买骏马、鞍鞯、辔头、长鞭,而并不是说只在东市买骏马、西市买鞍鞯、南市买辔头、北市买长鞭。也就是说,在东市除了买骏马外,也买鞍鞯、辔头和长鞭;在西市除了买鞍鞯外,也买骏马、辔头和长鞭;在南市买辔头外,也买长鞭、骏马和鞍鞯;在北市除了买长鞭外,也买骏马、鞍鞯和辔头。但是,诗人并没有这样写,而是让木兰所要购置的四样装备分置于四句之中，每句之中只出现一样，其他三样分置到其他三句中，这样就形成了一种"化整为零"的形式，造就了一种"你中有我，我中有你"的效果，达到了资源共享的目的。很明显，这样的表达不仅是语言资源的最佳配置，确保了每句五字的要求，而且有力地调动了接受者的接受兴趣，提升了诗歌的审美价值。这对诗歌来说，无疑是非常重要的。又如"将军百战死，壮士十年归"二句，也是"互文"修辞手法的运用。因为这两句的实际意义是，将军或百战而死，或十年而归；壮士或百战而死，或十年而归，而并不是说做将军的都战死了，做壮士的都凯旋而归了。如果真是这样，那就没有人愿意当将军了，这于事理逻辑不合。所以，我们读这两句诗不能会错了意。事实上，这两句的意思是前后句参互成文、合而见义的，其语义是相互挹注的。因此，从语言资源的配置来说，达到了最省模式；从接受效果来说，在达意传情之外别具一种引人入胜、耐人寻味的审美情趣。可见，这首诗的两个"互文"修辞文本，事实上是以最少的语言资源配置实现了接受效果的最大化。

类似于《木兰诗》中的"互文"，在中国古代诗歌中非常普遍。只是相比于《木兰诗》的对句式与多句式的"互文"，单句式"互文"在中国古代诗歌中更常见。如唐代诗人王昌龄《出塞》诗曰："秦时明月汉时关，万里长征人未还。但使龙城飞将在，不教胡马度阴山。"其中第一句"秦时明月汉时关"，就是一个单句形式的"互文"，它实际要表达的语义是"秦汉时的明月，秦汉时的关"，但囿于七绝每句七字的体式规约，只能将"秦""汉""明月""关"四个语词在同一句内进行前后交错配置，以一句完成两句所要表达的内容。又如唐代诗人杜牧《泊秦淮》诗曰："烟笼寒水月笼沙，夜泊秦淮近酒家。商女不知亡国恨,隔江犹唱后庭花。"其中第一句"烟笼寒水月笼沙",也是一个单句形式的"互文",其要表达的真实语义是"烟笼寒水烟笼沙,月笼寒水月笼沙"。但是,诗人将"寒水"与"沙"在句内前后交错配置,也以一句完成了两句所要表达的内容。再如唐代诗人白居易的著名长诗《琵琶行》开头前八句是:"浔阳江头夜送客,枫叶荻花秋瑟瑟。主人下马客在船,举酒欲饮无管弦。醉不成欢惨将别,别时茫茫江浸月。忽闻水上琵琶声,主人忘归客不发。"其中第三句"主人下马客在船",也是一个单句形式的"互文",其要表达的真实语义是"主人下马客下马,主人在船客在船"。不然,第四句主客在船"举酒欲饮无管弦",第五句主客"醉不成欢惨将别",第八句"主人忘归客不发",就无法理解了。可见,"主人下马客在船"一句,是将"主人""客""下马""在船"四个语词在同一句内进行前后交错配置,以一句完成两句的表意任务。诸如此类的单句式"互文",虽然"省文约字",但丝毫不影响读者对诗歌所达之意的理解,反而会引发读者的思索回味,提升诗歌的审美价值。因此可以说,"互文"修辞法,事实上实现了有限语言资源配置的效益最大化。

最后,我们再举一个现代日常生活中的例子。

(7)我与她曾八年同窗,此期间接触很少,相遇时也只打个招呼,点点头。我们都很年轻,踌躇满志而又矜持骄傲。

后来,我们都踏上了工作岗位。时光悠远逝去,我成了大小伙子。偶然的机会我得知她仍然是个老姑娘。于是我冒昧给她去一封信:

小莉:你好!听说……对吗?若真的话,我想……

你的同学 萌雅

过了十五天,我终于收到她的回信:

萌哥:您好! 也听说……对吗? 若是的话,我也想……

你的小妹 莉

这就是我的初恋。

(萌雅:《初恋》)①

例 (7) 是刊载于《月老报》1986 年第十六期上的一则真实的恋情故事。男主人公萌雅用了十个字加两个省略号就打动了女主人公小莉,而小莉则用了十二个字加两个省略号就将自己的心思婉约地表达出来了,而且赚够了面子。 如果用经济学的术语来说,二人都是以最少的成本投入而赢得了最大的利润回报——一生的幸福。如果男主人公萌雅给女主人公小莉写信表达感情时不懂语言资源配置的效益,不运用"留白"修辞技巧,而是实话实说,直来直去地表达:"听说你还没找到对象,对吗? 若真的话,我想跟你搞对象。"如果真的这样表达,那么女主人公小莉一定会觉得感情上很受伤,认为是老同学萌雅在同情自己,将她看成了嫁不出去的"处理品"。 这样,小莉即使原来有心要与男主人公萌雅发展婚恋关系,也会在自尊心的驱使下而不肯答应。 如此,这场婚恋便不可能开场,并最终走向成功的。 同样,小莉回复男主人公萌雅的信,如果不运用"留白"修辞技巧,而是直来直去地说:"也听说你至今还没找到对象,对吗? 若是的话,那我就跟你谈对象吧。"那么男主人公萌雅感情上也肯定会受伤,认为是小莉可怜自己找不到对象,施舍给他爱情。 这样,男主人公萌雅即使原来想与女主人公小莉婚恋,也会在男人自尊心的作用下拒绝与女主人公小莉交往。 果真如

---

① 谭永祥:《汉语修辞美学》,北京:北京语言学院出版社,1992 年,第 47 页。

此，那么二人好不容易续起的同学关系，以及可能成就的美满姻缘就会由此被断送了。①可见，语言资源的配置要恰当，应少时绝对不能多。多了不仅是语言资源的浪费，还会导致接受效果的适得其反。

三、修辞的经济效益与传情达意的目标预期

上文我们说过，经济活动追求的目标是利润收益最大化，而修辞活动追求的目标则是接受效果最大化。经济活动是否成功，判定的标准是看最终的利润回报；修辞活动是否成功，判定的标准则是最终的接受效果。

不过，需要强调指出的是，经济活动的利润回报是看投入与产出的利润比，投入少而产出多的，就是成功；投入多而产出少的，则是失败。但是，修辞活动的情况则有所不同。它分两种情况，一种情况是跟经济活动一样，追求以最小的投入博取最大的利润，也就是以最少的语言文字表达最丰富的思想或情感内涵，言有尽而意无穷，让接受者味之不尽，思之无限，在达意传情的预期目标之外，还别具某种审美情趣。这种审美情趣，犹如产品在实用价值之外别具一种观赏价值一样，可以称之为附加值。第二种情况是跟经济活动的追求目标恰恰相反，不以投入与产出的利润比为衡量标准，而是以成败论英雄，看最终的结果。也就是为了达到预期的接受效果，不惜以最多的语言文字，颇费周折的表达，将最简单的意思婉转曲折地表达出来。虽然颇是辞费，不符合"语言经济"的原

---

① 谭永祥：《汉语修辞美学》，北京：北京语言学院出版社，1992年，第75页。

则，但却最终达到了预期的接受效果。这就好比战争中两军对垒，一方以大兵团优势兵力碾压另一方数量有限但非常具有指标意义的有生力量一样。

关于第一种情况，上面我们已经举例论述了。下面我们就来谈谈第二种情况，即：修辞的经济效益与传情达意的目标预期之间的关系。为此，我们不妨从古今修辞者的修辞实践来看这个问题。

首先，我们来看一个古人的例子。

(8) 景公饮酒，七日七夜不止，弦章谏曰："君从欲饮酒七日七夜，章愿君废酒也！不然，章赐死。"晏子入见，公曰："章谏吾曰：'愿君之废酒也！不然，章赐死。'如是而听之，则臣为制也；不听，又爱其死。"晏子曰："幸矣，章遇君也！今章遇桀纣者，章死久矣。"于是公遂废酒。

(《晏子春秋》)

例 (8) 讲的是这样一个故事，春秋时代的齐景公，早年也算是一个有为之君。但是，在位时间久了，特别是到了晚年，就完全颓废堕落了，甚至嗜酒成性，不理朝政。有一次，竟然纵欲饮酒，连续七天七夜不止，完全置朝政、国家、民生于不顾。齐国大臣们看在眼里，急在心里，可是没人敢于谏止。因为他越老越昏庸，越老越固执，逆耳忠言根本听不进去。但是，当时有一个耿直的大臣叫弦章，没有其他齐国之臣那么多顾虑，为了齐国的命运，他挺身而出，直言谏劝齐景公道："国君，您由着性子饮酒，已经连续七天七夜了。这样下去，怎么了得！弦章希望国君您把酒戒了！要不然，您就赐弦章一死吧。"齐景公喝得老眼昏花，一听竟然有人敢这么直来直去地跟自己说话，口气中还带着胁迫的意思，突然一激灵，一下子清醒了很多。擦了擦朦胧的醉眼，齐景公认真地看了看弦章，竟然不知如何回答他，甚至不知如何处置他。就在弦章站在朝堂之上等候齐景公发落，而齐景公又拿不定主意而感到非常为难之际，齐相晏子进来了。他是齐国之相，齐景公不理朝政，他得理政呀！齐景公一见晏子来了，立即向他求助，说道："你来得正好。寡人正有一个难题，不知如何解决？""国君，您有什么难题？"齐景公指了指呆立一旁的弦章，说道："寡人多喝了点酒，弦章跟我提意见，说给寡人两个选择：要么寡人把酒戒了，要么把他杀了。"晏子一听，心立即提到了嗓子眼，不禁在心里暗暗地埋怨弦章不懂事，不会说话。正当晏子在心里为弦章着急时，齐景公又说道："寡人若是听了他的话，立即把酒戒了吧，好像寡人是被臣下所挟制；若是不听他的话，寡人只得将他处死，可是寡人又不忍心这么做。"晏子一听，终于洞悉了齐景公的心理，立即接口说道："哎呀，真是太幸运了，弦章遇到了国君您！今天弦章要是遇到了夏桀、商纣，他早就死了！"齐景公听了晏子这番话，立即明白了什么意思。于是，先放走了弦章，然后自己主动戒了酒。①

　　从这个故事，我们可以看出，"弦章忠君爱国，一片好心劝齐景公戒酒。但是，由于进谏方式不恰当，让齐景公有受要挟的感觉。这样，弦章便有了性命之忧，而景公自己也陷入了抉择的两难痛苦。杀了弦章，有愧对忠臣的负疚感；不杀，又有受制于臣下的屈辱感。最后，是晏子的一句话帮景公与弦章君臣二人都解了套"②。那么，为什么弦章一句话不仅置自己于危境，还置齐景公

---

　　① 吴礼权：《言语交际与人际沟通》（第三版），上海：复旦大学出版社，2023年，第242—244页。

　　② 吴礼权：《现代汉语修辞学》（第四版），上海：复旦大学出版社，2020年，第42—43页。

于困境,而晏子一句话则既解了弦章的危难,又解了齐景公的困境呢? 其实,没有别的原因,是由于二人在语言资源配置上的方法不同所致。 弦章是实话实说,没有迂回曲折,用最少的语言文字表达最核心的意思,虽然在语言资源配置上符合成本最小化的经济原则,但投资效益则为负。 因为他的话让齐景公作为一国之君感到了难堪,情感上有了抵触。 齐景公虽然心里明白弦章是出于忠君爱国的善意,但他也必须为了维护自己国君的尊严而对弦章严肃处理,以杀一儆百。 晏子的话则不一样,他不是实话实说,直言:"弦章是忠君爱国,不能杀;您纵欲饮酒确实不对,应该戒。"而是曲里拐弯,把简单的意思说得非常复杂。 为了使齐景公情感愉悦,他一开口就先给齐景公戴了一顶高帽子,说他是明君,弦章很幸运能遇到这样的明君。 然后再暗转话锋,不动声色地将了齐景公一"军",说弦章若是遇到夏桀、商纣王那样的昏君,早就死了。 话说到此,就戛然而止,让齐景公自己去意会了。 齐景公听懂了他的弦外之音,如果自己想做夏桀、商纣王那样的昏君,自然就可以杀了忠心直谏的臣子弦章;如果自己想做明君,想青史留名,就应该听从弦章的谏言,戒了酒,不杀弦章。 很明显,从表达的视角看,晏子的话显得非常绕,颇是辞费,不符合"语言经济"的原则;但是,从接受的视角看,晏子的话的效果是非常好的,既救了弦章一命,又成功地实现了让齐景公戒酒的政治任务。 因此,可以说晏子的话是以较多的语言资源配置实现了最后的赢利结果。 由于这个结果对于齐国的前途命运至关重要,对于弦章的性命至关重要,因此晏子的语言资源投入的成本虽然相对较高,但在整体上仍然算是最符合经济原则的。

下面我们再来看一首词,是写女人情感的。

(9) 香冷金猊,被翻红浪,起来慵自梳头。任宝奁尘满,日上帘钩。生怕闲愁暗恨,多少事、欲说还休。新来瘦,非干病酒,不是悲秋。

休休!这回去也,千万遍阳关,也即难留。念武陵人远,烟锁秦楼。惟有楼前流水,应念我、终日凝眸。凝眸处,从今又添,一段新愁。

(宋·李清照:《凤凰台忆吹箫》)

例(9)这首词是宋代女词人李清照写与丈夫赵明诚离别相思之苦的作品。其中上片末句"新来瘦,非干病酒,不是悲秋",其要表达的真实语义,如果用宋代词人柳永优雅的说法,就是"为伊消得人憔悴"(《蝶恋花·伫倚危楼风细细》),七个字;如果用老百姓的大白话来说,就是"老公,想死你了",六个字。然而,女词人李清照却用了十一个字,明显不符合"语言经济"的原则。从语言资源配置的经济学视角来看,李清照的语言资源投入明显过多。但是,我们不能就此认为,李清照的修辞是失败的。事实上,李清照运用"折绕"修辞手法,将简单的意思说得迂回曲折,虽然显得有些辞费,但从最终接受效果来看,明显是令人满意的。因为这种曲里拐弯的婉转表达,符合中国传统诗歌崇尚"不著一字,尽得风流"的美学追求,更符合词人作为中国封建时代一个大家闺秀羞于言爱的心理特征。从诗歌接受美学的视角看,这样的表达更能激发出读者"二度创作"的热情,有利于诱导他们思索体味。这样,就使作品的审美价值得以大大提升。诗词是文学作品,要给人以美的享受,是要讲接受效果的,而不仅仅是为清楚明白地表情达意。因此,从这个角度来看,"以成败论英雄",李清照的修辞是成功的。因为李清照的语言资源配置虽有些靡费,但实现了所要追求的最终目标预期——让人获得一种味之不尽的婉约之美，这是接受效果最大化。

以上讲的都是古人的修辞实践，下面我们再来看一个现代人的修辞实践。

(10) 1935年的世界是一个多变的世界。这一年在世界上，波斯改国号叫伊朗了、英国鲍尔温当首相了、墨西哥革命失败了、意大利墨索里尼身兼八职并侵略阿比西尼亚了、法国赖伐尔当总理了、挪威在南极发现新大陆了、德国希特勒撕毁凡尔赛条约扩张军力了、捷克马萨利克辞掉总统职务了、土耳其凯末尔第三次连任总统了、菲律宾脱离美国独立了。

(李敖:《李敖回忆录》)

例 (10) 是中国台湾作家李敖回忆录开头部分的一段文字。这段文字所要表达的意思，作者用"1935年的世界是一个多变的世界"一句话就概括了。因此，从"语言经济"的原则来看，随后的十句话"这一年在世界上，波斯改国号叫伊朗了……菲律宾脱离美国独立了"，完全没有必要再写出来了。写出来，就是语言资源的无效配置，是一种语言资源的浪费行为。然而，作者李敖不仅不嫌靡费，反而刻意要放大这种靡费，在连续铺排的十个相同相似的句子之后都加了一个"了"，一共十个。这又是为什么呢？懂修辞的人，相信一眼就看得出来，这是作者有意提醒读者，他这里运用了"排比"修辞手法，有强化语意的目的，希望读者认真体会其修辞的良苦用心。事实上，从表达的视角看，由于"波斯改国号叫伊朗了、英国鲍尔温当首相了……菲律宾脱离美国独立了"这十个结构相同相似的句子的一字儿排开，鱼贯而下，不仅强化了作者所要表达的主旨"1935年的世界是一个多变的世界"，而且使语义表达显得充足酣畅。而从接受的视角看，这十个结构相同相似的句子连续铺排，鱼贯而下，其所形成的整齐的形式格局，还能造就出一种视觉形象上的对称、平衡、和谐之美；特别是十句末尾的十个助词"了"字的有意铺排，使接受者在文本接受解读中受到极大的视觉刺激，由此引发出强烈的"不随意注意"和"随意注意"，并在文本齐整的形式格局的影响下生发出一种生理上不自觉的左右平衡的身心律动，产生一种快感，从而提升对作者所建构的这一排比修辞文本接受解读的兴味，加深对作者所建构的修辞文本真实意图的理解把握，即深刻体认到：1935年确是一个不同寻常的多事多变的年代，出生于这一年的作者（表达者）本人未来的人生经历和命运也将是不同寻常的。①

上面我们讲了中国古人与今人的修辞实践，下面我们再来看两例外国人的修辞实践。

（11）美国旧金山有一名巴士司机，每天想尽办法叫乘客上车以后向后面走，以免拥塞通道，可是好说歹说都没有用。后来他灵机一动，说："请哪一位好心的牧羊人把你的羊群向后头领一领好吗？"果然生效。因为这话意味深长，也够风趣，所以大家易于接受，给予合作。

（祝振华:《说话的艺术》）

例（11）说的是一名美国巴士司机如何劝说乘客上车往里走的故事。这个故事中的场景，其实我们在中国也是经常看得到的。只要是在交通高峰之时有过乘车经验的人，都会经常看到一种现象：越是高峰时刻，乘客越是喜欢上车后都挤在车门口，而车子中

---

① 吴礼权:《修辞心理学》(修订版)，广州：暨南大学出版社，2013年，第160页。

间部位的空间还相当宽松。造成这种情况,主要是因为先上车者只想着自己下车方便。因此,在车中站定位置后,就不肯再移动,以致后上车者就不能往前移动,结果造成车门口特别拥堵的现象。这种情况,在小城市可能不多见,但在许多超级大都市则是常见的。遇到这种情况,中国的司机常常会说一句:"请大家往里面走走,别都堵在车门口,别人不能上下车。"这样的说法简明扼要,表意相当清楚,但是由于运用的是祈使句,口气上有些像是吩咐或曰命令,而针对的乘客又非一人,这样乘客们就未必都愿意合作。而只要有部分人不肯合作,那么后续的人流前移目标就难以实现。结果,大家都堵在车门口,想上车的人上不了,想下车的人也下不了。骂爹骂娘,大多也不起作用,特别是在交通高峰时段。[①]

读了例(11)所叙述的这则美国旧金山巴士司机的故事,倒是让我们为之耳目一新,觉得这个司机还真有办法,说话相当得体而且幽默。仔细分析一下,不难发现他的表达智慧在于,达意不追求简明扼要,用最经济的语言表达最核心的诉求,而是以乘客最终的接受效果为交际的目标预期,运用"比喻"修辞法,婉转迂回地提出了自己的诉求,让所有乘客乐于接受,主动配合,最终解决了车门口拥堵的问题。从修辞的视角来分析,这位美国巴士司机"将愿意领头带动人流前移的人比喻为'牧羊人',这符合西方语用学所讲的'赞誉'原则,能够调动潜在的言语合作者的积极性,令其愉快地配合其言语请求"[②]。除此,巴士司机"将其他乘客比喻为'羊群',在西方国家也是为人接受的,因为羊是善良、温驯的动

---

① 吴礼权:《言语交际与人际沟通》(第三版),上海:复旦大学出版社,2023年,第234—235页。

② 同上,第235页。

物，西方人讲究绅士风度，做事温文尔雅，符合羊的性格特征，所以被比喻为'羊群'的乘客并不以为忤"①，反而觉得巴士司机说话幽默，所以"情感上就不会有抵触，自然在行动上就愿意配合"②。这样，巴士司机意欲让乘客前移到车子中间部位的终极修辞目标预期就实现了。可见，在修辞活动中，有时我们不能只以语言资源配置的多少来确定成败，而是要看最终的接受效果如何。也就是说，修辞的经济效益要与传情达意的目标预期相一致。

下面我们再来看一例美国人的修辞实践。

(12) 来当兵吧！当兵其实并不可怕。应征入伍后你无非有两种可能：有战争或者没有战争，没有战争有啥可怕的？有战争后又有两种可能：上前线或者不上前线，不上前线有啥可怕的？上前线后又有两种可能：受伤或者不受伤，不受伤又有啥可怕的？受伤后又有两种可能：轻伤和重伤，轻伤有啥可怕的？重伤后又有两种可能：可以治好和治不好，可治好有啥可怕的？治不好更不可怕，因为你已经死了。

(第二次世界大战期间美国的一则征兵广告③)

例 (12) 这则广告，是第二次世界大战期间美国军方发布的一则面向美国适龄青年的征兵广告。虽然在文体上属于广告的范畴，但跟一般的商业广告与公益广告却有本质的区别，这就是它所具有的政治属性。因为征兵广告的发布是一种国家政治行为，它的发布者是国家的军方。因此，征兵广告的撰稿人跟商业广告或公益广告

---

① 吴礼权：《言语交际与人际沟通》(第三版)，上海：复旦大学出版社，2023年，第235页。

② 同上。

③ 沈谦：《修辞学》(修订版)，台北：台湾空中大学印行，1995年，第517页。

的撰稿人就有着本质的区别，他不是寻常的"自然人"，而是属于典型的"政治人"。他所拟写的征兵广告在语言文字上的所有经营努力，在性质上也跟商业广告或公益广告不同，不能视为"日常修辞"，而是"政治修辞"的性质。

这则征兵广告，作为政治修辞文本，完全可以立足于国家利益，直截了当地表明美国政府的立场与态度，简明扼要地宣示其主旨，以这样一个口号形式来呈现："来当兵吧，保家卫国，消灭法西斯，是每一个美国青年应尽的义务。"如果真的这样写，从表达的角度看，当然没有问题。因为这样的表达，不仅表意清晰，而且文字简洁明了，语言资源的配置比较节省，符合"语言经济"的原则。但是，从接受的角度看，效果恐怕就要大打问号了。因为美国是个移民国家，国民的国家意识并不是那么强烈。当然年轻人中也不会有太多人具有"国家兴亡，匹夫有责"的神圣责任感与"面对危难，舍我其谁"的崇高政治觉悟。因此，征兵广告以讲大道理的方式说服美国年轻人踊跃当兵，恐怕是行不通的。事实上，这则广告的撰稿人是头脑清醒的，他没有这样跟广大美国适龄青年一本正经地讲大道理，而是通过语言资源的巧妙配置，通过运用"层递"修辞手法建构五个"二难推理"游戏文本，化严肃为轻松，有效地消解了美国人普遍的怕死心理，打消了美国广大适龄青年害怕上战场的恐惧感，由此达到了征兵广告所要达到的最好效果。

仔细分析一下，这则征兵广告所玩的逻辑推理游戏并不复杂，只是一种"二难推理"(dilemma) 的巧妙运用。作为政治人同时也是作为撰稿人，"为了论证'当兵并不可怕'的观点，吁请人们报名当兵，广告撰写者连续运用了五个'二难推理'来作为论据。第一个'二难推理'是：'应征入伍后你无非有两种可能：有战争或者没有战争，没有战争有啥可怕的？'属于'A 或 B，若 A，则 C；若 B，则 D。所以，C 或 D'格式。如果依格式还原为完形'二难推理'结构，就是：'应征入伍后有战争（A）或者没战争（B），如果有战争（A），则可怕（C）；如果没战争（B），则不可怕（D）'。但是，为了打消应征者怕死而不愿当兵的心理，撰文者有意玩了一个花招，将两个'选言支'中可能导致负面心理暗示的一个'选言支'（即'如果有战争，则可怕'）省略了，只将具有正面意义的一个'选言支'写出，且以反问句的形式呈现。这样，既奸里撒混，让应征者忽略了应征当兵后存在的危险，又加强了正面意义的一个'选言支'（即'如果没战争，则不可怕'）的说服力。第二个'二难推理'是：'有战争后又有两种可能：上前线或者不上前线，不上前线有啥可怕的？'也是属于'A 或者 B，如果 A 则 C；如果 B 则 D。所以，C 或者 D'格式。依格式还原为完形'二难推理'结构，就是：'战争有上前线的（A）或者不上前线的（B），如果上前线（A），则可怕（C）；如果不上前线（B），则不可怕（D）'，同样是以省略负面意义的'选言支'（即'如果上前线，则可怕'），强调正面意义的'选言支'（即'如果不上前线，则不可怕'）的方式，给应征者以心理安慰，鼓励他们勇敢应征当兵。第三个'二难推理'是：'上前线后又有两种可能：受伤或者不受伤，不受伤又有啥可怕的？'还原为完形'二难推理'结构，就是：'上前线有受伤的（A）或者不受伤的（B），如果受伤（A），则可怕（C）；如果不受伤（B），则不可怕（D）'。为了打消应征者怕受伤的心理，推理中将具有负面意义的'选言支'（即'如果受伤，则可怕'）省略了，只写出具有正面意义的'选言支'（即'不受伤，则不可怕'）。第四个'二难推理'是：'受伤后又有两种可能：轻伤和重伤，轻伤有啥可怕的？'还原为完形'二难推理'结构，就是：'有受重伤的（A）或者受轻伤的（B），如果受重伤（A），则可怕（C）；如果受轻伤（B），则不可怕（D）'。但撰文者在实际写作中省略了其中的一个'选言支'：'如果受重伤（A），则可怕（C）'。由于这个具有负面意义的'选言支'被有意隐去，应征者只能看到正面意义的'选言支'（即'受轻伤，则不可怕'），心理的恐惧就减轻了，应征当兵的勇气自然就会提升。第五个也是最后一个'二难推理'是：'重伤后又有两种可能：可以治好和治不好，可治好有啥可怕的？治不好更不可怕，因为你已经死了'。这个推理若还原为完形'二难推理'结构，便是：'受重伤有可以治好的（A）或者治不好的（B），如果受重伤可以治好（A），则不可怕（C）；如果治不好（B），则更不可怕（D），因为人已经死了'。这个'二难推理'与前四个都不一样，两个'选言支'都完备。但是，对于具有负面意义的'选言支'（即'如果治不好，则就死了'）进行'技术处理'，说成是'如果治不好（B），则更不可怕（D），因为人已经死了'，以出人意料的幽默，让应征者的恐惧感化为乌有。这样，五个作为论证观点的'二难推理'便都具有正面意义了，从逻辑上看就严密地论证了'当兵并不可怕'的观点。"①

除了创造性地运用"层递"修辞手法，建构了一个由五个"二难推理"构成的修辞文本外，这个征兵广告还在"层递"修辞文本中内嵌了五个"设问"修辞文本，分别是："没有战争有啥可怕的？""不上前线有啥可怕的？""不受伤又有啥可怕的？""轻伤有啥可怕的？""可治好有啥可怕的？"这五个"设问"修辞文本，都是以

---

① 吴礼权：《说服力》，广州：暨南大学出版社，2014年，第168—169页。

"激问"的形态呈现,答案都在其设问的反面,不仅可以启发接受者思考,同时还有加强语气的效果,可以大大提升接受印象,对提升"当兵并不可怕"观点的说服力也有重要作用。

通过上面的分析,我们可以清楚地看出,这则征兵广告语的篇幅虽然有些长,对语言资源的配置显得有点靡费,但最终的接受效果是非常好的。 所以,若以成败论英雄,这则征兵广告无疑是最成功的。

结束语　如何修辞

修辞是表达者（说者或写者）为了实现达意传情效果最大化，而在语言文字上的经营努力。那么，如何在语言文字上经营努力呢？也就是说，为了实现达意传情效果最大化，我们应该如何修辞呢？

我们认为，主要应该集中于五个方面：一是炼字，二是锻句，三是谋篇布局，四是段落衔接，五是修辞文本建构。

下面我们就对这五个方面略作申述。

一、炼字：字尽其能

"炼字"，是中国古人的术语。现代一般称之为"遣词"，或是"选词""用词"。古人之所以叫"炼字"，是因为在古代汉语中，单音节词占有绝对优势，一个词往往即是一个字。在整个汉语体系中，虽然每个字（词）都没有什么优劣高下之别，但是不同的字（词）一旦进入具体的句子中，在特定的语境下便在表达效果上显出高下优劣的差异来。中国古人早就懂得这个道理，所以中国古人在语言表达特别是诗词写作时就特别重视"炼字"。

我们都知道，汉语的字（词）都有音、形、义三个方面。因此，无论古今，表达者的"炼字"(遣词)一般都在此三方面下功夫。

下面我们先来说说"音"的方面。

汉语修辞在字(词)音上讲究、做文章的，自古及今皆未消歇过。在现代汉语修辞中，尽管已不特别看重这一方面，但在很多作家笔下还是时有表现的。从汉语修辞实践来看，"炼字"(遣词)在声音方面可做的文章有多种多样，基本的方面主要偏重于根据题旨情境的需要而对字(词)的音节、平仄、韵脚等进行调配。因为这种声音形式方面的经营努力，可以增添语言的听觉美感，使接受者在语义内容和信息接受的同时获取一种接受解读的审美享受。

音节上的经营，在我们的日常语言表达中就有突出的表现。比方说，"我们有时说'努力争取'，有时说'力争'，但不说'力争取'，也不说'努力争'。我们有时说'整顿作风'，有时说'整风'，但不说'整作风'，也不说'整顿风'。我们有时说'深深相信'，有时说'深信'，但不说'深相信'，也不说'深深信'。'志坚如钢'，不说'志坚如钢铁'；'钢铁意志'，也不说'钢意志'。这种例子是非常多的"①。正因为有上述原因，在现代汉语修辞中，修辞者常常倾向于选用双音节词，几乎成为一种普遍的"炼字"规律之一。下面我们来看两个例子。

(1) 有些人连带想起全县的教育费不知究是多少,仿佛就想问一问;又觉这有点不好意思,只得暂且闷在肚里。

(《叶圣陶选集·抗争》)

(2) 有些人连带想起全县的教育经费不知道究竟是多少,仿

---

① 倪宝元:《修辞》,杭州:浙江人民出版社,1982年,第40页。

佛就想问一问,又<u>觉</u>得这有点不好意思,只得暂且闷在肚里。

(《叶圣陶选集·抗争》)

例(1)和例(2)都是现代著名作家叶圣陶作品中的文字,前者是原稿文字,后者是作者后来的修改稿文字①。后者与前者相比,只是将原稿中的四个单音节词"费""知""究""觉"分别改为四个双音节词"经费""知道""究竟""觉得"。虽然改动不大,但在表达效果上大大不同了。改文除了避免了行文中文白夹杂的明显弊端外,在视觉接受效果上明显具有整齐、匀称之特点,读出来则在听觉接受上别具一种和谐顺畅的效果。可见,"炼字"在音节上的经营努力是有价值的。

平仄上的经营,在古代诗词等韵文中的表现最为突出,这是众所周知的。在现代人的说写中,这种经营努力相对来说就少多了。但是,也并非完全没有。像现代的白话诗,甚至一些散文中,也都有人在字词平仄上经营努力的。如:

(3)鬼眨眼的天空越加非常之蓝,不安了,仿佛想<u>离去人间</u>,<u>避开枣树</u>,只将月亮剩下。

(鲁迅:《秋夜》)

例(3)是鲁迅散文作品中的一段文字,其中"仿佛想离去人间,避开枣树"一句,在字词平仄上就是大有讲究的②。"离去人间"与"避开枣树"两个语言单位,如果我们不读出来,只是诉诸视觉,只是觉得写得比较对称平衡;如果我们读出来,诉诸听觉,则就有一种抑扬顿挫的声律之美。因为依照现代汉语普通话语音

---

① 倪宝元:《修辞》,杭州:浙江人民出版社,1982年,第40页。
② 同上书,第36页。

系统,这两句的韵律是"平仄平平"对"仄平仄仄",正好交错相对。可见,作者鲁迅在平仄上是有所经营的。如果他不写成"离去人间",而是写成"离开人间",或是"离去人世",那么就难以跟后句"避开枣树"形成平仄上的交错对应,自然也就不可能产生听觉接受上抑扬顿挫的声律美感了。

韵脚上的经营,在古代诗词等韵文中是最基本的要求。在现代人的说写中,虽然并不特别重要,也并不能引起人们特别的重视,但是真正懂得修辞,认识到语言表达要重视接受效果的人,还是非常重视在韵脚上经营努力的。如:

(4) 上车睡觉,下车撒尿,到了风景点拍照,回家一问什么也不知道。

(20世纪末中国民间顺口溜)

例(4)作为一则民间老百姓的顺口溜,之所以广泛流传,并不是因为它嘲笑团体旅游通病的立意有多高,而是因为它一听就能让人记住。而之所以容易让人记住,其中最关键的原因是创作者懂得运用同韵字(词),表达有易上口,易记诵,且有悦耳动听的效果,因而刻意在韵脚选择上作了一番经营努力。①

上面我们说了"炼字"(遣词)在"音"方面的经营努力,下面我们再来谈谈"形"方面的经营努力。

我们都知道,汉字是一种"表意性质的文字","古汉字的字形同语言里的词或语素的意义有比较直接的联系","到了现代,经过隶变和楷化的汉字已经大大减弱了字形表意的直观程度",但是

---

① 吴礼权:《现代汉语修辞学》(第四版),上海:复旦大学出版社,2020年,第350—360页。

"占汉字极大比重的形声字的形旁似乎在表示字义的类属方面起着一定的作用"①,这是无可争辩的事实。至于如"休""从"等会意字,"刃""本"等指事字的由形识义或由形悟义功能,事实上更是存在的。由于汉字具有表意性的特征,作为汉字结构部件的偏旁部首都有一定的意义,因此利用汉字形体大做文章,在汉语修辞中还是有辗转腾挪空间的。除了"析字"修辞法之外,其他各种在字形方面进行修辞经营的空间也不小。如:

(5) 我们经历了"文化大革命"等紧张的政治气氛。那种腐败恶劣的政治空气,<u>造就了许多"奉"系评论家。要么只会"棒"杀,要么只会"捧"杀。</u>

(佚名:《要百家争鸣,不要八面讨好》)

例(5)这段时评文字,表意的生动性与新异性特别明显。究其原因,主要就是利用"奉""棒""捧"三字偏旁中都有"奉"这一相同义符而借机生发,批评文学批评中的不正之风,言简意赅,发人深省而又意趣横生。这就是利用字形做文章的好手笔。如果将文中的"奉"改为"迎合上意",将"棒"改成"打",将"捧"改成"吹",则就不可能企及上述原文的表达效果了。可见,"炼字"在"形"方面的经营努力也是大有可为的。②

最后,我们来谈谈"炼字"(遣词)在"义"方面的经营努力。

我们知道,任何语言中都有同义词和近义词的存在。汉语中的同义词、近义词更是十分丰富,这就在客观上为我们的"炼字"(遣词)提供了可能性。中国古人之所以特别重视"炼字",并在这

---

① 胡裕树主编:《现代汉语》(重订本),上海:上海教育出版社,2011年,第152页。
② 吴礼权:《现代汉语修辞学》(第四版),上海:复旦大学出版社,2020年,第360—362页。

个方面积累了大量成功的经验，正是凭借了汉语词汇本身的条件。而在现代汉语中，意义大致相同或相近，但色彩、风格、适用对象有异的同义词或近义词，其数量更是巨大，这点是人所共知的。因此，在现代汉语修辞中，"炼字"的条件更是得天独厚。

一般说来，"炼字"(遣词)在"义"方面的经营努力，从理论上讲是包括所有词的。但是，在修辞实践中，最常见的则主要集中于名词、代词、动词、形容词、副词、量词、连词、语气词等方面。尤其是动词之"炼"，更是修辞者关注的焦点和重点。如：

(6)"我最佩服北京双十节的情形。早晨，警察到门，吩咐道'挂旗！'‘是，挂旗！’各家大半懒洋洋地踱出一个国民来，撅起一块斑驳陆离的洋布。这样一直到夜，——收了旗关门；几家偶然忘却的，便挂到第二天的上午。"

(鲁迅：《呐喊·头发的故事》)

例(6)是鲁迅作品中的一段文字，其中最精彩之笔主要集中体现在两个动词之"炼"上。其一是"各家大半懒洋洋地踱出一个国民来"，其中的动词"踱"，可谓是一字写尽了当时北平市民对于双十节挂旗的非自发活动的虚应故事、漫不经心、消极敷衍的逼真心态和生动情状。在现代汉语词汇库中，与"踱"意义相同或相近的动词有很多，如"走""跑""行"等。但是，这些动词若是放在此文这一语境中，皆不能企及动词"踱"所能发挥的独特接受效果。其二是"撅起一块斑驳陆离的洋布"，其中的动词"撅"，也是通过一字而写尽了北平市民挂旗时那种心中老大不乐意、行动没精打采的生动情状，表达婉约且极具讽意。若是换上与"撅"意义相同相近的动词如"挂""插"等，表达上就不可能臻至上述的效果。①

---

① 吴礼权：《现代汉语修辞学》(第四版)，上海：复旦大学出版社，2020年，第345页。

可见,"炼字"(遣词)在"义"方面的经营努力是非常必要的,事实上也是非常有效果的。至于名词、代词、形容词、副词、量词、连词、语气词等在"义"方面的经营努力,也是大有可为的。①限于篇幅,我们这里不再一一列举论述。

二、锻句:句尽其用

锻句,就是根据达意传情的需要,配合不同的主旨与情境,对汉语各种句型或句式有选择地运用,这也是修辞的一个重要方面。汉语是一种具有悠久历史的语言,在长期使用过程中形成了很多不同的句式、不同的句型。从语气上看,汉语可分为陈述句、疑问句、祈使句、感叹句四类;从句法结构上看,汉语可分为主谓句、非主谓句两大类;从句子形体长短上看,可分为长句、短句;从句子组织的松紧看,可分为紧句、松句;从句子的整散看,可分为整句、散句;从施受关系上看,可分为主动句、被动句;从对表述内容的态度上看,可分为肯定句、否定句;等等。②

应该说,汉语的每一种句式和句型,都有其独到的作用,我们不能武断地说哪一种句式一定比别的句式好,哪一种句型比别的句型好。但是我们可以说,不同的句式、不同的句型运用于不同的语言情境中,在表达效果上事实上是会显出高下优劣的。

下面我们先来看一个例子。

(7) 我特别的恨你!你辜负了先生的教训,你这没骨气的无

---

① 吴礼权:《现代汉语修辞学》(第四版),上海:复旦大学出版社,2020年,第344—350页。

② 同上书,第362—363页。

耻文人!

(郭沫若:《屈原》)

例(7)是郭沫若所拟剧中人物婵娟的三句台词。其中,"'你这没骨气的无耻文人'一句,原作'你是没骨气的无耻文人'。经过作者精益求精的推敲,才把判断词'是'改成指示代词'这'"①。那么,作者为什么要改呢?改了以后又有何特别的效果呢?如果我们结合剧情,从作者所要塑造的人物形象来分析,就能明白其中的奥妙。原文"你是没骨气的无耻文人",是一个判断句,从语气上看属于陈述句,从语法结构上看属于主谓句。一般说来,陈述句的语气都较平缓,所显示的感情色彩也不是太强烈。这明显与作者所要表达的意旨——显示婵娟对宋玉无耻行径的极度愤慨之情——不相匹配,不利于婵娟形象的塑造。而改句"你这没骨气的无耻文人",从语气上看是个感叹句,从句法结构上看属于非主谓句。而感叹句多能表达比较强烈的情感,非主谓句由于在结构上不能分析出主谓宾等结构成分,句子叙述的起点终点不能区分出来,也就没有叙述的焦点与非焦点之别,因而整个句子都成了叙述的焦点,再加上指示代词"这"的指示,"没骨气的无耻文人"句中的"没骨气""无耻"两个修饰语都同时得到了强调。这样,剧中所要表现的主人公婵娟对反面人物宋玉的愤恨、轻蔑之情都达到了最高点。由此也将观众或读者的情绪带动起来,实现了剧情接受效果最大化的目标预期。②

句式的运用,需要根据题旨与情境的要求有所选择;句型的运

---

① 倪宝元:《修辞》,杭州:浙江人民出版社,1982年,第125页。
② 吴礼权:《现代汉语修辞学》(第四版),上海:复旦大学出版社,2020年,第363页。

用,同样也是需要根据题旨情境的要求而有所选择。下面我们来看一个例子。

(8) 一个傣族姑娘挑了两箩筐蛋,一个不小心,滑倒在路上,把蛋打得稀烂。

(艾芜:《野牛寨》)①

例(8)末一句"把蛋打得稀烂",属于汉语所特有的"把"字句。在汉语语法体系中,"把"字句在句型上属于主谓句,在施受关系上属于主动句。在表意上,"把"字句可以跟表示被动关系的"被"字相互转换,"把蛋打得稀烂"可以转换成"蛋被打得稀烂",基本语义不变。但是,例(8)没有选用被动句,而是选用了主动句。这是因为作者要借主动句强调傣族挑蛋姑娘一跤摔得重。事实上,从接受效果看,"由于作者借助介词'把'将动作的受事者'蛋'提到动词'打'之前,并有补语'稀烂'补充说明,就将动作的结果大大强调了,这在表达上就凸显了姑娘一跤摔得重的情状,同时使四个句子在主语上保持了一致,从而使这段叙写在语气上显得连贯顺畅。如果选用了一般主动句说成'打烂了蛋',则不能凸显姑娘摔跤之重的情状;如果选用被动句,说成'蛋被打得稀烂',虽然有了强调的意味,那强调的是蛋而不是姑娘,且末一句的主语变成了'蛋',与前三句的主语'姑娘'不一致,这就有碍叙述语气的顺畅连贯"②。

上面我们讲了句式与句型的选用对于"锻句"成功的作用,下面我们再来看看如何有效配置不同句子,包括交错使用不同句式或

---

① 倪宝元:《修辞》,杭州:浙江人民出版社,1982年,第134页。
② 吴礼权:《现代汉语修辞学》(第四版),上海:复旦大学出版社,2020年,第372页。

句型，兼顾完全句与省略句、整句与散句等的运用，实现"锻句"修辞效果最大化。 为此，我们不妨来看一个作家的修辞实践：

(9) 这位牛奶姑娘的话，使我感到惭愧而自卑。后来，我在马致远的《汉宫秋》杂剧里，发现这样质朴动人的描写，那是毛延寿选官，皇帝爱上了民女昭君唱出的："你便晨挑菜，夜看瓜，春种谷，夏浇麻，情取棘针门，粉壁上除了差法。……"我进而联想到一个人如果只在屋里埋头写作，<u>而不去外面看那流动的云、摇曳的树、青翠的山，和那浩瀚汹涌的大海</u>，他是写不出有生命的作品。因为只有身心健康的人，才会创作出优美真挚的作品。

(张放：《鸡鸣早看天》)

例 (9) 是中国台湾作家张放的散文片断，其中"不去外面看那流动的云、摇曳的树、青翠的山，和那浩瀚汹涌的大海"一句，本来可以写成整句"不去外面看那流动的云、摇曳的树、青翠的山、浩瀚的海（或汹涌的海）"。 然而，事实上作家没有这样写，而是故意打破可能有的整齐格局，写出了上面这样一个整散错落的句子。 这样的"锻句"，一方面使文章在表达形式上显得富有变化，自然流畅，另一方面也与这段文字所要表达的主旨"作家应有丰富多彩的生活视野"密合。 如果全用整句来表现，效果就不能及于此。①

其实，锻句除了着眼于结构、语气、句长等方面，考虑如何契合特定的题旨情境选择不同的句子，还可以着眼于表述者对表述内容的态度，也就是句子的口气，来选择运用句子。

下面我们来看一个例子。

---

① 吴礼权：《现代汉语修辞学》（第四版），上海：复旦大学出版社，2020 年，第 368 页。

(10) 清朝初年的文字之狱,到清朝末年才被重新提起。最起劲的是"南社"里的几个人,为被害者辑印遗集;还有些留学生,也争从日本搬回文证来。待到孟森的《心史丛刊》出,我们这才明白了较详细的状况,大家向来的意见,总以为文字之祸,是起于笑骂了清朝。然而,<u>其实是不尽然的</u>。

<u>这一两年来</u>,故宫博物院的故事似乎不大能够令人敬服,但它却印给了我们一种好书,曰《清代文字狱档》,去年已经出到八辑。其中的案件,真是五花八门,而最有趣的,则莫如乾隆四十八年二月"冯起炎注解易诗二经欲行投呈案"。

(鲁迅:《隔膜》)

例(10)这两段文字,前一段是说以前学术界普遍认为的"清代的文字狱是起于笑骂了清朝"的观点是错误的。但是,作者在这段的末一句作结论时,没有选用肯定句,说"其实是错误的",而是用了一个否定句"其实是不尽然的"(这里的"是",不是表示肯定判断的判断词,而是副词,与后面的语气助词"的"配合)。两相比较,很明显,用否定句比用肯定句效果好。因为学术问题很复杂,任何人没有十分的把握、没有掌握充足的材料,是不可轻易地下决断的结论的。所以,对于文中提到的清代文字狱的起因,用肯定句表达"其实是错误的",就显得语气过重,口气生硬了点,不易为接受者接受。而采用否定句"其实是不尽然的"来表达,就显得语气轻,口气缓,表达上显得婉转,因而也就易于为人所接受。第二段文字中也有一个否定句的运用,也很好。这就是第一句"这一两年来,故宫博物院的故事似乎不大能够令人敬服"。这一句话是指1932年至1933年间故宫博物院文物被盗卖事。这件事应该说是非常严重的,完全可以用肯定句这样措辞"这一两年来,故宫博物院的故事很令人气愤（或很难令人敬服）"。但是，如果选择了这样一个肯定的措辞，那么第二句"但它却印给了我们一种好书"就显得突兀，文势上转得过于生硬。而选用了上引的否定句表达，就显得语气较轻，口气较缓，措辞婉转，第二句的转接就显得自然。由此可见，鲁迅的锻句是很讲究的，也是很富有效果的，是值得我们仔细玩味的。①

由上面四例的分析，我们足可以管中窥豹，清楚地见出"锻句"也是修辞的一个重要方面，不是一件可以轻忽的事。

三、谋篇布局：总文理，统首尾

谋篇布局，是古代文章学非常重视的内容。修辞学讲谋篇布局，除了注重段落安排的逻辑层次外，最关注的重点主要是"总文理，统首尾"，也就是如何有效地开篇和收结。

关于"总文理，统首尾"的问题，是历来有经验的作家与演讲家都非常重视的。事实上，这个问题也是修辞学者应该重视的内容。因为一个好的开篇与好的收结，无论是对于口头表达还是书面表达，都至关重要。

古今修辞实践的经验证明，好的开篇往往会有一种先声夺人、引人入胜的感觉，而好的收结则往往会有一种回味无穷、余音袅袅的效果。中国有句俗话："千丈的绳子，还要从头搓起。"清人方东树有言："诗文以起为最难，妙处全在此。精神全在此。必要破空而来，不自人间，令读者不测其所开塞之妙。"（《昭昧詹言》）法国

---

① 吴礼权：《现代汉语修辞学》（第四版），上海：复旦大学出版社，2020年，第369页。

作家狄德罗在谈戏剧创作时曾有言:"一个剧本的第一幕也许是最困难的一部分。要由它开端,要使它能够发展,有时候要由它表明主题,而总要它承前启后。"(《论戏剧艺术》)苏联著名作家高尔基在谈文学创作时有言:"最难的是开头,也就是第一句。就像在音乐中一样,第一句可以给整篇作品定一个调子,通常要费很长时间去寻找它。"(《高尔基论文学》)①这些都是讲开篇对于修辞成功的决定性作用。

那么,什么是好的开篇呢?如何开篇才算是成功的修辞呢?根据古今人们的修辞实践,证明有两种行之有效的开篇方式:一是"开门见山"式,二是"款款入题"式。

"开门见山"式,虽然很平常,但确是一种很有效的开篇方式,被证明是一种成功的修辞。因为这种开篇方式,"或直接亮出全文的主旨或者作者的基本观点,或直接交待文章的主要内容或者相关内容,可以给接受者以一个先入为主的深刻印象。心理学的实验证明:如果我们将一组字母或一组词依序排列,让受验者在极短的瞬间记住其中的字母或词,结果是往往最易被记住的是开头和结尾的字母或词。受验者之所以能记住开头的字母或词,是因为记忆开始前,大脑皮层没有'前摄抑制',即没有其他记忆负担干扰,所以易于记住;最后的字母或词之所以易于被记住,是因为记忆结束时,大脑皮层没有'后摄抑制',即没有其他记忆负担追加干扰。明白了这个心理学的基本原理,我们便知'开门见山'式起首,是一种有效的修辞策略。因为这种起首方式能使接受者易于把握文章的主旨或内容,从而达到表达者传达自己的思想或感情,引发接受者

---

① 温濬主编:《艺林妙语》,上海:上海文艺出版社,1995年,第302页。

接受或产生共鸣的交际目标"①。能够及于此,自然应该算是成功的修辞了。

下面我们来看一个例子。

(11) 人们遇到要支持自己主张的时候,有时会用一枝粉笔去搪对手的脸,想把它弄成丑角模样,来衬托自己是正生。但那结果,却常常适得其反。

(鲁迅:《"大雪纷飞"》)

例(11)是鲁迅一篇杂文的开头一段,属于"开门见山"式的开篇模式。这篇杂文写作的背景是:五四新文化运动时期,章士钊为了反对白话文和大众语、维护文言文,曾造过一个实例,将"二桃杀三士"译成"两个桃子杀了三个读书人"的白话来丑诋白话文;20世纪30年代《新垒》月刊主编李焰生也反对大众语,也赞成"静珍君之所举,'大雪纷飞',总比'大雪一片一片纷纷的下着'来得简要而有神韵"。鲁迅不满他们丑化白话文和大众语的观点,于是写作了此文,通过对章、李二人所举二例的批驳,指出守旧派人士"自造一点丑恶,来证明他的敌对的不行"的方法是可笑的,结果适得其反,自己出丑。很明显,上引开篇文字已将全文主旨说得很清楚了。下面的段落,只是举例和论述,证明开篇的观点而已。由于作者采取了"开门见山"式开篇策略,一起笔就点出了全文主旨,使读者第一时间便对全文的观点有了一个先入为主的印象,等到读完下文的论述,则更加深了对作者开篇揭示的全文主旨的认识和深刻印象,就会情不自禁地赞成作者的观点,与作者达成思想与情感的共鸣。②可见,这种"开门见山"式的开篇策略是一

---

① 吴礼权:《现代汉语修辞学》(第四版),上海:复旦大学出版社,2020年,第390—391页。

② 同上书,第392页。

种成功的修辞。

"款款入题"式,也是很多作家喜欢的开篇模式。下面我们也来看一个例子。

(12) 仿佛记得一两个月之前,曾在一种日报上见到记载着一个人死去的文章,说他是收集"小摆设"的名人,临末还有依稀的感喟,以为此人一死,"小摆设"的收集者在中国怕要绝迹了。

但可惜我那时不很留心,竟忘记了那日报和那收集家的名字。

现在的新的青年恐怕也大抵不知道什么是"小摆设"了……

那些物品,自然决不是穷人的东西,但也不是达官富翁家的陈设,他们所要的,是珠玉扎成的盆景,五彩绘画的瓷瓶……

然而就是在所谓"太平盛世"罢,这"小摆设"原也不是什么重要的物品……<u>何况在风沙扑面,狼虎成群的时候,谁还有闲工夫,来赏玩琥珀扇坠,翡翠戒指呢。他们即使要悦目,所要的也是耸立于风沙中的大建筑,要坚固而伟大,不必怎样精;即使要满意,所要的也是匕首和投枪,要锋利切实,用不着什么雅。</u>

<u>美术上的"小摆设"的要求,这幻梦是已经破掉了,那日报上的文章的作者,就直觉地知道。然而对于文学上的"小摆设"——"小品文"的要求,却正在越加旺盛起来,要求者以为可以靠着低诉或微吟,将粗犷的人心,磨得渐渐的平滑。这就是想别人一心看着《六朝文絜》,而忘记了自己是抱在黄河决口之后,淹得仅仅露出水面的树梢头。</u>

(鲁迅:《小品文的危机》)

例 (12) 是鲁迅一篇杂文的前六段 (为了节省篇幅,这里采用节引),写到第六段才终于上题 (第五段末尾有个过渡),谈到文章主旨要谈的"小品文"问题。这篇文章写于1933年，文章主旨文末有明确宣示："小品文就这样的走到了危机。但我所谓危机，也如医学上所谓'极期'（Krisis）一般，是生死的分歧，能一直得到死亡，也能由此至于恢复。麻醉性的作品，是将与麻醉者和被麻醉者同归于尽的。生存的小品文，必须是匕首，是投枪，能和读者一同杀出一条生存的血路的东西；但自然，它也能给人愉快和休息，然而这并不是'小摆设'，更不是抚慰和麻痹，它给人的愉快和休息是休养，是劳作和战斗之前的准备。"由此可见，作者前五段谈镜屏、扇坠、象牙雕刻等"小摆设"，目的是要引出第五段末几句："何况在风沙扑面，狼虎成群的时候，谁还有闲工夫，来赏玩琥珀扇坠，翡翠戒指呢……所要的也是匕首和投枪，要锋利而切实，用不着什么雅。"并由此逼出"小品文要摆脱危机，应该直面现实，要成为批判现实的匕首和投枪"这一全文主旨。由于作者用了相关内容的五段文字作了铺垫，引渡巧妙，就自然顺畅地引领读者步步深入地接近作者预设的目标——了解全文真正用意，以此达成了与作者思想情感的共鸣。①可见，这种"款款入题"式的开篇策略也是一种成功的修辞。

收结，跟开篇一样，对于口语表达与书面语表达都很重要，尤其是对书面语表达显得格外重要，是历来文章学家和修辞学家都十分重视的。元人杨载论诗有言："诗结尤难，无好结句，可见其人终无成也。"（《诗法家数》）明人谢榛论律诗有言："律诗无好结句，谓之虎头鼠尾。"（《四溟诗话》）明人王骥德论曲有言："尾声

---

① 吴礼权：《现代汉语修辞学》（第四版），上海：复旦大学出版社，2020年，第394—395页。

以结束一篇之曲，须是愈著精神，末句更得一极俊语收之，方妙。"（《曲律》）清人李渔论戏剧"大收煞"时有言："收场一出，即勾魂、摄魄之具，使人看过数日而犹觉声音在耳、情节在目者，全亏此曲撒娇，作临去秋波那一转也。"（《闲情偶寄·词曲部》）这些虽然只是就诗、曲、戏曲等而言，实际是对所有文体的文章都是适用的，即所有文体的文章都应该特别重视收结。苏联文学理论家爱森斯坦也曾指出："在该结束的地方结束，这是一种伟大的艺术。"（《爱森斯坦论文选集》）①

那么，什么是好的收结呢？如何收结才算是成功的修辞呢？虽然人们的修辞实践证明，作品的收结方式有很多，但是行之有效的收结方式则主要有两种：一是"卒章显其志"式，二是"曲尽音绕梁"式。

"卒章显其志"式，是一种于全文结尾时，用简要的语句概括全文主旨以宣示于接受者的收结方式。这种收结方式虽然显得直露了点，有"言止意尽"之嫌，但却有一个明显的优点，这就是易于令接受者迅速准确地把握文章的主旨，从而让接受者产生情感或思想的共鸣。同时，在表达上亦有画龙点睛、清楚有力的效果。这种结尾模式看起来平常，实则也是一种很好的修辞策略。②所以，很多讲究修辞的文章大家都喜欢采用。如：

(13) <u>当初，白蛇娘娘压在塔底下，法海禅师躲在蟹壳里。现在却只有这位老禅师独自静坐了，非到螃蟹断种的那一天为止出不来。莫非他造塔的时候，竟没有想到塔是终究要倒的么？</u>

---

① 温溪主编：《艺林妙语》，上海：上海文艺出版社，1995年，第303页。
② 吴礼权：《现代汉语修辞学》（第四版），上海：复旦大学出版社，2020年，第401页。

> 活该!
>
> （鲁迅:《论雷峰塔的倒掉》）

例(13)是鲁迅一篇杂文的结尾部分。此文由听说杭州雷峰塔倒掉的消息开始，讲了许仙与白蛇娘娘以及白蛇与法海和尚斗法失败被压于塔下的故事，再讲到法海和尚被玉皇大帝责怪追拿而躲入蟹壳内不得出来的民间传说。如果作者仅仅拉杂地讲完这些故事就收束全文，那么这篇文章也就没有什么意义，接受者也不能从中获取什么教益，文章写作的修辞目标预期也就不能实现。事实上，作者没有这样写，而是在讲完故事后，于全文之末缀上了上引的这两段文字以作收结，立即深化了主题，揭示了全文的主旨，表明了作者的态度——象征压迫中国妇女的雷峰塔应该倒掉，象征压迫妇女的封建势力的法海应该不能再逞狂。这样，接受者就能迅速了解全文主旨，了解作者的情感态度，特别是尾句"活该"二字的斩钉截铁语气，更能深深感染接受者，使其与作者达成情感与思想的共鸣。很明显，鲁迅的这种收结是成功的。若采用其他收结模式，恐难企及上述的接受效果。[①]

"曲尽音绕梁"式，是一种不在全文末尾直白宣示作品主旨，而是以含蓄蕴藉的文字来暗示，接受者必须通过作者所给定的收结文字，认真体味咀嚼才能得其真意所在的收结方式。这种收结方式，在表达上有一种"曲尽音绕梁"，言有尽而意无穷，义生言外，发人深思，耐人寻味的效果，令人味之无穷，可以极大地调动接受者的接受兴味，从而提升表达的实际效果。[②]因此，这种收结方式

[①] 吴礼权:《现代汉语修辞学》(第四版)，上海:复旦大学出版社，2020年，第402页。
[②] 同上书，第403页。

也是很多讲究修辞的作家特别喜欢采用的。如：

(14) 除了这头猪、这头牛、这条狗，我最近在周遭的世界中又发现了另一种畜牲，它是一种二条腿的……

（吴锦发：《畜牲三章》）

例(14)是中国台湾作家吴锦发的散文《畜牲三章》的结尾部分。这篇文章除了上引的所谓"外一章"作结尾外，全文分三个部分，分别写了三个故事："一头叛逆的猪"，"一头懦弱的牛"，"一条高贵的狗"。猪的故事，是通过一头病猪的遭遇描写，意在抒写中国台湾农民对当局牺牲农民利益而发展工业的愤怒之情；牛的故事，旨在通过写自家牛的懦弱及其种种卑劣行径，来暗写中国人的民族性格中的弱点；狗的故事，是通过一条狗因病而被主人抛弃，却死也不肯躲到别人家屋檐下，不肯吃他人施舍的食物，最终活活饿死、冷死的故事，赞扬了狗的品德及其给人类的教益："狗死后不久，我便写了一封措辞强硬的辞职信给那一家最近羞辱了我的公司"，"这条狗是我生命中重要的导师，他教导了我坚持与死亡的哲学"。本来全文的标题即是"畜牲三章"，写完了三章，全文就应结束。可是作者却以上引的"外一章"作全文的结尾，说："我最近在周遭的世界中又发现了另一种畜牲，它是一种二条腿的……"那么，这二条腿的"畜牲"是什么，与前文所写的猪、牛、狗相比，又是如何呢？作者都没有给出答案，只是以省略号来处理。这种结尾，很明显是一种"曲尽音绕梁"式收结方式。它表达的含蓄，寓意的深远，都是令人味之再三的，不同人生经历的读者自会各有不同的解读。①

---

① 吴礼权：《现代汉语修辞学》(第四版)，上海：复旦大学出版社，2020年，第405页。

四、段落衔接:顺文气,贯前后

段落衔接,也就是我们常说的"起承转合",是通过一定的语言手段,使一个语篇或一篇文章所要表达的意思能够自然地融为一体,从而突出语篇或文章的主旨。这个方面的内容,以前是文章学家最关注的问题之一。其实,这也是修辞学家应该关注的问题之一。事实上,有经验的、讲究修辞的说写者都会在此方面有所经营努力的。

从古往今来修辞者的修辞实践来看,着眼于"顺文气,贯前后"的段落衔接,最有效的方式主要有三种:一是"顶真式衔接",二是"时序语词衔接",三是"关联词语衔接"。

顶真式衔接,是在语篇或文章中,用上一段落的末尾来作下一段落的起始,从而形成上递下接的衔接模式。这种衔接模式,又可分为"严式"和"宽式"两种。"严式"是上一段落的末尾文字与下一段落起始的文字相同,"宽式"则是上一段落的末尾文字与下一段落的起始文字在字面上有部分词语相同。不管是"严式"还是"宽式",这种顶真式衔接模式,在表达上都有"顺文气,贯前后"的作用,有鲜明突出的"钩上连下,自然流畅"的接受效果或审美意趣。①如:

(15) 我不但是个工作狂——裹胁朋友一起工作的工作狂,生活方面,也有狂在,我身怀大志、志不在温饱,衣、食、住、行方面,后两者比较考究……至于衣,我更不考究了。我以买百货公

---

① 吴礼权:《现代汉语修辞学》(第四版),上海:复旦大学出版社,2020年,第375页。

司换季时廉价品为主……我做"李敖笑傲江湖"节目,电视上永远一袭红夹克,近四百场下来从不改变……不过我的红夹克倒是名牌,因为只有那个牌子的式样看来最保守,不怪形怪状。我本有一件,后来在电视中看到郝柏村也穿了一件,我大为着急,因此把同样的都买来了,现在一共四件,可穿一辈子,死后还可留给<u>我儿子</u>。

<u>我儿子</u>戡戡四岁半,女儿谌谌两岁半,太太王小屯比我小近三十岁。小屯十九岁时候,我在台北仁爱路碰到她……和她认识八年后,在1992年3月8日结婚。

(李敖:《李敖回忆录》)

例 (15) 是中国台湾作家李敖回忆录中的两段文字（为了节省篇幅,上引文字有节略）,所写的内容在语义上本无必然的逻辑联系,一般情况下根本无法实现两个段落的自然对接。可是,作者通过巧妙经营,以红夹克穿一辈子也穿不了,可以留给儿子为说头,以"死后还可留给我儿子"为上一段落的结句,从而不露痕迹地以"我儿子"三字为下一段落的起首,实现了与上一段落的巧妙对接,自然而然地逼出下一段落由儿子到女儿,再及太太王小屯情况的全面介绍。尽管作者是蓄意要介绍太太和自己的恋爱史,但读者从作者的运笔却<u>丝毫</u>看不出半点蛛丝马迹,可谓巧妙至极。[1]

时序语词衔接,是指用表示时序概念的语词实现不同段落间的衔接。这种衔接方式,非常重视不同段落内容之间在时间演进上的内在逻辑关系。因此,在叙事性的语篇或文章中特别常见。如:

(16) <u>那时</u>,我对古典音乐还是个门外汉,只觉得片中的音乐

---

[1] 吴礼权:《现代汉语修辞学》(第四版),上海:复旦大学出版社,2020年,第376页。

凄婉动人,跟那缠绵悱恻的情节非常相配,并不知道是谁的作品……后来,对古典音乐涉猎渐多,才知道它的出处……从此以后,拉哈曼尼诺夫的第二号交响乐,便跟柴可夫斯基的第四、五号交响乐、布拉姆斯的第一号交响乐、西比流士的第一号交响乐等等一同列为我心爱的交响乐。

<u>现在</u>,拉哈曼尼诺夫第二号交响乐的第三乐章正在我的电唱机上演奏着,抒情的、如歌的、华丽的而又忧郁的旋律,一串又一串地飘浮在宁静的午后。透过落地大窗,温煦的阳光把阳台上花木照耀得像是透明似的,使得花儿红得更艳,黄得更鲜,叶子也绿得更翠。我听着,看着,心里也觉得醺然欲醉。

(毕璞:《午后的冥想》)

例(16)是中国台湾作家毕璞谈音乐欣赏的文字片段(为了节省篇幅,引用时有节略)。 两段文字所叙之事有很大跨度,之所以能够自然地实现前后对接,关键只在两个表示时序的词语"那时""现在"。 这两个表时序的语词尽管很普通平常,但在此两个段落衔接中却发挥了"四两拨千斤"的关键作用,不仅使叙事条理不乱,而且两段间的转接显得自然流畅。 这也是平常语词配置得当而产生特殊修辞效果的例证。[①]

关联词语衔接,是指在语篇或文章中以关联词语为纽带,实现不同语段或段落内容的衔接。 一般说来,充当这一纽带角色的关联语词(有些是副词),最常见的有"其实""当然""可是""不过""于是""因此""然而"等。 如:

(17)今年报春最早的是杏花。那株老树,每年繁华枝头,自

[①] 吴礼权:《现代汉语修辞学》(第四版),上海:复旦大学出版社,2020年,第382页。

抽芽、含苞、怒绽到新叶扶疏，不过短短十数日吧，竟是那般殷勤缱绻，将春留住，使得我在营营匆匆之中，尚有几许欣慰，免却了负春之疚。然则，去年春夏之交，不知何故，招来妒春绿色小虫，把满树枝叶噬败摧害，春残如是，很是令人在伤感之余，不能忍受的，遂将枝叶悉数斫斩，独剩老干萧条。心想，今年是定然看不见"红杏枝头春意闹"的了，孰知其仍属后院中首先抽芽，喜报春消息的呢！不服老的精神，原也系予人如春之感的一种表现，我简直在讶佩之余，更肃然起敬了。

其实，报春应是迎春花的事。可惜清雅如此的名字，竟被英文 Dogwood 把美感破坏一尽，气愤之下，我未在园中栽培。洋人总是在该讲求"名"的时候而不讲求，不懂以名饰美怡悦之趣。大众食品的"热狗"（Hotdog），便是一例（中国菜名中有"蚂蚁上树"一味，焚琴煮鹤以至如此，始作俑者，真该掘墓鞭尸才是）。而名姓中竟有以"木匠"（Carpenter）、"铁匠"（Blacksmith）、"鞋匠"（Shoemaker）、"沉溺爱河"（Lovejoy）等为之的，真可谓"匠气十足"、"贻笑大方"。

（庄因：《春愁》）

例（17）是美籍华裔作家庄因一篇散文中的两段文字，前段文字是赞美自己园中杏花喜报春消息的可爱和不服老的精神，后段由迎春花英文名的不美写到英语世界的人不懂名饰之美的遗憾。两段文字在内容上大不相关，但作者运用一个关联词语"其实"，就顺利地实现了两段文字的对接，而且显得自然流畅。①

除了用"其实"比较普遍外，用"然而"作为"钩上连下"的

---

① 吴礼权：《现代汉语修辞学》（第四版），上海：复旦大学出版社，2020年，第385页。

关联词进行段落衔接的也有不少。 如:

(18) 所以中国的国魂里大概总有这两种魂:官魂和匪魂。这也并非硬要将我辈的魂挤进国魂里去,贪图与教授名流的魂为伍,只因为事实仿佛是这样。社会诸色人等,爱看《双官诰》,也爱看《四杰村》,望偏安巴蜀的刘玄德成功,也愿意打家劫舍的宋公明得法;至少是受了官的恩惠时候则艳羡官僚,受了官的剥削时候便同情匪类。但这也是人情之常;倘使连这一点反抗心都没有,岂不就成为万劫不复的奴才了?

<u>然而</u>国情不同,国魂也就两样。记得在日本留学时候,有些同学问我在中国最有大利的买卖是什么,我答道:"造反。"他们便大骇怪。在万世一系的国度里,那时听到皇帝可以一脚踢落,就如我们听说父母可以一棒打杀一般。为一部分士女所心悦诚服的李景林先生,可就深知此意了,要是报纸上所载非虚。今天的《京报》即载着他对某外交官的谈话道:"予预计于旧历正月间,当能与君在天津晤谈;若天津攻击竟至失败,则拟俟三四月间卷土重来,若再失败,则暂投土匪,徐养兵力,以待时机"云。但他所希望的不是做皇帝,那大概是因为中华民国之故罢。

(鲁迅:《学界的三魂》)

例 (18) 两段文字,前段论证中国的国魂里确实存在的两种魂:官魂与匪魂;后段转入"国情不同,国魂也就两样"的论点及对军阀李景林"皇帝做不成,就要当土匪"的谈话的讽刺上来。 两段文字意思上有转变,故作者以"然而"一词转接之,文气上显得自然流畅,前后两段语气亦得以顺畅贯通。 可见,运用关联词语来实现段落间的衔接,比较简捷,虽然普通,但却颇有效。 很多段落间尽管可以不用关联词语衔接,逻辑关系也很清楚,但在语势的贯通和表达的自然流畅方面则不及用关联词语来得好。因此，恰切地选用关联词语来实现段落间的衔接，是很有必要的。①

五、文本建构：谢朝华于已披，启夕秀于未振

修辞，是为了实现达意传情效果最大化，而在语言文字上的经营努力。在语言文字上的经营努力，事实上有很多方面。其中，一个最重要的方面，就是运用特定的修辞手法（即"辞格"）建构修辞文本。

一般说来，用以建构修辞文本的特定修辞手法（即"辞格"），都是人们在长期的修辞实践中逐渐形成的，是一种大家都熟悉并喜欢运用的表达式。不过，应该强调指出的是，越是大家熟悉的，越是大家喜欢运用的表达式，往往也就越容易滥用，结果导致建构出来的修辞文本缺乏表达力，所要实现的达意传情的目标预期就难以很好地实现。因此，为了确保达意传情的目标预期能够顺利实现，我们在运用特定表达式（即特定修辞手法，或曰辞格）建构修辞文本时，就必须遵循"谢朝华于已披，启夕秀于未振"的原则，力戒平庸，努力创新。为此，我们不妨以人们最熟悉也是最喜欢运用的表达式，被称为"修辞之母"的比喻为例，来予以说明。

比喻，是一种"通过联想将两个在本质上根本不同的事物由某一相似性特点而直接联系搭挂于一起"②的修辞手法。运用比喻手法建构修辞文本，"在表达上有增强所叙写对象内容的生动性和形象

---

① 吴礼权：《现代汉语修辞学》（第四版），上海：复旦大学出版社，2020年，第388—389页。
② 同上书，第77页。

性的效果；在接受上，有利于调动接受者的接受兴趣，使其可以准确地解读出文本的意蕴，而且可以经由接受者的再造性想象，扩添文本所叙写对象内容的内涵意象，从而获得大于文本形象内容的解读快慰与审美享受"①。

作为一种为人们最为熟悉且运用普遍的修辞手法，比喻一般从形式上可以分为三种类型：一是"明喻"，二是"暗喻"（或称"隐喻"），三是"借喻"。②

所谓"明喻"，是一种形式全备的比喻模式，它的典型格式是"A像B"。其中，A是"本体"，B是"喻体"，"像"是"喻词"，恰似联系本体与喻体的桥梁。"喻词"除了"像"比较常见外，还有"好像""好比""如同""仿佛""若""如""好似""似"等，有时这些喻词还与"一样""似的""一般"等配合使用。③"明喻"由于形式齐备，最为普通大众熟悉，使用频率也高，因而不仅一般的说写者喜欢运用，就是著名学者与文学家也大多倾向于采用"明喻"的形式来建构比喻修辞文本。如：

（19）方鸿渐看唐小姐不笑的时候,脸上还依恋着笑意,像音乐停止后袅袅空中的余音。许多女人会笑得这样甜,但她们的笑容只是面部肌肉柔软操,仿佛有教练在喊口令："一！"忽然满脸堆笑,"二！"忽然笑不知去向,只余个空脸,像电影开映前的布幕。

（钱锺书:《围城》）

---

① 吴礼权:《现代汉语修辞学》(第四版),上海:复旦大学出版社,2020年,第77页。
② 陈望道:《修辞学发凡》,上海:复旦大学出版社,2011年,第59页。
③ 吴礼权:《现代汉语修辞学》(第四版),上海:复旦大学出版社,2020年,第77—78页。

例 (19) 有两个以"明喻"形式建构的比喻修辞文本，一是"唐小姐不笑的时候，脸上还依恋着笑意，像音乐停止后袅袅空中的余音"，是说唐小姐微笑停止后，面部表情仍然显得很丰富优美；二是"许多女人会笑得这样甜……忽然笑不知去向，只余个空脸，像电影开映前的布幕"，是说其他女人微笑停止后，面部表情显得非常不自然。这两个比喻修辞文本都采"明喻"形式，它们的建构，在表达上大大丰富了文本所叙写对象（两种女人不同的面部表情）的生动性和形象性，比不用比喻手法而直接描写明显效果好得多；在接受上，接受者通过对表达者所建构的上述两个比喻文本的仔细解读，既能准确地破译出表达者的文本建构用意（对唐小姐面部表情之优美持欣赏态度，对其他女人的面部表情之呆板持贬低态度），又可依托自己对"音乐停止后袅袅空中的余音"和"电影开映前的布幕"两种经验的不同体认，经由各人的再造性想象，扩添文本所叙写对象内容的内涵意象，从而获取远大于或不同于原文本形象内容的解读快慰和审美享受。①

"明喻"形式之所以深受欢迎，使用频率高，是因为从"喻词"上就可以看出来。因此，在古代汉语与现代汉语中，"明喻"形式的比喻文本最常见。如果说它们之间有什么区别，那就是在"喻词"的使用上有差异。现代汉语喜欢用"像""好像"等，古代汉语则通常用"如""若"等。如《诗经·卫风·硕人》写卫庄公夫人庄姜之美，有曰"手如柔荑，肤如凝脂，领如蝤蛴，齿如瓠犀"，四个比喻都用"如"为喻词。《论语·里仁》："子曰：'不义而富且贵，于我如浮云'"，也用"如"为喻词。其他如唐朝白居易《长恨

---

① 吴礼权：《现代汉语修辞学》（第四版），上海：复旦大学出版社，2020年，第78页。

歌》诗"芙蓉如面柳如眉,对此如何不泪垂",南唐李煜《清平乐》词"离恨恰如春草,更行更远还生",宋朝欧阳修《长相思》词"玉如肌,柳如眉,爱著鹅黄金缕衣"等"明喻"修辞文本,都是用"如"为"喻词"。也有用"似"为"喻词"的,如唐朝李益《夜上受降城闻笛》"回乐烽前沙似雪",宋朝苏轼《和子由渑池怀旧》"人生到处知何似? 应似飞鸿踏雪泥"。①还有用"若"为"喻词"的,如《老子》"上善若水"(第八章)、"治大国若烹小鲜"(第六十章),《庄子·逍遥游》中"其翼若垂天之云""肌肤若冰雪,绰约若处子",《孟子·梁惠王下》中"民望之,若大旱之望云霓""诛其君而吊其民,若时雨降"②,等等,都是有名的以"明喻"手法建构的比喻修辞文本。

所谓"暗喻",或称"隐喻",是一种以"是""变成"等"喻词"绾合"本体"与"喻体",抑或省略了"喻词"的比喻修辞文本模式。它的典型格式是"A是B"。如:

(20)听听,那冷雨。看看,那冷雨。嗅嗅闻闻,那冷雨。舔舔吧,那冷雨。雨在他的伞上,这城市百万人的伞上,雨衣上,屋上,天线上,雨下在基隆港,在防波堤,在海峡的船上,清明这季雨。<u>雨是女性,应该最富于感性</u>……

(余光中:《听听那冷雨》)

例(20)"雨是女性,应该最富于感性",即是一个以"暗喻(隐喻)"手法建构的比喻修辞文本。这一修辞文本的建构,在表达上,将清明时节的雨与富于感性的女性联系搭挂在一起,形象、

---

① 沈谦:《修辞学》(修订版),台北:台湾空中大学印行,1995年,第7—8页。
② 宗廷虎等:《中国修辞史》,长春:吉林教育出版社,2007年,第665页。

生动，且内涵丰富。在接受上，作为"喻体"的"女性"，其内涵的丰富性和相对于不同接受者的经验所具有的不同体认，使接受者可以展开想象的翅膀进行广泛的再造性想象。这样，既可以使接受者深刻地把握文本的丰富内涵，又可在文本解读接受中获得更自由、最大量的审美享受。①

"暗喻（隐喻）"修辞手法的运用，虽然不及"明喻"普遍，但在古代汉语与现代汉语都是存在的。在现代汉语中，"暗喻（隐喻）"最典型的格式是"A是B"；在古代汉语中，最典型的表达式则是"A，B"，是以判断句的形式出现的。如《孟子·滕文公上》中"君子之德，风也；小人之德，草也"即是。又如《左传·文公七年》中"赵衰，冬日之日也；赵盾，夏日之日也"，亦是以判断句形式设喻的。②

所谓"借喻"，是将"本体"与"喻词"一并省略了的比喻文本模式。这种比喻，由于形式比较隐奥，一般人不容易辨别，所以在接受时需要接受者特别用心。否则，不易发现，自然就难以准确解读其意了。从修辞实践史来看，这类比喻一般主要出现在知识阶层、文学界人士笔下。如：

（21）尽管妈妈愈老愈爱向我告爸爸的状，我仍然觉得：妈妈能嫁给爸爸，这是她前生修来的福气。……今年四月底我回去，母亲又跟我告父亲的状：

"你阿爸啊！身体略略好一点，又趴趴四处走！一点都不顾屋里事，他哪，一世人不改，以前——。"

---

① 吴礼权：《现代汉语修辞学》（第四版），上海：复旦大学出版社，2020年，第79页。
② 沈谦：《修辞学》（修订版），台北：台湾空中大学印行，1995年，第79—80页。

哈！<u>妈妈又在翻爸爸的陈年老账了</u>！老小老小，真是不错。想从前，我小时候常向妈妈告姊姊弟弟的状，如今，倒过来了……

(丘秀芷:《两老》)

例(21)"妈妈又在翻爸爸的陈年老账了"，就是一个以"借喻"手法建构的比喻修辞文本。"陈年老账"是"喻体"，但是作为"本体"的"往事"和作为"喻词"的"像"，都一并省略了。这一"借喻"修辞文本的建构，在表达上，由于隐去了"本体"，让"喻体"直呈于接受者眼前，既使往事的属性特征更显突出，也使叙写更富形象性和生动性；在接受上，由于修辞文本未采用比喻的全备形式，接受者的解读接受略有一些阻障，但依托语境的帮助，接受者还是可以补足这一比喻的未备形式，了解文本的真意所在。同时，由于"陈年老账"在不同接受者的经验中有各自不同的认知，这就使接受者的接受解读更自由，在客观上又大大提高了接受者接受解读文本的积极性，提升了修辞文本的审美价值。①

在比喻的三种类型中，相对来说，"借喻"是使用频率最少的。原因就是它省略了"本体"与"喻词"，令接受者解读起来要费些心力。不过，依托于一定的语境，接受者仔细分析，还是能够还原出其"本体"与"喻词"的。应该指出的是，由于"本体"与"喻词"的省略，"借喻"在表达上除了有生动形象的效果外，还别具一种表意含蓄委婉的效果。正因为如此，"借喻"手法在现代汉语表达中主要出现于知识阶层的笔下。但是，在古代汉语中，"借喻"手法的运用则是司空见惯。如《论语·子罕》："子曰：'岁寒，然

---

① 沈谦:《修辞学》(修订版)，台北:台湾空中大学印行，1995年，第80页。

后知松柏之后凋也。'"孔子的这句话，意思是说："在天气严寒，岁月将暮的冬季，当其他草木都已凋谢枯萎的时候，独有松、柏仍然青翠如常。这才知道松、柏之可贵。"①很明显，孔子的这个比喻是将"松柏"比作"君子"。由于作为"本体"的"君子"和作为"喻词"的"如"均被省略，因此解读这句话时，就必须结合孔子说这句话的语境予以仔细分析，从而了解孔子对君子人格的期许：君子"虽处身乱世，却能坚守高尚的节操，面临患难而不改变贞亮的气节"②。

汉语是一种具有悠久历史的语言，汉语中的比喻历史也是非常悠久的。因此，在汉语比喻发展史上，比喻虽然整体上都只有"明喻""暗喻（隐喻）""借喻"三类，但历来的修辞者事实上并没有机械地套用"A像B"，"A，B"（或"A是B"），"B"三种结构模式，刻板地建构比喻文本，而是充分发挥创意造言的智慧，使比喻文本的建构呈现出丰富多彩的形态。如：

(22) 忠言逆耳利于行，良药苦口利于病。

（《史记·留侯世家》）

(23) 老骥伏枥，志在千里；烈士暮年，壮心不已。

（曹操：《步出夏门行·龟虽寿》）

例(22)和例(23)运用比喻手法建构的两个修辞文本，都是"本体"在后、"喻体"在前，"喻词"省略，不是我们常见的"A像B"或"A，B"式，被称之为"引喻"。

又如：

---

① 沈谦：《修辞学》(修订版)，台北：台湾空中大学印行，1995年，第35页。
② 同上。

(24) 是谁白天黑夜,积年累月,拿自己的汗水浇着花,<u>像抚育自己儿女一样抚育着花秧</u>……

(杨朔:《茶花赋》)①

例(24)的比喻文本"像抚育自己儿女一样抚育着花秧",其结构形式是:"喻词+喻体+本体",完全颠覆了传统"明喻"的"A像B"模式,被称为"提喻"。

又如:

(25)如今,出身不再是我们之间的鸿沟,然而我看见了新的裂痕,失去了自己心爱的工作,离开了生我养我的土地,<u>我不再是风,不再是水,不再是港湾,我只是一朵飘在空中的云,无依无靠</u>……

(王周生:《陪读夫人》)

例(25)的比喻文本"我不再是风,不再是水,不再是港湾,我只是一朵飘在空中的云,无依无靠",是以"风""水""港湾"三个"喻体"从反面说明作为"本体"的"我",后面又以"云"为"喻体"从正面说明作为"本体"的"我"。这种结构形态,更是突破了比喻文本建构的常规,被称为"交喻"。

再如:

(26)站在高山向西看,<u>一条白带绕丛山,不是带,原是新开公路上岭来</u>。

站在高山往西瞧,<u>朵朵白云山上飘,不是云,原是钻井工房搭山顶</u>。

站在高山往下望,<u>井场流水翻黑浪,不是水,原是原油出闸

---

① 汪国胜等:《汉语辞格大全》,南宁:广西教育出版社,1993年,第23页。

展翅飞。

(青海民歌《站在高山上》①)

例 (26) 三个比喻文本,按照传统的比喻结构模式,应该写成"新开公路像白带,山顶钻井工房像白云,出闸原油像黑浪",但是,这首民歌并没有这样中规中矩地写,而是先提出"喻体"("白带""白云""黑浪"),再否定"喻体",最后引出"本体"("新开公路""钻井工房""出闸原油")。而"喻词"分别为"是"或"不是"。这种比喻结构形态,也是以往未曾有过的,被称为"回喻"或"迂喻""迂回喻"。

其实,比喻文本的建构,只要修辞者有力戒平庸、锐意创新的意识,自觉遵循"谢朝华于已披,启夕秀于未振"的原则,不仅能从结构形态上推陈出新,而且能够在"喻体"与"本体"的匹配上别出心裁,从而建构出令人耳目一新、富有创意的比喻文本。

下面我们来看钱锺书先生以比喻手法建构的三个修辞文本。

(27) 方鸿渐还想到昨晚那个中国馆子吃午饭,鲍小姐定要吃西菜,说不愿碰见同船的熟人。便找到一家门面还像样的西菜馆。谁知从冷盘到咖啡,没有一样东西可口:上来的汤是凉的,冰淇淋倒是热的;<u>鱼像海军陆战队,已登陆了好几天</u>;<u>肉像潜水艇士兵,会长时期伏在水里</u>。

(钱锺书:《围城》)

(28) 她的眼睛并不顶大,可是灵活温柔,反衬得<u>许多女人的大眼睛只像政治家说的大话,大而无当</u>。

(钱锺书:《围城》)

---

① 汪国胜等:《汉语辞格大全》,南宁:广西教育出版社,1993年,第33—34页。

(29) 自从 1980 年《围城》在国内重印以来,我经常看到锺书对来信和登门的读者表示歉意;或是诚诚恳恳地奉劝别研究什么《围城》;或客客气气地推说"无可奉告";或者竟是既欠礼貌又不讲情理的拒绝。一次我听他在电话里对一位求见的英国女士说:"假说你吃了个鸡蛋觉得不错,何必认识那下蛋的母鸡呢?"我直耽心他冲撞人。

(杨绛:《记钱锺书与〈围城〉》)

例 (27) 至例 (29) 三个比喻文本,前二例是"明喻",后一例是"借喻"。 前二例虽然在结构形式上都是中规中矩的"A 像 B"式,但是"喻体"的选择却别出心裁,令人无法梦见。 其中例 (27) 包括了两个比喻文本,前一个文本的"本体"是"鱼",后一个文本的"本体"是"肉",与它们匹配的"喻体"分别是"海军陆战队"和"潜水艇"。 众所周知,"海军陆战队"和"潜水艇"在作者写作的 20 世纪上半叶,对于大多数的中国人来说都是相当陌生的。 因此用这种西方世界的新事物来跟中国人日常饮食的常用食材"鱼""肉"匹配,以此说明饭馆的鱼肉不新鲜,实在是出人意表,使寻常的比喻顿时变得新颖生动、耐人寻味。 例 (28) 是写小说主人公唐小姐(唐晓芙)之美,说她的小眼睛灵活温柔,别具一种与众不同的美。 但是,作者却借题发挥,建构了一个比喻修辞文本:"许多女人的大眼睛只像政治家说的大话,大而无当。"这个比喻虽然仍然是以传统的"A 像 B"式的"明喻"形态呈现,但却突破了传统比喻文本建构对"形象生动"的价值目标的追求,别具一种讽刺嘲弄的意味,不动声色地对惯于说空话、轻然诺的政客作了一种顺手牵羊似的无情嘲弄。 例 (29) 是钱锺书拒绝英国女士拜访的话,也是一个比喻修辞文本,属"借喻"一类。"本体"是"如果你觉得我的小说《围城》可读，那你就好好读小说，不必来见写小说的作者我"，"喻词"是"好比"，皆被略去而没有出现。不过，正是因为"本体"与"喻词"被省略，只以"喻体"独立表意，遂使拒绝之意表达得相当婉约含蓄，既消解了英国女士求见而被拒绝的情感不悦，又展现了一种英伦风格的西式幽默风趣，让求见而被拒绝的英国女士不得不打心底佩服其语言表达的睿智。

可见，比喻虽是普通大众非常熟悉，也是非常喜欢运用的一种修辞手法，但是，要以此建构出一个好的比喻文本，则是需要修辞者具有高度的创意造言智慧，同时要有力戒平庸、锐意创新的意识，自觉遵循"谢朝华于已披，启夕秀于未振"的原则。这样，才可能推陈出新，使比喻作为一门"天才的艺术"，绽放出更加绚丽的光彩。

以上，只是就比喻修辞文本的建构问题作了简略的论述。限于篇幅，这里对诸如"排比""对偶""比拟""双关""讽喻""夸张"等众多其他修辞手法如何运用，在建构修辞文本时如何推陈出新等问题，都没有机会展开论述了。但是，我们相信，读者诸君定能举一反三，对这些修辞手法的运用及其文本建构有自己独到的见解。

参考文献

(一)

［1］陈望道：《修辞学发凡》，上海：复旦大学出版社，2011年。

［2］易蒲（宗廷虎）、李金苓：《汉语修辞学史纲》，长春：吉林教育出版社，1989年。

［3］郑远汉：《辞格辨异》，武汉：湖北人民出版社，1982年。

［4］倪宝元：《修辞》，杭州：浙江人民出版社，1982年。

［5］沈谦：《修辞学》（修订版），台北：台湾空中大学印行，1995年。

［6］沈谦：《文心雕龙与现代修辞学》，台北：益智书局，1980年。

［7］谭永祥：《汉语修辞美学》，北京：北京语言学院出版社，1992年。

［8］汪国胜等：《汉语辞格大全》，南宁：广西教育出版社，1993年。

［9］李丽文：《诗经修辞研究》，台北：万卷楼图书股份有限公司，2009年。

［10］吴礼权：《中国修辞哲学史》，台北：台湾商务印书馆，1995年。

［11］吴礼权：《表达力》，台北：台湾商务印书馆，2011年。

［12］吴礼权：《修辞心理学》（修订版），广州：暨南大学出版社，2013年。

［13］吴礼权：《汉语名词铺排史》，广州：暨南大学出版社，2019年。

［14］吴礼权：《言语交际与人际沟通》（第三版），上海：复旦大学出版社，2023年。

［15］吴礼权：《政治修辞学》，广州：暨南大学出版社，2022年。

［16］吴礼权：《现代汉语修辞学》（第四版），上海：复旦大学出版社，2020年。

［17］吴礼权：《语言策略秀》（修订版），广州：暨南大学出版社，2013年。

［18］吴礼权：《口若悬河：演讲的技巧》，广州：暨南大学出版社，2014年。

（二）

［1］吴礼权：《修辞结构的层次性与修辞解构的层次性》，《延边大学学报》（社会科学版），1995年第四期。

［2］吴礼权：《比喻造词与中国人的思维特点》，《复旦学报》（社会科学版），2008年第二期。

［3］吴礼权：《名词铺排与唐诗创作》，《蜕变与开新——古典文学国际学术研讨会论文集》，台北：东吴大学，2011年。

［4］吴礼权、潘海峰：《网络词汇成活率问题的一点思考》，《江苏大学学报》（社科科学版），2011年第三期。

［5］吴礼权：《晚唐时代"列锦"辞格的发展演进状况考察》，

《平顶山学院学报》，2012 年第一期。

　　［6］吴礼权、谢元春：《中国传统文化心理在海峡两岸的存续现状探析——以海峡两岸对西方人名翻译的修辞行为为例》》，《北华大学学报》（社会科学版），2013 年第三期。

　　［7］吴礼权：《先秦两汉诗赋列锦结构模式及其审美特点》，《宜春学院学报》，2014 年第四期。

　　［8］吴礼权：《名词铺排与汉赋创作》，《阅江学刊》，2018 年第四期。

　　［9］吴礼权：《"信达雅"与外国人名地名的汉语音译》，《长江学术》，2019 年第一期。

　　［10］吴礼权、谢元春：《传播媒介的发展对汉语修辞创造的促动》，《阅江学刊》，2019 年第一期。

　　［11］吴礼权：《名词铺排文本建构与明清词的创作》，《楚雄师范学院学报》，2019 年第五期。

　　［12］吴礼权：《舶来品的汉语音译修辞行为及其心理》，《翻译研究与教学》（辑刊），2019 年第二期。

　　［13］吴礼权：《政治修辞与比喻文本建构》，《阜阳师范大学学报》（社会科学版），2020 年第三期。

　　［14］吴礼权：《政治与政治修辞》，《淮北师范大学学报》（哲学社会科学版），2020 年第五期。

　　［15］吴礼权：《政治修辞与承转文本的建构》，《宜春学院学报》，2020 年第七期。

　　［16］吴礼权：《政治与政治修辞情境》，《阜阳师范大学学报》（社会科学版），2021 年第一期。

　　［17］吴礼权：《政治修辞学研究的内容、方法与意义》，《淮北

师范大学学报》（哲学社会科学版），2021年第一期。

［18］吴礼权：《政治境界与政治修辞的基本原则》，《淮北师范大学学报》（哲学社会科学版），2021年第二期。

［19］吴礼权、高宇虹：《政治修辞与双关文本建构》，《淮北师范大学学报》（哲学社会科学版），2021年第五期。

［20］吴礼权、高宇虹：《政治修辞与示现文本建构》，《淮北师范大学学报》（哲学社会科学版），2021年第六期。

［21］吴礼权：《政治修辞与排比文本建构》，《常熟理工学院学报》，2021年第一期。

［22］吴礼权、谢元春：《政治修辞与用典文本建构》，《江苏师范大学学报》（哲学社会科学版），2022年第二期。

［23］谢元春、吴礼权：《新媒介情境下"讽喻"修辞功能的衍变》，《江苏师范大学学报》（哲学社会科学版），2019年第一期。

［24］谢元春、吴礼权：《政治修辞与折绕文本的建构》，《修辞研究》（第九辑），广州：暨南大学出版社，2022年。

［25］李增源：《如何在"渲染"中提高演讲的艺术表现力》，《演讲与口才》，2002年第十期。

（三）

［1］王力：《古代汉语》（修订本），北京：中华书局，1981年。

［2］胡裕树：《现代汉语》（重订本），上海：上海教育出版社，2011年。

［3］胡壮麟：《认知隐喻学》，北京：北京大学出版社，2004年。

［4］赵艳芳：《认知语言学概论》，上海：上海外语教育出版社，2005年。

（四）

［1］辞海编辑委员会编：《辞海》（1989年版缩印本），上海：上海辞书出版社，1990年。

［2］中国社会科学院语言研究所：《现代汉语词典》（修订本），北京：商务印书馆，1997年。

［3］姜亮夫等：《先秦诗鉴赏辞典》，上海：上海辞书出版社，1998年。

（五）

［1］孟棨：《本事诗》，李学颖标点：《本事诗 续本事诗 本事词》，上海：上海古籍出版社，1991年。

［2］林语堂：《中国人》（*My Country and My People*，郝志东等译），杭州：浙江人民出版社，1992年。

［3］钱锺书：《管锥编》，北京：中华书局，1979年。

［4］宗白华：《美学与意境》，南京：江苏凤凰文艺出版社，2017年。

［5］程裕祯：《中国文化要略》（第四版），北京：外语教学与研究出版社，2017年。

［6］古风：《意境探微》，南昌：百花洲文艺出版社，2017年。

［7］温湲主编：《艺林妙语》，上海：上海文艺出版社，1995年。

［8］周月林：《家宴菜制作》（第二版），上海：上海科学技术出版社，1998年。

（六）

［1］柏拉图：《理想国》（郭斌和、张竹明译），北京：商务印书

馆，1986年。

［2］亚里士多德：《政治学》（吴寿彭译），北京：商务印书馆，2019年。

［3］洛克：《政府论》（下篇）（叶启芳、瞿菊农译），北京：商务印书馆，2018年。

［4］卢梭：《社会契约论》（李平沤译），北京：商务印书馆，2011年。

［5］马基雅维利：《君主论》（刘训练译注），北京：中央编译出版社，2017年。

［6］凯尔森：《法和国家的一般理论》，波士顿：哈佛大学出版社，1945年。

［7］马克斯·韦伯：《经济与社会》（林荣远译），北京：商务印书馆，1997年。

［8］拉斯韦尔和卡普兰：《权力和社会：政治学研究的框架》，纽黑文：耶鲁大学出版社，1950年。

［9］孙中山：《孙中山选集》，北京：人民出版社，1981年。

［10］王惠岩主编：《政治学原理》（第二版），北京：高等教育出版社，2006年。

后　记

从 2006 年开始，我与复旦大学出版社因教育部立项的教材《现代汉语修辞学》一书的出版工作而展开合作。这部教材历经多次修改，目前已经出版到第四版，作为全国高校的通用教材，享有较好的口碑，具有较大的影响，并且被评为"十二五"国家级规划教材。所以，去年初我就和出版社开始商量，要对这部教材进一步修订，推出第五版。

今年 3 月中旬，上海新冠肺炎疫情大暴发，我跟其他所有上海人一样，被封控在家长达三个多月。在这段艰难的日子里，复旦大学出版社的编辑仍不忘朋友情谊，时时关心我的学术研究与《现代汉语修辞学》第五版的修订工作进展。7 月初，上海疫情解除，我终于走出家门，得以进入久违的复旦校园，坐到了我在光华楼西主楼十四楼的办公室，继续我的学术研究和《现代汉语修辞学》的修订工作。办公室的椅子还没坐热，复旦大学出版社的编辑邵丹女士给我打来电话，希望我能写一本《修辞十讲》。说到"十讲"，我立即追问是不是复旦大学出版社早些年就推出的"名家专题精讲"系列，邵丹女士肯定地回答说："正是。"于是，我就有点怯场了。因为据我所知，这个"十讲"系列所出版的都是中国学术界的宿儒耆旧的作品，诸如复旦大学杨宽的《先秦史十讲》、朱维铮的《中国经学史十讲》、陆谷孙的《莎士比亚研究十讲》、裘锡圭的《中国出土古文献十讲》、葛兆光的《域外中国学十论》,清华大学李学勤的《中国古代文明十讲》、秦晖的《传统十论》,北京大学陈平原的《中国大学十讲》、乐黛云的《比较文学与比较文化十讲》,美国哈佛大学李欧梵的《中国现代文学与现代性十讲》、王德威的《现代中国小说十讲》,等等。 这些作者或是已作古人的一代鸿儒,或是年事已高而时下正受中国学术界后辈膜拜的学术大师。 我虽然是一个非常自信的人,在学术上也颇有些自信心,但还是有自知之明的,知道我自己的学问目前尚未达到这些前辈的境界,在学术界的年资辈分也还太嫩,所以就坦白地跟邵丹女士说到了我的顾虑。 但是,邵丹女士却劝我说:"出书不论年资辈分,术业有专攻,您在修辞学方面是当之无愧的权威学者,是中国修辞学会的会长。 另外,我还知道,您去年12月获得北京大学王力语言学奖,这是众所周知的中国语言学最高奖,您的学术地位与学术声望早已被学术界确认了。 所以,您就不必谦虚了。"我当然知道,邵丹女士这话是鼓励我的。 所以,我又找了一个借口,说目前手头在写的学术专著太多,来不及短时间写出《修辞十讲》。 邵丹女士立即接话说:"这个您不用担心,不需要您现写,您精选十篇以前发表过或是演讲过的学术专论,我来帮您编排。"我一听这话,觉得挺省事的。 于是,就一口答应下来。 但是,在接下来的选文方面,我发现并不是一件容易的事。 迄今为止,我在国内外学术刊物上发表的论文有二百四十多篇,到底选哪十篇,实在是件让我挠头的事。 经过约半个月的反复斟酌,我拟出了好几个方案,然后提交给邵丹女士选择。 经过多次反复协调,最终确定了现在看到的这样一个"十讲"的目录。 如果大家觉得这"十讲"的内容还算满意的话,这其中是有邵丹女士很大功劳的。因为她多次不厌其烦地提意见,我才一次又一次地更换这"十讲"的内容。其中有好几讲是我思考了好几十年的成果,这次终于写出来了,并不是将原来发表过或是演讲过的旧文随便拼凑一下就交差的。所以,这里我要对邵丹女士表示衷心的感谢。因为怯于她一丝不苟、精益求精的敬业精神,我是不敢心存侥幸,敷衍了事的。如果敷衍了事,那是对不起邵丹女士的信任,也是对不起复旦大学出版社多少年来对我学术研究工作的大力支持。

经过整整三个月起早摸黑的辛劳工作,现在总算大功告成,可以向邵丹女士交稿了。按照惯例,现在要写一个后记,将成书的过程及"十讲"的编排顺序等相关的问题作一个交代,让读者在阅读的过程中能够了解我为什么要讲"这十讲",而不讲"那十讲";为什么先讲这一讲,再讲另一讲。另外,也想向读者诸君报告一下全书编写过程中,是如何处理自己在修辞学研究上的"旧说"与"新论"的关系问题。

全书在"十讲"之外,前面有一个"卷首语",回答了"修辞何为"的问题;结尾时,有一个"结束语",简略地讲了一下"如何修辞"的问题。这两个部分,是根据邵丹女士的建议加出来的,是为了照顾修辞学的初学者,让他们通过这两个部分,对修辞学有一个基本的了解,然后再读"十讲"部分,就有了一个基础。我觉得这个主意非常好,所以特意从我的《现代汉语修辞学》中取材并提炼,便于读者结合我的《现代汉语修辞学》教材进行学习。

全书第一讲"中国人的思维特点与汉语比喻造词",是结合汉语中大量存在的比喻词而进行的思考,探讨汉语造词与中国人的思维特点之间的关系。这个问题,在一般的修辞学著作或教科书中是看不到的,但又是修辞学必须回答的重要理论问题。这一讲是根据我的一篇学术论文改写的。原文有六万余字，部分内容曾于 2006 年 10 月在中国台湾东吴大学召开的"跨越与前进——纪念林语堂逝世三十周年国际学术研讨会"上作为大会主旨报告发表过，后来又将全文凝缩，以《比喻造词与中国人的思维特点》为题，发表于《复旦学报》（社会科学版）2008 年第二期。此次编入本书第一讲，增加了新内容，删减了旧内容。

第二讲"中国人审美观的形成与《诗经》修辞实践"，是结合《诗经》修辞研究而对中国人审美观形成问题进行的探讨。这部分的内容是根据我 2019 年 11 月应中国诗经学会邀请，在河北沧州召开的"中国《诗经》高端论坛"会议上所作的大会学术报告《〈诗经〉的修辞实践对中国人审美观的深刻影响》改写而成的。

第三讲"真善美：修辞的伦理关系"，是探讨修辞伦理问题的。这个问题是中国修辞学界一直未展开探讨的重要理论问题，也是我思考了二十多年而一直未能写出论文的学术问题。这次总算将二十多年思考的成果简要地写了出来，目的是希望引起修辞学界的重视，大家一起努力，推动这一重要理论问题的讨论。

第四讲"信达雅：翻译修辞三境界"，是我早年研究汉语音译词修辞现象的学术延伸，也是我 2018 年 5 月在河南工业大学召开的"新时代创新背景下翻译传译认知国际学术研讨会暨中国翻译认知研究会第三届大会"上所作大会主旨报告《信达雅与外来人名地名音译》一文的主体部分，同时结合了我近些年在推动翻译修辞研究的过程中所作的思考，以及我在全国各大学的外语学院演讲时的演讲稿。这次收入本书作为第四讲，内容上有不少整合，文字上也有不少修改。

第五讲"积极与消极：修辞的两大分野"，是整合了我在《现代汉语修辞学》一书中的内容而作的延伸思考。这一讲的内容没有以论文的形式公开发表，是新写的文字。

第六讲"建构与解构：修辞文本的层次性"，是我20世纪90年代基于西方结构主义语言学观点，对汉语修辞在文本建构与文本解构方面的问题进行的探索。形成论文后，以《修辞结构的层次性与修辞解构的层次性》为题，发表于《延边大学学报》1995年第四期，后被中国人民大学《语言文字学》1996年第四期转载。此次收入本书作为第六讲，内容上有所扩充，文字上有所修改，并不是旧文照录。

第七讲"传媒发展与修辞创造"，是我近些年来基于互联网时代出现的修辞新现象而作的思考，形成论文后以《传播媒介的发展对汉语修辞创造的促动——以"讽喻""排比""镶嵌""比喻"的修辞功能演进为例》为题，发表于《阅江学刊》2019年第一期。此次收入本书作为第七讲，内容上有较多的增删与替换。

第八讲"意境创造与修辞经营"，是根据我二十三年研究汉语与日语中的名词铺排修辞现象而著成的《汉语名词铺排史》的相关内容凝缩而成的。读者有进一步延伸阅读的兴趣，可以参阅《汉语名词铺排史》。此书获得2019年度国家出版基金资助，2021年12月获得中国语言学最高奖——"北京大学王力语言学奖"（二等奖，第十九届最高奖）。

第九讲"修辞与政治人生"，是从我写了十一年的《政治修辞学》一书的相关内容中提炼出来的，同时整合了目前我已经发表出来的二十余篇有关政治修辞学论文的观点。此书获得2021年度国家出版基金资助，2022年由暨南大学出版社出版。读者有进一步延伸阅读的兴趣，可以参阅此书。

第十讲"修辞与经济效益",是我十多年前受经济学理论启发,开始切换视角思考修辞问题的理论思考成果,是我已经完稿并即将由暨南大学出版社出版的《经济修辞学》一书的相关内容凝缩。此书跟《政治修辞学》是姊妹篇,读者有兴趣的话,届时可以一并参阅。

另外,还有一点我也在此一并予以说明。本书各讲中都有很多注解,按照常规这些注解也可以不要,因为内容都是我自己的。但是,考虑到这十讲中的内容,无论是以我已经发表的论文为依据修改而成,还是凝缩了我已经出版或即将出版的学术专著的相关内容而成,都非原文照录,而是融合了我的最新研究成果与多种学术论著中提出的观点。注解清楚的目的,是便于读者对照比较,从而了解我学术观点的演变轨迹。

最后,衷心感谢复旦大学出版社给我策划了这样一本《修辞十讲》,让我这本小书有机会忝列"十讲"系列,让我在追慕学术先贤与前辈的征途上打起精神,丝毫不敢有所懈怠。当然,也要衷心感谢广大读者。因为有你们长期以来对我的热情鼓励,我才会有动力在学术研究与著书立说上有所进步。

吴礼权

2022 年 9 月 28 日记于复旦大学光华楼西主楼 1407 室

图书在版编目(CIP)数据

修辞十讲/吴礼权著.—上海:复旦大学出版社,2023.6
(名家专题精讲)
ISBN 978-7-309-16690-3

Ⅰ.①修… Ⅱ.①吴… Ⅲ.①修辞学-研究 Ⅳ.①H05

中国国家版本馆 CIP 数据核字(2023)第 015028 号

修辞十讲
吴礼权 著
责任编辑/张 炼

复旦大学出版社有限公司出版发行
上海市国权路 579 号 邮编:200433
网址:fupnet@fudanpress.com http://www.fudanpress.com
门市零售:86-21-65102580 团体订购:86-21-65104505
出版部电话:86-21-65642845
江阴市机关印刷服务有限公司

开本 890×1240 1/32 印张 14 字数 323 千
2023 年 6 月第 1 版
2023 年 6 月第 1 版第 1 次印刷

ISBN 978-7-309-16690-3/H·3225
定价:68.00 元

如有印装质量问题,请向复旦大学出版社有限公司出版部调换。
版权所有 侵权必究